"十三五"国家重点图书出版规划项目

国家社科基金重大项目"海外藏珍稀中国民俗文献与文物资料整理、研究暨数据库建设"（项目编号：16ZDA163）阶段性成果

海外藏中国民俗文化珍稀文献
编委会

主　编

王霄冰

编　委（以姓氏笔画为序）

刁统菊　　王　京　　王加华

白瑞斯（德，Berthold Riese）　　刘宗迪

李　扬　　肖海明　　张　勃　　张士闪

张举文（美，Juwen Zhang）

松尾恒一（日，Matsuo Koichi）

周　星　　周　越（英，Adam Y. Chau）

赵彦民　　施爱东　　黄仕忠　　黄景春

梅谦立（法，Thierry Meynard）

国家出版基金项目
NATIONAL PUBLICATION FOUNDATION

"十三五"
国家重点图书
出版规划项目

海外藏
中国民俗文化
珍稀文献

王霄冰 主编

[美]明恩溥（Arthur Henderson Smith） 编著
徐志鸿 译
崔若男 校

汉语谚语俗语集

Proverbs and Common Sayings from the Chinese

陕西师范大学出版总社

图书代号　SK23N2024

图书在版编目（CIP）数据

汉语谚语俗语集 /（美）明恩溥编著；徐志鸿译 . —西安：陕西师范大学出版总社有限公司，2023.12
（海外藏中国民俗文化珍稀文献 / 王霄冰主编）
"十三五"国家重点图书出版规划项目　国家出版基金项目
ISBN 978-7-5695-3973-8

Ⅰ . ①汉… Ⅱ . ①明… ②徐… Ⅲ . ①汉语—谚语—汇编 ②汉语—俗语—汇编 Ⅳ . ① H136

中国国家版本馆 CIP 数据核字（2023）第 223821 号

汉语谚语俗语集
HANYU YANYU SUYU JI
[美]明恩溥　编著　徐志鸿　译　崔若男　校

出 版 人	刘东风
责任编辑	邓　微
责任校对	王文翠　王娟娟
出版发行	陕西师范大学出版总社
	（西安市长安南路199号　邮编　710062）
网　　址	http://www.snupg.com
印　　刷	陕西龙山海天艺术印务有限公司
开　　本	710 mm×1000 mm　1/16
印　　张	22
插　　页	4
字　　数	306 千
版　　次	2023 年 12 月第 1 版
印　　次	2023 年 12 月第 1 次印刷
书　　号	ISBN 978-7-5695-3973-8
定　　价	128.00 元

读者购书、书店添货或发现印装质量问题，请与本公司营销部联系、调换。
电话：（029）85307864　85303635　传真：（029）85303879

海外藏中国民俗文化珍稀文献
总序

◎ 王霄冰

　　民俗学、人类学是在西方学术背景下建立起来的现代学科，其后影响东亚，在建设文化强国的大战略之下，成为当前受到国家和社会各界广泛重视的学科。16 世纪，传教士进入中国，开始关注中国的民俗文化；19 世纪之后，西方的旅行家、外交官、商人、汉学家和人类学家在中国各地搜集大批民俗文物和民俗文献带回自己的国家，并以文字、图像、影音等形式对中国各地的民俗进行记录。而今，这些实物和文献资料经过岁月的沉淀，很多已成为博物馆和图书馆等公共机构的收藏品。其中，不少资料在中国本土已经散佚无存。

　　这些民俗文献和文物分散在全球各地，数量巨大并带有通俗性和草根性特征，其价值难以评估，且不易整理和研究，所以大部分资料迄今未能得到披露和介绍，学者难以利用。本人负责的 2016 年度国家社科基金重大项目"海外藏珍稀中国民俗文献与文物资料整理、研究暨数据库建设"（项目编号：16ZDA163）即旨在对海外所存的各类民俗资料进行摸底调查，建立数据库并开展相关的专题研究。目的是抢救并继承这笔流落海外的文化遗产，同时也将这部分研究资料纳入中国民俗学和人类学的学术视野。

所谓民俗文献，首先是指自身承载着民俗功能的民间文本或图像，如家谱、宝卷、善书、契约文书、账本、神明或祖公图像、民间医书、宗教文书等；其次是指记录一定区域内人们的衣食住行、生产劳动、信仰禁忌、节日和人生礼仪、口头传统等的文本、图片或影像作品，如旅行日记、风俗纪闻、老照片、风俗画、民俗志、民族志等。民俗文物则是指反映民众日常生活文化和风俗习惯的代表性实物，如生产工具、生活器具、建筑装饰、服饰、玩具、戏曲文物、神灵雕像等。

本丛书所收录的资料，主要包括三大类：

第一类是直接来源于中国的民俗文物与文献（个别属海外对中国原始文献的翻刻本）。如元明清三代的耕织图，明清至民国时期的民间契约文书，清代不同版本的"苗图"、外销画、皮影戏唱本，以及其他民俗文物。

第二类是17—20世纪来华西方人所做的有关中国人日常生活的记录和研究，包括他们对中国古代典籍与官方文献中民俗相关内容的摘要和梳理。需要说明的是，由于原书出自西方人之手，他们对中国与中国文化的认识和理解难免带有自身文化特色，但这并不影响其著作作为历史资料的价值。其中包含的文化误读成分，或许正有助于我们理解中西文化早期接触中所发生的碰撞，能为中西文化交流史的研究提供鲜活的素材。

第三类是对海外藏或出自外国人之手的民俗相关文献的整理和研究。如对日本东亚同文书院中国调查手稿目录的整理和翻译。

我们之所以称这套丛书为"海外藏中国民俗文化珍稀文

献"，主要是从学术价值的角度而言。无论是来自中国的民俗文献与文物，还是出自西方人之手的民俗记录，在今天均已成为难得的第一手资料。与传世文献和出土文物有所不同的是，民俗文献和文物的产生语境与流通情况相对比较清晰，藏品规模较大且较有系统性，因此能够反映特定历史时期和特定区域中人们的日常生活状况。同时，我们也可借助这些文献与文物资料，研究西方人的收藏兴趣与学术观念，探讨中国文化走向世界的方式与路径。

是为序。

2020 年 12 月 20 日于广州

明恩溥

（Arthur Henderson Smith，1845—1932）

  美国人，1872年来华，1926年返美，在华生活54年，出版多部著作，包括《汉语谚语俗语集》、《中国人的特性》（也译《中国人的气质》）、《中国乡村生活》等。其中《中国人的特性》影响甚大，鲁迅读后曾推荐国人阅读。《汉语谚语俗语集》是明恩溥与中国清末民初的下层老百姓长期接触之后记录下的珍贵语言材料，深刻地反映了当时中国底层人民的思想与生活。可以说，它不仅记录了语言，更记录了一个时代。

出版说明

《汉语谚语俗语集》由来华工作生活五十余年的美国汉学家明恩溥搜集整理,并于1888年出版发行。书中收录了近两千条中国谚语俗语,涵盖谚语、谜语、歇后语、打油诗、文人诗、市语行话、隐语等多种形式。谚语俗语是民间语言的精华,本书收录的汉语谚语俗语是一批丰富、珍贵的民俗资料,具有极高的民俗学研究价值。

为了让更多读者了解这些谚语俗语的历史面貌,现将该书翻译成中文出版。因原书英文夹杂中文,为保持原书风貌,同时方便读者阅读,出版社依据该书1914年修订版做了仔细校订。特说明如下:

一、原书收录的汉语谚语俗语保留原书字形,字体、字号与正文其他文字有所区别。

二、原书释义涉及字形处保留了个别繁体字形,以加双引号或括注简体字的形式处理。

三、本书有圆括号、方括号、六角括号三种括注形式。圆括号、方括号为原书所注内容,其中部分圆括号所注内容为按翻译习惯保留的英文原文;六角括号为译者所注规范字形、汉语拼音或现今地名。

四、原书中的"英里""英寸""英亩""码""盎司"等计量单位均予以保留。

五、原书中有明显歧视色彩的俗语、"骂人话"一节，以及原书后附综合索引（General Index）与谚语索引（Index of Proverbs），本次翻译出版时未收入。

陕西师范大学出版总社

2023 年 12 月

明恩溥与中国谚语俗语研究[①]（代序）

◎ 崔若男[②]

明恩溥（Arthur Henderson Smith，1845—1932），美国公理会（American Board of Commissioners for Foreign Missions）来华传教士。其在华五十余年，主要传教区域在山东西北部。[③]明恩溥一生笔耕不辍，留下了较多著述，但对中国读者而言，其传播最广、影响最深的当属《中国人的特性》[④]（Chinese Characteristics，1890）与《中国乡村生活：一项社会学研究》（Village Life in China: A Study in Sociology，1899），这也是学界予以较多关注的两本书。[⑤]此外，有一部明恩溥花费大量心血，前后修订增补达几十年之久的著述却很少被学界提及，即《汉语谚语俗语集》。

[①] 原文收录于阎纯德主编：《汉学研究》（2019年春夏卷），学苑出版社，2019年，第291—304页。收录本书时内容有删改。

[②] 崔若男，西安外国语大学中国语言文学学院副教授，硕士生导师。

[③] 有关明恩溥的详细生平，可参见翁伟志：《他山之石：明恩溥的中国观研究》，博士学位论文，福建师范大学，2007年，第19—21页。该文附录中另有明恩溥的年谱及作品名录。

[④] 该书目前在国内有十多个中译本，译名不一。

[⑤] 明恩溥的其他著作还包括《动乱中的中国》（China in Convulsion，1901）、《基督王：关于中国的概括性研究》（Rex Christus: An Outine Study of China，1903）、《中国的上升》（The Uplift of China，1906）、《今日的中国和美国》（China and America Today，1907）、《赴中国的青年传教士手册》（A Manual for Young Missionaries to China，1918）。此外，明恩溥在《教务杂志》（The Chinese Recorder and Missionary Journal）上也发表了大量文章。

《汉语谚语俗语集》全称为《汉语谚语俗语集，连同有关和无关的事物，夹杂了对中国总体情况的观察》（Proverbs and Common Sayings from the Chinese, Together with Much Related and Unrelated Matter, Interspersed with Observations on Chinese Things-in-general，1888），书中收录近两千条中国谚语俗语，大部分于1882年至1885年发表在当时颇负盛名的《教务杂志》上，后经明恩溥不断修订补充，于1888年出版。但该详尽修订版在1900年义和团焚烧教堂时被销毁。[1] 目前通行的版本发行于1902年，该版本后来多次修订并再版。此次"海外藏中国民俗文化珍稀文献"对该书的翻译，选取的是1914年的修订版，该版在西方社会产生了广泛影响。[2]

以该书为对象，梳理明恩溥的谚语俗语搜集整理活动，一方面可借此考察入华传教士群体的"谚语观"；另一方面，也可将其置于中西文化交流的背景下，与中国本土学者的谚语俗语研究进行比较，从外部视角切入，梳理中国现代民间文学的发生。[3]

一、传教士辑录中国谚语俗语的历史

从16世纪天主教入华传教士开始算起，直至1949年，基督教在中

---

[1] 参见 Arthur H. Smith, "Preface to the Revision", *Proverbs and Common Sayings from the Chinese*, Shanghai: The American Presbyterian Mission Press, 1914.［美］博晨光：《悼念明恩溥博士》，马军译，见朱政惠主编：《海外中国学评论》（第4辑），上海辞书出版社，2012年，第327页。

[2] 1902年、1914年、1915年该书在上海再版；1965年由纽约Dover PublicationsIns, Inc. 再版；2010年由General Books LLC再版。本部分导读在1914年修订版的基础上展开讨论，此版本由公理会传教士富善（Chauncey Goodrich, 1836—1925）修订。

[3] 近年来，随着学界对现有的民俗学史、民间文学史的反思，有学者提出中国现代的民俗学史应该是按照"本土的与西方的两条路线推进的"。换言之，除了由本土知识分子主导的现代民间文学活动以外，由西方人发起的现代中国民间文学整理与研究活动也是民间文学学术史上不可忽视的一部分。参见张志娟：《西方现代中国民俗研究史论纲（1872—1949）》，载《民俗研究》2017年第2期。

国断断续续发展了四百余年，期间各个国家、各个教派都对中国的基督教事业有不同程度的介入。依据中国近代史的发展及传教士在华的活动、规模等，这四百余年可大略以鸦片战争为界，分为两个阶段：第一阶段从明末清初耶稣会传教士来华直到雍正禁教（1724），这一时期活跃在中国的主要是天主教诸会，如耶稣会、多明我会、方济各会等；第二阶段始自鸦片战争前后，西方列强以坚船利炮打开了中国的大门，基督教在华的传教工作也随之进入一个新局面。伴随着这两个阶段不同的时代背景，传教士在华的谚语搜集研究活动也不尽相同。

由于在第一阶段的传教活动中，传教士们面临的核心问题是围绕"中国礼仪之争"展开的，其成果也主要集中在阐释天主教教义及其与中国信仰的关系上，中国文学中的神话传说、谚语俗语等也因此成为其论述的辅助材料。但整体而言，这一时期传教士对中国谚语俗语的整理、论说还相对较少，具有代表性的是法国耶稣会传教士白晋（又译白进，Joachim Bouvet，1656—1730）。[①] 白晋作为"中国索隐派"的创始人之一，主张从中国人自己的文化出发来帮助他们理解天主教。在其代表作《古今敬天鉴》中，他主要从中国古文献中钩沉典籍，同时通过亲身观察来获得资料。该书下卷中，他搜集了与"天"有关的五十一组经典、俗语等，皆以天主教相关教义对其进行分类，如"宇宙必有真宰""造天地万物""天子在位乃奉主宰之命""万恩之源，理当报之"等，通过每则条目下"民俗""士俗""经文"（《论语》《尚书》《诗经》等）互证的方式，试图说明中国人崇敬、祭祀的"天""老天爷""上帝"与天主教的"Deus/God"在内涵及意义上的一致性，以此将中国民众的一般信仰行为纳入天主教。在《古今敬天鉴》中，他搜集的民间俗语包括"头上有老天爷作主""人千算计，万算计，当不得老天爷一算计""哄得人，哄不得老天爷"等。值得一提的是，在白晋所整理的"士俗"中，也有一部分是众所周知的俗语，如"皇天不负苦心人""头上有青天，屋里有青天""善恶自有天报""天自有乘除加减，人算不如天算"等，这也足见谚语俗语在使用阶层上的广泛性。

---

① 关于白晋的详细生平和著作，可参见［德］柯兰霓：《耶稣会士白晋的生平与著作》，李岩译，大象出版社，2009年。

1724年雍正禁教，传教士们开始进入非法的、秘密的传教阶段。直到第一次鸦片战争后，中国陆续同外国列强签订了中英《南京条约》（1842）、中法《黄埔条约》（1844）、中法《天津条约》（1858）等，传教士也从中获利，得以在中国合法传教。在这一形势下，入华传教士的数量明显增加。以新教为例，"到一八六〇年，基督教传教士从一八四四年的三十一人增加到一百余人，教徒从六人增到约二千人；到十九世纪末，传教士增至约一千五百人，教徒增至约八万人"[①]。

为了传教事业的扩张，这一时期传教士们在中国发行了大量报刊。著名的有《中国丛报》[②]（Chinese Repository，1832—1851）、《教务杂志》[③]（1868—1941）、《中国评论》[④]（The China Review，1872—1901)，以及《万国公报》[⑤]（Multinational Communique，1868—1907），等等。这些报纸的讨论议题除了与基督教教务相关的内容外，还涉及中国生活的方方面面，如政治、历史、宗教、文学、语言、地理、经济等等，其中就包括相当数量的民间谚语俗语。[⑥]

除此之外，由于这一时期入华的传教士数量激增，而传教士来到中国的首要挑战便是语言，认识到谚语俗语对于学习汉语口语的帮助后，传教士们还编写了大量的汉语教材、词典及谚语俗语集。这些著作中收

[①] 顾长声：《传教士与近代中国》，上海人民出版社，1981年，第117页。

[②] 旧译《澳门月报》《中国文库》，由美部会的传教士裨治文（E. C. Bridgeman，1801—1861）创办于1832年5月，主要发行地点是广州。这是西方传教士在清末中国创办的一份英文期刊。

[③] 又称《中国纪事》《中国纪事报》，创刊于1867年，断延发展七十四年，是基督教传教士在华创办的一份英文刊物。

[④] 又名《远东释疑》（Notes and Queries on the Far East），1972年7月创刊于香港，1901年6月停刊，是一份由英美传教士、外交官、商人、旅行家、记者等主笔的英文汉学期刊。

[⑤] 原名《教会新报》（Church News），1868年9月5日在上海由林乐知（Young John Allen，1836—1907）等传教士创办，1907年停刊，是对中国近代发展影响巨大而深远的刊物之一。

[⑥] 如在英国人主办的《中国评论》上，刊登了瑞士传教士韶泼（M. Schaub，1850—1900）对中国谚语，尤其是广东客家人的日常谚语的研究，共计六篇；英国驻华外交官庄延龄（E. H. Parker，1849—1926）论中国熟语（Idiomatic Phrases），共计五篇。

录的谚语俗语一部分来自古代、近代文学作品，还有一部分则采自民间语言。如法国耶稣会传教士马若瑟（Joseph de Premare，1666—1735）的《汉语札记》（*Notitia Linguae Sinicae*，1728年成书，1831年出版），据统计，该书第五章至少包含四百则一、二、三、四字的短语或谚语，如"满招损谦受益""不怨天不尤人"等。① 《中国丛报》曾评价其曰："马若瑟《汉语札记》的英文译本即将由《中国丛报》出版社发行，现已完成了一半。我们相信，马若瑟的著作必将会对我们学习汉语有很大的帮助。我们从该著作的第一部分汉语口语（白话文）中摘录一些谚语，以示大家。"② 美国北长老会传教士狄考文（Calvin Wilson Mateer，1836—1908）花费二十五年编写了汉语教材《官话类编》（*A Course of Mandarin Lessons Based on Idiom*，1892），该书"语料以口语为主，其中词汇多来源于生活，通俗易懂；涵盖面广，包括文学、自然科学、商业、历史和宗教等领域"③，其中谚语、歇后语及惯用语加起来数量在两百多条。

另外还有英国伦敦会传教士马礼逊（Robert Morrison，1782—1834）编撰的《华英字典》（*A Dictionary of the Chinese Language*，1822），包含了一百多则谚语；英国驻香港第二任总督德庇时（John Francis Davis，1795—1890）受马礼逊影响，编撰了收录二百零一条格言、谚语的《贤文书》（*Chinese Moral Maxims, with a Free and Verbal Translation, Affording Examples of the Grammatical Structure of the Language*，1823）；法国巴黎外方传教会传教士童文献（Paul Hubert Perny，1818—1907）编辑整理的《中国谚语》（*Pvoverbes chinois, recueillis et mi sen ordre*，1869），收有谚语俗语四百多条；美国公理会传教士卢公明（J. Doolittle，1824—1880）在他的《英华萃林韵府》

---

① 张西平、李真、王艳等：《西方人早期汉语学习史调查》（上），中国大百科全书出版社，2003年，第163—164页。

② "Proverbs Selected from Prémare's Notitia Ling Sinicæ", *The Chinese Repository*, Canton, Ohio: Printed for the Proprietors, 1832-1851, Vol. XV, pp. 140-144. 转引自董海樱：《16世纪至19世纪初西人汉语研究》，商务印书馆，2011年，第214页。

③ 李银菊：《近代美国来华传教士狄考文的汉语观——以〈官话类编〉为例》，硕士学位论文，山东师范大学，2013年。

(*Vocabulary and Handbook of the Chinese Language, Romanized in the Mandarin Dialect*，1872）中收集了七百条谚语、广告语、对句和对联。

伴随着传教活动的深入，传教士们对谚语俗语的认识也发生了变化。一方面，他们认识到谚语俗语是学习汉语口语的重要工具；另一方面，他们还发掘了谚语俗语在开拓传教事业，了解中国文化、社会方面所具有的不可替代的作用。明恩溥的《汉语谚语俗语集》就是其中一例。

二、明恩溥研究中国谚语俗语的目的

明恩溥在书中毫不讳言其收集谚语俗语、编纂该书的目的：除了通过谚语俗语来帮助外国人学习汉语外，更重要的是将谚语俗语视为"中国人思维方式的展示"[①]，这从其副标题"夹杂了对中国总体情况的观察"也可略窥一二。在明恩溥广为人知的描写中国人"国民性"的著作《中国人的特性》中，他也引用了大量的民间谚语俗语，来论证中国人的国民性。关于"国民性"这一概念，前人已有较多研究。与中国知识分子救亡图存的目的相较，明恩溥探讨中国人国民性的主要意图更倾向于为其传教工作服务。因此，从这个角度而言，明恩溥的谚语研究尽管伴有对中国人国民性的考察，但其实质上也是传教事业的一部分。

在明恩溥编辑的《赴中国的青年传教士手册》中，其同道就曾指出："令人遗憾的是，很少有传教士在公共话语中巧妙地使用汉语谚语。谚语和典故在中国人的演讲和说教中比比皆是，而且总能引起启发，（让人）抓住重点。保持敏锐的耳朵，随时捕捉它们并记录下来。就像以赛亚（Isaiah）提到的'牙齿'。中国人从未停止使用谚语，一个传教士如果忽视了这些就会削弱其传教事业。明恩溥的《汉语谚语》（*Chinese Proverbs*）是连接这二者的金矿，但需要注意它们是否在任何特定地区都

---

① Arthur H. Smith, *Proverbs and Common Sayings from the Chinese*, Shanghai: The American Presbyterian Mission Press, 1914, p. 10.

流行。"①

可以说，传教士们搜集整理谚语活动的一个主要特点就是"学以致用"，即传教士们频繁地在传教中使用谚语俗语，以拉近与中国民众的关系。

早在明恩溥之前，1865年来华、长期在汉口一带传教的英国循道公会传教士沙修道②（William Scarborough）就曾为了传教活动的顺利展开，经常把谚语运用到宣讲教义中，并取得了很好的传教效果。③他将收集到的谚语俗语以《谚语丛话》④（*A Collection of Chinese Proverbs*，1875）为名出版，该书被明恩溥评价为"第一本有序编辑、分类、索引的谚语研究著作"⑤。明恩溥也喜好使用谚语俗语。李景汉曾回忆明恩溥的演讲："在他讲演的时候，带些山东的口音，声调或高或低，或长或短，极变化之能事，且好引用古今格言、民间谚语，全身随时都是表情，往往双手同时以指作声，助其语势，可谓出口成章、娓娓动人，使听众永无倦容。"⑥

传教士们形成这样独特的谚语观，与其在中国的传教环境和传教策略密不可分。

明恩溥曾直言，在中国"传教士很少有机会接触秀才这个最低级别以上的人，即使是秀才也并不是很频繁。我们的受众中大约95%都是农民、

---

① F. W. Baller and W. Hopkyn Rees, "The Study of the Chinese Language", in Arthur. H. Smith, *A Manual for Young Missionaries to China*, Shanghai, The Christian Literature Society, 1924, p. 21.

② ［英］伟烈亚力：《1867年以前来华基督教传教士列传及著作目录》，倪文君译，广西师范大学出版社，2011年，第286页。

③ 参见［美］洪长泰：《到民间去：1918—1937年的中国知识分子与民间文学运动》，董晓萍译，上海文艺出版社，1993年，第226页。

④ W. Scarborough, *A Collection of Chinese Proverbs*, Shanghai: American Presbyterian Mission Press, 1875. W. Scarborough, *A Collection of Chinese Proverbs*, Revised and Enlarged by Rev. C. Wilfrid Allan, Shanghai: Presbyterian Mission Press, 1926.

⑤ Arthur H. Smith, *Proverbs and Common Sayings from the Chinese*, Shanghai: The American Presbyterian Mission Press, 1914, p. 10.

⑥ 《李景汉评〈中国人的素质〉》，见［美］明恩溥：《中国人的素质》，秦悦译，学林出版社，2001年，第301—302页。

小商贩、苦力和游民"①。因此，面对众多的下层民众，要想延续利玛窦（Matteo Ricci，1552—1610）开创的"文化适应"传教模式，首要的是适应中国社会的底层文化，从社会最底层开始传教。②在《向中国人传福音的最佳方法》一文中，明恩溥将"直接"（direct）作为向异教徒传教的重要原则之一。简言之，"直接"体现在四个方面：第一，要避免的是过度修辞和说教；第二，要尽量使用简单、直接、通俗的口语和方言，避免使用文绉绉的官话；第三，避免使用那些对外国人不言而喻，但对中国人来说很难理解的比喻和例证，例如各类科学名词等；第四，避免使用《圣经》中的典故，尽量引用与中国文化、历史相关的典故。③

结合明恩溥的传教策略来理解《汉语谚语俗语集》一书，其旨趣不言自明。《汉语谚语俗语集》全书共九章，首章为绪论，末章为结论，中间七章按类别对每一条谚语俗语逐例翻译并注解。其后还附有索引两则，一为综合索引（General Index），一为谚语索引（Index of Proverbs）。综合索引作为对谚语俗语的补充，只收录重要的人名和作品名。

明恩溥无意对"谚语""俗语"等给出科学定义，而是将所能收集到的谚语、谜语、歇后语、打油诗、文人诗、市语行话、隐语等"主要根据形式，部分根据来源"④划分为七大类：

1. 源自经典的引用和改编自经典的引用，即见于中国古代的"四书五经"以及《三字经》《千字文》等经典中的谚语俗语。如"四海之内皆兄弟"（出自《论语·颜渊》），"生于忧患，死于安乐"（出自《孟子·告子下》）等。

2. 以诗歌形式呈现的诗行或对句，主要包括部分文人诗、打油诗以及民间歌谣等。文人诗如李白的《静夜思》、贺知章的《回乡偶书》、

---

① Arthur H. Smith, "The Best Method of Presenting the Gospel to the Chinese", *The Chinese Recorder and Missionary Journal*, 1883, Vol. 14, No. 5, p. 395.

② Arthur H. Smith, "The Best Method of Presenting the Gospel to the Chinese", *The Chinese Recorder and Missionary Journal*, 1883, Vol. 14, No. 5, p. 400.

③ Arthur H. Smith, "The Best Method of Presenting the Gospel to the Chinese", *The Chinese Recorder and Missionary Journal*, 1883, Vol. 14, No. 5, pp. 395 – 402.

④ Arthur H. Smith, *Proverbs and Common Sayings from the Chinese*, Shanghai: The American Presbyterian Mission Press, 1914, p. 5.

王之涣的《登鹳雀楼》等，打油诗如"春天不是读书天，夏日炎炎正好眠。到了秋来冬又至，收拾书箱过新年"，民间歌谣如"天皇皇地皇皇，我家有个夜哭郎。过往君子念三遍，一觉睡到大天亮"等。

3. 对句。如"猫卧房头，风吹毛动猫不动。蛇饮池中，水浸舌湿蛇不湿""到夏日穿冬衣，胡涂春秋；从南来往北去，混账东西"等。

4. 包含历史、半传说半历史、传说、神话人物或事件典故的谚语。这些人物和事件按其时代分别归属于春秋战国、汉、三国、唐、宋、元、明、清。如"端午不插艾，难吃新小麦"（与黄巢有关）等。

5. 与特定地方、区域相关的，或仅与当地重要人物、事件相关的谚语。如"出了嘉峪关，两眼望青天""北京城，三种宝：马不蹄，狗不咬，十七八的闺女满街跑"等。

6. 由同字不同义或发音相似的不同字决定的双关语，包括歇后语、绕口令、回文诗、谜语、市语（或调市语，trade brogue，可直译为市集上的土话，即行话）、戏仿诗等。如选取"四书"部分章句拼凑成的《惧内论》、回文诗《壶中造化》等。

7. 不能归入上述任一类的杂谚。如与身体缺陷、季节、天气、医药养生、亲子关系等相关的谚语俗语。

以上七大类构成了该书的主体部分，也贯穿了明恩溥的谚语俗语观。这七大类几乎囊括了中国文化的方方面面。其中既有"四书五经"这样的"雅文化"，也有流传在民间的谚语俗语（或言之"俗话""土话"）；既有历史典故，也有地方风物。一方面，明恩溥无意从事学术研究，因此不能以科学、严谨的态度审视其著；另一方面，明恩溥所辑录的各类驳杂的谚语俗语，背后指向的仍是其传教事业。

以第四类中包含历史典故的谚语俗语为例。明恩溥列数了从春秋战国、汉、三国、唐、宋、明、清历朝相关的谚语俗语。如在"与宋朝相关的谚语俗语"一节中，明恩溥所列举的赵匡胤、包拯、岳飞等大致都是较重要的历史人物。此外，明恩溥还单列一节"与历史或半传说半历史人物有关的谚语、俗语"，旨在将与历史传说中的人物形象孟姜女、曹操、武大郎等相关的谚语俗语予以解释。各种内容略显杂乱地堆砌在一起，使得《汉语谚语俗语集》看起来更像是一本中国文化的百科全书。

然而，该书所呈现出的谚语俗语观在一定意义上与明恩溥的传教策略是一致的。

明恩溥主张从中国人的立场出发，向其解释基督教思想。"以中国人的眼睛去看，以中国人的思维去思考"①，因此，传教士要想真正了解他们的受众，就必须"了解中国历史的概貌，至少要知道各个朝代的顺序和名称，并熟悉重要的帝王，如秦始皇、赵匡胤、朱元璋，而不仅仅是知道康斯坦丁、格里高利、拿破仑"②。可以说，《汉语谚语俗语集》即是明恩溥所主张的"直接"原则的具体体现。

三、明恩溥的谚语俗语研究之于中国民间文学的意义

虽然《汉语谚语俗语集》及其他传教士们所收集的谚语俗语著作常常带有突出的宗教特征，处处彰显着传教士们的视野、心态和价值观③，但不可否认的是，他们的著作也在一定程度上推动了中国的谚语俗语研究，甚至可能影响到五四以来的一批民间文学家。

就中国谚语俗语的整理与研究而言，目前学界多将郭绍虞1921年在《小说月报》上分三期连载的《谚语的研究》视为中国谚语研究的"拓荒之作"④，就连郭绍虞本人在谈及谚语研究的现状时也说："至于对谚语方面的研究，还很少有人提倡。已在从事于搜集，而有成功的，我只知有颉刚所辑的吴谚——现已录成五册，至少亦有三千余则。其余只有古谣谚越谚一类的书籍罢了。"⑤然而在郭著之前，西方人尤其是传教士

---

① Arthur H. Smith, "The Best Method of Presenting the Gospel to the Chinese", *The Chinese Recorder and Missionary Journal*, 1883, Vol, 14, No. 5, p. 406.

② Arthur H. Smith, "The Best Method of Presenting the Gospel to the Chinese", *The Chinese Recorder and Missionary Journal*, 1883, Vol, 14, No. 5, p. 408.

③ 如在该书中，明恩溥认为中国人的时间是"车轮年表"，没有固定的起点，因此"他们的历史知识缺乏洞察力"。参见 Arthur H. Smith, *Proverbs and Common Sayings from the Chinese*, Shanghai: The American Presbyterian Mission Press, 1914, p. 29。

④ [美]洪长泰：《到民间去：1918—1937年的中国知识分子与民间文学运动》，董晓萍译，上海文艺出版社，1993年，第227—228页。

⑤ 郭绍虞：《谚语的研究》，商务印书馆，1925年，第1—2页。

已经开始了对中国谚语俗语的整理与研究活动，"从中国现代知识分子开始，传统的谚语观念发生了转折。但这之前，我们不能不提到西方传教士的影响"[①]。

杨成志在《〈民俗〉季刊英文导言（汉译）》和《我国民俗学运动概况》中，曾专门梳理了外国人对中国民俗的调查研究和著述，涵盖20世纪前十年英、法、德、日等国关于中国民俗的相关专著共四十余种，其中就提到了沙修道的《谚语丛话》、南京神学院教授普洛柏（C. H. Plopper）的《从谚语看中国人的宗教》（*Chinese Religion Seen Through the Proverbs*，1926）以及明恩溥的《汉语谚语俗语集》。[②] 可见，五四时期的学者在当时就已注意到西人关于中国谚语俗语的相关著述。虽然未具体展开，但这至少说明，西方人关于中国谚语俗语的研究处于五四时期的学者的视野之中，并可能对其产生了或多或少的影响。

洪长泰是较早注意到西方人与中国民间文学之关系的学者，他在《到民间去：1918—1937年的中国知识分子与民间文学运动》中首先提到外来文化的刺激对中国民间文学运动的兴起起到的积极作用[③]。在谚语一章中，他尤其提到沙修道和明恩溥的谚语俗语研究著作。他认为，明恩溥的著作的"特点是对中国谚语进行了耐心琐细的分类，同时附以史密斯本人错误百出的评注。尽管如此，他这部书恐怕仍是当时西方有关中国谚语的著述中，比较有参考价值的一部"[④]。然而明恩溥的著作具体有何参考价值，洪长泰却未曾提及。

长期以来，《汉语谚语俗语集》几乎湮没无闻。究其原因，一方面或许是传教士群体的民间文学活动一直未引起关注；另一方面，诚如上文所言，明恩溥不够科学的分类体系、受传教策略影响的编纂观念也可

---

① ［美］洪长泰：《到民间去：1918—1937年的中国知识分子与民间文学运动》，董晓萍译，上海文艺出版社，1993年，第225页。

② 参见杨成志：《杨成志民俗学译述与研究》，高等教育出版社，1989年，第118—120、214—229页。

③ ［美］洪长泰：《到民间去：1918—1937年的中国知识分子与民间文学运动》，董晓萍译，上海文艺出版社，1993年，第31—38页。

④ ［美］洪长泰：《到民间去：1918—1937年的中国知识分子与民间文学运动》，董晓萍译，上海文艺出版社，1993年，第226页。

能影响到学界对《汉语谚语俗语集》学术价值的评判。

事实上，明恩溥等传教士群体所从事的谚语俗语搜集整理工作的本意也不在于学术研究，其不足之处也是显而易见的。明恩溥曾批评卢公明的《英华萃林韵府》所收录的谚语"与其说是一个汇集，还不如说是一堆散乱的资料。所有的词典资料被分成85项，而谚语、对句、短语和格言犹如遭遇了一场文学沙尘暴，散落在12项内容中"①。而明恩溥本人的《汉语谚语俗语集》实际上也存在相同的分类、翻译、文化误解等问题。例如，明恩溥在翻译"神童"时，将其译为"Divine Child"，即"神圣的孩子"，与中国语境中"神童"的意思相背离；又如在"说明人性的谚语"中，明恩溥收录了一些与该类别并无紧密关系的谚语，如"清官难断家务事""外贼好挡，家贼难防"等。这样的分类问题在该书中存在不少。②

尽管存在诸多局限，但以现代学术的立场重新审视明恩溥的谚语俗语研究，将其与五四知识分子的谚语俗语研究进行比较，还是得以窥见以明恩溥为代表的传教士群体在中国民间文学研究方面的前瞻性与开拓之功。

首先，明恩溥发现了下层文学（民间文学）的价值及其与上层文学之间交织的关系。诚如明恩溥所言，在中国传统知识分子中，"对中国文学的深刻认识和对口语谚语的蔑视甚至忽视是并存的"③。"汉语谚语存在于每个人口中，各个阶层都在使用"④，然而长期以来，在口语中，谚语俗语却成为通俗、粗俗的代名词。民间以"俗话""现成的话"这

---

① Arthur H. Smith, *Proverbs and Common Sayings from the Chinese*, Shanghai: The American Presbyterian Mission Press, 1914, p. 9. 转引自高永伟：《卢公明和他的〈英华萃林韵府〉》，载《辞书研究》2012年第6期。

② 详见 Arthur H. Smith, *Proverbs and Common Sayings from the Chinese*, Shanghai: The American Presbyterian Mission Press, 1914, p. 64, pp. 288 – 299。

③ Arthur H. Smith, *Proverbs and Common Sayings from the Chinese*, Shanghai: The American Presbyterian Mission Press, 1914, p. 11.

④ Arthur H. Smith, *Proverbs and Common Sayings from the Chinese*, Shanghai: The American Presbyterian Mission Press, 1914, p. 7.

样的表达形式来代替"谚语"这个术语，与之相对的则是"书上的话"。①明恩溥在收集谚语俗语时，发现了中国人对这两者的态度差异：谚语俗语难登大雅之堂，"书上的话"则被奉为圭臬。

而在明恩溥的分类中，来自四书五经等经典的改编和引用则独列一类，同时构成谚语俗语的一部分。明恩溥通过对谚语俗语的来源进行分析，发现了以经典（high classical）为代表的上层文学与以方言土语（rude village patois）为代表的下层文学之间的关系。他认为部分谚语俗语也是从经典中沉淀而来的，它"交织于口语与书面文学之中"②。与此不谋而合的是，五四知识分子在对谚语和格言进行比较时，也认为源自四书五经等古代经典的圣贤格言早已内化为普通民众心灵世界的一部分，这些带有教化色彩的谚语很难与格言进行区分。③可以说，"这些西方人士对谚语的研究成果被'五四'知识分子积极吸收。特别是当现代民间文学运动戏剧性地改变了这些知识分子的文学兴趣，使他们把目光由上层文艺转向通俗文化的时候，这种影响潜移默化地发生了作用。"④

其次，明恩溥对谚语俗语的变异及其形式进行了初步探索。洪长泰在论及现代中国民间文学家的谚语著述时认为："翻阅现代中国民间文学家的谚语著述，我们感到，一条比较明显的罅漏，是他们翻来覆去地谈论少数资料，并只把这些资料当作文学来研究。这些著述主要刊行于三十年代，多为资料堆砌之作，它们普遍没有对下列问题引起重视：谚语的变异形态及其结构的研究，谚语的句式，长短和风格的研究等。"⑤而现代民间文学家们的这一疏漏，实则早已由传教士们进行了弥补。《汉

---

① Arthur H. Smith, *Proverbs and Common Sayings from the Chinese*, Shanghai: The American Presbyterian Mission Press, 1914, p. 5.

② Arthur H. Smith, *Proverbs and Common Sayings from the Chinese*, Shanghai: The American Presbyterian Mission Press, 1914, p. 8.

③ 参见郭绍虞：《谚语的研究》，载《小说月报》1921年第12卷第2期；傅振伦：《谜谚歇后语研究之一斑》，载《歌谣周刊》1924年第68期。

④ [美]洪长泰：《到民间去：1918—1937年的中国知识分子与民间文学运动》，董晓萍译，上海文艺出版社，1993年，第227页。

⑤ [美]洪长泰：《到民间去：1918—1937年的中国知识分子与民间文学运动》，董晓萍译，上海文艺出版社，1993年，第231—232页。

语谚语俗语集》专门对谚语俗语的变异进行了探讨。

明恩溥认为谚语俗语的变异主要是由外部原因与内部原因造成的。外部原因即由使用谚语俗语的人群所造成的谚语俗语的变异,这包括使用者的口误,不关心言语记忆中的细节,错别字,来自经典的引文被改为更适合口语的形式。[①]而内部原因则指由于谚语俗语本身的特点所造成的变异,如:

1. 谚语俗语多是依据类推与相似的原则,因此在固定的框架内,可以套入不同的内容,但还是表达相近的意思。如"甚么蝇子下甚么蛆""甚么模子托甚么坯"。

2. 谚语俗语形式上的增减有时不会影响其内容。如"锦上添花""雪里送炭"与"锦上添花是小人""雪里送炭是君子"。

3. 汉语语法使得谚语俗语出现了大量不会影响到谚语俗语内容变化的"虚词""空话"(empty word)。如"一枝动,百枝摇"与"一叶动,百枝摇","门门有道,道道有门"与"道道有门,门门有神"。

再次,由于明恩溥未给出"谚语""俗语"的明确定义,使得该书内容相当广泛,以往很多未引起重视的俗语类型也被收入其中。

在双关语这一类别之下,除了常见的歇后语、绕口令、回文诗、谜语等,明恩溥还搜集了大量的戏仿诗(parodies)、诨名(nickname)、私语(secret phrases)及民间秘密语(secret dialects)。以民间秘密语的研究来看,民国以前关于民间秘密语的搜集著作远少于其他体裁,仅十几部[②]。而中国学界以现代学术的视角对民间秘密语进行研究则晚至容肇

[①] Arthur H. Smith, *Proverbs and Common Sayings from the Chinese*, Shanghai: The American Presbyterian Mission Press, 1914, pp. 28 – 30.

[②] 有学者统计了民国以前以隐语、行话为对象的著作共计十五部,包括宋代《蹴鞠谱》有《圆社锦语》,《事林广记》续集有《绮谈市语》;明代《开卷一笑》有《金陵六院市语》,《墨娥小录》有《行院声嗽》,《鼎锲徽池雅调南北官腔乐府点板曲响大明春》有《六院汇选江湖方语》,《西湖游览志余》有《梨园市语》《四平市语》;清代至民初,《鹅幻汇编》有《江湖通用切口摘要》,《通俗编·识余》有"市语",《成都通览》有江湖及诸行言辞,学古堂排印《江湖行话谱》,手录传钞《江湖走镖隐语行话谱》《当字谱》等。堪谓专门辞书而收录较丰富者,则为明末清初的《江湖切要》,民初的《全国各界切口大词典》。参见于建刚:《中国京剧习俗概论》,文化艺术出版社,2015年,第129页。

祖1924年发表的《反切的秘密语》①和赵元任1931年发表的《反切语八种》②。反观《汉语谚语俗语集》，明恩溥在书中收录了十几则市语和调坎（指那些从字面来看意义模糊的表达形式，即隐语或黑话），还将其历史、使用情况等与西方的进行了比较，指出民间秘密语当属于一词多义的双关形式。

除了上述外，明恩溥在书中虽未深入讨论，但也已经提出了很多谚语俗语中的特殊现象。如第五类"与特定地方、区域相关的，或仅与当地重要人物、事件相关的谚语"中所收录的谚语俗语，以今日的分类来看，当属风土谚语③。明恩溥列举了其中大量针对某个地区的"三宗宝"（三种宝）型谚语④，明确将其作为一种类型性谚语提出，使其成为一个可供探讨的学术问题。

余论

诚如葛兆光所提出的以批评的视角来看待海外的"中国学"研究一样，尽管看起来海内外学者的研究材料、研究方法等大体相同，但基于学术脉络、政治背景及观察立场的不同，外国学者所进行的"中国"研究并

---

① 容肇祖：《反切的秘密语》，载《歌谣周刊》1924年第52期。

② 赵元任：《反切语八种》，载《国立中央研究院历史语言研究所集刊》1931年第2卷第3期。

③ 关于风土谚语的定义，可参见朱介凡：《中国风土谚语释说》，天一出版社，1962年；［美］洪长泰：《到民间去：1918—1937年的中国知识分子与民间文学运动》，董晓萍译，上海文艺出版社，1993年，第255—258页；姜彬主编：《中国民间文学大辞典》，上海文艺出版社，1992年，第126页。

④ 如"北京城，三种宝，马不踢，狗不咬，十七八的闺女满街跑"，"保定府，三种宝，铁球、列瓜、春不老"，"天津卫，三种宝，鼓楼、炮台、玲珰阁"（"玲珰阁"应为"铃铛阁"），"济南府，四种宝，北门里头北极庙，南门外头千佛山，东门外头闵子墓，西门外头宝突泉"，"深州本有三宗宝，小米、柳杆、大蜜桃"，"口外三宗宝，人参、貂皮、乌拉草"。参见 Arthur H. Smith, *Proverbs and Common Sayings from the Chinese*, Shanghai: The American Presbyterian Mission Press, 1914, pp. 130–132。

不能等同于中国人对"中国"的研究。①这样的观点同样适用于审视传教士群体与五四知识分子的谚语俗语搜集研究活动。传教士立足于西方的文化背景,其搜集谚语俗语的主要目的是拓展传教事业;五四知识分子则是在《歌谣周刊》发刊词所倡导的"学术的"与"文艺的"目的下开展的谚语俗语搜集研究工作。这是二者最大的区别。

此外,"1920至1930年代的中国知识分子,在谚语研究方面为我们留下的信息,限于以下范畴:怎样收集和什么时候收集谚语,以及如何运用谚语。"②而关于五四知识分子具体如何进行搜集或田野作业,则语焉不详。大多数时候,五四知识分子所搜集的谚语俗语多是以"征集"的形式获得,或是短时间内由学者对家乡、本地的谚语俗语进行搜集(如顾颉刚、常惠、周作人、钟敬文等)。相较之下,传教士们则常年跟普通民众生活在一起,他们搜集的谚语俗语并不单单来自书中,还有一大部分来自他们的实地采风,来自鲜活的民间口语。例如,明恩溥常年与当地民众生活在一起,能熟练运用山东方言与民众交谈。他明确强调在收集谚语俗语时应该耳、口、手并用:用耳听,用口问,用手记③。事实上,在收集谚语俗语时他也是这样做的。可以说,明恩溥所做的工作,已初步具备了今日民间文学田野作业的雏形。

公允地讲,入华传教士的谚语俗语搜集研究尽管出于各种各样的目的,也存在不少疏漏,但其所做出的贡献却是不可否认的事实。长期以来,学界对此鲜有关注,因此"海外藏中国民俗文化珍稀文献"将《汉语谚语俗语集》予以翻译并推介至中国学界,可以说是弥补了这一缺憾,将进一步引发学界对海外中国民间文学研究的关注。

---

① 葛兆光:《海外中国学本质上是"外国学"》,载《文汇报》2008年10月5日第6版。

② [美]洪长泰:《到民间去:1918—1937年的中国知识分子与民间文学运动》,董晓萍译,上海文艺出版社,1993年,第231页。

③ Arthur H. Smith, *Proverbs and Common Sayings from the Chinese*, Shanghai: The American Presbyterian Mission Press, 1914, pp. 33 – 34.

修订版序

◎ 明恩溥

为响应再版此书的需求，1900年春作者开始修订。修订后的书稿简明扼要，凡五卷，包含八千至九千条中国谚语、俗语以及类似的内容，由现有最好的中国助手仔细校注，另有数卷篇幅用于辅助读者阅读，全书附有详细索引。围攻开始后，这五卷本在北京卫理公会教堂被摧毁时化为齑粉。[①] 只有部分内容，以及被留在记忆中的俗语作为珍贵资料保存了下来。

由于材料的损失，我们不得不放弃扩大规模的计划。但对保存下来的内容经过了彻底的修订，既有删减，又有补充，也许对学习汉语的人仍有一些帮助。这次修订有一个很大的优势，那就是优秀的汉学家富善神父（Rev. Chauncey Goodrich）进行了全面监督。他出版了一本堪称无价之宝的袖珍辞典，并借此名扬天下。

根据经验，作者在第一章给汉语学习者提出了建议，强调从一开始就要养成记忆汉语句子的习惯，坚持下去，最终会使学习汉语、使用汉语与原来大有不同。那些懂得欣赏汉语无穷无尽的宝藏的人，会很容易被吸引来学习，而那些不懂得欣赏的人，至少会知道他们错过了什么，因此也就无憾了。

[①] 这里的北京卫理公会教堂指的是北京的亚斯立堂，也称崇文门堂；围攻指的是1900年义和团运动烧毁该教堂。

原版序

◎ 明恩溥

除最后五十页外，本书由1882年至1885年发表在《教务杂志》上的材料组成，解释了约一千九百条词语、俗语①、对联、颂歌等，其中只有少部分见载于之前的出版物上。专门讨论双关语或其他文字游戏的一百多页，包括三百多个例子，开辟了一个广阔却迄今仍被严重忽视的领域。

那些没有研究过汉语俗语的人会很惊讶于汉语在这方面竟然如此丰富。人们经常询问在哪里可以找到这么多的俗语，偶尔也会有人瞎猜说是作者编出来的。那些最熟悉汉语口语资源的丰富性的人会明白这种想法是完全没有必要的。

这里只介绍我们手头大量材料中的一小部分。在一些情况下，有一些汉字并不规范，或者有一些规范的汉字却被用来表示并不规范的意思，我们也允许这些情况存在，因为似乎没有更好的方式来表示这些口语词汇。

发表时，我们在文章后面邀请读者在发现事实错误或翻译错误后将其告知我们，我们承诺将给予适当的感谢。没有人理会过这一建议。大家都在猜是不是因为这些文章没有读者，是不是因为这些文章没有错误，是不是这些读者更关心跟自己有关的事情，就像中国的格言说的那样：

---

① 俗语是原书中唯一出现过的与"proverb"一词相对应的汉语书面词汇（俗话是口语词汇），"谚语"一词的中文在书中并未出现过，本书的"Proverb"将全部译为俗语而不是谚语。

汗要出在病人身上。

　　本书内容涉猎甚广，肯定会有许多错误，正如约翰逊博士（Dr. Johnson）在谈到他的错误定义时所说的那样，这是由于纯粹的无知造成的。出版的方法导致错误成倍增加。正是这一原因，即使在许多小的、明显的印刷错误没有被注意到的情况下，勘误表还是很长。当出版社和作者相隔千里，而作者连一页校样都没读过时，这本书就不可能达到完美的神圣高度。在更有利的情况下完成这项工作可能会更好。

　　书后的两个索引包含三千两百多条参考资料。除却那些仅在特定地方使用的人名和地名外，几乎所有主题我们都有提及，而且往往好几个标题下面都提到了同一主题。这样做的目的是使读者几乎不可能找不到想要的东西。目前，对汉语口语感兴趣的外国人可能比以往任何时候都多。对他们中的一些人来说，这本书可能是进入无边无际的研究领域的又一扇门，因此它能够实现作者的意图。

目录

第一章 绪论 / 001

汉语俗语及其分类 / 001

汉语俗语的数量和通行度 / 007

汉语俗语的价值 / 011

汉语俗语的理解与翻译 / 013

汉语俗语的变体 / 031

收集、研究汉语俗语的方法 / 035

第二章 从经典古籍中引用或者改编后引用的俗语 / 042

出自《三字经》的俗语 / 043

出自《千字文》的俗语 / 043

出自《论语》的俗语 / 044

出自《大学》的俗语 / 045

出自《中庸》的俗语 / 045

出自《孟子》的俗语 / 045

出自《易经》的俗语 / 047

出自《诗经》的俗语 / 048

出自《礼记》的俗语 / 049

出自《书经》的俗语 / 050

第三章　对联式俗语 / 053

第四章　诗歌形式的俗语 / 066

第五章　包含历史、半传说半历史、传说、神话人物或典故的俗语 / 080

　　与列国时期相关的俗语 / 091

　　与汉朝和三国时期相关的俗语 / 096

　　与唐朝相关的俗语 / 100

　　与宋朝相关的俗语 / 105

　　与明朝相关的俗语 / 108

　　与清朝相关的俗语 / 113

　　提及历史人物或半传说半历史人物的俗语 / 113

第六章　包含特定地点或区域，或者仅仅对于某个地方很重要的人物和事件的俗语 / 119

第七章　双关语或其他文字游戏 / 134

　　戏仿式俗语 / 159

　　拆字游戏 / 162

　　以同一个字的不同意思为基础的双关语 / 173

　　以同音字为基础的双关语 / 188

　　双重双关 / 202

　　见不到最后一个字的俗语 / 209

第八章　杂谚 / 218

　　包含医疗建议的俗语 / 227

　　庄家〔稼〕老儿 / 232

　　《西游记》 / 233

　　中国寓言 / 239

　　解释人性的俗语 / 243

关于父母与子女的俗语 / 247

与中国迷信相关的俗语 / 252

中国的预言 / 266

第九章　结论：汉语俗语的起源、发展与学习汉语俗语的难点所在 / 279

参考文献 / 307

译后记 / 315

第一章　绪论

汉语俗语及其分类

　　一般学汉语的人都会对汉语古籍经典有所涉猎，虽然没有必要悉数记住这些古籍经典，也没有必要精读其中的内容，但我们至少应该知道它们的大致内容。在与他人交往的过程中，无论对方是中国人还是哪国人，倘若我们对对方心目中不同凡响的文学作品一无所知，那我们也不必期待这段交往会有什么进展了。

　　许多学汉语之人都对汉语的俗语抱有些许瞧不起的态度，虽然这种态度并不强烈。他们不愿意浪费时间研究这些东西，就像他们不愿用一个夏日的光阴捕捉一大桶蚯蚓，或者用一个冬天的时日去烤泥团一样。这些人这么想，一方面是由于对"汉语俗语"的含义理解有误，另一方面则是由于这些人很少会思考与之有关的问题。汉语博大精深，相形之下，任何人的力量都显得极其渺小，因此汉语中有许多内容是某些人一辈子都不会接触到的。虽然如此，我们还是要研究汉语俗语，因为就像我们研究中国的古籍经典是为了知道它们对中国人的精神产生了怎样的影响一样，我们也必须研究汉语俗语之中蕴含的学问，因为它们也影响了中国人的精神世界。我敢肯定，就像中国人精神的某些层面体现于中国的古籍经典之中一样，他们精神中的另一些更为多元的层面必定在他们的口头俗语之中有所体现。

　　或许没有其他民族的人比中国人更能如此明显地体现上述这一点。

所有的东方国家都对俗语有着强烈的偏爱,而中国人除此之外还加入了他们自己的一些特质:汉语的特性使得形成警句、对偶的条件十分充分;古代文学绝妙的构造让汉字与成语在汉语里保存完好、融为一体;中华民族在源远流长的历史中蓬勃发展;虽然现在中华民族的人口规模这么大,但中国人内部的同一性却很高。上述这些中国的特性给予汉语俗语独一无二的趣味与重要性。

在《关于俗语》(On the Lessons of Proverbs)一书中,特伦奇大主教[①](Archbishop Trench)用发人深省的语言告诉我们俗语有多么重要:

> 俗语有令人愉悦经年之功效,它们极具生命力,因此根基深厚,历久弥新,与所属民族共存直到其灭亡,但事实上,许多俗语存在于许多民族的语言之中,而不仅仅是仅见于某个单一民族的语言,所以旅居他国者往往能在与自身有着最大差异的异国他乡听到与母国俗语类似的表达,这时他们会感觉自己好似回到家了一般。此外,不少俗语来自最遥远的古代,它们从那吞噬了多少往事的时间洪流之中幸存,漠然或鄙夷地厌弃它们只会让我们停滞不前。
>
> 而且我们还要知道,一些最伟大的诗人、最深刻的哲学家、知识最为渊博的学者、最有天赋的作家都在俗语中找到了属于自己的快乐。他们经常使用俗语,在收集、阐释俗语的工作上投入了无穷的精力。的确,在一个讲究的年代,在一个附庸风雅的年代,所谓的上层阶级可能完全不会使用,或者几乎不会使用俗语。切斯特菲尔德勋爵(Lord Chesterfield)说:"绅士从来不用俗语",我觉得他想说的应该是:"赶时髦的人从来不用俗语"。莎士比亚将科利奥兰纳斯[②](Coriolanus)的天性刻画得精妙无比,科利

---

① 理查德·切内维克斯·特伦奇(Richard Chenevix Trench,1807—1886),英国国教大主教(Anglican archbishop)、诗人,也是一位语言学家,先后任西敏寺主任牧师(deanery of Westminster,1856—1863)以及都柏林大主教(archbishop of Dublin,1864—1884)。(Editors of Encyclopædia Britannica,1911b)(Winchester,2004)(丁骏,2019)

本书正文部分的脚注无特殊说明,皆属译者注,特此说明。

② 即马修斯·科瑞欧拉努斯(Marcius Coriolanus),一个生活在公元前5世纪的罗马将军。(普鲁塔克,2011)[400-435]

奥兰纳斯的地位崇高，对人民却毫无同情之心，蔑视他们的俗语，蔑视他们使用俗语，并借此蔑视人民自身。《科利奥兰纳斯》①第一幕第一场："该死的东西！他们说他们肚子饿；叹息出一些陈腐的老话：什么饥饿可以摧毁石墙；什么狗也要吃东西；什么肉是供口腹享受的；什么天神降下五谷，不是单为富人。用这种陈言滥调，倾吐他们的不平。"②

但是，一个民族真正的知识分子一定会珍视俗语，能够证明这一点的例子数不胜数。虽然有点少，但是此处我只消提三个名字就够了，因为他们都是一个能顶十个的人物。亚里士多德就收集俗语，虽然他的某些对手或许会利用这一点对其大张挞伐，但他本人并不觉得这会折辱自己的盛名。据说亚里士多德是第一个收集俗语的人，不过这条路其实并不乏后继者。莎士比亚亦对俗语青睐有加，他不仅经常在明面上引用俗语，而且还无数次对俗语进行暗指，或是旁敲侧击将它们一笔带过，笔法十分隐晦曲折，倘若他用的不是英格兰俗语，我们或许已经错过这些俗语。除此之外，莎士比亚还使用俗语作为戏剧的标题，诸如《一报还一报》（*Measure for Measure*）、《皆大欢喜》（*All's Well That Ends Well*）等数部剧目皆是如此。塞万提斯是地位仅次于莎士比亚的人物，他对待俗语的态度毋庸置疑。每一个读过《堂吉诃德》的人都会记得那位乡绅，他说出的话一定要有一半是俗语，不然连嘴都张不开。③我还能说出其他赞颂俗语的人物，虽然他们没有达到前三位的高度，但也是名副其实的伟人。比如最有天赋的

---

① 《科利奥兰纳斯》，莎士比亚的倒数第二部悲剧。（张泗洋 等，2014）
② 此译文为朱生豪所译。（莎士比亚，2020）
③ 指的是《堂吉诃德》中的人物桑丘·潘萨（Sancho Panza），他经常大量使用当时的西班牙语俗语。

拉丁语诗人普劳图斯①（Plautus）；最为匠心独运的两位法国作家拉伯雷（Rabelais）和蒙田（Montaigne）；还有富勒（Fuller），柯勒律治（Coleridge）曾将富勒誉为文风最为诙谐的作家，富勒对古老俗语的诙谐运用又证明柯勒律治的赞美千真万确；倘若某人并不是十分了解英格兰俗语的话，他就不能完全理解《胡迪布拉斯》②（*Hudibras*），因为他必然会错过其中大量细微到极点的典故。

到底什么是汉语俗语？**长虫窟宠〔窿〕长虫知**③，要想知道窟窿在哪里，我们就必须要去问聪明的长虫。但是事实上，就算拿着这个问题去问一个饱读诗书、看起来可以给我们满意回答的中国人，有时候我们也无法得到确切的答案。

中国人显然对"俗话"二字十分满意，其意思是大家都说的话（Common Talk）。难道会有人苛求汉语老师给大家都说的话下定义不成？即使我们将"俗话"改为"俗语"，并将其翻译为大家都使用的言语（Common Sayings），这种尴尬的处境也并没有改善。这样的术语过于宽泛，很难对其下一个确切的定义，而我们现在找的就是这样的定义。确定这一定义的准确性具有双重难度。首先，汉语本身包含了各种语言风格（由于找不到一个确切的术语，我们姑且先用这个词），其中既有高级的古典词汇，也有粗俗的乡村土话。前者如凌云的黎巴嫩雪松，后者则如盘墙而生的牛膝草；换言之，前者就是安第斯山脉山顶的花岗岩巨石，后者则是亚马孙河床中的混合冲积物。此外，正如冲积物内部可能包含曾是固态花岗岩的碎

---

① 普劳图斯，全名提图斯·马克基乌斯·普劳图斯（Titus Maccius Plautus），生卒年大约为公元前254年—前184年，一生只从事喜剧创作，是古罗马重要的喜剧家，有二十一部作品流传于世。他的墓志铭写道："普劳图斯故去了，喜剧穿起了丧服，舞台成了孤儿，嘲笑、嬉戏、讽刺和无数的诗歌格律，都在流泪哭泣。"可见他在古罗马喜剧史的地位。（普劳图斯，2015）

② 《胡迪布拉斯》是一首17世纪的英格兰叙事长诗，三个部分的合集出版于1684年（Cox，2004），以讽刺口吻模仿英雄叙事诗，作者是萨缪尔·布特勒（Samuel Butler，1612—1680）。（Editors of Encyclopædia Britannica，1911a）

③ 现有俗语"蛇钻窟窿蛇知道"，比喻自己经历过的事儿，自己心里清楚。（何学威，1991）

屑一样,方言在口语上可能还涵盖了一些高级文学语言的残留。

"俗"字指的就是那些非文学的词汇,它们是普罗大众的语言,是口头的语言,与古典语言相对,但倘若古典语言也流行起来,那它是什么?这种流行起来的古典语言不"俗",因为它是古典语言,但它也的的确确属于"俗"的范畴,因为它流行了起来,成为普罗大众的语言。但是没有中国人会觉得它们"俗"或者是不纯净,哪怕一秒钟。这是我们遇到的第一个绊脚石,它和命名有关。

其次,中国人并没有给英文中称之为"Proverb"(俗语)的东西划定明确的分类。也就是说,中国人使用的"俗话"一词就是英语中"proverb"一词所对应的概念。"俗话"一词太过于笼统,而中国人给出一个特定的概念时,这一概念可以指涉的范围又太小。中国人不太习惯对事物进行概括,在他们的思维里,用于泛指集体事物的名词和用于特指个体事物的名词之间的关系和我们不一样。"这是一句俗话吗?"如果我们这样问当地学者,他可能会含糊其词地说,这是"现成的话"(a ready made expression)。他的意思不是说俗语不是现成的,也不是说现成的话就不是大家都说的话,他只是在竭力告诉我们,前文提到的表达的确是一句话,但对于他来说,这句话并不是一句俗语。我们继续研究,这时有人告诉我们还有一种话叫作"书上的话"(classical)。这个人的意思并不是说这些语言不属于俗语,而是说这些话是从某本书的某一页摘抄下来的,而且对于他来说,从书上摘抄下来这一点比其他特点更为重要。接着,又出现了新的问题,这次有人告诉我们那句话摘自一首诗(Verse),不过至少这位老师并没有说这句话不是一句俗语。但是在说这句话时,他只考虑到了一点,就是这句话之中包含着构成汉诗格律的平仄与押韵。诗句构成的俗语对他来说并不是一句俗语,而是一句诗。

我们又给出了一个例子,老师回答说这是一句对子(Antithetical Couplet)。他的意思是对仗和平行是这句话的主要特征,在他看来,一句俗语倘若对仗的话,那它便是对子而非俗语了。

我们又一次请教了老师,得知这次这句话是一个故典(Historical Allusion)。看样子他没有明确表明这句话到底是不是俗语。他一点也不在乎这句话到底是不是俗语，在他看来，包含着历史内容的俗语并不是俗语，而是历史的碎片。

再次，我们小心翼翼地询问我们是否终于找到了一句俗语，他说这只不过是一句土话（Provincialism）。在老师看来，只在某个地方通行或者只有某个地方的人看得懂的不是俗语，而是土话或者口语。

我们又一次提问并学到了东西。这次我们问的那句话不是一句俗语，实际上它只是借用了某个汉字的意思或发音的双关语。双关语俗语与其说是俗语，倒不如说是一个双关语，一句玩笑，一根把耳朵弄痒的语言稻草。

倘若要根据主题对汉语俗语进行分类，那我们就必须要证明一个相当尴尬的问题：因为我们经常无法确定一句俗语到底在讲什么，一个句子或一个对联中可以讲的东西有很多，但是很多时候，一句俗语的语境并不重要，句子的次要用法或实际使用时的用法反而才是真正重要的。为了满足现在的研究需要，我们想出了一个解决方法，那就是在对俗语进行分类时，主要根据其表现形式，而俗语的来源只在部分情况下才成为分类的依据。这样的分类方法必然有不精确之处，而且肯定会有疏漏，但它或许比其他分类方法都更有助于深究俗语的内容。按照这一分类方法，汉语俗语可以分为以下七类：

1. 从经典古籍中引用或者改编后引用的俗语。

2. 诗歌形式的俗语。

3. 对联式俗语。

4. 包含历史、半传说半历史、传说、神话人物或典故的俗语。

5. 包含特定地点或区域，或者仅仅对于某个地方很重要的人物和事件的俗语。

6. 根据多义词的不同含义，或同音不同字的情况创造出的双关语。

7. 上述类别之外的杂谚。

在继续细究这几类俗语之前，我们必须做一些全面观察。如果这种分类可行，那它便可以用于确定俗语和其他类似语言形式的边界。仅仅给出一个国家的经纬度，实际上只给出了很少的地理信息，但收集信息作为初步工作也是必不可少的。这样的边界确定工作还将面临其他一些困难，这些将在后文加以说明，不过在研究的起步阶段，我们便遇到了一个问题：在汉语中，俗语和词语指的并不是同一内容。汉语中有许多二字、三字、四字或更多汉字组成的词语，在主语与谓语，名词、形容词和动词之间没有任何界限时，很难将词语与俗语区分开来，特别是如今我们尚未给汉语俗语下一个准确的定义。

下列词语，请有耐心的读者过目一二：**琴棋书画、规矩准绳、天高地厚、同心同德、得过且过、积少成多、靠火先热、人定胜天、口是心非、水长船高、江长海深、不由人算**。

这是随机抽取的十几个词语，相互之间的特性迥然相异。前两个表达完全由名词组成。而剩下的表达则均由相互之间以某种方式形成对称结构的汉字组成（仅有一个例外），有些表达前后对仗，而最后一个表达则是谓语，没有主语。上述表达中哪些是俗语，哪些是词语呢？

卢公明《英华萃林韵府》一书的第二卷，从第 562 页起有十八页内容的标题为"隐喻性和俗语性句子"（Metaphorical and Proverbial Sentences）。这十八页内容以"二字词"开始，以二三十字的不整齐的对联结束。细读过该书上述内容的读者就会发现，确定俗语与词语之间的边界，就像回答"需要多少玉米粒才能堆成一堆"这一古老的谜题一样，注定无解。

汉语俗语的数量和通行度

俗语和人类一样都能够大量增加，这一现象普遍存在于每个民族，但汉语俗语数量极其大，其他民族难以望其项背。汉语俗语的表达能力很强，而且汉语俗语看起来取之不尽，用之不竭，所以我们深信，生活中没有什么情况是中国人不能引用恰当的俗语进行诠释的，正如地球上没有一个点是不能成为完美之圆的圆心一样。

数年前，大不列颠政府派遣了一艘军舰进行为期四年的环球航行[①]，此举并非是为了征服新的领土，而是为了潜入深海，从大洋底部采集淤泥和泥浆以作科学分析之用。应该不会有人觉得挑战者号的环球航行是在浪费钱，因为科学能给我们带来金钱无法买到的东西。

在后文的叙述中，读者不一定能读到想看的东西，读者能够读到的，或许就只是从杂乱而深浅不一的池塘和海水中刮出的一把淤泥，它们是遥远年代留下来的沉淀物，这种情况不会少见。这些沉淀物是否值得大费周章地研究一番，或许就要看研究它们的是怎样一双眼睛了。不管一台显微镜的放大率有多低，它也能帮我们看到最敏锐的视力都无法看到的东西。

从坐在龙椅上的皇帝到在磨坊里打磨的女人，中国的俗语的的确确活在每一个人口中。英国人占领广州市时，一份备忘录落入了他们的手中，上面有道光皇帝和两广总督之间的对话，备忘录显示皇帝引用了一句老妇之语：**千算万算，不如老天一算**。众所周知，总理衙门大臣、六部尚书、内阁成员以及其他各品级的官员在演讲和谈话时都会引用老妇之语，他们是本能地脱口而出，就像他们引用"四书"是本能地脱口而出一样。我们只消证明"俗话"真的是"大家都说的话"，就能够证明任何阶层的中国人都喜欢在谈话中引用俗话。如果连皇帝和大臣都会引用老妇之语的话，那么其他人引用老妇之语也就不足为奇了，而且只多不少。从皇帝到老妇，古人在经典古籍中留下的智慧是所有中华儿女的共同遗产，所有社会阶层都可以引用它们。一个没有文化、**目不识丁**的女人也能够脱口而出地改编引用《易经》中的段落，就像皇帝引用老妇之语一样：**风行草偃**[②]，**上行下效**[③]。

毫无疑问，肯定有一部分中国人比大多数中国人更喜欢俗语，就像山姆·维勒[④]（Sam Weller）比一般伦敦出租车司机更具幽默天赋一样。

[①] 即1872年到1876年的挑战者号远征，这次远征取得了多项科学发现，为海洋学的建立奠定了基础。
[②] 出自《论语·颜渊》，原句为"君子之德风，小人之德草，草上之风，必偃"。
[③] 出自东汉班固《白虎通·三教》，原句为"上为之，下效之"。
[④] 狄更斯作品《匹克威克外传》（The Pickwick Papers）中的人物。

但是，就算中国很少出现桑丘·潘萨，那也不代表其他中国人就不会对俗语上瘾，就像山姆·维勒是幽默大师，但这并不代表幽默就不是爱尔兰的民族特质一样（倘若将他塑造成一个爱尔兰人的形象的话）。相反，比起创造一句俗语并且让它流行起来，编出二十来句通俗的笑话并将它们传播出去要更容易些。山姆·维勒的笑话和他的同胞毫无关系，但是桑丘·潘萨已经在小说中告诉我们，当时的西班牙语充满俗语，就像杜尔西内娅①（Dulcinea）的住所弥漫着大蒜味一样。

在部分黑暗的房间中，尘埃的粒子偶尔飘浮在零星的阳光之中，形成一团紧凑的灰尘，并被孩子们错误地称之为"脏阳光"，他们很难理解为什么这些粒子会呈现出特定的形状，比如"壕沟"的形状。如果告诉孩子们，这些"壕沟"绝对不是太阳光创造的，太阳光只不过是让他们能够看见这些"壕沟"而已，并且告诉他们整个房间其实就像太阳光照射的这一小块地方一样满是灰尘，孩子们会大吃一惊，满腹狐疑。要证明这个说法，就必须掀开屋顶，让他们看到大气真正的"面目"。在进行汉语研究的过程中，我们也必须通过类似的方式将汉语的"屋顶"掀开，才能看到这"屋顶"之上到底是什么东西在起作用。

中国人像崇拜偶像一样崇拜着古籍经典，与此相对，那些不属于经典的东西就会被他们轻视。而那些不属于经典的东西就是"俗"的，通过字面意思我们就可推知这些东西都是司空见惯而且通俗易懂的。中国的俗谚之学与口语的交织极其紧密，因此没有中国学者能够将俗语完全忽略。但是，如果俗语声称自己也是文学的话，那中国学者就要开始鄙视它了。每个受过良好教育的中国人都要成为巨大的"文学蜘蛛"，可以从自己的肚子里随心所欲地吐出自己想要的东西，就好像吐丝一样②。倘若一只蜘蛛四处游走于友朋之间，就为了乞求它们借给自己几盎司的生蜘蛛丝，那人们一定会觉得它不够专业。因此，中国学者对待那些新年对联集的态度就与牛津大学的毕业生对待《年轻人信件写作大全》（*Young Man's Complete Letter Writer*）的态度如出一辙。

---

① 杜尔西内娅是《堂吉诃德》的主人公，发了疯的骑士堂吉诃德想象中的爱人。
② 这里使用了一句歇后语：老蜘蛛的肚子——净是私（丝）。（郑宏峰，2008）

很多汉语书籍都包含了短小的俗语集子，但编者觉得收集俗语是一项很丢脸的工作，因此将集子缩得非常短的情况也并不鲜见①。至于那些英语读者读得懂的汉语俗语集有两个以上都算多的，原因有二，一是早些时候出版的俗语集子选择的范围过于狭窄，二是它们的内容大体上都被后来者吸收了。

其中一个重要的汉语俗语集被收录在卢公明的《英华萃林韵府》中，但是与其说这本书包含着一个集子，不如说它就是一个乱七八糟的大杂烩。这本书就像一条拥有八十五个头的蛇，俗语、对联、词语、格言就像经历过一场沙尘暴一样，乱七八糟地散落在其中十二个头里面。这些俗语中的一部分竟然还被翻译成了几种不同的语言，我们完全猜不出他这么做的目的是什么。书中也没有相关索引，刚刚还找得到的句子回头就又找不到了，用汉语来说，就像是"拖着大海烧水壶"②（dragging the ocean for a kettle）。书中有门类的句子合起来有三千多句，数量远远超过了沙修道③（Scarborough）的集子，这三千多句中的许多句也出现在了沙修道的集子中，但是这些句子中有几百句根本不是俗语（不过书中也确实没有说它们是俗语），还有几十个句子在不同的地方重复出现，其中一些重复出现了四次甚至五次。卢公明也就此失误表达了歉意，理由竟然是他不记得自己写了什么！虽然存在这么多缺陷（事实上，卢公明的标准十分宽松，这才导致他难以避免这些缺陷），但是这本书的素材来自许多之前的作者，所以它整合了大量珍贵而有趣的材料。此外，总的来说，书中的翻译也十分不错，虽然还是有一些显而易见的例外。

---

① 有时还会遇到一些便宜的小书，里面附有许多木版画，每一幅都对某句著名的俗语进行解释。新年时，各种各样图画的销量都非常大，这个时候我们就可以看到整个木版都是同一类主题的图画。——作者

② 作者没有给出汉语原文。

③ 沙修道（1841—1894），来华传教士，常驻武汉。关于他来华的时间不详，有的资料说是1864年（罗福惠，1999），有的则说是1865年（黄光域，2001），关于他的资料我们知道得不多。文中作者提到的沙修道的《谚语丛话》（*A Collection of Chinese Proverbs*），出版于1875年，收录了两千七百二十句汉语俗语，每句俗语都附有英语翻译、汉语原文以及威妥玛拼音转写。（Scarborough, 1875）

关于这些例外，我们会在后文提到①。

沙修道的《谚语丛话》是我们读到的第一本条理清晰的汉语俗语集，其中的俗语都被分类，添加了索引，以便读者查阅，绪论也十分精彩。这是大量耐心劳动的成果，因此它在这里也占据了一席之地。

汉语俗语的价值

沙修道的绪论很好地体现了汉语俗语的价值。文中引用了德庇时②（John Davis）的看法，德庇时认为汉语俗语很有价值，因为它们能说明汉语的各种语法规则，但是学习汉语之人却往往很少留意它们。汉语俗语对语言学习有独特的作用。毫无疑问，对于初学者而言，它们能起到的作用微乎其微，有时甚至会让人感到困惑、迷惘，但是如果学习者的口语足够熟练，它们就变得非常宝贵了。这些俗语往往具有鲜明的特点，易学难忘，而且对于研究汉语的不规则现象有一些好处。

更重要的是，俗语能够告诉我们，中国人的思维方式是怎样的。熟悉中国人思维方式的人要远少于熟练掌握口语的人，二者相比，前者要困难得多。但是我们不应该把俗语中的内容当成是中国人性格和

---

① 《传家宝》也许是中国最类似卢公明《英华萃林韵府》的书，每一部分都由各种各样的内容组成，我们看不出这些内容被编纂到一起的原因，它们之间唯一的联系或许是都出现在了编者的脑子里吧。在这本有关珍珠、钻石、玉、一点植物学知识，以及十分有趣的临盆及产后孕妇治疗内容组合而成的大杂烩中，我们找到了一个俗语清单，不过编者自作多情地把这些俗语当作调节个人行为以及家庭关系的良方，因此这个清单只包含了约两百四十句俗语。——作者

《传家宝》为清朝石成金所著，是一本教人如何为人处世、生活的著作，涉及生活的方方面面。石成金为清代医家，字天基，号惺庵愚人，江苏扬州人，生平不详。（张培锋，2017）

② 德庇时（1795—1890），英国来华外交官，十八岁便来到广州，1844年赴港就职，为第二任香港总督，兼任英国驻华公使至1848年，翻译作品《红楼梦》《中国诗解》《好逑传》《汉宫秋》等。（王鹏飞，2014）（付瑛瑛，2017）

思想的真实反映，因为有些俗语实际上是反讽①，有些俗语则与其他俗语完全背道而驰。但无论主题是什么，或表达方式有多么夸大其词，每一句汉语俗语都能帮助我们理解人类大家庭中古老而又伟大的中国人对人类生命这张纠缠不清的大网的看法，也能帮助中国人理解他们随着时间推移所形成的经验如何引导他们解释自己实际的问题。汉语俗语几乎包含了中国人所理解的完整的人性结构，它们清楚地铺设了每一个浅滩、岩石、暗礁和流沙。如果中国人自己没有避开这些危险，这不是因为没有人警告过他们，也不是因为他们不知道人类环境本质上是危险的。

俗语是以最少的语言表达最丰富的经验。人们认为这些俗语的内容就是普遍适用的大前提，因此，自然而然，东方人也从这个大前提出发去进行推理。所以，对于许多亚洲民族来说，俗语本身就是一个论据，他们不关心"中项不周延"（Undistributed Middles）的情况，对其他未知科学也不感兴趣，没有探寻这些未知的科学知识的"坏习惯"。只要把一切浓缩成一个"箭一般简洁"的短句，直奔主题即可。中国人用着各式各样的格言，用得不亦乐乎，它们就像钻石一样，紧凑、结实、精雕细琢、闪闪发亮。

对中国文学的深刻了解一般伴随着对口头俗语的鄙夷甚至无视。初学汉语的人可能会在黑暗中跌跌撞撞地摸索，然而，如果一个人在努力表达某些想法时，依靠的是一根俗语的拐杖，或者是一瘸一拐地拄着这根俗语的拐杖前行，那他必然会引起听者的注意。在这种情况下，中国人不仅会对他愿意使用汉语表达而感到欣赏，更会因为他愿意进入汉语思维方式而对其赞赏有加。

---

① 下面这句俗语就是反讽的例子，它多少有点《传道书》（The Book of Ecclesiastes）的味道：**修桥补路，双瞎眼。杀人放火，得长命。**——作者

"修桥补路双瞎眼，杀人放火得长命"，指行善积德老天看不见，做坏事反而得福报。（《语海》编辑委员会，2000）[1701]另一个说法为"修桥补路双瞎眼，杀人放火子孙全"。

汉语俗语的理解与翻译

学汉语之人很快就会发现汉语的同音字现象十分明显，"同音字"三个字这么悦耳，但却被用来指一个这么"可恶"的现象。同音字可以被定义为汉语发音的一种特性，这种特性让人们在听到汉语发音时很难甚至无法确定其含义。例如，在翟理思①（Herbert Allen Giles）的字典中，有近两百字的发音为"chi"②［ji］，其中一些极其少见，许多只能在书里见到。就算把这些极少的字去掉，发音为"ji"的字也有五十个左右，一个人在听到发音"ji"的时候，怎么确定它是哪个字呢？难道每个特定的"ji"都是独一无二的？在他说话的时候，难道其他五十个发"ji"音的字中没有任何一个可以替代首先进入他脑海中的那个"ji"吗？如果这个"ji"后面还加上了儿化音，将元音省略变成"chi'rh"［ji'r］，不确定性并不会大大降低。因为这个新的发音可能是"chi"和"erh"［er］组合的产物，也有可能是"chin"［jin］和"erh"组合后产生的剧烈影响的产物"chin'rh"［jin'r］③，就好像"zhi er"并不一定是"chih"［zhi］和"erh"组合在一起的产物，也有可能是未省略的"chieh"［jie］与"erh"组合的产物。

热心的读者，还是不要提醒我们汉语声调的存在了，因为这就是在嘲笑我们。声调是用来区分发音相同的汉字的。水手们能够用磁罗盘辨别四个方位以及其他方向，这是很好的，但是，假设所有在汉堡制造的罗盘之中，格林尼治的北方都变成了东北，或者所有里斯本制造的罗盘仅而且永远仅指向南西南④，而巴尔的摩制造的罗盘偏向东偏北⑤，在这种情况下，恐怕海事调查庭的数量会比现在更多。不过我给出的这

---

① 翟理思（1846—1935），英国人，1867 年来华成为使馆翻译学生，后历任英国驻华各领使馆翻译、副领事、领事，1891 年离华，1897 年任剑桥大学汉语教授，著述颇丰，有《中国概要》《中国和满人》《中国文学史》等。（李盛平，1989）这里指的应该是他于 1892 年出版的《华英字典》（*A Chinese-English Dictionary*）。（Giles，1892）
② 此处是明恩溥使用的当时流行于西方汉学家之间的威妥玛拼音，下同。
③ 即北京话"今儿"的发音。
④ 南西南指的是罗盘中西南与南之间的中间点。
⑤ 东北东是罗盘中东北和东之间的方向，而东偏北则是东北东和东之间的方向。

个例子能够完美地比喻汉语声调的日常使用。在北京，上平是高音调，而八十英里外的天津，上平是最低的声调，也因此天津话能发出更大的声。下平在离首都不远的地方是明显往下走的音调，与它的名字完全不同，而在北京，下平既不下，也不平。不仅邻近地区和城镇的声调各不相同，某些城市的居民还告诉我，仅凭说话人的声调就能判断他来自城市的哪个地区，因为他的言语已将他的身份显露无遗。

如果汉语口语就是这么混乱不堪，那么应该只有极少数人能够完全理解来自远方的陌生人说的话[①]。虽然这种情况肯定是极其尴尬的，但是汉语口语的词语结构以及使用其他和本书主题无关的语言手段能让尴尬有所减轻。我们唯一的目的是清楚地告诉大家为什么人们会很难完全理解汉语俗语和其他类型的习语，其中不仅有由于同音字引起的理解障碍，而且有的时候也有可能是由于对方使用了不常用的成语、太过简略的表达方式，或将语序倒置过来，等等。还有一些让人听不懂的情况，它们根本没办法用语言形容出来。

我们很难将汉语俗语的紧凑性和力量感完全译介到英文之中，这个问题根本无法解决。一个事实可以很容易地证明这一点：英语俗语经常可以被翻译成汉语而不会损害其意思、趣味和简洁性。比如，"Out of the frying-pan into the fire" 就可以翻译成**出锅入火**；"Rats desert a sinking ship." 就可以翻译成**船沉鼠跑**，它的意思类似于汉语俗语**水尽鱼飞**。或者我们可以将拉伯雷那句耳熟能详的名句"The devil was sick, the

---

[①] 半个多世纪以前，一位海军外科医生的一段话就说明了目前流行的关于中国人在交流方面相互不可理解的奇怪情况。这段话经常作为外国对"中国事物"误解的例子被引用。他断言汉语口语极度贫乏，中国人连最简单的问题几乎都回答不了，除非写出来。"语言上的贫乏迫使中国人显得非常严肃矜持，因为他们经常坐在一起很长时间却不说一句话；即使他们开始说话了，也是通过观察面部表情和四肢动作而不是通过有规律的声音来表达的"。这位聪慧、观察敏锐的旅行者把中国称为"聋哑人之国"，极好地阐述了中国的一句俗语：**聋子教哑巴——一个不会说的，一个不会听的**。——作者

devil a monk would be; the devil was well, the devil a monk was he."① 翻译成：**鬼王患病，悔罪念经。然后病好，将经扔掉**。

然而，有许多汉语俗语，如果不使用与汉语原文相比起来冗长、笨拙的表达方式，就没办法用地道的英语翻译出来。例如：**会者不难，难者不会**，就可以直译为"The knowing ones not hard, the hard ones not knowing"，但是汉语的表达就简洁流畅、语义清晰：知道如何去做一件事的人不会觉得困难，觉得困难的人不会知道如何去做这件事。正是这种极致浓缩的特性，使得将中国经典著作准确地翻译为西方语言变成了一项费力不讨好的任务。在《论语·学而》第七章中，理雅各博士（Dr. Legge）将**贤贤易色**②四个字翻译成：人们不再关注美貌，转而真诚关心贤德之人。在《论语·学而》第九章中，**慎终追远**③这四个字被翻译成：在为父母举行丧礼的时候要格外注意，在他们故去多年后举行祭奠仪式时也要仿效父母之前祭奠祖先的仪式。在《大学》第十章中，"老老"④两个字被扩展成：应当表现得像老年人该有的样子；在《论语·季氏》第十章⑤中，三十三个汉字被翻译成英语时变成了整整一百三十六个单词！

英语中有许多俗语在汉语中几乎是完全对应的，所罗门（Solomon）的一些格言也是如此。下面两个句子是再好不过的例子了：《传道书》第一章第七句经文"江河都往海里流，海却不满。江河从何处流，仍归还何处"⑥与汉语俗语**万川归海，而海不盈**（引自卢公明《英华萃林韵府》第 489 页以及沙修道《谚语丛语》第 2507 条）正好能够相互对应。

《列王记》（*The Book of Kings*）的编纂者告诉我们，所罗门说过

---

① 出自拉伯雷《巨人传》。
② 依杨伯峻的说法，"贤贤易色"指"重品德，不重容貌"。（杨伯峻，2006）[5-6]
③ 杨伯峻译为"谨慎地对待父母的死亡，追念远代祖先"。（杨伯峻，2006）[6-7]
④ 出自《礼记·大学》："上老老而民兴孝，上长长而民兴弟"。（郑玄 等，2008）
⑤ 可能指"君子有九思：视思明，听思聪，色思温，貌思恭，言思忠，事思敬，疑思问，忿思难，见得思义"（杨伯峻，2006）[199-200]，但是这段话并非三十三个字，具体释义见所引用的书籍。
⑥ 引用自和合本的翻译。

三千句俗语（这里的意思应该是创作了三千首诗歌），但只有很小的一部分保存了下来。我们无法确定是否曾有前人或后来者编纂他的格言，但可以肯定的是，在中国，像所罗门那种规模的诗集根本算不得什么。

将汉语之中所有与俗语有关的东西全部都罗列出来，就好像要挖遍海底的每一平方英尺一样，是一件不可能完成的任务，而且毫无用处。每一种主要种类的标本都可以满足读者的需要，因为它从头到脚都有海量的材料可供使用。

汉语这门学科就是一块巨大的大陆。无论旅人多么熟练，使用多么科学的方法，无论他对一个国家的地形和常识掌握得多么准确，要他熟悉每只田鼠和蜥蜴的洞口的口径与方向，这是完全没办法做到的。**强龙难压地头蛇**。

我们可以把汉语比作一条蛇，假设人类第一次发现了一条蛇，可以想见，发现人一定会觉得它的移动方式十分奇怪。它没有肉眼可见的脚、翅膀、鱼鳍。所有的理论和先前的经验似乎都说明它不可能具有力量，也不可能成功地动起来，除非它像木头一样绕着一根轴转圈。然而，当那些批评它的人断定大自然已经宣判了它注定要失败，这条蛇却无视理论，仅仅凭借蠕虫的行动方式和蠕动收缩的力量，就飞快地溜进了一个裂缝，让旁观者目瞪口呆。这门语言忽略了从古至今所有人类语言都认为不可或缺的区分万物的机制，它的名词不区分性、数、格，它的动词没有主被动语态、情态、时态、数量、人称（事实上，汉语完全不区分词性，同一个词可以既是动词又是名词），它不区分不同功能（offices）的词汇——词性。在这门语言中，实词和虚词，"活"语和"死"词①构成了解开其语法的钥匙，而这些内容只有说汉语的人才能识别。这样一种语言，我们还能期待它什么呢？但是，我们不必对汉语和希腊语进行详尽的比较［就像郭士立②博士（Dr. Gutzlaff）那样］，虽然汉语在准确性上不可否认地存在缺陷，但若真要进行比较，汉语的丰富性和灵活性也是其他

---

① "活"词即正在使用的词语，"死"词即不再使用的词语。

② 郭士立（1803—1851），也叫郭实腊，德国基督教新教传教士。（夏征农 等，2013）

语言难以匹敌的。不过,我们目前的研究目的并不是谈论汉语的这些特征,而是希望能够引导读者留意这些特征的意义:它们展示了汉语这门语言精简、隐晦甚至完全隐藏人类思想的能力。

一位思维缜密的作家说道:"俗语的精髓在于它能将自己从特定的场合中分离出来,适应多种应用场景,适合长期使用,并且能在较窄的范围内包含广泛的含义。"但是汉语俗语并不具有这种能力,它不能自如地应用于其他情况。由于这一特点,人们一般很难确定某些汉语表达是否能被完全理解。一个中国人如果完全没听过某句俗语,有可能他所认为的这句俗语的意思和用法都跟其标准用法不同,即使其字面意思毫无歧义。

最好是通过一些例子来说明汉语口语的这些特质,以及容易被误解的表达方式。让我们来看看这个非常简单的句子:**骑马找马**[①]。这句俗语的意思好像是根据目的确定方法,让一个贼去抓另一个贼[②],用火焰与魔鬼战斗[③],**拿象跑象**。十个人中可能没有一个会想到它的意思是一个人心不在焉,去找一头自己本身就骑着的动物(就像英语中,那个把伞放在床上,自己站在门后的人。[④]沙修道《谚语丛话》第626条是这句俗语,他的翻译很准确。)。不过,这句话还有另一种非常常见的用法:暂时接受一个并非十分理想的情况,以期未来有更好的情况;骑着差一些的马,直到有更好的一匹出现。

许多常见汉字有着不同的用法,这些不同的用法导致了一种不确定性的发生,这两者又导致了一句话可能有多重解读方法。汉语的歧义不比其他语言少,就像哈姆雷特所说:就它出生的庄园而言,眼睛已经看

[①] 也称"骑马寻马",比喻已经有了好处,还要去谋求另外的好处,一面占据着已有的,一面还去寻找更称心的,也比喻先谋求小利再谋求大利。(王安全 等,1997)[377](商务印书馆辞书研究中心,2013)[1114]

[②] 原文为"a thief to catch a thief",英语俗语,表示一个不诚实的人可以猜到另外一个不诚实的人会做什么。(Cambridge University Press,2021)

[③] 原文为"to fight the devil with fire",作者没有给出汉语原文,译者尚不清楚是哪一句俗语,有可能与"以毒攻毒"有关。

[④] 指的可能是某句当时流行的英语俗语,但是作者没有给出该俗语的原文。

不清它是什么了[1]。

把一个字误当成另一个字导致的错误是很常见的。因此，沙修道《谚语丛话》第 1164 条——**九状不离原词**，这句话就有错别字，正确的写法应该是**久状不离原词**[2]，意思为官司不管打得再久，也不能脱离原来的文件。

还有第 862 条：**大鱼欺虾，虾欺泥巴**[3]。"虾欺泥巴"是什么意思？这句话抄的时候就已经抄错了，原来的句子应该是：**大鱼吃小鱼，小鱼吃水虫，水虫吃草泥**[4]。这句话简明而准确地描述了中国的高级官员、低级官员和人民之间的关系，乔纳森·斯威夫特[5]（Jonathan Swift）的诗句特别适用于这种关系：

> 所以，博物学家观察到，
> 一只跳蚤会被许多小跳蚤啮咬，
> 而这些小跳蚤还会被许多更小的跳蚤啮咬，
> 如此一直持续，绵绵不绝。[6]

第一次听到一个汉语句子就想着要把它的关系理清楚，就像在没有标准答案的情况下解决一道新的难题，因为即使你给出了正确答案，你也无法证明自己就是对的，况且在极端情况下，找到正确答案的机会微乎其微。看看下面这个例子：**千嘴鹌鹑，一嘴输**。一个人第一次听到这句话时，他必须要很擅长猜谜才能猜出这句话的正确意思。要理解这句

---

[1] 《哈姆雷特》原文为"To the manner born, I shall not look upon his like again."，朱生豪翻译为"可是我虽然从小就熟习这种风俗，我再也见不到像他那样的人了"。明恩溥将其改为"To the manor born, eye shall not look upon his like again."，这里利用"方式"（manner）和"领地、庄园"（manor），以及"我"（I）和"眼睛"（eye）的同音关系玩了一个文字游戏，用来抱怨很多汉字换个位置意思就不一样的现象。

[2] 指多次上告的状词要前后保持一致（温端政，2014），也指话说多遍还是原来的意思。（《语海》编辑委员会，2000）311

[3] 比喻以大欺小，恃强凌弱。（耿文辉，1991）179-180

[4] 今多作"大鱼吃小鱼，小鱼吃虾米"或"大鱼吃小鱼，小鱼吃虾米，虾米吃泥巴"。（耿文辉，1991）179

[5] 乔纳森·斯威夫特（1667—1745），英国爱尔兰作家，英语最重要的讽刺作家之一，代表作《格列弗游记》。

[6] 出自乔纳森·斯威夫特《诗的狂想曲》（*On Poetry：A Rapsody*）。

话，就要想象这样一个场景：一只战斗能力很强的鹌鹑在筋疲力尽之前可以啄一千下。它的优势让其他竞争对手望尘莫及。但是有一次很不幸，这只能够啄一千下的鹌鹑遇到了一个战斗力完全超过自己的对手，它只啄了一下就被打败了。这句俗语的意思与另一句俗语——**能人背后有能人**——意思相当。

几乎每个触及汉语有多么难学这一话题的作家都会提到一个问题：由于混淆同音字，搞不清楚音调，如果一个外国人汉语不够好的话，他在试图表达自己想法的时候，听众可能听到的是一个和他原本的想法完全不同的意思。这些发音错误的例子与听错的例子可以结合来看：不仅仅是刚开始学汉语的人会听错，几乎所有努力学习汉语的外国人都会有听错的时候。在这一点上还要考虑到歧义引起的理解错误的话是不公平的，因为尽管动词缺乏时态变化使此类错误在汉语中尤其常见，但每种语言都是这样，使用者如果不小心谨慎，就会落入歧义的陷阱。例如，一位中国老师报告说，在某一天，原本预计要来的几个人之中，"一个没来"（not one came）。这里产生的歧义就像有人告诉孩子们，一个人有九个孩子，但是这个人从没见过其中一个，第二个例子其实是说，这九个孩子中最小的一个出生时，父亲是不在场的。但听到这里，孩子们其实是很懵的。实际上，上面这位老师想要表达的意思是，原本要来的那几个人里面，"有一个没来"（one did not came）。

现在要提的是同音字陷阱，亲爱的读者，我们邀请您在几个同音字上绊上几跤感受一下。一个汉语很好的外国人说："我刚刚听到了，我就是想说那句话！"两组搬椅子的苦力在讨论搬运的路线，其中一组对另一组说："你走你的亮，我走我的亮。"换句话说就是：各人管各人①。但实际上苦力说的不是这句，他只是在说：**你走你的辆，我走我的辆**。

这里还有另外一个例子，乍一听以为是**爹子英雄二好汉**，实际上说的是**爹是英雄儿好汉**。

还有其他的例子。有一句话，用一只耳朵乍一听：**世人多，出是非多**。用另一只耳朵再一听（两次都听错了）：**世人多求，是非多**。这两个句

---

① 原文为"Let every tub stand on its own bottom."，英语俗语。

子看起来都挺有道理，虽然第一句在表达上有些多余，但是就汉语而言这句话是可以接受的。然而这两种说法之中的每一种都与中国人自己的说法相去甚远，因为这句话其实出自《名贤集》[①]：**衣服破时，宾客少。识人多处，是非多。**

下面这句话也出自《名贤集》：**雨里深山，雪里烟。看事容易，做事难。**第二句字面意思很清楚，类似于下面这句俗语：**看花容易，绣花难**[②]。但是第一句就比较难以理解了，经过一番深思熟虑，我们或许会自然而然得到一个结论：这句话放在前面只是为了押韵，就像托儿所的《巴布童谣》（Bab ballad）的这几句歌词一样：

羊儿就在山巅，猫儿在麦麸里面，

如果你想活得开心，那就要做一个好人先。

（The ram's on the mountain, The cat's in the bran, If you wish to be happy, Then be a good man.）

这句话十分容易解读。那位思想家正在通过绘画的视角表达自己的观点：人们很容易批评那些描摹雨里深山或是雪里烟的绘画，但是，让那些品头论足的人自己去画的话，他会发现——**看事容易，做事难。**

使用长句作形容词，往往不利于理解。例如当我们听到鲁莽之人摆出"**初生犊儿，不怕虎**"[③]的样式来时，这句话其实是一副对联的上联，它的下联是：**长出犄角，倒怕狼。**

有些汉语俗语很难懂的原因并不是因为其表达晦涩难懂，而是由于某些背景知识没有在句子中给出，要读者自己去补充。读者如果不知道这些背景知识就看不懂句子，这可能会让听者、读者无所适从。下面就是一个例子：**地净场光，先生发荒〔慌〕。**

一看就知道这句话所描述的情况发生在秋末。**冬至先生忙**，因为这段时间是主顾们为下一年的工作聘请先生的时候。大家都知道中国的学

[①] 作者不详，儿童启蒙课本，集历代名人名言，教给儿童为人处世之道。（《教育大辞典》编纂委员会，1991）

[②] 意思是有些事看上去容易，做则难。（白维国，2001）[687]

[③] 今多作"初生牛犊不怕虎"。这句俗语在元明清文学中有各种形式。（岳国钧 等，1998）[856]

校老师很穷：

最苦不过的是教书匠。

家有三石粮，不作孩子王。①

先生之所以发慌，是因为他很焦虑，害怕下一年没有人雇他。但是这些无法通过字面意思理解。

这一句也十分难懂：**卖糖梨的吆喝了一声，穷汉吃了一惊。**为什么呢？为什么一个卖糖果的小贩在街上的叫卖声会吓人一跳呢？读者们请想一想：梨要到深秋才成熟，成熟后才能被制成蜜饯，而梨已成熟，可以被制成蜜饯出售了，这就说明寒冷的天气临近了。这件事提醒那些没有钱过冬的穷人，冬天凛冽的寒风即将到来，而他的家人却连棉服都没有！加略利②（M. Callery）注意到每个汉语石碑铭文都像启示录一样，没有注释就无法理解，这并非无稽之谈。

科学家用显微镜发现蚊子也会受寄生虫困扰。大家都很烦蚊子，所以听到这个消息，都很开心。数以万计以英语为母语的人，一生都受到 e 和 i 难题（如 receive、believe 等）的束缚，知道了这一点以后，许多学英语学糊涂了的外国人心里也平衡了一些。我们应该相信，中国人也会在汉语里碰到许多绊脚石。我有一个老师对汉语俗语了如指掌，他的脑子就像装满汉语俗语的大仓库，我让他写下一句他从来没听过的话：**养船如共戏。**这句的意思是要维持一艘船的运营（需要做生意养活一大群没事干的船员，而且冬天没生意）花销甚大，和经营一家演员经常失业的剧院差不多。然后就出现了一个意想不到的结果：**洋船入公戏。**五个字中有三个弄错了，这句话被误解到了无可救药的地步。

许多学习者被这个句子困扰：**穿了是衣，死了是妻。**这句话就像是一位醉醺醺的市民磕磕绊绊地拼出了五金经销商招牌上的文字："铁水槽，多大都有。""嗯哼，谁说不是呢？"衣服就是衣服，妻子也会死，

---

① 孩子王指教书先生。这句话旧指只要能勉强维持家里生计，就不要去当教书先生。更常见的形式是"家有三斗粮，不当孩子王"。（厉振仪，2000）[499]

② 加略利，生卒年不详，西方来华传教士，法国人，出生于意大利都灵。1835 年来澳门，1841 年短暂回国，1843 年又赴澳门，1846 年回国，回国后被国王路易·菲力浦任命为御前汉文秘书兼翻译。（黎小江 等，1999）

没人会否认，但是这两句话有什么关系呢？有人就跟我们解释了，这句话表面上是陈词滥调，其实它很有道理。衣服旧得别人都穿不了时，这件衣服就肯定是你的了；一个人的妻子死了，那他的妻子肯定只能成为他的妻子，因为她不能再嫁人，当别人的妻子。^① 换句话说，在我们将其用尽之前，没有什么东西可以说是我们的。汉语如此顺利地绕过表达障碍，真是令人耳目一新。在这句中，人称代词是最重要的词语。汉语并不像古典语言^②那样在句首或句尾强调人称代词，而是通过完全省略它们达到强调的目的。汉语把选择权留给读者或听者，期待他们能够补全这句话。

这里还有一句晦涩难懂的俗语：**紧凑的庄稼，磨蹭的买卖**。我们已经在一本出版物上看到过这句话的翻译：强迫作物，使市场萧条。作者承认译文是他翻译的，看起来不像是抄袭。其实这句话要阐述的道理很简单：种植或者收割庄稼的时候要抓紧，但是做生意的时候一定要等一等买家那边。换句话说，有些事情需要快快做好，而另一些需要耐心，**要随机应变**。这句话，正是省略了动词"是"，所以才会产生误解，可能正因如此，听者才会完全摸不着头脑。

《礼记》中"**天不爱道，地不爱宝**"^③一句似乎与其他任何长度相同的句子一样不太可能产生歧义，即使里面使用了一个可以有两个意思的词语。然而，有权威人士告诉我们，中国某位海关总税务司断定这句话的意思是："上天不爱教条，大地不爱珍贵的事物"，也不管它真正的意思是什么。他说这是他的老师说的。老师肯定说过，但是他忽略了一点："爱"相当于"爱惜"，是节俭的或吝啬的意思。这句话的意思是，

---

① 该句的另一个变体很清晰地表达了这一意思：**穿破才是衣，到老才是妻**。——作者

今多作"穿破才是衣，到老才是妻"，表示衣服在穿破之前都有可能让别人穿上，妻子在中青年的时候也有可能因为各种原因弃夫而去。（董鸿毅，2014）^{177; 267} 如罗慧兰《女性心理学》："中国封建社会婚姻的基本形式和规则就是门当户对，那是因为传统的中国家庭比较注重婚姻的稳定，强调从一而终、白头偕老，即所谓'穿破才是衣，到老才是妻'。"（董鸿毅，2014）¹⁷⁷

② 可能指拉丁语、古希腊语。

③ 出自《礼记·礼运》，原文为"故天不爱其道，地不爱其宝，人不爱其情"。

上天不吝啬教条，土地也不吝啬财富。

在卫三畏^①（Samuel Wells Williams）的字典"又"字条目中，我们看到了这句汉语俗语：**又要马儿好，又要马儿不吃草**^②。卫三畏把"又"字翻译成了"有"：有好马，也有不吃稻草的马，也就是说，有些东西便宜又好，而另一些东西太贵了。很难理解卫三畏为什么会这样理解这句话，更难理解的是他为什么会附上这样的解释。真正的意思很简单，下面这个版本就不会引起歧义：**又要好，又要巧，又要马儿跑的好，又要马儿不吃草**。翻译过来就是：要让马具备良好的品质，要让马带来利益，要跑得快，而且还不能吃东西。沙修道《谚语丛话》第1724条用简短的形式给出了正确的翻译。

中国人喜欢将贯穿整个生命历程的主题和对象分类列成清单，整齐地编上号码，贴上标签。前面提到的《传家宝》就是这种令人惧怕的资料集合，所有这些资料都已被翻译并收录在卢公明《英华萃林韵府》第389—399页中。

下面的例子属于同一大类：**世上不求三难，好儿一难，高寿一难，长须一难**。另一句俗语——**三子不全**^③——与之十分类似。卫三畏字典的"三"字条目下将这句话翻译为，你不能拥有所有的子：儿子、银子和胡子。这三样东西集齐了就代表一个人很幸福，但是对任何人来说，要同时拥有这三种幸福都是不切实际的。然而，尽管这种解释是正常、符合情理的，它却完全不能表现出句子蕴含的思想。下面这个版本才清楚地表达了句子真正的意思：**人生最难得的三子全，胡子大，儿子孝，银子多**。

---

① 卫三畏（1812—1884），美国传教士兼外交官，1833年来华，在华居留四十年后回国，1877年被耶鲁大学聘为第一位汉学教授，主张将儒家思想和基督教思想结合起来传教。（张岱年，2010a）这里指的应该是他的《汉英韵府》（*A Syllabic Dictionary of the Chinese Language*），1874年出版的一本汉英字典。（高永伟，2012）（Williams，1896）

② 比喻既要求人好、物好或事情办得好，又不愿意付出一定的代价。（耿文辉，1991）[1383] 也有多种变体，比如"又要马儿跑得好，又要马儿不吃草""又要马儿跑，又要马儿不吃草"等。（高歌东 等，2006）[630]

③ 谓一个人不能三样"子"都齐全，即胡子长、儿子孝、银子多。（胡汝章，1990）

《圣谕广训》①（*The Sacred Edicts*）白话扩充版②中关于子女行为的部分引用了一句俗语：**好杀了是他人，坏杀了是自己**。跟汉语打了十五年多交道的威妥玛爵士（Sir Thomas Wade）把这句话翻译成了下面奇怪的样子：杀死别人也许还好，但自杀就是毁灭。在卫三畏的字典"杀"字条目中，"好"字被用作动词。这句话被翻译成：如果是别人的孩子，你就算再怎么喜欢，他还是别人的孩子；如果是自己的孩子，即使你觉得他已经完蛋了，他还是你的孩子。③ 其实"杀"这个字的意思根本不是杀死，它只是一个程度副词，意思是好到要杀人，或坏到要杀人。这句话的意思是：别人的孩子，无论有什么优点，仍然是别人的孩子，而自己的孩子，无论有多坏，仍然是自己的骨肉。

沙修道的书中也有不准确的翻译。有句俗语说，钝斧磨成针，只要功夫深（有的版本里是铁杵）。沙修道《谚语丛话》第15条把这句俗语中的"成针"翻译成了锋利得如同一根针。

在另一句俗语④（《谚语丛话》第1485条）中，"公道"被翻译成本能；还有一句俗语⑤（《谚语丛话》第1739条），"鸡蛋"（鸡子）竟然被译成阳具！

第102条是**退步思量事事难**⑥。这句话的意思并不是"如果你害怕思考，那么什么事都难"，而是"退一步，稍微想一想，你会发现事事都困难。"

---

① 雍正二年（1724）修订而成的官修典籍，主要由康熙的《圣谕十六条》与雍正的《广训》组成，意在训谕百姓要遵法守道。（王爽，2018）

② 可能是王又朴的《圣谕广训衍》。由于地方上的老百姓理解不了《圣谕广训》，天津人王又朴用白话顺口溜的形式对《圣谕广训》做了生动的解释，以求明白晓畅、家喻户晓、妇孺皆知。（张西平 等，2014）

③ 有的人坚持要把"杀"理解成"杀人"，比如这句耳熟能详的俗语：**好杀的婆家，不如娘家。好杀的月亮，不如白下**。但这句话的意思不是"杀婆婆，不如杀自己亲妈"，而是"理想的婆婆（'好杀了'）也不如自己的母亲好，最明亮的月光也比不上日光"。——作者

④ 这句俗语是"公道自在人心"，沙修道翻译为"本能自然就居住在人的心里"。（Scarborough，1875）[249]

⑤ 这句俗语是"鸡子与石子斗"，沙修道翻译为"一个没有希望能赢的争吵，字面意思是阳具和石头打架"。（Scarborough，1875）[294]

⑥ 出自《增广贤文》"用心计较般般错，退步思量事事难"，指退一步思考，就会发现事事都困难。

第 2226 条给出的翻译是：如果妻子反对，那就别纳妾了。汉语原文是**吃醋不讨小**，字面意思是"吃醋就不要找小的"，完全不知所云。作者似乎假定了他所有的读者都理解"吃醋"[①]（来自唐朝的一个历史故事[②]）的修辞用法——比喻家庭内部的不和，特别是正妻和小妾之间的不和[③]——，但是这样真的好吗？似乎不是所有读者都了解这个用法吧？遇到这种情况，译者应该给句子加上注释，但是沙修道先生没有加。

第 461 条**恨铁不成钢**的翻译是：拒绝铁的人不能造钢。"恨"的意思不是拒绝，而是怨恨。这句俗语的意思不是蔑视教育的人教育不了孩子（这是沙修道的翻译），而是父母（确实）应该为蠢儿子（铁）生气（恨），因为他们可能会一事无成（不成钢）。"铁"和"钢"这两个字的比喻用法与另一句俗语类似：**男儿无志，钝铁无钢**[④]。

第 1734 条完全就是个谜语：**在生是一根草，死了是一个宝**[⑤]。翻译如下：活着的人微不足道，像一片草叶，但是杀了他，然后看看会发生什么。下半句的翻译就像一本专利药品年历封面上的座右铭一样，这个座右铭中包含一句维吉尔[⑥]（Publius Vergilius Maro）的诗，后面跟着一句意译：

---

① "吃醋"实际上为"忌妒"一词的叠韵音转。讹为"吃醋"以后，民间对此词的来历多有附会。（张绍麒，2000）

② 可能指的是下列故事，唐代刘悚《国史异纂》："又房玄龄夫人至妒。太宗将赐美人，屡辞不受。乃令皇后召夫人，语以媵妾之流，令有常制，且司空年近迟暮，帝欲有优崇之意。夫人执心不回，帝乃令谓曰：'宁不妒而生，宁妒而死？'曰：'妾宁妒而死。'乃遣酌一卮酒与之。曰：'若然，可饮此鸩。'一举便尽，无所留难。帝曰：'我尚畏见，何况于玄龄乎？'"（李昉，1999）据说唐太宗送去的并非毒酒，而是一杯醋，这个故事由此而来。（王占义，2017）

③ 因此有句俗语说道：**你不吃他的醋，他必粘〔占〕你的酸**。这应该是丈夫对妻子说的关于"小老婆"的话，作为告诫对方行为应当谨慎的话语。比喻**势不两立**。——作者

④ 沙修道先生《谚语丛话》第1268条给出了一个与这句俗语有些稍微不同的版本。——作者
第 1268 条为"男儿无信钝铁无钢，女儿无信烂草麻瓢"。

⑤ 也作"在世一棵草，死后一件宝"，意指有人活着不受重视，死后反而被重视起来了。（周静琪，2006）

⑥ 维吉尔（前 70—前 19），古罗马时期最重要的诗人之一，主要作品有《农事诗》《牧歌》《埃涅阿斯纪》。

斯人征此地，其技

　　尽在布兰德雷斯药丸里。

　　很明显，上面那句俗语的意思是，虽然人活着的时候可能没有价值（"在生是一根草"），但是如果他被人杀了，他的家人就会要求赔偿，这时候他会成为家人有价值的资本。就像已经提到的第2226条一样，在这种情况下，考虑到普通读者的需求，这里应该加上注释。

　　第318条**隔行如隔山**的意思很明显，但是沙修道还是理解错了，将它翻译成了每个人都有自己的职业。这句话的字面意思是把行隔开就像把山隔开。"隔"字被翻译成了分配数词"各"，意思是每个、每一个，这样的翻译很牵强，因为贸易和大山之间没有可以类比的地方。这句话真正的意思是，不同行业之间的边界或障碍就像山脉一样难以逾越。外行不了解行业内的秘密，就像他不了解其他国家一样。另一句俗语"**同行是冤家，隔行是力巴**①"表达了同样的意思：同行是竞争对手，非同行是新手。但是与卢公明的《英华萃林韵府》第484页中俗语翻译的错误相比，上面的错误并不算大。在《英华萃林韵府》中，"hang"（行）被读成了"hsing"，无论是汉语还是英语，句子的意思都被曲解了：行动的方式就像大山一样，互相之间千差万别。

　　第1890条**有星不能照月**②的翻译是这样的：无论星星多么愿意，它也帮不了月亮。后面的注释告诉我们这里玩了一个文字游戏，因为"hsing"（星）和"hsin"（信）发音相似。这个解释似乎自始至终都是一个错误。卢公明《英华萃林韵府》第326页给了我们另一个解读方式：**星勿能照月**，"星星不能面对月亮"，意思是，"老百姓不能与皇帝相提并论"。但是实际上它的意思好像是：正如星星不能给月亮增添光彩一样，老百姓也不能增加皇帝的荣耀。

---

① "力巴"指笨手笨脚的人，也指外行。

② 似乎是心有余力不足之意。（潘自华，2011）

第 2242 条俗语：**杀人可恕，情理难容**①。其翻译为：饶恕杀人者就是厌恶理性。在这个版本之中，我们没有看到沙修道是怎么处理"可"这个字的，也没有看到这句俗语中的两个分句是怎么对仗起来的（实际上前后两句的对仗、句读都十分清晰、明显）。沙修道只是完全沿用了卢公明先生的翻译，卢公明的翻译很勉强（不过好在还是保留了对偶的形式）：杀人可能会被原谅或宽恕，但我们没有理由允许杀人。其实这句俗语只是用了夸张的手法，它原本的意思是，杀人可以原谅，但违反常识不可原谅。

卢公明先生《英华萃林韵府》中还有其他一些错得更离谱，或者没那么离谱的例子。这些错误不是悄悄出现，而是大摇大摆地走进来，戴上帽子，撑开伞，然后往前排一坐。②

第 576 页的俗语：**船多不碍港，车多不碍路**。③卢公明的翻译是，船只不会伤害大海，出行的车辆也不会伤害道路。下半句显然与日常观察有很大差异，特别是在中国，我们不知道卢公明为什么在翻译这句话的时候不多考虑一下。这句话真正的意思其实是沙修道《谚语丛话》第 324 条所翻译的那样：大量的船只不一定会堵塞航道，马车数量多也不一定会阻塞道路，也就是说，当每个人都待在自己的位置时，所有的人都能有位置。

宁可无了有，不可有了无。④这句俗语也出现在第 576 页，它被翻译成：没有存在过要比存在了却什么都不是要好。而原文的意思显然是：在贫穷的时候获得，要比在获得之后变得贫穷要好，换句话说，将一个人的现状变好比将一个人的现状变差要好。

---

① 意思是杀人者如果可以被宽恕，在情理上是说不过去的，指必须对杀人者严惩不贷，或者是杀人之事都可以被原谅，但是伤天害理之事不能被容许。（《汉语大字典》编纂处，2019）（沙长歌，2014）[185]

② 这是在揶揄卢公明翻译错误的明显以及离谱。

③ 比喻人虽多却不碍事。（厉振仪，2000）[216]

④ 指宁愿由穷到富，不可由富到穷。由穷到富，日子渐渐好过；由富到穷，日子慢慢难过。明代凌濛初《初刻拍案惊奇》："俗语两句说得好：宁可无了有，不可有了无。专为贫贱之人，一朝变泰，得了富贵，苦尽甜来滋味深长。"（沙长歌，2014）[147]

弟兄虽亲，财帛分明。这句俗语出现在第575页，翻译过来就是"兄弟虽然关系很近，但金钱上的差距将他们分隔得远远的"。"分明"的意思并不是远远地隔开，而是明确地区分。整句话的意思和下面两个俗语是一样的：**朋友高打墙**，就算是朋友也要用高墙分开，因为只有君子才能避免金钱上的问题；**财帛分明大丈夫**[①]。

第681页出现的这句俗语**驴唇不对马嘴**[②]，被翻译成"驴的嘴唇不是马嘴的反面，或者是差不多的东西"。但是实际上这句话的意思是前者和后者并不匹配，用来讽刺那些荒谬的，或者是自相矛盾的语言。

《英华萃林韵府》第248页收录了出自《太上感应篇》[③]（*Book of Rewards and Punishments*）的一句经常被引用的话：**是道则进，非道则退**。其正确的翻译为：如果是正确的道路，那就前进；如果走错了路，那就退回去。原本在第248页此句已被翻译正确，但是在第498页，这句话又出现了一次，此时已被归类为古话，又被翻译了一遍，还翻译得奇奇怪怪：如果有道德的原则，那就是进步；如果没有，那就是倒退。

第571页出现的俗语**当行厌当行**[④]是这样翻译的：陶匠嫉妒陶匠。沙修道《谚语丛话》第320条的翻译才是对的：同一行当的两个人相互讨厌。第685页出现的这句话：**一世为官，七世打砖**。[⑤]这句格言的理论基础是中国人的转世观，它针对的是那些贪得无厌的官员，这些官员

[①] 指在财物上公私分明，才算得上是品德高尚的大人物，常与其他句子搭配，比如"见色不淫奇男子，财帛分明大丈夫"。（刘金陵 等，1993）

[②] 比喻文章、说话前言不搭后语，关于这句俗语的各种变体详见《元明清文字方言俗语辞典》。（岳国钧 等，1998）[318-319] 关于这句俗语在古代小说中的例子，详见《汉语描述语词典》。（高歌东 等，2006）[306-307]

[③] 流传最广的道教善书，作者不详，或为宋朝李昌龄著。（谢谦，2018）（朝晖，2016）

[④] 意思是同行的人厌恶同行的人。《金瓶梅词话》："他们说亲时又没我，做成的熟饭儿，怎肯搭上老身一份？常言道：'当行厌当行。'"（厉振仪，2000）[265]

[⑤] 这句俗语更常用的形式是"一代做官，七代打砖"。打砖指乞丐讨饭，旧时乞丐为得他人同情，用砖头拍自己。这句俗语指一代人做贪官，子孙后代就会遭报应做乞丐。（温端政，2012）

一生犯下的罪行足以让他们接下来的七辈子都去当乞丐。在中国，乞丐经常跪在街上，用砖头敲打自己的身体来激发同情心，所以"打砖"是乞讨的同义词。卢公明忽略了这个不难懂的解释，因此读者看到的翻译就是：一代当官，七代当打砖工！

下面这副对联出现在第 481 页：**羊有跪乳之恩，鸦有反哺之义**。[①]它被翻译为"即使绵羊也会下跪给幼崽喝奶，乌鸦也会吐出食物给雏鸟喂食"。要这么说的话，如果绵羊不给幼崽喂奶，那羊羔断奶之前是不是就不吃东西了？沙修道《谚语丛话》第 1906 条正确翻译了前半句：羔羊受到恩惠，能够跪着吮吸乳汁。后半句据说指的是雏鸦在父母年老时，照顾父母，将食物吐出来给它们吃，而不是给别人吃。

冷锅里冒热气[②]，这句用来形容一个人突然无缘无故发脾气，就像冷锅下面冒出烟雾。在第 680 页，我们发现这句俗语被翻译得很奇怪：假设冷锅中有热气。

第 182 页又出现了令人一头雾水的翻译，**猪宰白讲贾〔价〕**[③]这句俗语的意思是：当屠夫已经杀了你的猪，你就没有必要和他讨价还价了（因为猪已经死了，你必须将猪肉卖给他才能处理掉尸体）。然而，译者竟然觉得"白"是修饰猪的形容词，将句子翻译为：先把猪（完全）宰到全白，再去谈论（不同的）价格——也就是说事做完了再谈价格。并且为了排序方便，这句被放在了"先做再说"这一主题（motto）的下面，而事实上它应该被放在"协商一致你再开始"这一主题下面。

中国人喜欢只表达一部分意思（这一点将在下文进行更充分的说明），让听者自己去弄懂话语的意思。此类习惯的一个常见例子是：**丈母娘夸**

[①] 出自《增广贤文》，指羊羔和乌鸦都有情有义地感恩父母，那么做子女的便更要懂得孝顺父母。张国斌在《无害通过制度研究》后记中说："父爱如山，母爱似水。羊有跪乳之恩，鸦有反哺之义，何况人耶？感谢家父家母，竭尽所能，助吾成长，未求回报。"（张国斌，2018）

[②] 锅中水沸才能冒热气，冷锅不可能冒热气，比喻发生意想不到的事或已经失去活力的事物重新活跃起来（白维国，2001）[770]，也比喻事情平息后又突然起事端（《语海》编辑委员会，2000）[1208]。

[③] 福州俗语"猪宰白讲价"，指猪宰好剥毛后才论价，只好贱卖。（何绵山，1998）

女婿——可以。[1]这种夸奖表示只是还可以而已。最后两个字通常被省略，如"您的生意如何？""嗨，只是丈母娘夸女婿罢了"。听的人这个时候就知道对方生意只是还可以而已。这句话在第687页变成了一句废话：岳母吹嘘自己的女婿是可以允许的。

就像英语中有"从柱子到杆"[2]（from pillar to post）、"用力量与力气"[3]（with might and main）这样重复使用近义词或同义词的俗语一样[4]，汉语也有大量这样的表达。**"依着篱笆，靠着墙"**这一表述就属于这一类别，意思是不能自力更生，只能依靠最接近的东西生存。然而，第686页的翻译将这个主题引入了力学领域，并且加上了否定词，让这句俗语传达了和材料强度有关的意思：不要靠在竹棍的篱笆上，要靠在墙上。

第577页出现了这样一句俗语：**男僧寺对着女僧寺——没事也有事**。[5]沙修道《谚语丛话》第2383条的翻译是：男修道院对着女修道院，那里表面上什么事也没有，但实际可能有事。看起来，他的翻译已经很清晰准确了，但沙修道不愿意就这么放弃，所以我们就看到了以下翻译：牧师住在女祭司附近，闲人从来都不忙。这句话的真正含义是眼看着没事，但事实肯定不是这样的。

尽管已经列举了太多例子，我们最后还是会给出一个附加的例子：纵此物孑然，狮也。[6]在卢公明《英华萃林韵府》第285页和沙修道《谚语丛话》第1123条中，我们都可以找到这个例子：**一星之火，能烧万顷之山。半句非言，误损平生之德**。其中上联是一句十分常见的俗语。卢公明的翻译如下：一颗星星的光芒给许多地区的山脉染色，半句话说得不合适就会伤害一生的美德。沙修道在卢公明翻译的基础上

---

[1] 关于这个歇后语参见《常用歇后语分类词典》。（沈慧云 等，2018）

[2] 英语俗语，意为从一个地方到另一个地方。

[3] 英语俗语，意为竭尽全力。

[4] 英语中pillar和post，might和main为近义词。

[5] 本指和尚和尼姑之间容易被人误会有私情，转指是非很难说清楚。也指肯定会出事。（温端政，2018）532

[6] 原文为拉丁语"unum sed leonem"，因此用文言文对译，意思是"虽然这个东西只有一个，但是它是狮子"。作者在这里使用这一拉丁语谚语，是为了强调最后给出的例子的重要性。

做了微调：由于一颗星星的光芒给许多地区的山脉染色，因此，一句不小心的话语会伤害一生的美德。此外，沙修道在其书绪论第 xiv 页评论道："还有哪句话能将不小心的话语带来的危险表达得比下面这句话更令人满意呢？"

其一，这句话是一个对偶句，是说山上的星星和生活中错误的言语带来的影响应该是相互对应的，但是在卢公明和沙修道的翻译中，星星只是染了色而已，跟不小心说的话产生的结果根本不是一个程度的事情，所以他们的翻译一点也不准确。

其二，"一星之火"的意思不是一颗星星的亮光，而是一个火花。

其三，"烧"的意思不是染色，而是燃烧。

其四，"万顷之山"的意思不是许多地区的山，而是一百万英亩（可能多一点，或者是少一点）。因此，一个火花造成的破坏面积之广与一个错误用语造成的后果之深远之间能够完美类比。

汉语俗语的变体

汉语学习者如果想从书本中或者从当地人的谈话里收集句子并且背诵的话，他们就会遇到许多困难，这对于他们而言是十分不利的。西方国家培养人们记忆语言绝对不是为了记忆而记忆，即使在那些看起来最重视语言记忆的地方。可能我们得怀疑一下，在西方能取得成功的方法，在中国会不会就失败了。在这些不利条件下，敢于冒险引用浩如烟海的古话的人，可能就会像高夫先生（Mr. Gough）一样，他原本是个很有分寸的演说家，但是他引用俗语的时候却语无伦次起来："聪明的儿子有虫吃——哦，不对——早起的鸟儿让父亲快乐。"一个没受过什么教育的乡野村夫这么评论外国人的语言错误：**外国人一开口——说乱**。在中国，语言错误是极难避免的，因为即使是用法不同，甚至截然相反的两个句子，它们之间也有可能并没有明显的区别。

由于中国人有着无与伦比的语言记忆力，因此他们对细节并不关心，但是这并没有让汉语更容易学习。例如，中国人几乎不关心日期的准确性。对于他们来说，一个人与可能统治中国半个世纪的皇帝生活在同一时代而且飞黄腾达就够了。不管其在历史上有多么大的功绩，六十年的周期一下子就能让任何一个西方国家晕头转向。想象一下，在欧洲某个地方（比如在罗马城初建的时候）使用罗马字母标记连续年份的日历，第一年是AB，第二年是BC，第三年是CD，以此类推直到全部字母都用完，然后又一次从头开始，就像《杰克盖的房子》[①]（The House That Jack Built）一样不断重复。如果一个读者熟悉中世纪历史的话，就可以从这个日历中确认某个事件，比如查理曼大帝加冕发生在MN年。这位读者最近才学会看这个日历，但是不能因此就说他比别人聪明，除非他有自己的一套去确定从某个事件发生的时间点，到他所在的时间点，到底相距多少个字母表。虽然没有固定的起点，但中国人对自己车轮式的纪年法却十分满意，他们也许没有意识到其缺陷所在，因此他们对历史发生的具体时间缺乏认知也就不奇怪了。读者在本书中发现时间上的错误的时候，会马上想到这是中国纪年法的缺陷导致的。

　　错别字同样必须修改。什么是错别字？学者们会写错别字，那些印刷精良、表面上精心编纂的书籍中也有错别字，中国的教书先生们长期相互争论，就为了确认某些汉字该写成什么字形、该读什么声调才是正确的，难怪有这样一句讽刺秀才的俗语：**秀才，秀才，错字的布袋。**

　　从古籍经典中引用的语句当然能够与古籍原句保持一致，不过这些语句有时候会被改写成更适合民众之间交流的语言，而不是直接使用文风古典的原文。俗语最容易看出汉语引用语的使用多么不受限制。不属于某个地区的俗语被称为通行的俗语，"通行的"三个字的字面意思是走遍的。确实，现在有成百上千句，甚至成千上万句俗语"走遍"了中国，从某种意义上说，无论在什么地方都能听到它们，而且不同地方的人引用同一句俗语时也会有很大不同。当你引用一句俗语的时候，对方经常会这么回答你，"这句话我们不会这么说"，然后又给出一句不同的版本。中国人本能地喜欢那些没有用的俗语变体，他们可能只是想满足自己的

[①] 17世纪的一首英国童谣，它的语句一直不停地在重复。作者这里指的是用于纪年的字母不断重复。

这种喜好罢了。这些俗语变体没有给俗语增添什么意思或者减少什么意思。因此，如果一个人的阅历尚浅但是懂得观察，那么中国人就会说：**没吃过猪肉，也见过猪走**。某个地方的人喜欢用"跑"字代表所有向前的动作，所以他们把"走"换成"跑"，这不仅使得句子不像原来那样押韵，也没有给这句俗语增加什么新的意思。

如果这一过程中出现了其他更大规模的文本改变，一般是可以明显感知到的。对联形式的表达特别容易发生这种改变。没人会觉得对联的两个句子是一样重要、一样适合大众引用的。一百个读者之中可能只有一个不熟悉亚历山大·蒲柏[①]（Alexander Pope）的这句话：每一个诚实的人都是上帝最崇高的作品。但是，十个读者之中可能只有一个可以准确地说出这句话的上句是什么，而且前提是他们真的知道这句话有上句："风趣的人是羽毛，当首领的人是棍子"，正如批评家所言，上句显然只是作为下句的陪衬放在这里。这个例子与大量或长或短的中国对联所碰到的情况相似，这些对联因为两联中的某一联十分重要而流行起来，与此同时另外一联一点名气也没有，几乎完全消失，好像一个瘸腿的人用一条腿走路一样。但是中国人相信，如果一首歌包含善意之言，那它就不会消亡，而且这些像瘸腿的人一样的表达中的某些内容可以帮助中国人猜出它可能还有一个上联或下联——他们一下就猜得出来。同样的情况下，如果一个马鞍只有一个马镫的话，赛马骑手可能就要问另外一个脚往哪里搁，外国人不懂，便天真地以为骑手只不过是把两只脚放在了一个马镫上。这种"瘸腿俗语"继续流行，直到某天，某个人很大胆，在引用它的时候生造了一句上联或下联出来，然后像给瘸子安上假肢一样，给它安了上去。

举几个例子来说明汉语俗语产生变体的天赋。许多俗语由两个分句组成，其中一个就可以单独引用，不需要加上第二个分句。比如：

甚么蝇子下甚么蛆、甚么模子托甚么坯。

在无数这样的例子中，每个分句本身都有一个完整的意思，而两个

[①] 亚历山大·蒲柏（1688—1744），18世纪英国最伟大的诗人，杰出的启蒙主义者。

分句仅仅依靠类比关系联系在一起。一个人可能多年来听人单独提起过这两个分句，但是他从来没有想过这两个分句可能就是一副对联的上联和下联。

许多俗语被拼接到一起，形成可长可短的对联，而且上下联的意思没有什么本质区别。比如**锦上添花**经常用来表示给那些富人送一些他们不要的礼物。①**雪里送炭**的意思是在某人处于极端情况下，比如极端贫穷的时候，给予及时的帮助。把这两句连在一起，加上一些其他的词，就形成了一个常用的对联：**雪里送炭真君子，锦上添花是小人**。下边的例子是同样的情况：

当差由不了自己。

为人别当差，当差不自在。风里也得去，雨里也得来。

住了辘轳干了畦，可以浓缩成四个字"住辘干畦"。

通过加入不改变句子意思的虚词和分句，俗语产生了无穷无尽的变体。比如下面这个例子：

一枝动，百枝摇。

一叶动，百枝摇。

一枝不动，百枝不摇。

许多汉语俗语的一部分也包含在其他俗语中：

门门有道，道道有门。

门门有道，谷谷有米。

道道有门，门门有神。

忠臣不事二主，烈女不嫁二夫。

好马不背双鞍，忠臣不事二主。

远水救不了近火，远亲不如近邻。

远亲不如近邻，近邻不如对门。

一些俗语只是进行了轻微的变体，却能从根本上改变甚至是颠倒原来的意思。中国人和其他东方人一样，都深信女人天生就有嫉妒心：**最妒不过的是妇人心**。另一个版本表达的意思更为强烈：**最毒不过的是**

---

① 此处明恩溥的理解似乎与该成语当代的实际意思有差别。

妇人心。

马不得野草不肥，人不得外财不富。① 把这个句子改一两个字，句意就变了，改过后的句子体现了中国人在外号这件事上的迷信：**人不得外号不富，马不得夜草不肥。明人必用细讲。** 因为他希望了解事情的各个方面。**明人不用细讲**，他看一眼就明白了。就像《圣经箴言》第 26 章第 4—5 节说的那样："（不）要照着愚昧人的愚妄话回答他。"②

收集、研究汉语俗语的方法

在我们考察汉语俗语的各种类别之前，不妨适当地提出一些研究俗语的最佳方法。这些方法可归纳为三个简单的身体部位。

第一个是耳朵。真正想要听到汉语俗语的人，会发现到处都是汉语俗语，就像夏天的空气中到处都是苍蝇一样。但要抓住这些俗语，无论在怎样的情况下都是相当困难的。**会听的听门道，不会听的听热闹。**

像野兔听见猎犬的声音就开始撒腿跑一样，经验丰富的俗语"猎人"收集俗语是从听见带有"俗"字的声音开始的。俗语常常像野兔一样被追逐。俗语"猎人"听到俗语后，不会去努力获得它，而是在未来有机会的时候才努力去打听它，这就像一个人**"现放着卧兔他不拿，要拿走兔"**。等待俗语自己出现的人，就像看到一只野兔在快速奔跑时撞到树上撞死的人一样，第二天，这个头脑简单的乡下人又回到同一棵树下等待另一只兔子。这个寓言故事被称为《守株待兔》。但如果俗语真的飞走了，那么与其浪费时间去追，还不如就此放弃，只有傻狗才会去追正

---

① 古谚有"马无夜草不肥，人不得外财不富"。外财，不是由正常的途径得来的钱财。（耿文辉，1991）[627] 关于这句俗语的其他变体，详见《元明清文字方言俗语辞典》。（岳国钧 等，1998）[90] 元代郑廷玉《后庭花》："盖因是一由命，二由做。我则要千事足，百事足。常言道：马无夜草不肥，人不得外财不富。"

② 《圣经》原文为："不要照愚昧人的愚妄话回答他，恐怕你与他一样。要照愚昧人的愚妄话回答他，免得他自以为有智慧。"《圣经》用了两个意思完全相反的句子，这种修辞手法就像"明人必用细讲"和"明人不用细讲"一样，因此作者在这里引用了《圣经》的这句话。

在飞的鸟①。

要关注每一个了解一两句俗语的人,无论他是当官的还是干苦力的。正如孔子所言:"三人行必有我师。"②如果这些"老师"给予的教导不一致(这并非不可能发生),不要像中国人那样,只听信大多数人的说法:**三人占,从二人之言**。③一个人说话的分量是称出来的,而不是数出来的。听听他们的话,"从每只路过的鹅身上拔一根羽毛"④,但是不要对任何人言听计从。

要知道你会经常出错,而且很多例子都证明,你不会总是因为出错而失望⑤。某个外国游客上了一艘中国的小船,下大暴雨的时候,他听到船夫在说"下大猫"⑥,还以为是听到了英文俗语但船夫实际上说的是"下大锚"。

许多中国人听到一些外国人在唱一首英文歌,歌词是:明天你去吗(Tomorrow will you go?)?对中国人来说,如果将歌词再现在汉语中,就是一句难以理解的话语:"偷猫肉喂了狗"。

练习能锻炼听力,可以让耳朵听出值得听的信息。就像在其他语言中一样,汉语也讲**会说的,不如会听的**。

第二个是嘴巴。从某种意义上来说,俗语"猎人"应该讲两种语言,一种用来说话,一种用来提问。子贡问曰:"孔文子,何以谓之文也?"

---

① 原文为"Only the silly dog chases the flying bird.",收录的原汉语为**傻狗赶飞禽**。这句话的完整版本是"活人哭死人,如同傻狗撵飞禽",狗追鸟飞,是永远追不上的,人已经死了,再哭也是无用的。(王树山,1999)

② 如今一般作"三人行必有我师焉"。

③ 出自《尚书·洪范》,原句为"三人占,则从二人之言"。

④ 原文为"plucking a feather from every passing goose",收录的原汉语为**鹰过拔根毛**。原本形容一个人武艺高超,后来用于比喻经办事情的时候趁机捞好处。(商务印书馆辞书研究中心,2013)[1753]

⑤ 许多年前,当两广总督在广州港访问一艘英国军舰时,水手们听到广东人叫他"总督",以为这是他的名字,就叫他"约翰·塔克"(John Tuck)。1860年英法联军入侵北京时,士兵们听到了很多关于领导中国军队的鞑靼将军僧格林沁(San-ko-lin-sin)的传闻。军营里流传着这样一个谣言,说僧格林沁实际上是从英国军队中逃出来的爱尔兰人,名叫萨姆·柯林森(Sam Collinson)。——作者

在粤语中,"总督"一词的发音与英语"约翰·塔克"的发音类似,所以水手们会产生这样的空耳。

⑥ 即"It is raining cats and dogs.",意思为倾盆大雨。

子曰："敏而好学，不耻下问，是以谓之文也。"① 历史经典告诉我们：

好问则裕，自用则小。

练胳膊，练腿，不如练嘴。

腿勤不如嘴勤。

嘴勤问出金马驹儿来。

说错和听错的次数一样多：

老虎也有打盹的时候。

神仙也有一时错。

说和听一样：

熟能生巧。

习惯成自然。

井修三遍吃甜水。

第三个是手。卡特尔船长②（Captain Cuttle）的座右铭最适合汉语学习者：见到什么，记个笔记。**说话为空，落笔为实。广记不如淡墨**，这句俗语的另一种形式是：**巧记不如拙写。**

即使如中国人这般强大的语言记忆力有时也会辜负他们。有个人对他最近看到的一副对联大加赞赏。有人问他："那对联写的什么？"这个人回答道："上一联忘了，下一联是什么，什么，什么春。"

有时候你会碰到大量的俗语，它们像稠密的雨点一样打在你身上，这就是你拿起盘子接的时候了。根据中国人的说法，当刺猬在"枣树"下发现果实时，它会狼吞虎咽地吃，然后滚来滚去，直到刺上粘满枣子，它才会得意扬扬地带着枣子离开。你要做的就是像这只精明的刺猬一样，用你的羽毛笔记录你碰到的俗语。要特别仔细地写下任何一个句子，即使你知道这个句子可能没有任何用处。也许你在下个周末之前就需要它，否则你就只能在想引用它时支支吾吾地说"什么，什么，什么春"了。

在科罗拉多的一次演讲中，查尔斯·金斯利③（Charles Kingsley）把一只从他头上飞过的大甲虫拦了下来，却一刻也没有中断他的演讲主线，

---

① 出自《论语·公冶长》。
② 狄更斯作品《董贝父子》（*Dombey and Son*）中的人物。
③ 查尔斯·金斯利（1819—1875），英国作家。

他拿起这只甲虫仔细地观察,想弄清楚它应该被分类为鞘翅目的哪一种,这正是学汉语的学生所需要的。由于中国人说话很快,他们讲俗语的时候,俗语就像一只只"语言甲虫",如果不抓住翅膀,就根本抓不住它们,那它们就消失了。中国人在讲这种俗语的时候,其中的很多不会像甲虫一样沉重缓慢地飞,而是像蜂鸟一样飞速掠过,这给人一种"一些不知道是什么的东西来了,然后又走了,根本追不回来"的感觉。中国人常常会像发射子弹一样说出一句你完全听不懂的话,然后马上说一大堆话来解释这句话的意思,但是这些解释的话也像小子弹一样,又快又难以抓住。

收集一句汉语俗语,就像训练接住一个飞行中的棒球,不专业的人很可能会伤着手。因此,虽然这么做不专业,但最好准备一个不会让球跑掉的小篮子。要学会**闲置忙用**,这句俗语很常见的一种形式是**闲时置下忙时用**。只要你不断地往里面添加新的俗语,你所收藏的俗语的数量会很快增长:**积少成多、集腋成裘**。

更不用说现有的汉语俗语数量可谓是取之不尽用之不竭,就像一个人不可能把所有在售的酒都喝光[①]。

只要沿着汉语俗语给的线索走,几乎所有与中国和中国人有关的趣事都会迟早大白于天下:**因此识彼、触类旁通**。如果有经验的话,无需解释你就能很容易理解那些初次听起来相当,甚至极其难懂的俗语。要知道:**三年打柴,会看坟茔**。[②]

最重要的是,一定要确保有一个最聪明的老师任你询问,并且用记笔记的形式给你解释不太清楚的地方。对老师来说,这样的工作似乎与他的学识不相称,真是屈才了。他会认为你雇他干这活是在乱来,简直就是:**刘备坐知县,大材小用**。

但事实是,清晰、简洁、准确地解释汉语俗语是一项艰巨的任务,九成的中国老师都做不到。这需要老师拥有相当的学术、历史、古典以及"杂学"知识。理想情况下,要把它做好,需要一个像特费尔施德勒

---

① 原文为"One can never drink all the wine that is for sale.",收录的原汉语为**吃不尽沽来的酒**。

② 多年打柴的人,对坟地的风水十分熟悉。指长期干一种行当,也会熟悉与此行当相关的另一种行当。(金路,1996)

克先生^①（Herr Teufelsdröckh）那样的，能够把世间万物都教授给你的人。老师可以给学生口头解释许多东西，直到学生头昏脑涨，一言不发，但如果让他用笔来解释，他就不干了，因为让他用笔解释俗语在某种程度上就是强迫他弄清楚自己到底在说什么。**好忘急求记事珠**^②。一位知道自己在讲什么的老师将自己的解释写在笔记本上，那这本笔记本就是"珍珠"。清晰的知识比深刻的知识更宝贵。^③

在每个国家，目光敏锐、好奇的外国人都让某些智力迟钝的当地人害怕不已。外国人问英语母语者："为什么你们在表达'千真万确'的意思时，要说'就像鸡蛋是鸡蛋一样千真万确'？^④"英语母语者不知道这句话的意思，但这个问题激起了他的好奇心，他的大脑"扭成一个问号"，逼迫自己去探究这个问题的答案。然后他发现有些人〔比如德摩根教授^⑤（Prof. De Morgan）〕认为这句话是逻辑学公式"x 就是 x"的变体，而另一些人则提出了一个似是而非的理论：这句话来自酒吧墙上的计分方式，用画字母"X"的方式来计算顾客喝了多少品脱（pint）和夸脱（quart）^⑥的酒（顾客必须记住品脱数和夸脱数），如果顾客对计算结果有异议，老板就会大喊道："绝对没错，就像 x 就是 x 一样^⑦！"

那位汉语老师不愿意承认自己的无知，除了古典学问、科举文章之类的东西以外，他从来不会打听别的东西。因此，他在脑子里生造出一个也不是不可能的解释，虽然这样的解释或许并不正确，但他会觉得是正确的，至少对于他的学生来说够用了。正如哲罗姆（Jerome）在《加拉太书》（*Galatians*）第三章中肯定了保罗的语言文学推理，虽然这话

---

① 托马斯·卡莱尔（Thomas Carlyle，1795—1881）的《衣裳哲学》（*Sartor Resartus*）中的人物。

② 记事珠指能帮人记忆的事物，出自五代王仁裕《开元天宝遗事·记事珠》："开元中，张说为宰相，有人惠说一珠，绀色有光，名曰记事珠，或有阙忘之事，则以手持弄此珠，便觉心神开悟，事无巨细，涣然明晓，一无所忘。"（赵应铎，2014）³⁴⁴

③ 原文为"Clear knowledge is more valuable than profound knowledge."，收录的**原汉语**为**精学更贵于博学**。

④ 原文为"as sure as eggs is eggs"，英文俗语。

⑤ 奥古斯特斯·德摩根（1806—1871），英国数学家、逻辑学家。

⑥ 品脱和夸脱都是英、美计量容积的单位。

⑦ 英语中鸡蛋的复数形式"eggs"的发音与 x 相似。

本身算不上什么辩论，但"对那无知的加拉太人来说，还算不错"①。

许多中国老师在内心深处对自己所教的"化外的野蛮人"抱有一种极端温和、礼貌的态度（就像《礼记》中说的那样），还有一些讨好的成分在里面。中国老师的回答常常就像纽约诊所的爱尔兰病人的回答一样，医生问他在某些天气状况下所患的神经痛是不是钝痛（dull pain）。病人回答说"是"，他特别希望让医生满意，"是钝痛，但是超级剧烈！（a doll pain, but moighty sharp）"②就算你的中国老师比较冷淡，他也愿意告诉你，所有的东西都是你认为的那样，所有的语言、词汇、俗语的意思都是你认为的那样，因为这样就可以满足你，然后你就不用去烦他了。

从西方对"智力努力"（intellectual effort）一词的定义来看，智力努力并不是普通中国教师的长处。中国教师的推理并不是康德所说的纯粹理性，而是纯粹的"无稽之谈"。但是，把汉语入门知识絮絮叨叨地灌进外国人的耳朵里是件苦差事，倘若一个人要这么做，那么这个人的思维活动水平恐怕不会高到哪儿去。所以不应该把老师的话当作至理名言。找一个人去证实另一个人说法的对错，你很快就会发现事情并不是看上去的那样。把你新学到的东西像银行账单一样带出去秀一秀，看看你学到的东西是对的还是错的。老师会同意你提出的一切建议，而他自己却什么建议也不给。如果一个人轻易地服从你，那他不能相信。③另一个人会告诉你，他们这里不会这么说（事实上他们会），但是第二次你听到这一表达，而且这个人也在场，你提醒他注意时，他仍会严肃地向你保证，他在生活中从来没有听到过这一表达。

最后，当眼睛、耳朵和手都得到充分的练习，你也能保证自己的工

---

① 作者这里引用《加拉太书》只是想进行类比，他认为中国老师的想法与哲罗姆的想法有点类似，他们都认为自己所面对的是无知的、未开化的民族，所以随便一点解释都可以应付。

② 这里作者玩了个文字游戏，"dool pain"指身体上的疼痛，与"钝痛"（dull pain）同音。这个例子中，医生问病人他身上的疼痛是不是"钝痛"，但是病人把"dull pain"听成了"dool pain"，病人听不懂医生在说什么，也不想听懂，就用爱尔兰方言敷衍医生说"是啊，是钝痛，但是超级剧烈"。作者用这个文字游戏来类比、讽刺中国老师在教他俗语时的敷衍塞责。

③ 原文为"Too ready compliance is not to be trusted."，收录的原汉语为**轻诺必寡信**。

作能够成功时,那些原本很单调乏味的工作就会变得非常有趣。你会发现,虽然汉语这片丛林十分棘手,但是它也有一些地方是很让人开心的,而且这样的地方会越来越多,直到有一个地方最终可能会使你理解《论语》中的第一句话:"子曰:学而时习之,不亦说乎?"①

---

① 出自《论语·学而》。

第二章　从经典古籍中引用或者改编后引用的俗语

我们必须要知道俗语绝对不仅仅是引用语。汉语口语大量引用经典古籍或者其他众多书籍中的语句，这些语句或多或少都是直接引用的，而且其中许多已经融入日常使用的语言，人们偶尔会修改它们的语言形式，以便更好地适应当时的语境，但是这些语句的"教诲"是一样的。在这方面，中国人引用经典古籍的行为和西方人引用《圣经》的行为还有些类似。那些数百万已经将"十三经"悉数藏进他们广阔记忆中的学者对数以千计的古籍名句如数家珍。那些白丁对这些人的钦佩程度不亚于西方人对一个能够背诵大量品达①（Pindar）或贺拉斯（Horace）诗句之人的欣赏程度。我们也要记住，由于他们在用脑子思考这些古籍名句之前，这些古籍名句就已经通过一种奇怪的系统大量灌入了他们的耳朵，因此，虽然很多人可能完全不知道这些句子到底是什么意思，但是他们可以通过发音辨识这些语句。

英语国家的人可以用《名言词典》查一下就能找到那些名言，这就像潜一次水就能捞到珍珠一样方便。然而，中国的"名言词典"由于体量太大了，更像是百科全书。其中有些名言来自古籍经典，把它们汇编成册就好像给乘法口诀表加上索引一样无用，因为这些名言太耳熟能详了，没有必要编到一起。

---

① 也叫品达罗斯［约前518—前422（或前438）］，古希腊抒情诗人，亚历山大里亚时代以后，被认为是古希腊首屈一指的诗人，对后世影响深远，代表作《皮托竞技胜利者颂》。（旸晟，1988）

叶大人①当过一段时间的两广总督，英国人把他抓住，带去印度，途中别人问他，为什么宁愿百无聊赖地坐上一整天也不愿意读一读书。他的回答斩钉截铁："世上所有值得一读的书，我都已经烂熟于心。"大家都知道有一种思想认为人们应该提防那些只读一本书的人，那么如果一个人不仅啃下了四本、九本甚至十三本书，而且把一生中最好的时光都花在消化这些书上，那他岂不是更加令人害怕！对这些人来说，要制作索引、词汇表或是用词索引确实并不是一件难事。

完全从古书上引用的语句，和那些由于年复一年的使用，已经磨损成口头俗语的语句之间的界限是十分模糊的，汉语中的其他语言现象之间的界限也十分模糊。而且，倘若我们真的要请人来区分这两种类型的语句之间的界限的话，没有两个人会给出同一个界限出来。

下面附上的经典古籍引用语中，一开始是从两本小书中引用的语句。这两本小书在中国的教育系统中的地位独一无二，是所有中国男童学习识字、阅读的入门读物，即王伯厚的《三字经》和周兴嗣的《千字文》。

出自《三字经》的俗语

人之初，性本善。性相近，习相远。
玉不琢，不成器。人不学，不知义。
养不教，父之过。教不严，师之惰。
犬守夜，鸡司晨。
蚕吐丝，蜂酿蜜。人不学，不如物。

出自《千字文》的俗语

寒来暑往，秋收冬藏。

---

① 叶名琛，第二次鸦片战争时期的两广总督。

知过必改。
川流不息。
尺璧非宝，寸阴是竞。
上和下睦，夫唱妇随。

出自《论语》的俗语

君子食无求饱，居无求安。①
死生有命，富贵在天。②
四海之内皆兄弟。③
自古皆有死。④
一言兴邦。⑤
一言丧邦。⑥
工欲善其事，必先利其器。⑦
人无远虑，必有近忧。⑧
巧言乱德。⑨
割鸡焉用牛刀。⑩

---

① 出自《论语·学而》。
② 出自《论语·颜渊》，原句为"生死有命，富贵在天"。
③ 出自《论语·颜渊》。
④ 出自《论语·颜渊》。
⑤ 出自《论语·子路》。
⑥ 出自《论语·子路》。
⑦ 出自《论语·卫灵公》。
⑧ 出自《论语·卫灵公》。
⑨ 出自《论语·卫灵公》。
⑩ 出自《论语·阳货》。

出自《大学》的俗语

物有本末,事有终始。
富润屋,德润身。
心广体胖。
德者本也,财者末也。
生财有大道。

出自《中庸》的俗语

"四书"和"十三经"中基本上没有另一本书像《中庸》这样无聊,整本书都如此难懂。因此,正如俗语所说:**念过诗经会说话,念过易经会算卦,念中庸打的哼哼**。因为这本书太无聊,太难懂了,所以相比其他经典古籍,它没有给俗语提供太多素材。因此,鉴于汉语文献的数量之巨,出自《中庸》的俗语的数量可以说非常少。

中立而不倚。
半途而废。
凡事豫则立,不豫则废。
礼仪三百,威仪三千。
不以利为利,以义为利。

出自《孟子》的俗语

孟子的才华和智慧,以及独特的阐释能力,使他的许多名言变成俗语广为流传。而且,就像其他经典古籍中引用的语句一样,孟子的书中原话有许多都在多年的唇舌摩擦中去掉了多余的字词。

五十步笑百步。①

见其生，不忍见其死。闻其声，不忍食其肉。②

吾力足以举百钧，而不足以举一羽。③

明足以察秋毫之末，而不见舆薪。④

缘木求鱼。⑤

小不敌大，寡不敌众，弱不敌强。⑥

祸福无不自己求之者。⑦

天时不如地利，地利不如人和。⑧

彼一时此一时。⑨

无君子莫治野人，无野人莫养君子。⑩

不以规矩，不成方圆。⑪这句话的字面意思是，没有规矩就不能完美。

有不虞之誉，有求全之毁。⑫

天无二日，民无二王。⑬

莫之为而为者，天也。莫之致而致者，命也。⑭

恻隐之心人皆有之，羞恶之心人皆有之，恭敬之心人皆有之，是非之心人皆有之。⑮

---

① 出自《孟子·梁惠王上》。
② 出自《孟子·梁惠王上》。
③ 出自《孟子·梁惠王上》。
④ 出自《孟子·梁惠王上》。
⑤ 出自《孟子·梁惠王上》，原句为"以若所为，求若所欲，犹缘木而求鱼也"。
⑥ 出自《孟子·梁惠王上》，原句为"然则小固不可以敌大，寡固不可以敌众，弱固不可以敌强"。
⑦ 出自《孟子·公孙丑上》。
⑧ 出自《孟子·公孙丑下》。
⑨ 出自《孟子·公孙丑下》，原句为"彼一时，此一时也"。
⑩ 出自《孟子·滕文公上》。
⑪ 出自《孟子·离娄上》，原句为"不以规矩，不能成方圆"。
⑫ 出自《孟子·离娄上》。
⑬ 出自《孟子·万章上》。
⑭ 出自《孟子·万章上》。
⑮ 出自《孟子·告子上》。

天作孽犹可违，自作孽不可活。①

养小以失大。②

从其大体为大人，从其小体为小人③。

生于忧患，死于安乐。④

言近而指远者，善言也。⑤

出自《易经》的俗语

《易经》大体上由示意图组成，似乎很少有可供引用的东西，但是事实上有很多出自《易经》的语句已经融入日常生活中的语言。

积善之家必有余庆，积不善之家必有余殃。⑥

羝羊触藩。⑦

人以类聚，物以群分。⑧

乐天知命故不忧。⑨

二人同心，其利断金。⑩这句话的口语版本是：三人同心，黄土变金。

上慢下暴。⑪

慢藏诲盗，冶容诲淫。⑫

各得其所。⑬

---

① 出自《孟子·公孙丑上》。
② 出自《孟子·告子上》。
③ 出自《孟子·告子上》。
④ 出自《孟子·告子下》。
⑤ 出自《孟子·尽心下》。
⑥ 出自《易传·文言传·坤文言》。
⑦ 出自《周易·大壮》。
⑧ 出自《周易·系辞上》，原句为"方以类聚，物以群分"。
⑨ 出自《周易·系辞上》。
⑩ 出自《周易·系辞上》。
⑪ 出自《周易·系辞上》。
⑫ 出自《周易·系辞上》。
⑬ 出自《周易·系辞下》。

第二章　从经典古籍中引用或者改编后引用的俗语 | 047

天下何思何虑。①

日往则月来，月往则日来。②

道不虚行。③

迭用柔刚。④

乖必有难。⑤

君子道长，小人道忧。

君子道长，小人道消。这句俗语在《周易·否卦》中是：小人道长，君子道消。⑥

日月运行，一寒一暑。⑦

善不积，不足以成名；恶不积，不足以灭身。⑧

出自《诗经》的俗语

《诗经》简洁优雅，特别适合受过教育的阶层引用。其主题繁多，里面的句子要么是原句摘录，要么经过或多或少的灵活改编，适合几乎所有场景。与此同时，由于诗歌的形式和思想的浓缩，这类引语往往被简化。

靡日不思。⑨

一日不见如三月。⑩

万寿无疆。⑪

---

① 出自《周易·系辞下》。
② 出自《周易·系辞下》。
③ 出自《周易·系辞下》。
④ 出自《周易·说卦》。
⑤ 出自《周易·序卦》。
⑥ 出自《周易·否卦》，原句为"小人道长，君子道消也"。
⑦ 出自《周易·系辞上》。
⑧ 出自《周易·系辞下》。
⑨ 出自《诗经·邶风·泉水》。
⑩ 出自《诗经·郑风·子衿》，原句为"一日不见，如三月兮"。
⑪ 出自《小雅·天保》。

伐柯伐柯，匪斧不克。娶妻如何，匪媒不得。①

不敢暴虎，不敢冯河②。

战战兢兢，如临深渊，如履薄冰。③

他人有心，予寸度之。④

雨我公田，遂及我私。⑤

上天之载，无声无臭。⑥

白圭之玷尚可磨，斯言之玷不可为。⑦

自求多福。⑧

后两句说明了民众是如何将熟悉的作品修改并引用于口语之中的。倒数第二个例子在口语中常用的形式是：**言行之玷不可为**。而最后一句话，虽然词汇没有改变，但意思改变了。在《诗经》里，这句话的意思是与自然的法令和谐共处是最"自然"的寻求幸福的方式。

出自《礼记》的俗语

《礼记》在中国文明中占有重要地位，其名言在很多情况下已经确实成为家喻户晓的话。古代礼仪智慧的片段人人相传，已经被提升到人类思想的原始公理的境界。因此，在提到要如何对待父母的问题上，就有这几句：

出必告，反必面。⑨

为子之道，冬温夏清。⑩

---

① 出自《诗经·豳风·伐柯》。
② 出自《诗经·小雅·小旻》。
③ 出自《诗经·小雅·小旻》。
④ 出自《诗经·小雅·巧言》，原句为"他人有心，以忖度之"。
⑤ 出自《诗经·小雅·大田》。
⑥ 出自《诗经·大雅·文王》。
⑦ 出自《诗经·大雅·抑》，原句为"白圭之玷，尚可磨也；斯言之玷，不可为也！"
⑧ 出自《诗经·大雅·文王》。
⑨ 出自《礼记·曲礼上》。
⑩ 出自《礼记·曲礼上》，原句为"凡为人子之礼，冬温而夏清"。

第二章　从经典古籍中引用或者改编后引用的俗语 | 049

入国问禁，入乡问俗，入门问讳。①

某个来到寄宿公寓的年轻人就碰到了最后一个句子中出现的问题，他不想吃到某种布丁，因此想要确定公寓的食谱里面没有这种布丁。在中国，名字是神圣的东西，**子不言父名**。外人必须了解主人要避讳的名字是什么，这样才能避免提到这些名字。

男女授受不亲。②

君子守身如执玉。③

吊丧不能赙，莫问其所费。探病不能遗，莫问其所欲。④

出自《书经》的俗语

惟天地万物父母，惟人万物之灵。⑤下半句经常被引用为**人为万物之灵**，比如《论语》里面就有引用。

天佑下民，作之君，作之师。⑥

民之所欲，天必从之。⑦

吉人为善，惟日不足。凶人为不善，亦惟日不足。⑧

离心离德。⑨

天视自我民视，天听自我民听。⑩与这句俗语类似的一句英语俗语是：**人民的声音就是上帝的声音**⑪。

---

① 出自《礼记·曲礼上》，原句为"入竟而问禁，入国而问俗，入门而问讳"。
② 出自《孟子·离娄上》。
③ 出处不详，《礼记》中似乎找不到类似语句。
④ 出自《礼记·曲礼上》，原句为"吊丧弗能赙，不问其所费。问疾弗能遗，不问其所欲"。
⑤ 出自《尚书·泰誓上》。
⑥ 出自《尚书·泰誓上》。
⑦ 出自《尚书·泰誓上》。
⑧ 出自《尚书·泰誓中》。
⑨ 出自《尚书·泰誓中》。
⑩ 出自《尚书·泰誓中》。
⑪ 原文为"The voice of the people is the voice of God."。

功多有厚赏。①

牝鸡无晨，牝鸡之晨，惟家之索。②

天子作民父母，以为天下王。③

为山九仞，功亏一篑。④

惠迪吉，从逆凶，惟影响。⑤

舍己从人，不虐无告，不费穷困。⑥

人心惟危，道心惟微，惟精惟一，允执厥中。⑦

天道福善祸淫。⑧

作善降之百祥，作不善降之百殃。⑨

惟吉凶不僭在人，惟天降灾祥在德。⑩

用人惟己，改过不吝，克宽克仁。⑪

民惟邦本，本固邦宁。⑫

君子在野，小人在位。民弃不保，天降之咎。⑬

无稽之言勿听，弗询之谋勿庸。⑭

火炎昆冈，玉石俱焚。⑮

可以看出，前面提到的那些引自古籍经典的俗语类别非常广泛。引自"四书"的俗语应该不止这些，数量可能还要翻几番。上文提到的那

---

① 出自《尚书·泰誓下》。
② 出自《尚书·牧誓》。
③ 出自《尚书·洪范》。
④ 出自《尚书·旅獒》。
⑤ 出自《尚书·大禹谟》。
⑥ 出自《尚书·大禹谟》，原句为"舍己从人，不虐无告，不废困穷"。
⑦ 出自《尚书·大禹谟》。
⑧ 出自《尚书·汤诰》。
⑨ 出自《尚书·伊训》。
⑩ 出自《尚书·咸有一德》。
⑪ 出自《尚书·仲虺之诰》。
⑫ 出自《尚书·五子之歌》。
⑬ 出自《尚书·大禹谟》。
⑭ 出自《尚书·大禹谟》。
⑮ 出自《尚书·胤征》。

些句子仅仅是为了举几个例子，证明这些书里面确实包含了大量可以被用作俗语的素材。在这些短语和句子中，哪一句是学者们常用的，哪一句是俗语，已经是一个次要问题了。引自古籍经典的俗语在汉语中地位独特，但是，不管人们的长期使用让它们变得如何耳熟能详，它们都没有一句是"俗"的，因为人们觉得它们都来自天上。

第三章 对联式俗语

卢公明《英华萃林韵府》第二卷第 210 页有一个由卷轴和牌匾上的内容组成的集子。每个卷轴或牌匾都包含一两个句子，长度从两个汉字到二十四个汉字不等。卢公明将这些句子概括为如下几类：对联、标签、楹联、对句、两句平行警句、对偶句，或人们知道的其他句子。此外，我们还在第 277 页找到了另外一个对联集子，据说与前一组不同，因为人们很少把前一组对联写在木版、纸、缎子上，或是挂在墙上、门上。根据是否需要糨糊来判断一副对联属于什么类别是完全没有根据的分类方法，不要去纠结它，我们只需要注意一件事就够了：如果"俗语"一词的意思就是大家都使用的语言，那么每个对联集肯定包含真正的俗语。

沙修道先生为他的《谚语丛话》撰写了一篇有趣的绪论，在这篇绪论里，他认为对联式句子或者叫对子是俗语的一种。如果我们将这句话理解为部分对联式句子是俗语，而不是暗示所有对联式句子都是俗语的话，那这句话就是正确的。在同一主题的讨论上，沙修道先生还认为，汉语俗语形成过程中最明显的法则就是对偶（Parallelism[①]）。同样，如果这句话说的是部分俗语，那它是正确的，但是如果是在说一种支配着所有汉语俗语的法则的话，那这句话就不再准确了。因为很多汉语俗语并不对偶，我们随随便便就能找到上百个汉语俗语，它们甚至还不如

---

① 实际上，在西方，"parallelism"一词可以指汉语的排比，也可以指汉语的对偶，这里指的应该是对偶。

"被火烧过的孩子怕火"（A burnt child dreads the fire.①）、"新的扫帚扫得干净"（A new broom sweeps clean.②）之类的英语俗语具有的对偶特点明显。

汉语中的"对字"原理从其字面意思就可以看出来，即汉字的对立。它的本质是命题与对仗：不同声调和意义之间的对仗，也就是一个分句与另一个分句中汉字之间的相似性。小孩子智力尚未发育成熟刚刚开始领略汉字的风采之时，人们就会教他们用一个汉字去对另一个汉字。小小的书本就拿在手上，孩子们肯定会认识到：某些词有在修辞上的对立面，它们彼此相对，比如天地、山川、河海，等等。

在进行了一定的对字练习之后，老师会给出一个二字词语，并传授学生如何能够对上这个二字词语的词汇，平声字要与仄声字相对，字与字之间的意思也必须平衡。当老师写下"金钟"两个字，其中一个学生就以"玉磬"二字相对，而另一个学生则以"铁鼎"相对。

学生学完了汉语二项式定理（binomial theorem）的简单应用之后，又继续学习如何将三字词语结合到一起。老师写道"三尺剑"，即一种价格昂贵，而且很好用的兵器。学生便以"五车书"相对，这个词可以用来大概衡量书生的文化底蕴。当这种练习增加到一行七个字时，学生就可以开始写诗了。持续不断的训练使得学生觉得所有词语都有天然能够跟它对上的另外一个词，就像下一盘棋，如果下得有章法的话，每一步都有其反制之法一样。中国人有总是在为每一句话寻找对句的习惯，以及总是关注从一排完美牙齿中吐出来的完美诗句的习惯（除了要与另一排完美的牙齿吵架以外，这排完美的牙齿没什么用）。这种文字配对的技能原本是可以习得的，最后却被降格为一种本能。

中华民族的传统习俗是，每逢新年临近，就会把某些文学作品贴在门口，在大门和门面板上贴上从古籍经典、其他书上或者对联上引用的字句，这些书或对联或新或旧，多种多样。这种习俗使大家对对联这种文学形式十分熟悉。中国普遍使用汉字，尤其在作为装饰的对联中使用

---

① 英文俗语，类似于"一朝被蛇咬，十年怕井绳"。（Farlex，2021）
② 英文俗语，类似于"新官上任三把火"。（Farlex，2021）

汉字，这使对偶句这种文字形式更为普及。显然，在这个每年创造数以千计，甚至数百万副新对联的国家中，这种常年泛滥的对联数量很自然地会让俗语的数量增加。如前所述，汉语的这种天赋使得汉语俗语很容易被创造出来。的确，这些汉语俗语或许经常会被认为是自然而然创造出来的。

对偶句的构造为汉语的创造力提供了一片沃土，而在英语中根本没有什么东西能够望其项背。老师可能会要求学生写出以 step、month、window 等单词结尾的英语对联，但如果现存词汇中真的没有能够与它们押韵的词汇，那么学生就只能比谁能够更好地掩饰自己的失败了。相比之下，在创作对联的过程中，汉语不仅给中国作者发挥巧思选择词汇留有余地，还给技巧高超的作者调整各个部分，抓住那些可供联想之处留下余地。每个学生接受的训练应该都是适合他的。中国小说里面的某些人物能够用"会飞的笔"极速写就诗句，而在现实生活中，在很多情况下，能够对某句话做出恰当的回应可能会让一个人时来运转，但如果回应能力差，那就会错失机会。

关于这种练习的例子非常多，其中几个例子就足以说明编造一副中国对联在结构上会有多么困难。老师们会摆出一行字来测试学生的能力，并希望学生做出合适的回答。一位老师写道："**门关金锁锁。**"学生便答道："**帘卷玉钩钩。**"[①] 另一位老师出了一道这样的题："**石重船轻轻托重。**"一个女学生便回答道："**桅长尺短短量长。**"

一位住在海关关卡附近的老师给学生出了这样一个上联：**开关早，关关晚，放过客过关**。学生对出了下联：**出对易，对对难，请先生先对**。

成功的对联受到极大的追捧，如果一个上联特别难对，但是有个人给出了下联，那他就会被永远地记住，就好像他是整个人类的恩人一样，不管他给出的下联到底有没有什么深刻的含义。我们看不出来下面这两副对联为什么要被如此狂热地追捧，其中有一副甚至从明朝起就已经成为人们的心头好。有人给出了这样的上联：**鞋帮绣凤，鞋行凤舞**。一个

---

① 出自明代陆人龙《型世言·第十九回》，主人公在梦中去到某处，见柱子上刻有"门关金锁锁，帘卷玉钩钩"这副对联。

叫李晓棠（Li Hsiao-t'ang）的人对出了下联：**扇面画龙，扇摆龙飞**。①
还有一副是：**猫卧房头，风吹毛动猫不动。蛇饮池中，水浸舌湿蛇不湿**。②

中国人常用的一种骂人方式是把人叫作"东西"③。因此，当一位母亲对女儿生气时，她会说："你真是个好东西！"并由此产生了一句俗语：**娘骂闺女——好东西**，用来指那些质量优异的东西。这句俗语最常用的形式是：**你不是东西**。当想要表达某个意思的时候，中国人喜欢通过另一个相关联或者相反的表达来暗示这个意思，所以，"**他是南北**"就隐含了"**他不是东西**"这个意思，也就是说，这句话是用来骂人的。下列对联中的"东西"就是这个意思：**到夏日穿冬衣，胡涂春秋。从南来往北去，混账东西**。

另一副包含"东西"这一主题的对联，是在直隶顺德府创作的。那里有座庙，叫下庙，还有位地方长官，人们都叫他"高矮子"。他的衙门里有一个房间叫作退厅。**小大姐，上下庙，南北街前买东西。高矮子，进退厅，冬夏夜里看春秋**。

下面的对联讲述了一个并不局限于中国的道理：**朋友，朋有，有则朋，不有则不朋，看破世界，难睁眼。亲戚，亲齐，齐则亲，不齐则不亲，参透人情，暗点头**。下面这句俗语更简洁地表达出了同样的思想：**亲戚亲齐，朋友同有**。

中国人喜欢通过隐晦的方式暗地里骂人，对联的结构为这种骂人方式提供了无限机会。表面上只是对龙凤、银河或北斗七星的热烈赞美，实则是对他人尖锐的指责，这是中国文学的高级艺术。看着一个人把手伸进一个似乎装满清水的容器里，然后看着他被狠狠地电到，是一件极

---

① 似乎指的是江西分宜县令曹野塘与严嵩的一次作对。曹野塘看到严嵩手上拿的扇子画有游鱼，便出上联："画扇画鱼鱼跃浪，扇动鱼游不移刻"，严嵩马上给出了下联："绣鞋绣凤凤穿花，鞋行凤舞又一夕"。（咸丰收，2019）

② 任何一个头脑清醒的人，看到这副对联都会感到极度的精神痛苦。**一块臭肉满锅腥**。我诚惶诚恐地说一句：下联第一个字和上联的第一个字都是仄声，第七个字也出现了这样要命的失误。必须修改一下，可以改为：**虎饮池中，水浸胡湿虎不湿**。——作者

③ 但是"人物"（Men and Things）这个词却是褒义词，用来表示一个人，比如，大人物就是一个具有一定影响力的人。——作者

令人高兴的事。如果回应者给出的下联和上联一样具有独创性，那么他不仅将矛头调转，指向了出题人，而且否定了出题人无来由的指控，并将它扔回到"鳄鱼"①的头上。而且这种骂人话带来的快乐像一条涓涓细流一样，不断滋养着未来二十代人的心窝。

多年前，河南的官府里有一位名叫李鹤年（Li Ho-nien）的官员（后来兼任多省总督），还有一位抽鸦片而且起得很晚的官员。李大人在那个官员的儿子叫他的时候，给官员的儿子出了副对联，上面写着：**红日满窗人未起**。小伙子的回答很大胆，在中国人看来，这表明小伙子以后绝对前程可期：**青云得路我先登**。②青云得路意味着获得了杰出的学术荣誉。因此，虽然吸鸦片，小伙子的父亲却最终成为翰林，而小伙子也在二十岁的时候成为举人，但到目前为止，他并没有在青云路上爬得更高。

一位乡绅有个儿子在接受私人教育。他家有个仆人，跟乡绅的儿子师从同一个老师。乡绅的公子喜欢享乐，不爱读书。公子很宠一个叫雪的小妾，宠得有些过头，导致他根本无心家事。有一天老师在公子面前夸奖仆人小伙子。乡绅听人夸奖年轻的仆人，便轻声问道："他很有才对吗？我来给他出一副对联。"于是乡绅写道："**绿水本无忧，因风绉〔皱〕面。**"小伙子则答道："**青山原不老，为雪白头。**"听到下联，公子便开始自我反省、改过自新，而年轻小伙最后则成了国家重臣。这些民间故事经常有这样的套路。

在清朝，有个少年叫纪均③（Chi Chün），他做过一些不光彩的事。一个丫鬟走进他的房间，他抓住了丫鬟的手，这是公然藐视《礼记》和社会礼仪原则的行为。纪均当时只有九岁，但丫鬟向他的母亲告状，母亲就征询自己的兄弟，怎样惩罚儿子才合适。纪均的舅舅便准备通过对

---

① 疑为指控者。"指控者"（allegator）与"短吻鳄"（alligator）同音。
② 戴愚庵《沽水旧闻》："津中有二联语，在庚子先，妇孺皆知。拳匪乱后，科举废，凡八比、试帖、诗钟、联语等，无人话及矣。城内巨室陆姓，致仕家居。友某来访，陆高卧未起，有子七龄，出应客。客问属对否？曰：'七言'。客即景云：'红日满窗人未起'，陆子曰：'青云得路我先登。'客喜，以女妻之。"（戴愚庵，1986）
③ 疑为纪昀（纪晓岚）的讹写。

联中的一联让他悔改，于是写了上联：**奴手为"挐"〔拿〕，以后莫"挐"〔拿〕奴手**。但这种令人信服的论证方式显然也并非十全十美。纪均在反驳的时候十分痛苦："**人言是信，从今休信人言**。"不幸的是，我们不知道他最后究竟是当官去了还是做和尚去了。

很多读者都记得老奥利弗·温德尔·霍姆斯博士[①]（Dr. Oliver Wendell Holmes）的《为一个社交聚会所作的颂歌，被禁酒主义者修改过》（*Ode for a Social Meeting, with Slight Alterations by a Teetotaler*）中的一句诗，也就是下面这一诗节：

紫色的花团流出生命之露，

它们芬芳的气息多么甜美，

因为夏日最后一朵玫瑰藏在

葡萄树下欢笑的少女所藏之酒中。

禁酒主义者删掉了一些词汇，另添加了一些词汇，改变了诗歌的情感，让诗句变成了：

半熟的苹果流出生命之露，

铅糖[②]的味道多么甜美，

因为夏日恶臭的毒药藏在

用大炮抽烟的马童储存的酒里。

在修改文本意义这方面，中国对联总是出类拔萃，可以用一个例子加以说明。我们认识的一位中国教师有个卖肉的邻居。像其他所有人一样，屠夫在新年的时候买了一副对联装饰门。屠夫所贴的对子是：**绵世泽莫如为善好，振家声还是读书高**。在中国，官府只要觉得下雨稀少或降雪稀少了，就会下令禁止屠宰牲畜，以便及时安抚那些制造雨水的力量。因此，屠夫的生意不太好做。佛教徒认为动物的生命也是神圣的，虽然这一观念被人们忽视，但是也潜移默化地影响了人们。将这样一副对联送给一个"邪恶"的屠夫，对于私塾先生来说简直违背天理，因此

[①] 老奥利弗·温德尔·霍姆斯（1809—1894），美国诗人、物理学家、幽默作家。（Editors of Encyclopædia, 2011）

[②] 即醋酸铅。（顾翼东, 1989）

他把另外三个汉字贴在对联上，将其修改成：**绵世泽莫如为恶好，振家声还是屠猪高。**

对对联之所以难，经常不仅仅是因为汉字的平仄和意思要对上，而且汉字的字形也要对上。有一位老师就给出了这样的上联：**冰（氷）凉酒，一点两点三点。**这个上联的尴尬之处在于前三个字的构造。"氷"字有"一点"，"凉"字有"两点"，"酒"字则有"三点"。一个智慧超群的九岁男孩给出了下联：**丁香花，百头千头"萬"头。**此句中"丁"字的"头"与"百"字的"头"是一样的，"香"字的"头"与"千"字的"头"类似，"花"字的"头"则和"萬"字的"头"完全一致。

下面是一个神童的例子，神童的形象经常出现在中国的传说和文学中。

某位知府坐在轿子上路过一个城市的街头，恰好有六个男孩刚刚从私塾如同荒原一般凄凉的单调环境中解放出来，整个空气都充满了他们欢乐的大笑声，但是这样的行为与当时盛行的儒家行为准则极为冲突。儒家的行为准则十分古板，只允许人做符合礼仪的事情，不允许人根据自己的动物本能或其他东西行事。知府发现这六个男孩中有一个眉清目秀、面容英俊，比其他人表现出了更为明显的喜悦之情，他显然是个当头儿的。知府停下了轿子，把那个讨厌的男孩叫到他面前，严厉地问道："私塾就是这么教你们的吗？为了惩罚你的失态，我要代表你的老师在你手上打十下，除非你当场给我作一副对联。""哦，"男孩回答说，"容易啊。"于是知府出了以下上联，其中前五个字引用了《论语》中的句子：**童子六七人属汝甚劣。**值得注意的是，太守是知府的同义词，这个职位还有一个别称，指的是他的俸禄的数量：二千石，所以男孩对出的下联是：**太守二千石惟公最。**"最什么？"知府问道，"你为什么不说完？""因为，"男孩回答说，"有两个字可以用来结尾，如果你赏我，那就是一个字，如果你不赏，那就是另一个字"。"那么，"知府说，"假如我赏你，这个字是什么？""你赏我的话，"男孩说，"最后一个字就是'廉'。""假如我什么也不给你呢？""那么，"男孩说，"那就只能是'贪'了。"

知府笑了笑，给了男孩两千文钱，然后走了。顺带一提，这孩子只有七岁！

要完美而成功地对出一个高难度的下联，并不像回答欧几里得的问题那样，只要满足条件就行了。要达到最好的效果，需要一种难以形容的高超的文笔，这种文笔就像音乐中的表达一样，没有这一点，即使对出的下联完美无瑕，也会让人感觉若有所失。

下面的两个例子说明了这些方法之间的区别。在第一个例子中，有人给出了一句最难以对上的上联：**文学堂，武学堂，文武学堂学文武**。一个才华横溢的少年对出了下联：**东当铺，西当铺，东西当铺当东西**。即使目光敏锐的读者并不鄙视这位天才少年用来对对联的技巧，也应该看得出来当铺和用来传授治国之道的学堂并不对仗。因此，虽然下联的作者才智超群，但是他后来因穷困而死，这一点也不令人吃惊。

我们现在来看另外一个例子，请看上联：**风声雨声读书声，声声入耳**。一名普通的七岁少年出现了，他给出的下联暴露出他的雄心勃勃：**家事国事天下事，事事关心**。[①] 从这个少年的下联广纳天地的胸襟来看，每个人都知道他以后肯定会成为高级牧马人[②]（senior wrangler），或者状元，他后来也确实当了状元。

中国历史上有大量的例子表明，皇帝不仅用对联作为一种消遣，也将其用作对臣子的文学能力和品格的测试。其中，明代著名的开国皇帝洪武就用对联测试过臣子的文学能力和品格。他的大儿子死了，法定继承人就成了他的孙子，但他更小一些的儿子却雄心勃勃。皇帝给出上联让儿子和孙子回答。洪武的一生是动荡不安的，从孤儿到成功领导大批起义军，奋起反抗摇摇欲坠的元王朝，这就是"一个人骑着骏马全速奔跑"的生活。因此，他给出的上联是：**风吹马尾千条线**。孙子给出的下联是：**雨打羊毛一片毡**。而儿子则给出了文风完全不同的下联：**日照龙鳞万点**

[①] 这副对联为明代顾宪成为东林书院题写。（合山究，2018）
[②] 英国剑桥大学数学系顶级的毕业生所获得的称号。

金。[1] 这两个下联的每一个细节几乎都很有特色：雨打在一只可怜的羊的毛上，而与之形成鲜明对比的是，阳光照亮了一条猛龙的角质鳞片！这是一团湿漉漉的毛毡与一万颗金光闪闪的火花的对抗！从这些史实，颇具慧眼的算命先生估计就可以算出这两个小伙子的命数了：孙子继承了祖父的帝位（取年号建文），但是却在四年之后被他那写出龙鳞句的叔叔拽下龙椅，叔叔攫取了帝国，将年号改为了我们耳熟能详的永乐。

清朝的帝王都以对对联闻名，下面是乾隆出的著名上联：**泰山石稀烂梃硬**。王熙给出的下联是：**黄河水翻滚冰凉**。

下面这个上联据说是乾隆的手笔，它是对八方桥桥名的毫无意义的重复：**八方桥，八八方，八方桥上望八方，八方，八方，八八方**。这个上联很明显是乾隆皇帝坐在马车上说的，马车夫立马给出了这样的下联：**万岁爷，万万岁，万岁爷前呼万岁，万岁，万岁，万万岁**。

又有一回，据说乾隆收到了一个官员的辞呈，这位官员希望回家终养年迈的父母。乾隆出了一句上联，只要他能对出下联，就批准他还乡。上联是这样的：**十口心思，思乡思土思父母**。这位大臣比乾隆更善于拆字，他给出了这样的下联：**寸身言谢，谢天谢地谢君王**。

下面是另一副对联，上下联都出自一位名叫潘世恩[2]的苏州状元郎之手。我们要感谢可敬的颜永京牧师（Rev. Y. K. Yen）在《教务杂志》的一篇评论中提到了这副对联：**孔门立表，曾子、子思、孟子。周代开基，太王、王季、文王**。这副对联的美感只能在原文中欣赏，原文中"子"字和"王"字在不同地方的意思完全不同。这副对联所蕴含的技巧极其高超，当时无人能够对出。据说当时的皇帝向潘世恩深深鞠了一躬，这种纡尊降贵的姿态从没有下赐给其他臣民。皇帝又问什么是最好的食物，潘世恩回答说："饥（鸡）。"

有一些数学上的量极其顽固，不可通约，连有理数都没办法表示它们，

---

[1] 《坚瓠集》载，明太祖去马苑，建文、永乐随同。太祖出句云："风吹马尾千条线。"建文对曰："雨打羊毛一片毡。"永乐对道："日照龙鳞万点金。"（余德泉 等，1998）

[2] 潘世恩（1769—1854），字槐堂，号芝轩，江南吴县（今江苏省苏州市）人，累官体仁阁大学士，加太傅。（瞿冕良，2009）

这些量叫作不完全量，即无理数。我觉得有些汉字就是语言学上的无理数，没办法找到能够跟它们对仗的字。众所周知，康熙皇帝什么宗教都信一点，因此我们难以知道他到底相信什么。其孙子乾隆应该也是如此。吉本（Gibbon）曾说过，罗马帝国在基督教时代的最初几个世纪里处于一种特殊的状态：对普通人来说，所有的宗教都是同样真实的；对哲学家来说，所有的宗教都是同样虚假的；对地方长官来说，所有的宗教都是同样有用的。噢！乾隆就是最优秀的皇帝。所有的宗教都是有用的，它们在任何方面都有助于维持这个人口众多的国家的秩序。至于"哪个才是真的"这个问题，乾隆可能会问自己："归根结底，真相是用来干吗的？"当想到这个问题的时候，乾隆作了一句上联来表达自己对于比较宗教学（Comparative Religions）的看法：**想忠恕，念慈悲，思感应（應），三教同心。**"忠"字和"恕"字在这里代表的是孔子的教诲，出自下面这句话：**忠恕违道不远。**[①] "慈"字和"悲"字代表的是佛教的佛祖和菩萨，而"感应"指代的是道家的《太上感应篇》。我们可以看到，这里有连续九个都是心字底的字。尽管这个上联出自一百多年前，但至今还没有人能够对出下联。

某些中国对联的一些特点是在英语里也找得到的（当然二者只是类似，并非一模一样），这些特点也值得注意。有些人自娱自乐地发明了一种新的文字游戏，他们告诉我们一个由三十五个单词组成的句子，其中"that"（那）一词可以重复十八次并且符合语法。更重要的是，"that"这个词（似乎没有别的词有这样的重复能力）可以被重复两次、三次、四次，直到形成一条有七个"that"的绳子，并且不会对语法或意义造成损害。为了证明这一点，便有人作了下面这首打油诗：

我要证明一样东西，
那就是"that"可以重复两次并且没有语法错误，
而且那个"that"还可以重复三次，
而且那个批评家可能会滥用的那个"that"
可能是正确的。教授会困扰一点，

[①] 出自《中庸》。

那就是五个"that"可能后面还能接一个"that"。

或者说，我们可以没有语法错误地写下，

或说出这样的句子："那个男人写的那个'that'是对的。"

甚至，可以说那个"that"紧跟着的那个"that"是对的。

还可以说那个"that"（就是那个"that"所开始的那个"that"）。

它重复了七次也是对的，谁能否认这一点？

I'll prove the word that I've made my theme

Is that that may be doubled without blame;

And that that that, thus trebled, I may use，

And that that that, that critics may abuse

May be correct. Further, the dons to bother——

Five thats may closely follow one another;

For, be it known, that we may safely write

Or say, that that that, that that man writ, was right;

Nay, e'en that that that, that that that followed,

Through six repeats the grammar's rule has hallowed;

And that that that (that that that that began)

Repeated seven times is right! Deny't who can!

我们不知道是否有人会说不是，但是大家应该为自己感到高兴，因为我们可以毫不犹豫地肯定英语中只有"that"一个词是这样的。

把这个笨拙而不稳定的"鸡蛋堆成的塔"与一副编织得极佳的中国对联中清脆的重复词对比一下：**传传传新传传传传词，调调调古调调调调歌**。乍一看，这似乎只是语言上的混乱，然而这句话解释起来却非常简单。每个重复的汉字要用不同的声调、不同的意思去理解——"ch'uan"（传）的意思是讲述，而"chuan"（传）的意思是故事；"t'iao"（调）的意思是选择，而"tiao"（调）的意思是曲子。如果我们这么理解的话，这个句子的意思是很容易理解的：当你要讲述一段历史的时候，你要讲述现代历史；当你要讲述历史的时候，你要用诗歌的形式讲述历史。当你挑一首曲子的时候，要挑一首古老的曲子；当你要选择一首曲子的时候，请选择一首歌。戏剧演员经常会提到这副对联，但是他们提到

第三章 对联式俗语 | 063

这副对联不是因为它有什么内在的价值,而是因为它的对仗形式。

下面这副对联也经常被戏剧演员提到,但是它的特点却略有不同:**台上笑,台下笑,台上台下笑引笑。妆今人,妆古人,妆今妆古人妆人。**

《教务杂志》的一名通讯记者在该杂志早期的某一期(1871年2月)中告诉读者他碰到过一些这样的对联,他小心翼翼但很有把握地将其描述为某种将汉字聚集到一起的方法,还请求某些人士能够好心详细解释一下这种文本的各个汉字以及文意。因为这一请求显然没有引起注意,《教务杂志》在十五个月后也陷入了要命的停摆,再也没有进入人们的视线,所以对联还得再写一遍。这是他给出的第一副对联:**书生书生问先生先生先生,马快马快追步快步快步快**。那位记者还给出了自己不确定的翻译:一位不称职的老师的学生,专心致志却徒劳地学习着知识;飞快的步兵被骑着马的人迅速追赶。这个翻译选择避重就轻,忽略了那些重复的汉字,因此也没有解决那些重复的汉字所带来的困难,而且从这些汉字的字面意思也推不出这个翻译。其实这个对联的意思很清楚,我们可以这么解释它:一个不熟悉书本(书生)的学生(书生)问他的老师(问先生)说,"老师(先生),你以前(先)也像我一样是新手(生)吗?"抓小偷的人(马快[1])迅速(马快)追赶执行逮捕令的人(步快[2]),但执行逮捕令的人(步快)跑得很快(步快)。

另一副对联是这样的:**朝朝朝朝朝朝夕,月月月月月月圆**。[3] 他告诉我们,可以根据同样的翻译原则翻译。但是这位通讯记者连是什么翻译原则都不告诉我们,甚至连提示都没有,看完他的这个建议后我们并没有加深对这句俗语的理解。尽管这句话重复得很厉害,但它的意思也是显而易见的:每一天(朝朝)都有黎明(朝),每一天(朝朝)都有黎明和傍晚(朝夕);每个月(月月)都有月亮(月),每个月的月

---

[1] 官署中缉捕盗贼的衙役,因事急多骑马,所以称之为"马快"。(何本方 等,2003)[640]

[2] 旧时对步行缉盗的捕快的称谓。(何本方 等,2003)[702]

[3] 此为福州罗星塔联的变体,原文为"朝朝朝朝朝朝夕,长长长长长长消"。(徐本湖 等,2015)

亮都是圆的（月月月圆）。① 下面这三个对联也类似：

马快骑马，马快胜过马快。
象奴乘象，象奴不似象奴。

朝潮朝潮朝朝潮，宵消宵消宵宵消。

朝朝朝朝朝朝朝，长长长长长长长。

在最后一个例子中，两个字只要读成不同的声调，变成不同的意思，就可以组成一副对联了。

---

① 在汉语的七言诗中，第四个字后面会停顿一下，但是这个规则也有例外，这副对联似乎就是一个例外。有人曾试图按照一般的七言诗规律来解读这副对联：每一个黎明都像黎明一样出现，每一个黎明都有傍晚；每一轮月亮都像月亮一样发光，而且每一轮月亮都是圆的。——作者

第四章　诗歌形式的俗语[①]

　　汉语俗语与诗歌(非古典诗歌)的关系和前者与对联的关系有些类似。对联所具有的特点在具有押韵美感的诗歌中随处可见。谚语、俗语经常被诗人发现，并编进诗句之中。另外，诗要是写得好，诗中的俗语往往就会流行很长一段时间，蒲柏的许多诗句就是这种情况。我们很难确定一句俗语是由于自身的设定而变成了诗句，还是这句俗语原本就是诗句，但是由于长期的引用而变成了俗语。在后面这类俗语中，某些诗歌形式的俗语的源头太过于古老，因此经常被大众忽略，只有学者会注意到它们。

　　幸好我们不需要深究到底是什么支配着中国古诗的各种类别（可以笼统地分为诗、词、歌、赋四类），因为这个主题有些复杂，就像拉丁语的词形变化规则一样充满着错综复杂的细节和烦人的特殊情况。在科举考试中，诗和赋是被认可的两种形式，而词和歌则更为自由，甚至可以说毫无规则可言，有时会降格为一种有节奏的散文，甚至只是打油诗。诗每行必须有五个字或者七个字，而其他类型的韵文每一行的字数往往不受限制。

　　汉语诗歌的结构极度凝练，很多时候不把它翻译得佶屈聱牙、令人无法忍受，就没办法变成英语，除非译者把原文的思想好好地扩展一下。

　　把一首四行的中国古诗转换成一个相似长度的英文诗歌往往是不可能的，因此没有必要枉费心机。我在后文给出的英文译文多数是换句话把原文的意思转述出来，而不是翻译。[②] 当然也有例外，

[①] 明恩溥对收入本章的诗歌与俗语的理解与中国人通常的理解有差异。

[②] 出版时未保留这部分英文译文。

例如下文中关于老年的一首诗。而其他大多数诗歌，倘若将英文翻译与汉语原文相比的话，就像某个友善的批评家所说的那样，它们都在紧凑性上蒙受了巨大的损失。

本章选取的例子与上一章的例子一样，不仅是为了说明俗语通常是如何以诗歌的形式出现的，而且也顺便说明流畅的诗句是如何轻而易举地成为时兴的语言表达的。《神童诗》①（*The Poems of Shen Tung* or *the Divine Child*）又名《解学士》②（*Hsieh hsueh shih*），在市面上广为流传，其中的许多诗句已成为俗语。这些诗句据说是这个天才少年在十岁之前写的。下面一首便引自《神童诗》：

朝为田舍郎，暮登天子堂。
将相本无种，男儿当自强。

这个神童是江西人，据说生活在明朝。他成为学士之后，学士这一头衔便像神童一样加在了他的名字之后。据说在他还是个小男孩的时候，发生了一件事：在陪同父亲去城里的时候，他看到一个佛教僧侣由于通奸罪，被罚戴上了一个枷。神童一看见这个和尚的光头从枷的洞里冒出来，就立刻有了灵感，用他平常的方式写了一首诗，诗的第一句是两个"Chia"（"家"和"枷"）的文字游戏：

出家又扛枷，剃发又犯法。
四块无情板，夹着大西瓜。

由于缪斯女神不断给予这个神童灵感，父亲终于厌烦了，断然禁止神童说话，除非他说出来的是散文。同时，父亲命令神童拿把扫帚打扫屋子前面，让他把装着小鸡的篮子轻轻挪开，做这些事的时候不准写诗。神童抓起扫帚，精力十足地干起活来，但是积习难改，他不由自主地、机械地吟出了下面的诗句：

净扫堂前地，轻拿罩内鸡。

说到这里，神童突然抬起头来，看见父亲正严厉地望着自己，于是他低声又吟了两句诗：

分明是说话，又当我吟诗。

---

① 作者为北宋汪洙。
② 疑为民间话本小说《解学士诗》。

当上内阁首辅以后，有一次他和皇帝在御花园散步，一只奇怪的鸟落在一棵树上，异常地摇着它那扇子一样的大尾巴。皇帝问他这是什么鸟，他从来没有见过，也不知道这是什么，但他爽快地回答说，这叫"七鸡摇"，因为鸟在飞行时尾巴会摇七下。于是皇帝拉起弓来，朝那只鸟射了一箭，它的尾巴摇了九下，就死了。皇上自然便要问他，为什么自己射那只鸟的时候，它摇了九下尾巴。解学士当即写了一首诗作答：

　　七鸡摇，七鸡摇，飞腾上九霄。
　　今日朝天子，再加摇两摇。

　　万金难买之药，
　　妯娌蜜和家不散，子孝双亲顺气丸。

这是一首与家庭有关的诗，说明维持家庭和睦乃"无价之宝"。

　　为人何必苦贪财，贪得财来天降灾。
　　即是有钱人不在，不如人在少贪财。

这首诗证明一个人拥有得越多，他的境况就越糟糕。

　　一派青山景色幽，前人田地后人收。
　　后人收得休欢喜，还有收人在后头。[1]

这首诗旨在表明拥有一块田和租一块田最终的结局都是一样的。

　　欲寡精神爽，思多气血衰。
　　少杯不乱性，除气免伤财。[2]

这首诗说明预防胜于治疗。

---

[1] 出自范仲淹的《书扇示门人》。
[2] 出自清代陆润庠《养生百字铭》，原句为"欲寡精神爽，思多气血衰。少杯不乱性，忍气免伤财。"（肖国士 等，2004）

滋味勿多贪，生灵害百般。

乍过三寸舌，谁更辨甜酸。

这是一首有关饮食的诗，解释了一些生理上的事实，并提供了一些有价值的建议，这些建议不花读者一分钱。

新 嫁 娘[①]

三日入厨下，洗手作羹汤。

未谙姑食性，先遣小姑尝。

这首诗说明了一个道理：年轻女孩在嫁人前应该先学会做饭，然后嫁人的时候应该嫁给一个有未婚妹妹的男人。

主人不相识，偶坐为林泉。

莫谩愁沽酒，囊中自有钱。[②]

这首诗最后一句是妇孺皆知的俗语，但是它似乎说了等于没说。盛唐时期荷包里装的肯定是钱，但现在则什么东西都能装。

回乡偶书

贺知章

少小离家老大回，乡音无改鬓毛衰。

儿童相见不相识，笑问客从何处来。

这首诗的作者是唐朝诗人贺知章，他也爱喝酒。这首诗告诉我们，从池塘里面取出一点点水，池塘中是不会留下可察觉得到的旋涡的。[③]

春　　怨

金昌绪

打起黄莺儿，莫教枝上啼。

[①] 《新嫁娘》应为《新嫁娘词》，疑错。作者为唐代王建。
[②] 明恩溥未给出本首的标题。出自《题袁氏别业》。
[③] 此处是在用从池塘里取出一点水，水面是不会有旋涡这件事类比《回乡偶书》中的故事。《回乡偶书》中的主人公就像离开了池塘的水，在外漂泊多年回到家乡，但是家乡不会因为他的离去而改变风貌，就像从池塘取水不会在水面留下旋涡一样。

啼时惊妾梦，不得到辽西。

这首诗告诉我们嫁给一个很可能被送去远方的男人有什么不好，告诉我们起床晚有什么不好，以及让灌木丛长在房间附近有什么不好。

下面这首诗，普遍认为是前 12 世纪[①]的姜太公所作，这个人物我们会在后文提到。妻子坚持要离婚，因为姜太公很穷。她无视姜太公的眼泪，笑着离开了他。在诗歌中，诗人用一种绝妙的讽刺手法，将妻子比喻为毒害庄稼的八种昆虫（俗称八蜡神[②]），特别是蝗虫。然而，八蜡神的职责还是有些不够明确。[③]

青竹蛇儿口，黄蜂尾上针。
两般犹自可，最毒妇人心。[④]

这首诗告诉我们，一个人在松懈的时候是极其容易被咬伤或者蜇伤的，并告诉我们到底是谁干的。

[①] "前 12 世纪"应为"前 11 世纪"，疑错。
[②] 古代民间信仰中八位与农业有关的神灵。中国民间视八蜡为除虫抗灾御患的神灵，祭祀于八蜡庙。
[③] 这里原文没有附上相应的诗句。
[④] 在"汉语俗语的变体"一节里，我们已经见过了这首诗含有刻薄之意的最后一句的不同形式：**最妒[毒]不过妇人心**。蒲留（P'u Liu）有一句著名的评价《聊斋》的诗句[详见梅辉立（William Frederrick Mayers）的《中国辞汇》（*The Chinese Reader's Manual*）]，在这句诗中，女人天性的这些特征不仅在性质上是相似的，在本原上也是相同的，只是程度不同。**妇人无德有三，曰：独、妒、毒。未有独而不妒者，未有妒而不毒者**。第一种是指专注于自我中心主义（Egoism）的精神状态，这种精神状态是"我要，而不是你要"，或者是一句古老的男爵格言：汝必先于我欲之。这种情感不可避免会导致妒——因他人的优秀品质或才能而感到忧伤。"妒"最终导致"毒"，即对毒的对象造成伤害的意图。读者可能已经看出了蒲留得出的结论：没有自私的女人不会变得嫉妒，也没有嫉妒的女人不会变得恶毒。因此会有人说："**妇人可以共患难，不可以共富贵**。"还有人说："**女人短见**。"也就是说，女人只能欣赏她们能够看到的一切，除此之外，她们什么也欣赏不了。还有一种更为轻蔑的说法：**妇人之仁，匹夫之勇**，用来表示一个很低劣的东西。在更强烈的意义上，这句话也用来表示一种装出来的优秀品质，比如在公共场合读佛经，转头就开始辱骂邻居。上述俗语体现了中国人如何看待女性的道德本质，这个主题值得用超过一整本书的篇幅来研究，因为人们认为这些道理不言而喻，也认为这些不需要通过论证得出。——作者
"汝必先于我欲之"是克兰斯顿家族（Clan Cranstoun）的家族座右铭，意思是"你不先于我索要这个东西，等我想要它了，你就要不着了"。

春天不是读书天，夏日炎炎正好眠。
到了秋来冬又至，收拾书箱过新年。

这是关于学者的诗，说明了地球在黄道中的运动对中国人智力的影响，并为人类共同体提供了新的论据。

下面的诗句出自中国最著名的诗人李白，他生活在中国诗歌的黄金时代——唐朝。

怨　　情
美人卷珠帘，深坐蹙蛾眉。
但见泪痕湿，不知心恨谁。

下面这首也是李白写的，它的主题是中国诗人最喜欢的。

夜　　思①
床前明月光，疑是地上霜。
举头望明月，低头思故乡。

现在的时代，无论怎样，都比以前的时代退化了。无论是哪个时代，哪个国家，这都是主流想法，中国也不例外。孔子说："**今之人愚而诈。**"② 这种说法还有各种各样的形式：

今非昔比。
一辈不如一辈。
论仁义今不如古，丧良心古不如今。

下面这首诗的主题与上一首相同。
书画琴棋诗酒花，当年富足不离他。
而今七字都更变，柴米油盐酱醋茶。

这首诗表明所谓的人类进步是一种骗局，人类唯一的刚需是满足自

---

① 《夜思》应为《静夜思》，疑错。
② 出自《论语·阳货》，原句为"古之愚也直，今之愚也诈"。

己的胃。

人老毛腰把头低,树老焦梢叶儿稀。
兽老脱毛夹着尾,禽老入水变蛤蜊。

这是一首关于老年的诗,它所概述的事情早就被善于观察的读者发现了,它还补充了一些读者大概率不知道的事情。

秃子无毛他说光,蝲〔刺〕猬吃粪他说香。
螃蟹横行他说正,只有旁人话短长。

这首诗告诉我们,从不同的角度看问题会得到意想不到的效果。为什么小朋友吃苹果派的时候那么开心呢?似乎获得了真正的幸福吗?这首诗给了我们答案。罗伯特·彭斯[①](Robert Burns)也写过与"只有旁人话短长"类似的句子,但是这首诗比彭斯写的句子要出现得早。

天作锦被地作毡,满天星斗伴吾眠。
夜半不敢长舒腿,恐怕蹬倒山和川。[②]

这首诗展示了巨人可能会碰到的窘境,尤其是在晚上。

舌柔常在口,齿折只为刚。
思量这忍字,好个快活方。[③]

这首诗证明:柔能克刚。

恶人骂善人,善人总不对。

[①] 罗伯特·彭斯(1759—1796),苏格兰的国家诗人,用苏格兰方言和英语写作,《友谊地久天长》的作者。(孙鹏,2015)(Editors of Encyclopædia, 2021)
[②] 可能改编自朱元璋的《无题》:"天为帐幕地为毡,日月星晨伴我眠。夜间不敢长伸脚,恐踏山河社稷穿。"
[③] 出自明代范立本《明心宝鉴·戒性篇第八》。(范立本,2014)[92]

善人若还骂，彼此无智慧。[①]

这首诗告诉我们：**多言不如少言，少言不如无言。**

天上下雨地下滑，各人栽倒各人爬。
要得亲友拉一把，酒换酒来茶换茶。

这首诗说明了互惠的必要性，阐明了友谊的真正作用，解释了中国礼尚往来的基本原则。

懵懂劝懵懂，越劝越不醒。
师傅下地狱，徒弟后边拱。

这首诗告诉我们：阿佛那斯之路易下[②]（Facilis descensus Averni）。

一口金钟在淤泥，人人拿着当顽石。
有朝一日悬挂起，响亮一声天下知。[③]

这首诗讲的是回到自己的领域所带来的好处。

人生红尘休争先，好汉后有好汉奸。
常想我到无人到，那知天外还有天。

这首诗说明了欲求不满是多么愚蠢。

人人都熟悉中国人一贯的思想：中国人一贯认为"三教"有同一性（三教归一）。然而，由于汉字的模糊性，这一表述有一种比三教只是同一基本思想的同素异形体[④]更合理的解释，即这三种学说都是建立在同一基

---

① 出自宋代释怀深的《拟寒山寺（其七十二）》，原文为"恶人骂善人，善人总不对。善人若还骂，彼此一智慧"。明恩溥所摘抄的版本出自《明心宝鉴》。（范立本，2014）[94]

② 来自古罗马维吉尔所作的史诗《埃涅阿斯纪》。阿佛那斯是意大利那不勒斯附近的一个小湖，从前是一个火山口，被认为是地狱的入口。（Editors of Encyclopædia, 2011）因此这句拉丁文的意思是："地狱之路易下。"

③ 这首诗是第51卦，震为雷（震卦）的象，原作："一口金钟在淤泥，人人拿着当玩石。忽然一日钟悬起，响亮一声天下知。"出处不详。（徐潜，2014）

④ 这里指三教只是外形不同，思想内核是一致的。

础上的。道家将其称之为**抱元守一**，最后一个字指《易经》的某一章开篇句——**天一地二**。佛教徒也常说**万法归一**。孔子在《论语》中告诉弟子，**吾道一以贯之**。这是因为，儒释道三教都声称自己是以汉语中最简单的那个字为基础建立的。"一"这个符号得有多么宽广、多么深远啊！

这个表述也是众多"门口教口"所秉持的观点，比如下面这首诗，就体现了这个观点：

一字大，一字大，四大部洲挂不下。
有人得了一字传，灵山会上能说话。

这不仅是一首关于"一"的诗，也是一首关于一条线的诗，因为"一"字的形状就是一条线。这首诗告诉我们，虽然一条线段可能是两点之间最短的距离，但是它也能像多面体一样无所不包。

隔河一锭金，河宽水又深。
空急不到手，枉费那场心。

这是一首描述对不可企及之物的渴望的诗。这首诗告诉我们，一开始一定要选择正确的河岸，因为如果选错了，那你就得绕过一条河，这时候你就很绝望。

白马红缨彩色新，不是亲者强来亲。
有朝马死黄金尽，亲戚如同陌路人。[①]

这首诗说明，气球的侧面如果破了个大洞的话，它就不能像被戳之前那么大了。

天皇皇地皇皇，我家有个夜哭郎。
过往君子念三遍，一觉睡到大天亮。[②]

这首歌谣展示人类的本性——尤其是婴儿的本性——如何超越文明的束缚，并偶然间推翻了《三字经》的经典表述"人之初，性本善"。

---

① 出自《名贤集·七言集》。
② 北京地区流传的一首歌谣。儿童夜哭，多写此歌，遍贴各处，即可禳解。（王梅红 等，2019）

  天碌碌地碌碌，我家有女夜间哭。
  过往君子念三遍，小女一夜睡的熟。

  这首歌谣说明，这世界上有最坏的人，还有一些人就算不比他们坏，也跟他们差不多了。

  钩帘归乳燕，穴牖放痴蝇。
  为鼠盘留饭，怜蛾纱笼灯。①

  这首诗劝说人们友善地对待所有生灵。因为中国有传说认为人死了以后会变成动物，你永远不知道哪些动物会变成你未来的玩伴，你甚至无法确定会不会有哪只虫子是某个人的奶奶的同素异形体②。

  丑是家中宝，俊人惹烦恼。
  要得人前站，还是俊的好。

  这首诗以清楚明白而又优美的语言告诉我们，即使某些命题的答案有多么明显，它们都会有正反两面，并解释了摩门教为何具有生命力。

清明节上坟
宋人高菊礀作

  南北山头多墓田，清明祭扫各纷然。
  纸灰飞作白蝴蝶，血泪染成红杜鹃。
  日落狐狸眠冢上，夜归儿女笑灯前。
  人生有酒须当醉，一滴何曾到九泉。

  这首诗告诉我们，当你能够获得某个东西时，你把它牢牢拿在手里的好处。最后一句已经变成了俗语。

---

  ① 出自苏轼的《次韵定慧钦长老见寄八首（其一）》，原诗为："左角看破楚，南柯闻长滕。钩帘归乳燕，穴纸出痴蝇。为鼠常留饭，怜蛾不点灯。崎岖真可笑，我是小乘僧。"
  ② 此处"同素异形体"的意思是转世。一个人转世成了虫子，但是灵魂是同一个灵魂，就像不同同素异形体之间由同一个化学元素组成，但是外形不一样。

白日依山尽，黄河入海流。
欲穷千里目，更上一层楼。①

唐太宗问于许敬宗曰："人言朕的是非何如？"敬宗对曰："春雨如膏，万物喜其润泽，行人嫌其泥泞。秋月如镜，佳人喜其玩赏，盗贼妒其光辉。天尚不足，何况人乎？"又曰："是非不可听，听之不可信。君听臣遭诛，父听子遭殃。夫妇听之离，朋友听之绝。臣身六尺躯，堤〔提〕防三寸舌。舌上有龙泉②，杀人不见血。"太宗曰："然也。"

下面是一首关于四月农村景象的诗。这首唐诗是俗语在诗歌中发挥作用的一个很好的例子。前两句基本上是不能引用的，而后两句事实上在南方已经被用作了日常俗语。不过北方人几乎不认识桑树和蚕，北方不插田，而是种田，在这种情况下最后一句几乎总是被省略。

绿遍山原白满川，子规声里雨如烟。
乡村四月闲人少，才了蚕桑又插田。③

下面这首诗的每一句、每一联都可以被视为俗语，包含各种有用的信息：

曲木熨直仍又湾〔弯〕，养狼当犬看家难。
粉洗乌鸦白不久，墨染仙鹤不受观。
蜜饯黄连终须苦，强摘瓜果不甚甜。
好事全凭君子作，天生愚鲁教不贤。

诗和对联一样，都是指责他人的好方法。我认识的一位老师为自己的兄弟写了下面这几句话。毋庸赘言，那些吸鸦片的，连道理都劝不回，

---

① 出自王之涣《登鹳雀楼》。
② "剑"在诗歌中的说法。——作者
③ 出自宋代翁卷的《乡村四月》。

更别说诗歌了。

鸦片鬼,实可叹,妻儿冻饿全不管。
为死为活只为烟,绝后代,断香烟。
朋友规劝嫌烦厌,瘦弱枯干筋骨连。
览镜照,自解宽,死后身轻好上天,闫〔阎〕君见我甚喜欢。

在山东省的一个小村庄,有几个人接受了新教的洗礼。村子里有两座小庙,一座是战神关帝庙,另一座是总神庙。在新年的时候,一位村民抄写了一首耳熟能详的诗,将古老宗教的原始意义比喻成山上的一棵青松,并将新信仰比作一朵自负的小花。小花嘲笑古老的大树比不上它,但是刺骨的霜冻(象征着关帝和总神的正义之怒)摧毁了这朵花,而这棵青松却毫发无损。这位村民的行为很荒唐,把这四句诗分开了,头两句贴在村子东边寺庙的柱子上,后两句贴在西边寺庙的柱子上。

山上青松山下花,花笑青松不如他。
有朝一日严霜降,但见青松不见花。

新教的领袖看到自己的信仰受到了这样的攻击,就拿着一首寓意相反的诗歌冲了过来,贴在寺庙的墙上,直到它被风吹走。这些利用诗歌进行争论的人都是贫穷而勤劳的农民,他们都没有受过任何教育,在写诗的时候不可避免地出现了错别字。我们会在下文给出诗歌原文,目的无他,就是清晰明确地举例告诉大家,中国人利用委婉迂回的口吻攻击对手的癖好(就像上文提到的)。攻击的巧妙之处完全在于它的委婉、迂回,通过暗示将一段古老的诗句转化为一首反对基督教的颂歌。下面这首诗就是这个狂热的(但没有受过良好教育的)基督徒所作。

松是松来花是花,较比二物理不达。
一般都是根在土,谁是青松谁是花。
既在孔门为弟子,君子务本说的么?
三畏天命你不惧,人里面前胡扯拉。

就像对联一样,中国历史上有大量的诗歌,是在或真实或虚构的特殊场合创作的。在与建立元朝的北方少数民族进行的可怕的战争中，国家的广大地区被卷入其中。江西的吉安市被攻占，居民遭到蹂躏和侮辱。有个女人姓赵，长得很漂亮，被外来入侵者追赶，她怀里还抱着儿子。女人逃到一座寺庙避难，士兵们很快就追上了她。女人对士兵破口大骂，他们气急败坏，用剑刺死了小男孩。女人立刻用手指蘸了儿子的血，写了下面这首诗，然后一头撞死在了墙上。根据可信消息，这些血迹已经存在了六百年，仍然清晰可见。诗句被刻在石头上，其内容是这样的：

我死儿悲伤，儿亡我断肠。
幸儿同娘死，含笑入泉乡。

这首诗描述了一个母亲的忧伤。

在中国，惩罚小偷的常见方法是在鬓角文上"竊"这个字，先用针扎刺该字的轮廓，然后涂上着色物质。有这样一个故事，当一个官员检查一个小偷的文身时，发现文身是"竊"的简体形式"窃"，于是官员要求重新走一遍正常程序。这几件事毁掉了小偷的"事业"，他只能沿街乞讨，一面乞讨，一面吟诵着下面的诗句：

手把菱花仔细看，淋漓鲜血旧痕斑。
早知今日重为苦，学盗先防识字官。

这是一首关于文身乞丐的诗。这首诗告诉我们错别字的坏处，有错别字的文身带来的痛苦，以及要去掉有错别字的文身有多难。

像其他语言一样，汉语的作诗形式很适合描写道德小故事。人们很容易引用俗语来进行道德教育。

下面这首"四边形"的诗告诉我们贪婪有多么愚蠢，以及每个人都有主观臆想的倾向。有一个贪婪的富人，得了重病，他把家人叫到身边，希望能找到一个愿意替他去死的人。他第一个请求的是女儿，但是女婿立即把这个计划扼杀在萌芽状态：

女婿近前叫岳丈，你今说话理不当。
万贯家财儿擎受，为何生死叫俺当。

老人知道在女儿身上捞不到好处，于是又叫来儿子，请求儿子替他去死。听了这话，儿媳立刻走上前来：

儿媳近前叫公爹，你今说话理上缺。

你的生死叫儿替，为何当初不替爷。

这位垂死之人对不孝的孩子很失望，于是又向年老的妻子求助，恳求她替自己去死。妻子回应道：

各人吃饭各人饱，各人生死各人了。

你的生死叫我替，我的生死谁替了。

家里没人愿意替他去死，这使老人很恼火。他提醒家人，他所有的财产都是自己赚回来的，既然现在没有人愿意替他去死，不让他继续享有这些财产，他要提出一些让家人很难办到但是又必须去办的要求。

老人要求他的棺材十分华丽，一部分财富要放在里面供自己在阴间使用，尤其是必须在他的嘴里放一枚金币，以备不时之需。富丽堂皇的葬礼引起了大家的注意，宝藏埋在这里的消息也变得人尽皆知。就在他下葬后的第一个晚上，一帮强盗撬开了棺材，把里面的东西洗劫一空。尸体被扔在地上，被狗吃掉，狗很快就把骨头都弄散了，直到坟墓里只剩下头骨。一天，一群孩子在附近收集燃料，发现了这颗头骨，用耙子打它，头骨发出了叮当的响声，孩子们仔细一看，发现里面有一枚闪闪发光的金币，但无法取出来，最后只好用一块砖头砸碎了头骨。就在这时，八仙之一的韩湘子偶然路过：

湘子游走在云端，观见死尸在路边。

万贯家财代〔带〕不了去，一文钱挨了顿半头砖。

第五章　包含历史、半传说半历史、传说、神话人物或典故的俗语

　　每种语言都有大量的用典，而汉语的用典不比其他语言少。要理解汉语之中用典数量的冗余程度，只消花一小会儿想一想英语日常使用中不断重复出现的多种多样的典故，这些典故数量之多、种类之多，使分类变得极其困难。英文中有挪亚方舟（Noah's Ark）、大宪章[①]（Magna Charta）之类的纯历史典故；有祭司王约翰[②]（Prester John）、圣·乔治与龙[③]（St. George and the Dragon）之类的半传说半历史典故；有流浪的犹太人[④]（The Wandering Jew）、月亮上的人（The Man in the Moon）一

　　[①] 《大宪章》是英格兰国王约翰最初于1215年6月15日订立的拉丁文政治性授权文件，并在1225年首次成为法律，确立了英国人民的自由权利。（Editors of Encyclopædia, 2021）

　　[②] 祭司王约翰，欧洲传说中的人物，11—13世纪开始出现关于他的传说，人们认为他是聂斯托利派教徒，并且是一个祭祀国王，"统治着远东，在波斯和亚美尼亚的另一边"。（Editors of Encyclopædia, 2021）

　　[③] 欧洲传说圣·乔治是一个骑士兼圣徒，斩灭了巨龙，将利比亚国王的女儿救出。（Editors of Encyclopædia, 2021）

　　[④] 13世纪开始在欧洲传播的传说故事。一个犹太人嘲弄了正被罗马军队押往髑髅地刑场钉十字架的耶稣，被诅咒在尘世行走，直到耶稣再临。

类的传说故事；有伊阿宋和金羊毛①（Jason and the Golden Fleece）、普路托和珀尔塞福涅②（Pluto and Proserpine）之类的神话典故（这些典故常常具体化为一个单独的形容词，如被美杜莎③锁住的（Medusa-locked），百眼巨人之眼的④（Argus-eyed），百臂巨人⑤之手的（Briarean-handed）；有伊索寓言或其他寓言故事，如《老鼠与狮子》⑥（*The Mouse and the Lion*）、《猴子与栗子》（*The Monkey and the Chestnuts*）等［这些典故也可以概括为一两个单词，如寒鸦的羽毛⑦（Jackdaw feathers）、猫爪⑧

---

① 希腊神话人物，传说伊阿宋的父亲埃宋是伊俄尔科斯王国的合法继承人，但是却被他的兄弟佩利阿斯篡夺了王位。伊阿宋长大以后要求佩利阿斯归还王位，后者要求他去取回埃忒斯的金羊毛。伊阿宋在美狄亚的帮助下得到了金羊毛，并与其喜结连理，后来又喜新厌旧，抛弃了妻子，爱上了科林斯国王的女儿格劳刻（一说克瑞乌萨）。美狄亚出于嫉妒，用毒液杀死了格劳刻，并杀死了伊阿宋的两个孩子。伊阿宋伤心欲绝，在阿耳戈斯船旁被木头砸死。（晏立农 等，2005）[502-504]

② 普路托，也叫普路同，是古罗马神话中的冥神。（齐默尔曼，1987）[315-316] 而珀尔塞福涅则是古希腊神话中的冥后，普路托的妻子。（齐默尔曼，1987）[305]

③ 美杜莎是古希腊的蛇发女妖，看见她的眼睛的人都会被石化。

④ 希腊神话中的百眼巨人，也叫阿耳戈斯。（晏立农 等，2005）[17] 英语中"Argus-eyed"用于形容一个人极其警惕。

⑤ 希腊神话中有五十个头和一百只手臂的巨人。（晏立农 等，2006）[96]

⑥ 《伊索寓言》中的故事：一日，一只小老鼠不小心被狮子抓住，老鼠求狮子放了它，并说将来必定报答狮子，狮子十分不屑地放了它。后来有一日，狮子被猎人抓住，老鼠咬断了绳子并救了狮子。（罗念生，2016）[274]

⑦ 《伊索寓言》中的故事：宙斯想要为众鸟立王，要选出他们中最美丽者为王，寒鸦自知丑陋，便将众鸟脱落的羽毛都黏在自己身上。选美当日，宙斯一眼就看中了花花绿绿的寒鸦，众鸟十分愤怒，纷纷来到寒鸦身上将自己的羽毛摘下，寒鸦丑陋的外表又一次显现在了众人眼前。（罗念生，2016）[258]

⑧ 来自拉封丹的故事《猴子与猫》，"cat's paw" 在英语中形容火中取栗的人。

（Cats-paw）等］；有通俗的童话故事，如《杰克和豆茎》[①]（Jack and the Bean-stalk）、《哈伯德老妈妈》[②]（Old Mother Hubbard）、《小红帽》（Little Red Riding-hood）等；有《一千零一夜》（Arabian Nights）、《格列佛游记》（Gullivers' Travels）、《鲁滨孙漂流记》（Robinson Crusoe）、《堂吉诃德》（Don Quixote）等虚构文学中的故事或人物。单是想一想狄更斯的小说，就足以知道这种典故的增长速度是如何之可怕。直接引用著名人物的话也是典故的种类之一：没什么好怕的，恺撒在这艘船上；[③] 朕即国家；[④] 英格兰期盼人人都恪尽其责[⑤] 等。除此之外，还有许多流行的昵称，如约翰牛[⑥]（John Bull）、乔纳森兄弟[⑦]（Brother Jonathan）等，还有一些富有诗意的名字，如翡翠岛[⑧]（Emerald Isle）、棕榈城[⑨]（City of Palms），等等。

只消把这些典故收集到一起，解释一番，就能形成如同惠勒（Wheeler）的《著名虚构文学名称字典》（Noted Names of Fiction），或布鲁尔（Brewer）那本《短语和寓言词典》（Dictionary of Phrase and Fable）一般的鸿篇巨

[①] 英国童话故事：小杰克用家里的乳牛换购了魔豆，母亲盛怒之下将魔豆扔到了庭院，魔豆一夜之间疯长，延伸到了天界。小杰克顺着长出的豆茎爬到了天上的巨人家中，趁巨人熟睡偷了一袋金币，并原路返回。后来小杰克又如法炮制，偷了一只会下金蛋的鹅和一个会自动弹奏的竖琴，在偷竖琴时被巨人发现，巨人穷追不舍，于是杰克割断豆茎，巨人被摔死。（Jacobs，1890）

[②] 英国童谣。

[③] 恺撒的名言，完整版本为："我的朋友，继续前进不要回头，没有什么好怕的，恺撒在这艘船上，会给你们带来好运。"出自普鲁塔克的《希腊罗马名人传》。（普鲁塔克，2011）[1301]

[④] 朕即国家（法语：L'état, c'est moi），法国国王路易十四于 1655 年 4 月 13 日在巴黎国会议员面前所说，可信度存疑。（Bély，2005）[77]

[⑤] 英国海军上将纳尔逊在 1805 年特拉法加战役之前发出的信号。（Editors of Encyclopædia，2011）

[⑥] 约翰牛，英国或英国人的绰号，最早出自 18 世纪英国作家阿布什诺特（John Arbuthnot）的作品《约翰·布尔的历史》。（《世界历史词典》编委会，1985）[273]

[⑦] 乔纳森兄弟是对美国人民的称呼，也是美国公民的代表。

[⑧] 英语中对爱尔兰一国的雅称，源于该国绿色的乡村。

[⑨] 《圣经》中的重要城市耶利哥（Jericho）的别称，详见《圣经·申命记》。

著。布鲁尔还告诉我们，由于篇幅有限，他只用了不到一半的材料。几乎每过一年，就会有一部或多部这样的词典出版，它们现在已经拓展到所有你能想到的行业。仅仅是将这些词典的参考书目编纂成一本书就已经令人望而生畏了。当我们想到，在英语第一次被听到的十五个世纪以前，中国文学中最伟大的作品就已经被视作古代文学了，中国文学作品的数量从那时便开始成册增加，就算各种各样的典故堆积成了尼罗河三角洲[①]，我们似乎也不会感到奇怪。单是一本叫作《三国志》[②]的历史小说就是大量典故的源泉，刘备、关羽、张飞大概比过去五百年的其他任何将军或政治家都更为中国人所熟知。即使是他们结拜的地方，也可以在中国历史上用简单的"桃园"二字来表示。尽管他们已经声名远扬，但我们并不确定他们是否已经达到了自己辉煌的顶峰。从被宋朝皇帝第一次封为圣人起的六百五十多年里，关羽的地位一直稳步上升，直到我们这个时代，他已经被升格为协天大帝，这是中国万神殿中的最高等级。在中国，功德有时姗姗来迟，但能等上一两千年的人，也不必绝望地认为到了最后也无法得到自己应得的赞许。

戏剧的历史背景经常被设定在中国古代，比如三国时期。我们可以在茶馆或者是乡村的街道上找到那些职业说书的，他们无处不在，职责

[①] 只消瞧一瞧伟烈亚力（Wylie）的《中国文献录》（*Notes on Chinese Literature*），我们就能对中国文学已经发展到的体量之巨大有了生动的印象。这些"笔记"简直就是学术上的里程碑，包含了大约 1 770 部作品。此外，还有数百部作品被收录在《中国文献录续编》（*Collection of Reprints*）中，其中许多作品所包含的书册就能占满整个图书馆。宋朝的第二个皇帝编纂了一部文学百科全书，共 1 000 册。宋朝的第三个皇帝紧随其后，下令编纂一部历史百科全书，以"深刻理解最上古时期的国家大事，根据时间排序"，共 1 000 余册。但这些百科全书在明朝第三个皇帝永乐的作品面前都黯然失色，成了小册子。永乐皇帝任命了一个学者委员会"将迄今为止出版的所有经典古籍、历史文献、哲学文献、文学典籍悉数收入一个书目，同时兼收天文学、地理学、神秘学、药学、佛教、道教、艺术文献"。这项工作由 5 名主编、20 名副主编执行，下属 2 169 人，共包含 22 877 册。除此之外还有目录，光是这些目录就有 60 册之多。这个庞大的书目悉数用笔以漂亮的字体写就，从未印刷过。只制作了两份副本，其中一份据说保存在大英博物馆，而另一份（非常不完整）在 1900 年 6 月对英国公使馆的袭击中，大部分被烧毁在翰林院。几千册书中，只有几百册被救出，便很快就散落到世界各地。——作者

[②]《三国志》应为《三国演义》，疑错。

就是将那些遥远时代的强大英雄留在大众的脑海中。

还有第三种传播途径,比其他两种加起来都更加有效。虽然不多,但是几乎每个村子都有一些读过书的人,这些人的受教育程度足够他们津津有味地阅读过去那些激动人心的故事。在中国北方地区,有几个月的时间,村里人几乎没有固定要做的事情。一大群中国人就会在漫长的冬夜聚集,开始讲述诸葛亮、司马懿和曹操的故事,就像我们的爷爷给我们讲述威灵顿(Wellington)在半岛上的功绩①、拿破仑在埃及的壮举②,或者就像我们现在谈论的印度大叛乱③、谢尔曼(Sherman)向大海进军④一样。这样一来,许多文盲虽然熟悉历史人物的名字,并熟悉他们在其中扮演着重要角色的某些历史事件,却完全讲不清楚历史人物在当时的历史进程中处于一个怎样的位置,或者说,他们甚至不知道这些历史人物是在历史的哪个时期飞黄腾达的。

中国的学者不仅要熟读标准的中国史,还要去读所谓的通俗文学,也就是"闲书"。熟读这些闲书虽然只是一种文学消遣,但是也确实让他们有能力对历史典故做相当精准的追溯和复原。然而人们并不是很看得起这些闲书,因此我们经常碰到的情况是,那些接受"四书五经"教育的人,当别人问他们某些历史人物所生活的年代,并且他们也确实比较熟悉这些历史人物大概的生活轨迹时,他们给出的答案竟然能够相差一千五百或两千年。这简直就是学习历史的时候不了解时间、地点的活生生的例子。如果学习历史只是为了以历史事件作为例子教育学生,那么只要上了课,知道了那些历史事件发生的时间地点就可以了,其教育

---

① 指1807年至1814年发生的半岛战争,法国入侵西班牙,西班牙联合葡萄牙、英国反抗法国统治,重获独立。当时威灵顿公爵阿瑟·韦尔斯利带领着一支部队在伊比利亚半岛与法国对抗。(萨克雷 等,2014)
② 指1798年拿破仑远征埃及的战争。(Editors of Encyclopædia,2011)
③ 即印度民族大起义,1857年至1859年印度人民反对英国殖民统治的起义。
④ 1864年11月15日到1864年12月21日发生的一场战役,是南北战争的一部分,由谢尔曼领导,发生在佐治亚州。(Editors of Encyclopædia,2011)

意义不会降低，但是除了以史为鉴的教育意义以外，它再也没有其他意义了，虽然这些内容的历史基础完全是虚构的。古代历史和史前寓言之间的界限，就像子午线一样看不见，摸不着。甚至许多历史细节是我们无法通过证据证明其存在的。因此，正如麦考利男爵①（Lord Macaulay）从希罗多德②（Herodotus）的几篇故事里面获得的感悟一样："小说非常像事实，而事实也很像小说。对于许多最有趣的细节而言，我们没有办法确定它们是不是真的，也没人会帮我们确定，我们会一直处于一种不自在却又无法停息的中止状态之中。我们知道肯定是有真相的，但是却不知道这个真相何在。"③

中国人喜欢在口语和书面语中隐藏自己的一部分意思，这一点已经在前文提到过，下文还会再次提到。另一种说法更加有力，而且似乎可以被很多事实证明，这个说法就是中国人有时候隐藏的不是部分的意思，而是全部的意思。**蜻蜓点水**④指的是一种充满了精致典故，并且十分晦涩难懂的文学风格。作家或演讲者会经常陶醉于这类典故之中，把每一个典故"卷成一块甜面包放在舌头底下"，如果他有理由相信九成读者或听众理解不了这个典故，他就会更加津津有味。这些典故中的许多只是一种文学升华的结果，这让它们更加晦涩难懂，而且我们往往很难从这些典故中辨认出任何原文的痕迹。

在1851年2月、3月和4月的《中国丛报》中，可以找到一系列

---

① 麦考利（1800—1859），英国政治家、作家、历史学家。（刘纯豹，2012）（沃克，1988）

② 希罗多德（约前484—前425），古希腊史学家，被称为"史学之父"，代表作《历史》为西方史学史上第一部著作。（张广智，2000）

③ 说到这，我需要再次提醒读者注意，我们并不会站在史学的角度去研究这些俗语是否符合史实。这些说法中有一些确实指的是实际发生的事件，有些是为传统所扭曲或放大的事件，而另一些很明显是完全虚构的。它们中哪些在历史上是真实发生的，哪些是虚构的，我完全无法确定，但幸运的是，至少还能够作为例子说明俗语和谚语。——作者

④ 人们认为蜻蜓应该什么都不吃，只是偶尔喝一口水。因此，这句诗歌形式的俗语被用来比喻处于极度痛苦中的人，别人给予了他善意的话语或者是一点点钱作为帮助，他就可以开开心心地走自己的路：**点水蜻蜓款款飞**。——作者

"点水蜻蜓款款飞"，出自杜甫《曲江二首（其二）》。

题为《中国文学作品中常见典故的历史和寓言摘录，由包令①博士从江沙维②的〈汉字文法〉中翻译而来》（Extracts from Histories and Fables to Which Allusions are Commonly Made in Chinese Literary Works, Translated from the Arte China of P. Gonçalves by Dr. Bowring）的文章。其中的汉字和主题散布在二百三十三个标题之下，涵盖了历史、传说、神话和（偶尔出现的）寓言的整个领域。这些文章随后在1863年、1864年和1865年的《中日丛报》③（The Chinese and Japanese Repository）中被分成小部分再次出现，最后的十二个例子都是寓言。的确，要想确定应该提到这几类典故中的哪一类，并非总是一件容易的事。比如当我们被告知**投鼠忌器**来自一个寓言，寓言中的人用枕头扔老鼠，结果打碎了一个名贵花瓶的时候，我们已经到达了一个由比方（Illustration）、故典和真正的寓言——不知道用什么汉语词汇来表达这个词——组成的地方。

有人认为，由于某种神秘的原因，真正的寓言与中国的文学氛围并不相符。但是，1863年11月，《中日丛报》有三辑确实出现了几则印度寓言和中国寓言的法语翻译。

得益于法国汉学家儒莲④（Stanislas Julien）的杰出贡献，我们有幸在中国浩如烟海的文学典籍中发现了人们急切寻求的作品。它们被收录在两部百科全书里，较早的那部有二十卷，写于公元668年，书名为《法苑珠林》⑤（The Forest of Pearls from the Garden of the Law）。第二部叫作《喻

---

① 包令（John Bowring，1792—1872），英国外交官，第四代港督。（郑天挺 等，1992）

② 19世纪上半叶活跃于澳门的葡萄牙汉学家，著作颇多，甚至被誉为"迄今为止所有研习汉语的传教士中最权威的汉学家"。（金国平，2018）

③ 由伦敦国王学院的教授苏谋斯（James Summers，1829—1891）创办的期刊，发行年份为1863年至1865年。（朱政惠，2007）（赵长江，2017）

④ 儒莲（1797—1873），法国汉学家，将大量中国经典翻译成法语。（林煌天，1997）

⑤ 佛教书名，唐代道世撰，成书于总章元年（668）。书中广引故事传说证明作者的哲学思想，所据典籍达四百余部，不啻佛经，还引用儒家学说、道道经籍、谶纬、杂书等。（张岱年，2010b）[730]

林》①，或称《相似之林》(The Forest of Similitudes)，共二十四卷，由四百本纯汉语作品和两百本由梵文翻译成汉语的作品组成。

如果在罗伯聃②（R. Thom）将《伊索寓言》第一次翻译为中文时，中国文学中的寓言已经普遍存在，那么和他进行沟通的中国官员就不会感觉受到极大的冒犯，也就不会下令封禁此书了。

在丁韪良博士③（Dr. William Alexander Parsons Martin）的《翰林文章》(Hanlin Papers)［在美国重印时书名改为《中国人，他们的教育、哲学以及文字》(The Chinese, Their Education, Philosophy, and Letters)］中有一篇关于中国寓言的论文，这是一本小专著，可能会使人联想到霍雷布（Horrebou）的《冰岛史》(History of Iceland)中著名的第47章"关于猫头鹰"（Concerning Owls），这一章只有一句话："冰岛没有猫头鹰。"丁韪良博士博学多才，他没有说汉语中没有寓言，而是找到了五个例子，几乎都收录在前面提到过的《中国丛报》的文章中。

第一个俗语很短，据说是江乙④说给楚王听的，楚王有一个大臣叫昭奚恤，这个人的做法引起了北方人民的恐慌。一只老虎碰巧走在一只狐狸的后面，看到所有的动物都在躲避狐狸，老虎非常吃惊，却没有想到它们怕的其实是自己。

前面提到的江沙维译本给出了更完整的描述。一只母狐狸被老虎抓住，老虎准备杀了她，狐狸抗议说她比其他动物都要厉害，所有动物都怕她。为了证明这一点，狐狸让老虎和她一起去见识一下自己有多厉害。老虎同意了，悄悄地跟在后面。野兽一见他们来，就纷纷逃窜。老虎见状也害怕了，不敢杀狐狸。老虎完全没有想到其实是他自己的出现造成

---

① 明代徐元太编，一百二十卷，汇集了六朝以前涉及比喻的古书。（祝鸿熹 等，1990）

② 英国外交官，生于苏格兰，1834年来华，几年后编译《意拾喻言》（《伊索寓言》）。关于其生平，详见《近代来华外国人名辞典》。（中国社会科学院近代史研究所翻译室，1981）关于《意拾喻言》，详见《中外文学因缘》。（戈宝权，1992）

③ 丁韪良（1827—1916），美国传教士，1850年来华，1898年被聘为京师大学堂总教习。（郑天挺 等，2010）

④ 江乙，战国时谋士，魏人，后仕楚。有一次楚宣王问群臣北方各国是否怕楚国大将昭奚恤，江乙讲述了狐假虎威的故事。（朱林宝 等，1991）

了野兽们的恐慌。从那以后，每当狐狸出现在公共场合，其他动物都怀疑老虎会跟在她后面，因为他们以为狐狸和老虎的关系很好。因此有**狐假虎威**的说法。

再给出一个汉语中类似的俗语应该就够了。要举的例子是梅辉立①先生于《中国辞汇》中给出的第933条，同时可见于《战国策》中关于"历史和寓言"的内容。人们认为这篇寓言的作者是公元前350年的苏岱（Su Tai），梅辉立先生认为这是中国最早的有记录的完整寓言。这篇寓言十分常见：**鹬蚌相持，渔翁得利**。② 这些例子说明，汉语寓言的精髓可以很容易地压缩成一个句子或一个短语，因此，当果仁被保存下来的时候，壳却脱落并完全被遗忘了。

我们现在正在讨论的话题，即这类俗语典故普遍拥有的特征，最好是通过例子来理解，但是必须记住的是，这些典故本身并不等同于俗语。只有当它们被改造成可以通行于大众之间的样子时，它们才属于俗语的分类范畴。这类俗语所扮演的角色是很重要的。在沙修道先生的书中可以找到五十多个这样的俗语样本。

在研究历史典故方面，梅辉立先生的《中国辞汇》能够给学汉语的人最不可或缺的帮助。这本小书很有价值，是作者阅读了大量的汉语文献和汉语百科全书之后，将其中的知识简明扼要地转述出来写成的作品，绝对值得细读。写这本书的目的很明确，就是给我们经常提到的复杂引语或典故提供一些线索，"同时将各种来源的史实，以及传记中提到的典型例子摘录到一起，每个学生都非常需要"。但是由于这个目的实际上涵盖了整个中国文学领域，因此笔者很快就发现它完全没办法实现，

---

① 梅辉立（1831—1878），英国外交官，1859年来华，1860年为使馆翻译学生，1871—1878年为汉务参赞，逝于上海。（中国社会科学院近代史研究所翻译室，1981）[321]

② 出自《战国策》卷三十《燕策二》。赵且伐燕，苏代为燕谓惠王曰："今者臣来，过易水，蚌方出曝，而鹬啄其肉，蚌合而拑其喙。"鹬曰："今日不雨，明日不雨，即有死蚌。"蚌亦谓鹬曰："今日不出，明日不出，即有死鹬。"两者不肯相舍，渔者得而并擒之。今赵且伐燕，燕赵久相支，以弊大众，臣恐强秦之为渔父也。（赵应铎，2014）[1011]

就好像有些人有建立一个世界帝国的梦想，但是除非他们有无穷无尽的资源，不然这种事根本没办法实现。①

第一个例子是一副对联：**马有垂缰之义，狗有湿草之恩**（出自《名贤集》）。它的字面意思很隐晦。这副晦涩难懂的对联的意思是，一个骑马的人掉进了井里（有的人说是掉下了悬崖），马把缰绳放在主人头上，让主人能够爬上来。下联据说是狗发现在主人的火炉附近有草着火了，在没有帮助的情况下，先冲进池塘，接着从池塘出来在火炉周围的地上滚来滚去，有效地阻止了火焰的蔓延。

塞翁失马，莫非是福。塞翁丢了马，大家都去安慰他，但是他却说："谁知道这会不会是一件幸事呢？"后来马回来了，邻居们惊呼："真幸运啊！"但塞翁回答说："谁知道这会不会是一件坏事呢？"后来果然如此，儿子在骑马的时候被马甩了出去，摔断了腿。大家知道后都很同情塞翁，但是他就像早上做的梦一样，总是和别人反着来，他又说道："谁知道这是不是一件好事呢？"事实的确如此，因为很快来了一群土匪，掳走了附近所有的年轻人，但塞翁的瘸腿儿子却逃脱了。

铁拐李，把眼挤。你糊弄我，我糊弄你。铁拐李或者叫"铁拐先生"，是八仙之一（参见梅辉立《中国辞汇》第718条）。根据传统的观点，他对人类痴迷某些东西，特别是金钱的现象十分痛心。这副对联的用意是要说明，既然现存的一切都是上天赐予的，那么"余之物"与"汝之物"（meum and tuum②）之分就完全是随意的了，而且人们拥有一件物品的时间再长，都不会比自己的寿命还长，那就闭上眼睛，尽可能去骗人和被骗吧。

---

① 注意，尽管梅辉立的手册目前已绝版，但为了方便读者，有关这本手册的参考资料却仍旧被保留了下来。这本手册在一定程度上，但只是在一定程度上，被翟理思教授（Prof. Giles）的《古今姓氏族谱》（*Biographical Dictionary*）取代。《古今姓氏族谱》是一部建立在梅辉立手册基础上的大型学术著作，可惜它太贵了，无法普及使用。随着中国的朝代更替，外国人给出的这些描述的摘要也会有所不同。请不要忘记，下面引用的并不是经过证实的历史，而是中国的平民百姓以为发生过的历史事件，二者完全不同（梅辉立手册有一个1914年的修订版）。——作者

② 拉丁语，即"我的（东西）和你的（东西）"。（Glare, 2012）

狗咬吕洞宾，不认的〔得〕真人。吕洞宾是最著名的道教祖师之一，八仙之一（参见梅辉立《中国辞汇》第467条）。这句话用在那些被人误解了的好人身上。

纣以甲子亡，周以甲子兴。[①] 这句话用来说明某一年本身既非好也非坏，成功或失败取决于人们自身的性格和行为。

他两个是一对费仲尤浑。纣王的邪恶统治终结了商朝，而费仲[②]和尤浑[③]正是商朝的两个佞臣。他们被认为是奸臣的典型。这句话用来表示两个无可救药的坏人。

你就是张天师、李天王，我也不怕。张天师我们提到过了（参见梅辉立《中国辞汇》第35条）。人们认为李天王又叫哪吒太子，生活于周朝，还认为，哪吒手里握着一座宝塔，但梅辉立《中国辞汇》第520条的解释有误，他说哪吒手里抓的是雷电。宝塔高七英寸，可以飞行，也可以变到八十英尺那么高，然后再恢复到原来的大小。因此，哪吒太子常被称为托塔天王。[④]

姜太公[⑤]的《封神演义》让李天王的传说流行开来，而姜太公就是书中的主角。这是一本道教奇幻小说，和敏豪森男爵[⑥]（Baron Munchausen）的游记一样满是寓言故事。这本书的书名就像敏豪森男爵的名字一样，已经成为夸夸其谈的代名词。书名的最后两个汉字——本身就表示戏剧表演的不真实——有时会单独拿出来表示虚假的意思。**姜太公拜帅——演义**。这句俗语中，"演义"一词就是这个意思。整句俗语的意思是，这是一本无聊的故事书中的一个无聊的故事，就像许多当前正在使用的汉语俗语一样，它从根本上对于历史故事的假设是错误的：他们说这些是史实，但是事实上这些中的大多数是虚构的。

---

① 出自《资治通鉴》卷一百九《晋纪三十一》，原句为："纣以甲子亡，周武不以甲子兴乎？"

② 小说《封神演义》中的人物，纣臣，奸佞嬖邪之辈。（李剑平，1998）[498]

③ 小说《封神演义》中的人物，纣王宠臣，进献谗言之徒。（李剑平，1998）[103]

④ 很明显明恩溥把哪吒和其父李靖的角色弄混了。

⑤ 《封神演义》的作者一般认为是许仲琳，有争议。

⑥ 德国作家鲁道尔夫·埃里希·拉斯伯在《吹牛大王历险记》中虚构出来的德国贵族，里面充满了吹牛的话。

姜太公算卦，倒运难治（参见梅辉立《汉语辞汇》第 257 条）。姜太公在成为西伯的顾问之前是一个算命的。他有个怪癖，那就是用直钩的鱼竿钓鱼，尽可能少地将鱼吸引上钩（因此上钩的鱼都是被他的美德吸引上钩的），因此就有了这句耳熟能详的俗语：**姜太公钓鱼——愿者上钩**。这句俗语被用作人类行为自发性的一个例子（参见沙修道《谚语丛话》第 436 条）。人们认为姜太公一心只坐在钓鱼台钓鱼，完全无视了众多国家官员请他下来、进入周朝政坛的请求。因此俗语有云：**看他稳坐钓鱼台的——不动**。直到姬昌亲自恳求他下来，他才下来，用直钩的钓鱼竿换来了一人之下万人之上的地位。

孔子无时困陈蔡。[1] 这句话说的是孔圣人经历过的一个著名故事，故事里，孔子入楚的计划被阻挠，因为陈、蔡两国害怕他过人的治国手段会让楚国强大，并进而吞并其弱小的邻国。

天赐颜回一锭金，外财不富命穷人。孔子最喜欢的弟子颜回特别穷，有一天一块碎银子丢了，孔子的弟子都怀疑颜回，因为大家都知道他穷。第二天，曾子在颜回的桌子上放了一锭金子，上面写着：天赐颜回。颜回回来后，看也不看，写下了下联以后就把金子放在了一边。

与列国[2] 时期相关的俗语

苏秦还是苏秦，换了衣裳未换人。苏秦是战国时期著名的政治家。当他还是一个贫穷的、为生计艰苦奋斗的读书人的时候，他的母亲、兄弟和妻子都看不起他。后来，他当了六国的顾问，腰间挂着官印回到家中，全家都为先前的行为感到后悔，也不知道该如何补偿。相传，回家的时候，他说了这句话，还说了沙修道先生书中第 2630 条的那句话：贫穷则父母不子，富贵则亲戚畏惧。[3] 另参见梅辉立《中国辞汇》第 626 条。

---

[1] 孔子困陈蔡的故事出自《吕氏春秋》。
[2] 即战国，作者原文使用的汉字为"列国"。
[3] 出自《战国策》卷三。

一朝天子一朝臣。①这句话出自甘罗②之口,他是中国历史上年少有为的少年大臣,生活于公元前 260 年。十二岁时,一个诸侯国的君主委托他向另一位君主传达一个重要的信息。这位君主当然担心甘罗会失败。据说甘罗对此做出了如上的回答,大意就是,如果君主有能力,即使大臣都是平庸之辈,他的目标也能实现。他传唤那些能让他愉悦的人,而他传唤的那些人也必须取悦他。在清朝,著名的秦桧(参见梅辉立《中国辞汇》第 783 条)有一个后代当了状元。秦桧这个人背负了满身的骂名,因为他建议皇帝和北方的少数民族和解。皇帝对秦桧的后代说:"你的祖先是卖国贼,你可别像他一样。"状元引用了甘罗的"一朝天子一朝臣"这句话,十分恰当地回应了皇帝的话。沙修道《谚语丛话》第 2090 条引用了这句话,没有任何解释,而且其翻译把原句的意思全都抹除掉了:每个朝代都有每个朝代的上天之子和大臣。

盗跖③**乃贼的祖师**。传统上,人们认为,在中国还没有统一的时候,有一个人姓展,被尊称为惠,由于他掌管着鲁国的柳下这个地方,因此又被称作柳下惠④(参见梅辉立《中国辞汇》第 403 条)。人们认为他是历史上的一位君子。而上面那句俗语提到的是柳下惠的同胞哥哥,据说他是上古时代中国罗宾汉式的法外之徒。这个故事告诉我们:**一树之果有酸有甜,一母之子有愚有贤**。⑤

假涂灭虢之法。虞国和虢国是两个小国,两国结为**唇齿之交**。晋国老是想着要灭了它们,但两国为了维持独立总是相互帮助。最后,晋王从一个狡猾的大臣那里得到建议,送给虞国国君一匹骏马,这样,晋王

---

① 原谓新天子即位就会任命一批新的朝臣,后用来泛指领导更换,下属也跟着变动。语出元代金仁杰《追韩信》。(朱祖延,2010)

② 战国时人,十二岁事秦相吕不韦,秦始皇派其游说赵国割五城与秦,以功封上卿。(张永言 等,2015)

③ 据考为春秋末期的一位农民军领袖。在庄子所著《盗跖》篇中,盗跖与柳下惠是兄弟,这是庄子杜撰的。(李水海,1994)

④ 即展获,字禽,食邑柳下,"惠"为谥号,以贤能著称。(李修生 等,1998)

⑤ 出自《封神演义》第四回。(岳国钧 等,1998)[44]

请求越境进攻虢国时,虞国便不再拒绝。狮子和四只公牛①的故事就这样上演了,因为虢国被征服后,下一个就轮到虞国了。

齐晏子二桃杀三士。② 齐王设宴款待群臣。齐王赏赐两位将军两只鲜美的桃子,他们认为自己最配得上这两只桃子。两位将军汇报了自己的功绩后,齐王就把桃子分给了他们。吃完桃子后,另一位将军站出来汇报他的功绩。事实证明,这位将军的战功碾压前面两位,这使得前面两位诚惶诚恐,于是用中国特有的方式自杀了。看到同僚为了一只桃子牺牲,第三位将军很愤怒,于是他也自杀了。这个计划据说是晏婴安排的(参见梅辉立《中国辞汇》第917条),因为他意识到这三位将军对楚国的影响越来越大,大得有些过头。所以说,如果一个人能同时用阴谋害死几个人,就会说他同时杀了三个士。

因人成事者也。 孟尝君名叫田文,是齐国的杰出人物。有大量的朋友和追随者聚集在他周围,共三千人,每个人都有自己的能力,这些人被分为上等、中等和下等。当齐王想要与楚王结盟时,由于两国之间的长期敌对关系,他需要任用一名文武兼备的官员作为使节出使到楚国。田文被委以此重任,他挑了十九人(包括他自己)出使,但是还差一人,于是他仔细检视了剩下的两千九百八十二人,想再挑出一个适合陪同出使的人选,但是挑不出来,因为他的大部分门客没有什么外交天赋。

这时,下等门客中有一个叫毛遂的人前来,自告奋勇提出要补这个空位。大家听了都哈哈大笑,因为毛遂文也不行,武也不行,他一生中最大的成就即是吃和睡。他从来不说话,也没有制定过任何计划。田文很了解人性,但毛遂实在太差,外表也并不出众,身材异常癯瘦,田文从未高看过他。毛遂便对田文说了两三句话,田文马上同意了他的提议。楚王会晤外交使团时,外交使团谁也说不出话来,谈判就这么僵持了十多天,拟议的盟约没有取得任何进展。有一天,在觐见楚王的过程中,毛遂的高谈阔论以及不凡气度十分讨楚王喜欢,于是楚王立即同意了盟约,并马上签了字。因此,毛遂从其他十九人身上观察到了这么一个事实:

---

① 《伊索寓言》中的故事:草地上有四只公牛在吃草,狮子想要吃掉它们,便想方设法激起它们之间的矛盾,接着逐个击破,将它们吃下了肚子。

② 二桃杀三士的典故出自《晏子春秋·谏下二》。(赵应铎,2014)[185]

公等录录，所谓**因人成事者也**[①]。同僚们承认是自己错了。如果您是一位细致的读者，并且品味高雅的您有心留意了这种故事之中极其细微的细节，您就能体会中国历史多么琐碎，多么不符合逻辑，多么荒谬。"因人成事者也"这一俗语用来表示某些人在别人完成了某项工作之后，跟在别人身后共享荣誉。

完璧归赵，合浦珠还。[②]上半句与一件发生在战国时期的事件有关。有一枚珍贵的美玉落入了赵国。秦王想用诡计得到这枚美玉，就以十二座城池作为交换。赵国的统治者看破了这个阴谋，但又不能拒绝。没有人愿意去执行拒绝秦国这样危险的任务，直到一个叫蔺相如的人站出来，提出要把那块美玉送给秦王。有些史料说他带了一块美玉过去，秦王不愿意交出那十二座城池，于是蔺相如把美玉完好无损地交还给了赵王，赵王的尊严没有受损，这都得益于蔺相如高超的外交技巧（参见梅辉立《中国辞汇》第393条）。合浦县在清代是隶属于广东行省的一个小县城〔今属广西壮族自治区〕，以珍珠闻名。县令正直纯良，珍珠就会大量生产，但如果他贪得无厌，生产就会停止。这句话是用来形容孟尝[③]的（参见梅辉立《中国辞汇》第490条），他用美德统治一方百姓，带回了被前任们盘剥百姓而赶走的珍珠。这些话用来形容东西失而复得。

背负荆条请罪。这句话与上面提到的蔺相如有关。他出身卑微，曾做过奴隶，但他的杰出才能使他找到了工作。他成功地解决了美玉这一棘手的问题，于是被擢升为最高级别的官员。赵国的上卿廉颇对他的晋升非常不满，放狠话说如果他在公开场合见到蔺相如，就要打他。蔺相如知道了以后就尽量避免与廉颇接触。当有人问为什么像他这样身居高位的大臣会害怕廉颇这样的军人时，他笑着说："赵国与邻国兵戎多年而屹立不倒，完全依靠的是文武百官。**文能安邦，武能定国**。赵国的军

[①] 出自《史记》卷七十六《平原君虞卿列传第十六》。

[②] 珠还合浦的故事出自《后汉书·孟尝传》，用来比喻失而复得或离开的人又回来了。（商务印书馆辞书研究中心，2013）[2053]

[③] 需要注意的是，这里的孟尝并非孟尝君。孟尝，字伯周，会稽上虞（今浙江绍兴上虞区）人，是当时著名的廉吏，曾任合浦（今广西合浦县）太守。（陈振江，2012）

事管理权归廉颇，文官管理权归我，如果我们关系破裂，灾难很快就会降临到这个国家。秦王不愿意把城池交出来的时候我都不怕他，我更不可能怕廉颇，当今每一个国家在国力上都要胜于赵国，我为什么要为了私怨陷国家于危难？"蔺相如爱国的言论传到了廉颇的耳中，廉颇深思后，对此感到很惭愧，他上身赤裸，背上绑着一捆木棒，来到蔺相如的门前，跪在那里请蔺相如惩罚他，为此两个人成为一辈子的挚友。

秦晋良缘，朱陈缔好。秦国和晋国不停地在打仗，但最后缔结了永久和约。战国时期，朱家和陈家都住在杏花村，那里只有他们两家是有钱人，因此他们都只跟对方联姻，这样一来，朱家和陈家就不可分割地纠缠在一起。这句俗语用在诸如缔结婚姻的约定、友谊的誓言等方面，以表明契约的长期性。

和缓难医心中恙。"和"和"缓"是秦国两个有名的内科医生，医术高超，能起死回生。"恙"是一种由心虫引起的疾病。《康熙字典》告诉我们，在古代，住在草地上的人非常容易受到这种虫子的侵袭。因此，当被问及健康时，人们通常会回答："无恙。"但是老百姓都觉得，每个人心里都有虫子。当它们处于休息状态时，不会引起任何不适，但它们只要稍微动一下，就会带来致命的疾病。这句俗语用来表示邪恶的心是无法治愈的。

病入膏肓　不能为了。秦王生了重病。一位大臣到秦国去请"和"和"缓"①来医治他。医生还没到的时候，秦王梦见两个看起来就很恶毒的小人从他的鼻子里钻了出来。他们坐在床上嬉闹，还在那里很专业地开会磋商。其中一个说："'和'和'缓'两个秦国的名医马上要来了，我们到时候就得走了。""别担心，"另一个说，"我们可以躲在膏之下，肓读错就会变成"mang"[máng]之上，在那儿医生找不到我们。""缓"到了以后，给秦王把了把脉，然后不假思索便断定秦王治不了了，因为疾病已经进入了膏肓。据说针灸无法到达这里，因为这里有一个覆盖了心脏的膜，没有人敢刺穿。膏就在心脏下面。这句俗语用来指代那些不可能治愈的事物。

---

① 有的人说是扁鹊，参见梅辉立《中国辞汇》第553条之二。——作者

与汉朝和三国时期相关的俗语

朱买臣休妻——泼水难收。朱买臣是汉代书生，他很穷，不得不白天去收集燃料来维持生活，晚上学习。妻子认为他没有前途，要求被休，换句话说就是，从丈夫那里得到解脱，她就可以再嫁给别人。朱买臣恳求她不要这样，但是妻子还是坚持要被休，二人最终离婚。后来朱买臣当了状元，而妻子则沦落为乞丐，她恳求朱买臣和自己复婚，但朱买臣的回答是让她把水倒在地上，她照做了，朱买臣命令她再把水收起来，还说如果她收得起来就跟她复婚。因此，泼水难收就成了不可挽回的过去的同义词。

请君入瓮。有个大臣犯了罪，重罪轻罪都有，皇帝没有直接惩罚他，而是命令一个比他官阶低的官员训诫他。由于官阶差异，这个任务很难完成。低级官员把那个大臣叫了过来，给他讲了一个自己编的官员犯重罪的故事，问他干出这种坏事的人应该怎么处理。这位大臣没有察觉低级官员设下的陷阱，他说应该准备一个装满油的大缸，把罪犯扔进去，然后用火把他煮熟。低级官员听了这句话后说："请君入瓮。"这句话和《圣经》中拿单对大卫说的下面这句话有异曲同工之妙："你就是那人[1]（Thou art the man！）"。

破釜沉舟的——细讲。这句俗语讲的是项籍（参见梅辉立《中国辞汇》第165条）。项籍，又叫楚霸王，生活在公元前201年[2]。有一次，他横渡黄河打了一场很重要的仗，为了赢，他击沉了自己的船——十七个世纪以后，墨西哥的科尔特斯[3]（Cortez）也效仿了这一做法——并击毁了营地的水壶，让大部队没有回头路。两军交战，要么胜利，要么死亡。

那些努力尝试过掌握中国礼仪的基础要求，或者是尝试完全脱离它的在华外国人一定对下面这个跟楚霸王有关的传统故事喜闻乐见：**霸王**

---

[1] 出自《圣经·撒母耳记下》第12章第7节，此处引用和合本翻译。
[2] 项羽生活于前232—前202，此处时间不对。
[3] 埃尔南·科尔特斯（Hernán Cortés，1485—1547），大航海时代的西班牙航海家，也是阿兹特克帝国（今墨西哥）的征服者。他曾经为了防止手下的人逃跑而破坏了自己大部分的船只，仅留下一艘好与西班牙保持联系。（Bennassar，2018）

请客——硬上弓。① 据说他很让人讨厌，跟现代的那些野蛮人一样，他每次见到别的中国人，都会因为礼节问题产生冲突，然后他会仗着自己权力大（可惜对外国人来说是不可能的）让对方闭嘴。他抓住每一位客人的肩膀，将客人猛地拉到座位上，说："你坐那儿。"仅此一项就足以说明他的名字为何会两千年不朽。

韩信百败，一战成功。霸王百胜，一战败国亡身。关于韩信的记载，参见梅辉立《中国辞汇》第 156 条。前文已经提到过霸王，此处不再赘述（参见梅辉立《中国辞汇》第 165 条）。他身材高大，举止鲁莽，十分野蛮，这些特质让他的名字遗臭万年。**霸王乃沐猴而冠也。**下面这个类似于罗穆路斯与瑞穆斯②（Romulus and Remus）的寓言揭示了他品性的恶劣：

霸王生身本不凡，龙生虎乳雕打扇。
长大成人学击剑，一心要学万人战。
及至学成离东岸，只因不听范增劝。
八千子弟走江东，可惜枉费千场战。
君子无时且耐时，韩信会为跨〔胯〕下夫。③

故事是这样的：韩信早年出门被两个小恶霸拦住，被强迫从他们胯下钻过，否则哪儿也别想去。韩信打不过他们，只得屈服，但当上齐王以后，他以其人之道还治其人之身，让他们当自己的活的垫脚石。要上马的时候，韩信就让其中一个弯下腰，自己踩着其肩膀上马，下马的时候，就轮到另外一个给自己当垫脚石。如此一来，韩信就大仇得报了。但梅辉立在《中国辞汇》中给出了不一样的解释。

宁学桃园三结义，不学孙傧〔膑〕共庞涓。正如上文所说，这里的"三结义"指的是刘备、关羽和张飞。当时在位的皇帝十分软弱，觉

---

① 这句话直译过来就是：霸王在邀请客人时，粗暴地把绳子系在他的弓上。中国的弓很硬，所以即使是精通武艺的人也常常不得不用尽力气，才能把它拉到足够的弧度射箭。可是霸王力气很大，不屑用这种方法，他双手抓住弓，用手腕的肌肉就能把弓拉起来。他对待客人的态度也是这么粗鲁。——作者

② 罗马神话中罗马城的奠基人，一对双胞胎，被王室牧羊人抚养成人，长大后二人建立了罗马城。罗穆路斯最终把瑞穆斯杀了，成为罗马城的第一代国王，并以自己的名字命名了这座城。（晏立农 等，2005）[324-325]

③ 胯下之辱的故事出自《史记》卷九十二《淮阴侯列传第三十二》。

得自己无法对付可怕的"黄巾贼"——那个时候的"太平天国",于是皇帝请求勇士协助维护政权。刘备看到国家需要人才救亡图存,就感慨任务艰巨,而合适的人才却十分稀缺。在这个节骨眼上,关羽出现了,刘备完全不认识他。关羽问为什么一个精神高尚的人要在国家危难之际表现得如此软弱。刘备被关羽的风度打动,便请他到附近一家酒馆喝酒,两人在酒馆讨论了一番当时的局势。很快张飞进来了,刘备和关羽完全不认识他。张飞一露面,两个人就邀请他一起喝酒。喝了酒之后,爱国之心点燃了三人的热血,他们很快就来到了张飞的桃园①(张飞很有钱),在那里立下了著名的兄弟誓言。直到今天,他们仍然象征着理想的兄弟情。在中国十分流行的《三国演义》之中的相当一部分就是这些杰出人物的冒险史,这部作品对千千万万中国人的影响完全不是言过其实。供奉刘备、关羽、张飞的庙宇很常见,叫作三义庙。

刘备无时织席贩草鞋。参见梅辉立《中国辞汇》第 415 条。

属孔明的——见识不少。孔明是刘备的大谋士,由于他的睿智和军事才能,刘备成功地登上了皇位(参见梅辉立《中国辞汇》第 88 条)。他也被称为诸葛亮,是三国时期最著名的人物之一。

火烧上方谷,天意不绝司马。司马懿是三国时期曹操手下有名的大将(参见梅辉立《中国辞汇》第 655 条)。他曾经被他的著名对手诸葛亮逼得走投无路。诸葛亮把他包围在深谷之中,他进退不得。敌人放火焚烧灌木丛,除了司马懿和他的两个儿子外,所有的马和人都被烧死了。他们下了马,流着眼泪拥抱在一起,等待着毁灭。在这千钧一发之际,下了一场大雨,浇灭了大火。诸葛亮不敢违抗天命,放走了司马懿一行人。这句俗语用来表示某些显然是上天介入来拯救生命的事情。

刘备摔孩子,邀买人心。如前所述,诸葛亮帮了蜀汉(三国之一)

---

① 桃园位于涿郡(今河北涿州市)以南几里的地方,现在是北京和保定府之间的一个火车站,那里有一个大寺庙来纪念这一事件。在近处的桥上,还能看到张飞的大铁枪。整个地方都在纪念着这一时期的事情,这些事在人们的脑海里历历在目。——作者

的第一个皇帝很多。赵云是位受人爱戴的大将，在曹操打败刘备的时候，他怀里抱着刘备的儿子，且战且退。当他回到刘备那里，把年幼的少主交给刘备时，他自己身上满是重伤。刘备把孩子摔在地上，说他的将军浑身是胆（勇气）。"唉，他竟然为我的孩子受这样的伤。"看起来没有理由质疑刘备在这件事中表现出来的诚意，但是这句话在俗语中已经变成收买人心之意。参见梅辉立《中国辞汇》第54条和第415条。

羊质虎皮功不就，凤毛鸡胆事难成。这副对联是讥讽在军事行动中失败的袁绍（参见梅辉立《中国辞汇》第967条）。据说诸葛亮曾这样评价曹操领导下的袁绍军队，说他们是"**蚁聚之多，乌合之众**"[①]：只是外表可怕，聚合不到一起，一聚合就散。后半句指那些在紧急情况下靠不住的朋友。

笔下虽有千言，胸中实无一策，非真学也。这是诸葛亮在评价某位东吴大臣时说的一句话。

大仓减一粟，大树飘一叶。[②]这句话指的是三国时期发生的一件事。诸葛亮告诉周瑜，他的军中有两个人被开除后，投奔了敌军，但是这个损失并不大，不会比谷仓中少一个粟子，或者大树上落下一片叶子大。

车载斗量之多。这是三国故事的又一个片段，四川的统治者刘璋派张松到许都去朝见汉献帝。张松是位伟大的学者，地位崇高。在获得面圣机会之前，张松必须先去见曹操。曹操粗鲁是出了名的，惹得张松很不高兴。张松拐弯抹角、变着法儿地骂曹操，曹操虽然很生气，但不知道该怎么反击。张松是个很重要的人物，不能偷偷杀了他，曹操也想不到办法去报复张松。张松走后，曹操又派了杨修去维护自己的脸面。两人开始讨论各种各样的话题，但杨修的学问虽大，却不能与张松相提并论。两个人后来聊起了兵法，杨修十分骄傲地拿出一本曹操写的三卷本军事著作给张松看。张松拿到这本书，匆匆翻看了一遍，轻蔑地说："曹

[①] 出自罗贯中《三国演义》第四十三回："曹操收袁绍蚁聚之兵，劫刘表乌合之众，虽数百万不足惧也。"实际上这句是在说曹操。

[②] 出自罗贯中《三国演义》第四十四回。孔明曰："江东去此两人，如大木飘一叶，太仓减一粟耳。而操得之，必大喜而去。"

操从来没有写过这本书。这是很多年前一个孩子写的，没有任何价值。"为了测试他够不够格诽谤曹操，杨修说四川随便一个小孩都能把这本书背出来。杨修问："你能背吗？"然后张松就从第一章开始，把三卷书从头到尾背了一遍，一个字也没漏掉，然而实际上他从来就没读过这本书。在中国，没有什么比这样的成就更能证明一个人有渊博的学问了，因为在这个国家，能够背下一切的人就是知道一切的人。① 杨修的惊讶难以言表，大声喊道："啊！这本书肯定是曹操写的。翻看一遍就能记住它说明你有超凡的能力。请问四川出了多少像你这样的学者？""像我一样的学者？"张松轻蔑地说，"跟我一样的学者？像我这样有才能的人在四川多得像车里装的谷子那么多！"

属鲁肃的，没主意老大哥。鲁肃是三国时代的一个人，东吴大臣，没有自己的主见。

覆巢无完卵。② 这是三国时代一个少年的至理名言。父亲被判了死刑，但少年拒绝逃跑，因为逃跑是不可能的。

与唐朝相关的俗语

金莲小只怕站不稳当。这与窅娘（参见梅辉立《中国辞汇》第906条）的传说有关③，她是公元975年亡国的南唐皇帝李煜的妃子，长得很漂亮。窅娘轻盈优雅，舞姿优美。皇帝命令工匠制作出花瓣可以移动的金制百合花，这样一来，从窅娘的住所到主宫，就有了用金百合铺成的长道，窅娘在长道上面与其是在走，不如说是在飞。皇帝还是不太满意，他希望窅娘的脚像没开苞的百合花一样，这样就完美了。于是窅娘用白

---

① 人们高度评价这种瞥一眼就能牢牢记住信息的能力，很多俗语都体现了这一点，"**过目成诵的聪明**"就是一个例子。"**走马观碑**"是另一个例子。由于这些碑文通常只有几百个字，能做到这件事的人都被认为是"**绝世之大才**"。——作者

② 出自《世说新语·言语第二》："孔融被收，中外惶怖。时融儿大者九岁，小者八岁，二儿故琢钉戏，了无遽容。融谓使者曰：'冀罪止于身，二儿可得全不？'儿徐进曰：'大人，岂见覆巢之下，复有完卵乎？'寻亦收至。"

③ 元末明初陶宗仪《南村辍耕录》卷十，惟道山新闻云："李后主宫嫔窅娘，纤丽善舞。后主作金莲，高六尺，饰以宝物细带缨络，莲中作品色瑞莲。令窅娘以帛绕脚，令纤小，屈上作新月状。素袜舞云中，回旋有凌云之态……"

色的丝绸绷带裹住了脚,她的脚很快就缩小到了三英寸长,也就是花蕾的大小。她穿着红色的鞋子,在金色的百合上轻快地走着,达到了优美动作的完美境界。到了宋朝,裹小脚已经变成潮流,所有人都裹小脚,而且一直持续到现在。反倒是我们这个时代的满族人,他们虽然控制着首都及附近地区的潮流导向,但却没有受到这种潮流的影响。时至今日,小脚不仅是时尚的标志,也是体面的象征。(据说)正是由于窅娘,"金莲"一词被用于指代女性的脚,而且还有一个表达:

  两截小树桩,只是脚蹬上的疙瘩,

  在中国,你知道的,都被认为是王牌。①

  上面的表达用于形容任何不稳定的东西,如地基不牢固的房子。这个传说有很多不同的形式,可能缺乏历史真实性。

  二番投唐。② 这句话指的是发生在李密身上的一件事(参见梅辉立《中国辞汇》第359条)。据说李密已经与秦琼和其他人加入了唐代开国皇帝的队伍,但是过了一段时间就离开了。后来,他又重新回到了唐朝的队伍。这个表达被用于委婉地表示一件事已经做了两次,或者不必要地重复了好几次。

  你别看着敬德没披褂。尉迟恭,字敬德,唐朝乱世时期的著名英雄,他的武艺和威武是无人能及的。为了保护唐代第二个皇帝,他赶走了邪灵,成了时至今日中国人还在祭拜的两个门神之一(参见梅辉立《中国辞汇》第945条)。有一次,尉迟恭没有穿上平时穿戴的盔甲,结果吃了亏。这个表达是用来警告人们不要试图去欺负那些看起来没有朋友,也没有依靠的人——就像没有戴盔甲的敬德那样——而实际上他是一个可怕的对手。

  程咬金的斧子——只有三着儿。在中国武术中,用不同武器打出来的几种攻击方式被称为"路",对应着一盘棋的不同开局。每一种进攻方式,都由各种各样的猛击组成,每种猛击都有相应的招架方式和戳刺方式,就像象棋中的走法和应招一样,这些招架方式、戳刺方式被称

---

  ① 明恩溥没有给出汉语原文,译者不知道这句来自何处,也不知道它是不是英语俗语。

  ② "二反投唐"指第二次返回。(蔡向阳 等,2008)

第五章 包含历史、半传说半历史、传说、神话人物或典故的俗语

为"着"。剑有十二路,双剑有八路,重枪有七十二路。程咬金是唐朝的一位将军,也是一个冲动的人,他打仗的时候只记得斧头的三十二路招式中的一路,并忘记了所有的戳刺方式或击打方式——"只有三着儿"。这个俗语表示那些只有一种资源的人。

走马捎带凤凰城。唐朝将军薛仁贵被派去安抚高丽。凤凰城位于唐朝边境,是一个具有重大战略价值的地方,薛仁贵看到了这个地方的重要性,占领了此地,尽管他没有得到明确的指示。[①]这句话用于形容那些在情势危机的情况下僭越命令的人。

属罗成[②]**的——竟作短命鬼的事**。罗成是唐代历史小说中的人物,他十四岁时成为一名战士,以武功而闻名,二十岁去世,名声很坏。

端午不插艾,难吃新小麦。这个俗语指的是黄巢的事情。他是山东人,生活在唐朝末年,中了状元。[③]这一天按照习俗他进了宫,宫里的一个漂亮女人见到他,嘲笑他长得很丑,皇上很生气,褫夺了他刚刚获得的荣誉。于是黄巢恼羞成怒,回到了老家山东,集结了兵马,发动了最可怕的叛乱(参见梅辉立《中国辞汇》第213条)。他的习惯就是几乎见到谁就杀谁,他会把杀的所有人都记在一本专门的记账簿上。他的目的明显是要报复皇上,杀死他的臣民,能杀多少是多少。

这种大规模杀戮的可怕程度可以从这句俗语中推断出来:**黄巢杀人八百万,那里数的〔得〕着你**。这句话是说给一个自负得让人受不了,以为自己是重要人物,实际上被大家瞧不起的人听的。这句话的意思是

[①] 这句俗语可能就是错误史实的一个例子。人们都说错误的史实比错误的理论还要多。唐朝似乎没有凤凰城这么一座城市,但是对它的描述和另一座位置偏远的城市类似,所以可能是人们把这两座城市混淆了。真实的中国历史冗长而晦涩,这迫使那些广大想要了解过去的人满足于那些二手的、往往毫无价值的知识。很多"闲书"也不自诩它们所写的都是史实。关于攻打高丽一事,另一个著名的俗语"**竟作瞒天过海的事**"中提到的故事说,唐太宗真的是从陆地上"走"过去的,他害怕从北直隶海坐船去高丽,于是手下官员做了一艘巨大的舰船,在船上的时候唐太宗完全没有意识到自己航行在大海上。——作者

北直隶海即渤海。

[②] 其人物原型为罗士信。(罗河胜,2014)

[③] 因为屡举进士不第,黄巢才谋反,因此他并没有中过状元。(《辞海》编辑委员会,2020)

说黄巢把每个人都杀了，但就是不杀你，这说明他根本不把你当人看，在他眼里你就是个畜生。

有一次，黄巢打到了自己老家，当地居民惊恐万分、四处逃窜。黄巢抓住了一个牵着小孩的女人，她的背上还背着一个比牵着的小孩子大得多的孩子。士兵们快速逼近，女人就带着大的那个继续赶路，把小的留在后面，小的哭得很伤心，叫着妈妈。这时，黄巢走了过来，他想知道这个女人为什么要这么做，便命令把孩子带到女人面前，让女人跪在他的马前。手握重权的黄巢将军问她："古语有云：'天下父母爱小的'，你为什么反而爱那个大的？"女人抽泣着回答说，小一点的孩子是她自己的，而大一点的是她丈夫的侄子，没有父母，是她带大的。如果在危急时刻不照顾好他，她就难见上天了。[①]

黄巢听了非常高兴，称赞她是一个有义气的妇人。他摘下一束艾草给了女人，嘱咐女人把艾草插在门上，还嘱咐女人让她的所有亲戚也这样做，然后命令士兵看到门口插着艾草，就不要进去杀人。黄巢给了女人一大笔钱作为礼物，嘱咐她安静地待在家里，不要害怕，然后就把女人放走了。后来屠杀的命令下达时，士兵们花了三天时间找人杀，但是找不到，因为每扇门都插有艾草。士兵回到军营后，就跟黄巢说了这个事情（黄巢总是想杀更多的人）。他听了，就遣人去叫那女人来，问她那一带的人是不是都是她的亲属。女人回答说："艾者爱也。所有原本要死的人都因你的'怜爱'活了下来，艾草就是这份大爱的明证"。黄巢听了很是得意，然后就走了。

时至今日，人们仍然在上面那件事发生的日子庆祝中国逾越节[②]，那一天碰巧与纪念屈原之死的端午节同日，也是五月初五。在这一天，即使在最小的住宅门上都可以看到艾草。似乎只有很少一部分人知道为

[①] 有一些类似的故事的主角是中国其他的男女英雄。——作者

[②] 犹太教的主要节日之一，时值每年初春第一个月的满月，典出《出埃及记》第12章。摩西率领以色列人出埃及前夕，耶和华命令以色列人在这月14日的黄昏宰杀羊，把羊血涂在门框和门楣上。当夜，耶和华走遍埃及，把各家头胎出生的人与牲畜全部杀死，唯独见门框上有羊血时便越过去，吩咐以色列人以后都要过这个节日。逾越节从每年春季犹太历1月14日开始，共经过八天。（梁工，2015）[1113]

什么会有这种习俗,但是大家都有一个模糊的概念,觉得它和某些大事联系在一起,这一点可以通过这句在一些地区流行的俗语证实:**五月五月不插艾,死了变成哈喇块**。

韩海苏潮[①]**,骑马可待**。这句话怎么看都没办法通过字面意思推断它到底在讲什么。它指的是中国历史上两位杰出的政治家——唐朝的韩昌黎即韩愈(参见梅辉立《中国辞汇》第158条)和宋朝的苏东坡(参见梅辉立《中国辞汇》第623条)。这两位伟大的诗人、学者的写作速度无与伦比,韩愈的能力博大如海,苏东坡的能力奔腾如潮,取之不尽,用之不竭,故各有其名号。他们可以迅速地写完信件,甚至连一个骑着马的信使都可以等一等他们,不会碍事。这个表达用来赞扬卓越的能力和快速的执行力。

每一个与中国官员有过接触的人都必须痛苦地认识到,"韩海苏潮"如今都去世了,后继无人。东西方文明之间最大的差异就是书写方式。如果出门在外,突然出现需要记字的紧急情况,中国人通常会十分无助,像个石碑一样愣在那里。他没有钢笔,也没有铅笔,连替代品都没有。**文房四宝**不能随身携带,没有它们,他就没办法写字。[②]

但是,假设这个人置身于文房,我们来观察他是如何应对紧急情况的。

[①] 也作"韩潮苏海",指韩愈和苏轼的文章如潮如海,气势磅礴,波澜壮阔。(王安全 等,1997)[193]

[②] 这种旅人的无助感,在唐朝的一首有些伤感的诗歌中得到了体现,这首诗是官员岑参所作。岑参因犯罪被发配到唐朝的最西端。途中,他遇到了一个去往首都长安的在政府做事的同伴,他想寄信,但是没有办法写信。这是那首诗:

逢入京使

故园东望路漫漫,双袖龙钟泪不干。
马上相逢无纸笔,凭君传语报平安。

岑参当然这样做了,从唐朝至今,几乎所有的中国人都缺纸笔。岑老先生要是把真话全部都讲出来的话,就应该说,如上文提到的,他不仅没有纸笔,还没有墨块和砚台。"马上相逢无纸笔"一句只有七个字,没有那么多位置给他写那么多东西,他也没有想过加括号。他发现自己连一封信也写不出来,便说道:"好吧,先生们,那我只好麻烦你们帮我口头转告了,告诉他们我现在既满足又幸福。"实际上他并不满足,也不幸福,不然与同伴见面时他为什么哭呢?他的口信不会被转达的,就算被转达了,估计被转达的话也和他的原话不一样了——除非唐朝人比他们如今的后代更愿意帮人传话。——作者在集齐了四宝之后，他开始写作——不，还没有。因为除了这四宝之外，还有第五宝，那就是水，没有了水，其他四宝都会变得像三叶虫一样没用。必须找到一个容器，倒入水，淹没砚的一部分，然后准备开始写作。这种墨必须先仔细地磨制。这情形就像客人在等着吃晚饭的时候，管家才刚刚把谷物送到磨坊里磨。

把外国笔插到墨水里，就像把刺刀刺向敌人一样，但中国毛笔却不是这样，即使经过最细致的处理，它那纤细的笔端也干不成什么大事。毛笔必须通过灵巧的操作来润湿，将墨水均匀而温和地吸附于细毛之上，这件事做成了，才开始写作。写信之人可能文笔很好，也有可能文笔很糟糕，但同样是写信、加句读、寄信，中国人所用的时间是盎格鲁－撒克逊人的十倍多。在西方国家，无论商人教育程度如何，在商业交流中，他都能毫不费力地理解所交流的内容，并且让别人知道自己想说什么[①]，时间就是金钱。但在中国，时间不是金钱，因为每个人都有充裕的时间，而真正有钱的人却很少。外国人能迅速地发送信息，完成大量重要的事务，而对于中国人来说，这是一件永远难以理解又很令人惊异之事。韩愈和苏轼写文章、处理事情的速度很快，从不让人等，他们也因此在中国历史上脱颖而出，就像大金字塔和狮身人面像在埃及布满黄沙的平原脱颖而出一样，也难怪他俩会被叫作"韩海苏潮"。

与宋朝相关的俗语

蝇飞不过十步，附骥尾则千里。[②]这句话是赵匡胤说过的，他是宋朝的建立者，也是中国历史上的杰出人物，山东的赵王河就是以他的名字命名的。这句话是用来自谦的，并且已经成为攀附权贵的同义词——

[①] 例如，看看一位文盲船长写的信。他在南美战争期间曾随货物一起被派往秘鲁的一个港口，船东在期限内收到了这样简洁却令人疑惑不解的信件："得益于那个榆木脑袋，高利贷洒了出来。"破译之后，人们发现这是一封形式明晰、内容详尽的信件："由于封锁，航程被破坏了。"没有中国人能传达这样的信息。——作者

[②] 出自《史记》卷六十一《伯夷列传第一》："伯夷、叔齐虽贤，得夫子而名益彰。颜渊虽笃学，附骥尾而行益显。"

跟着大人物的队伍混。

卧榻之下，岂容他人酣睡乎？[①] 这是宋朝开国皇帝说过的另一句话。据说，在1842年战争期间，道光皇帝在与一位大臣谈论英国政府的要求时曾引用过这句话。

属送生娘娘[②]**的——两脸。**她是宋真宗的妃子，姓寇名珠。大皇后死时没有生儿育女，于是皇上向一直在争夺上位机会的东西两个皇后承诺，谁先生了儿子，谁就享有做皇太子母亲的荣誉。东皇后先生了一个儿子，但西皇后贿赂了接生婆，在东皇后昏迷不醒的时候，接生婆把孩子带走了，然后把一只刚剥了皮的小狐狸放在了褓褓里。随后有人上奏皇帝东皇后生出怪物的事情，东皇后被贬、流放。孩子被包裹起来，交给了寇珠，让她扔进河里。寇珠不忍下手，便救下了那个孩子，后来西皇后知道了这件事，派人把寇珠打死了。真宗死后，年轻的皇子继承了皇位，把他的恩人寇珠当成女神供奉。寇珠在神庙里的形象戴着面具，据说这是她被谋杀时的样子。这句俗语用来形容人的表情突然改变，例如，一个很生气的人在看到好处的时候，又恢复开心的样子。

送生娘娘摔褓子——毁孩子。如果一个人在钱财方面遭受损失，或者碰到不好的事情，就可以用这句俗语开他的玩笑。

孟良摸葫卢〔芦〕——火儿来了！这句俗语是指宋朝的一个将军，他很爱放火。比喻某人的脾气很大，也就是说他**心头火起**。

铁面无私的人——包拯。他是宋朝的政治家（参见梅辉立《中国辞汇》第539条），一生中从未笑过。虽然他正直无私，但是他完全就是个"面瘫"，所以他得到了"铁面"的称号。铁面已经成为无私的代名词。

美如掷果盈车。这里说的是宋朝的潘安[③]，他是中国历史上或传说

[①] 出自《杨文公谈苑》卷一："但天下一家，卧榻之侧，岂可许他人鼾睡？"

[②] 送生娘娘多被塑为两面人。传说，送生娘娘将小孩送到人间时，唯恐孩子恋恋不舍，先露出善面，和蔼可亲，孩子便愿意跟过来，然后又转过头来，露出恶面，孩子就被吓到了，于是带着哭声呱呱坠地。（李万鹏 等，1992）清代周楚良《津门竹枝词》："娘娘次号送生神，哄得孩儿降世尘。转面狰狞相恐吓，防他依恋不离身。"（詹石窗，2018）

[③] 潘安是魏晋时期的人，并不是宋朝人。"掷果盈车"的典故出自刘孝标引用《语林》的语句对《世说新语·容止》进行的注释："安仁至美，每行，老妪以果掷之，满车。"

中最英俊的青年。每当这位美男子坐着马车出现在街上时，女人们都用羡慕的目光注视着他，并向他扔梨、桃子和其他水果，让他的马车装满了这些水果。这个表达被用来赞美美男子。

属宋江的——假仁义。宋江是衙门里的一个吏员，他杀人后不得不逃命。由于梁山泊深不可及，于是他在这里安营扎寨，成了中国版的罗宾汉。在那里，他聚集了三十六个好汉，其中许多都是著名的将领。在他们的计划中，每个人有三个名字，有些人会佯装每个名字代表不同的人，因此人们经常说宋江有一百零八个大盗。① 这个简单的方法也许是中国历史上一些军队的列举方法。这些故事在一本叫作《水浒传》的书中流传开来。

吕蒙正的帽子——穷胎。吕蒙正是宋朝的司法官，年轻时家境贫寒，后来，他做了官，就把那顶破帽子留着，免得忘了自己的身世。这个俗语用来形容一个人表现出了从前的贫穷生活对自己产生的影响。

吕蒙正赶斋——来晚了。尽管吕蒙正不得不靠乞讨谋生，但是一个僧侣预言了吕蒙正光明的未来，在庙里为他找到了一份差事。根据寺庙的习惯，钟响吃饭。烧饭的小僧嫉妒他，故意不去敲钟，一直等到饭快吃完才去敲，所以到处闲逛的吕蒙正总是迟到。这句比喻某人或某物在时间上落后。这一传说也有许多不同的变体在流行。

属窦燕山②的，仗义疏财。这个人生活在宋朝初期一个叫作幽州的地方，即现在北京附近的北通州，后来这个地方属于燕国，因此他获得了"窦燕山"的称号。他虽然不富有，却公正大方，是中国的亚伯拉罕，因为他是一家之主的典范，而且在不再希求生育的年纪竟然诞下子嗣。他和妻子在五十六岁时生了一对双胞胎儿子，到六十五岁时他们共有五个儿子，后来儿子们都成了大官。他家里的规章制度和皇宫的规章制度一样严格，即使在儿子们成名之后，父亲仍旧密切关注着他们。他和妻

---

① 此处作者的论述与《水浒传》的剧情不符。
② 窦燕山，原名窦禹钧，后周范阳（今属河北）人。凡四方孤寒之士，他都给予资助，因此四方之士前后踵至。由其门登贵显者，前后接踵，他的五个儿子从学于这些四方之士之中，学问大进，相继获得进士。故称"窦燕山，有义方；教五子，名俱扬"。（季啸风，1996）

子活到了一百三十岁。他的名字已经在《三字经》中流芳百世：**窦燕山，有义方。教五子，名俱扬。**

划地绝了交。这句话指的是宋朝岳飞的故事（参见梅辉立《中国辞汇》第 928 条）。他早年很穷，由于洪灾被迫背井离乡。后来岳飞学习了兵法，教了十个学生，并与他们缔结兄弟誓约。当岳飞所在的整个地区闹饥荒、陷入贫困之时，十个学生牵着马来到岳飞的住处探望他，直到时局好转。岳飞尽其所能地招待他们，但显然困难重重，以至于十个学生都在商议如何帮助他。他们没有按时按照饥荒时的物价支付伙食费，也没有骑着马跑到别的地方去，而是选择把脸涂黑，在公路上当强盗拦路抢劫。他们抢劫了一队商人，把抢到的货物交给岳飞的时候，骗岳飞说他们回到了老家，变卖了家产，买来了这些货物。

岳飞是个有大智慧的人，生活经验很有可能让他明白，在饥荒时期带着马去到结拜兄弟处，靠着结拜兄弟过活的人很有可能会行盗窃之事，而且事后还会撒谎。他识破了学生们的谎言，当面揭穿，逼他们说出真相。接着他谴责了学生们违反法律的不当行为，发言十分简短，就像主日学校负责人的发言那么短。最后他用自己的长矛在地上画了一条线暗示绝交。做完这些后，他上了马，哭着走了，甚至没有算这些人的伙食费。

与明朝相关的俗语

眼睁睁的陈友谅。这句格言警句指的是陈友谅与朱元璋（也被称为洪武）之间的战争，后者后来建立了明朝。朱元璋打败陈友谅之后，让陈友谅在他眼皮子底下溜走了。不过后来朱元璋又打败了陈友谅，这次把他杀掉了（参见梅辉立《中国辞汇》第 105 条）。这句用于指失去的机会。

拿著银碗讨饭吃。这指的是明代奸臣严嵩的故事，他犯了包括敲诈勒索在内的多种罪行。嘉靖皇帝想要严惩他，但明代时还没有锻造出用来杀如此高级官员的剑，因而不能处死他。嘉靖皇帝想出了一个权宜之计，他给了严嵩一个银碗，命令他在人群中用这个碗乞讨食物，没有这个碗，谁也不许给他东西吃。但是那些厌恶他的人，不管他有没有这个银碗，都不愿意给他东西吃。因为大家都明白皇帝的意思，所以就算有人想帮他也不敢帮。就这样，虽然这个奸臣有一个银碗，但是没有人敢拿钱去买，最后他被饿死了。这个表达用来形容那些虽然本身有价值，但却不能利用的东西。

属杜子衡的——里勾外连。杜子衡在明朝灭亡时和进入北京的起义军李自成结盟。这句指叛徒以及其他类似性质的人。

周遇吉[①] 上寿——家败人亡。周遇吉是一位将军，家在天津，在母亲生日那天，他听到了李自成起义军进入北京的消息。母亲得知消息后，催促他去帮助皇帝，但他孝顺年迈的母亲，不愿意这样做。他走后，母亲把自己和其他家人锁在房子里，让人放火烧了房子，好让儿子一心一意为国效力。他战死沙场，母亲也成为道德楷模。

大明的江山去了一半，仍说有字。这句俗语指的是明朝走向末路的时候，崇祯皇帝的苦恼日子。叛军李自成占领了很多城市和大量领土，皇帝十分绝望，不断烧香，诉诸占卜，想确认天意是不是真的要让大明亡。老天爷赐给了他"有"字，皇帝非常高兴。然而，有一个大臣听到这个消息后哭了起来。皇帝很惊讶，问他哭泣的原因，皇帝得到的回答是如果将"大明"两个字笔画数减少到一半以上的话，就形成了"有"这个字（"大"字的前两画和"明"字中的"月"组成了"有"字），所以叛军实际上已经占据了大明的半壁江山。当叛军到达北京城门时，崇祯皇帝自缢殉国，这说明这个占卜预言了明朝的命运。

世上只有一个便宜，被王花儿买去了。人们普遍认为，因为明朝第十一个皇帝正德皇帝没有子嗣，于是他便经常像哈里发哈伦·拉希德[②]

[①] 周遇吉（？—1644），号萃菴，明辽东锦州卫（今辽宁锦州）人。崇祯十七年（1644），李自成进军山西，他守代州，战败后退到宁武，继续抵抗，城破后被杀。（《辞海》编辑委员会，2020）

[②] 哈伦·拉希德（763—809），伊斯兰教第二十三代哈里发，阿拔斯王朝的第五代哈里发，其任期内为阿拔斯王朝的鼎盛时期，首都巴格达当时的盛况被记载在《一千零一夜》中。在《一千零一夜》中，他还是一个传奇英雄。因为他会乔装打扮，在城市里冒险，探究人民疾苦。（Editors of Encyclopædia, 2011）

（Caliph Haroun al Raschid）一样乔装打扮、微服私访，就是为了找到一个十分孝顺的儿子来收养。他穿着乞丐的衣服，裹着稻草，四处游荡，说要卖了自己，如果有个买家要买他当父亲，可以不要钱。大家都嘲笑这个荒唐的提议，但一个叫王华的年轻人又穷又没有父亲，他愿意让乞丐当他的父亲。正德皇帝通过上百次不同的测试来检验王华对他是否孝顺，王华都通过了。最后，皇帝带着王华回到皇宫，并让他继位，他在历史上被称为嘉靖。

"問"字拆开，是左右为君。如前所述，正德皇帝没有儿子。当病危的时候，他就四处寻思，在众多的侄子中寻找皇位的继承人，但他找不出一个合适的人选，因为那些人不是蠢就是坏。最后，正德皇帝想起了一个青年，他和皇室的关系非常遥远，父亲在四川做事。这小伙子只有十八岁，前一年随他父亲来过皇宫，引起了皇帝的好感，正德皇帝现在想把他召来做自己的继承人。皇帝自然担心，一旦自己的目的被人知道，皇室里血缘接近的成员就会想办法在这个小伙子还没到北京之前把他赶出去，所以他要耍一些手段。正德皇帝传了一个消息给小伙子的父亲，说他的儿子在去年赴京期间对父亲有大不敬的行为，要他让儿子赴京接受皇帝的训诫。小伙子和父亲都不明白这奇怪的命令是什么意思，他们搞不明白皇帝到底要干什么。小伙子离开了父母，被飞驰的马车送到皇宫，离别时，他哭了，觉得这不是什么好兆头。途中他走进一家小客栈喂了喂马，一个测字的先生恰巧引起了他的注意，他决定碰碰运气，就写了一个"問"字，交给测字的先生让他解释，问他突然被召唤到北京会有什么结果，是吉兆还是凶兆。测字的先生立刻说出了最好的结果——"問"字左右两边都像是"君"字，所以可以说它由两个"君"字组成。小伙子对这样的占卜完全没有准备。测字的先生遂劝他登基之后擢升自己为大臣，小伙子很容易就答应了。这位年轻人后来也确实成了皇帝（年号嘉靖），他兑现了诺言。这个算命先生名叫严嵩，他成了最重要的大臣。但由于他糟糕透顶，皇帝只得让他用银碗乞讨饿死，这个故事上文提到过。

这些关于明代一位著名皇帝的来历的说法虽有种种矛盾和荒谬之处，但是它们却为某些讹传的关于历史的说法提供了依据，使得这些说法可以口口相传、被人相信。对于中国老百姓来说，生存问题始终伴随着他们，导致他们没办法接受任何形式或程度的教育，除此之外，还有三个问题一直阻碍着中国老百姓了解真正的历史。

首先，历史著作过于浩繁，而那些篇幅短小的史纲却又太空洞、贫瘠。标准的史书体量太大，除了相对富裕的人以外，普通人根本没有办法接触到。想象一下，有这么一个国家，这个国家的一个县就至少有成千上万的学者，但是出名的只有一本史书《史记》。《史记》包含七十套书，这七十套书里面可能有四百或五百册书，足够装满一两辆货运马车，但是如此卷帙浩繁的大部头却没有半点是外行人能读进去的。

难怪中国有句俗语说：**要知古今事，须看五车书**。如果存在一本类似于《狄更斯英国简史》（*A Child's History of England*）的书，书中根据先后顺序精确地记录了每一个重要事件，清楚地说明了这些重要事件间的联系，并且这一切都讲述得有趣、简要、吸引人，那它必将最大程度地便利于中国历史知识的普及工作。然而就目前看来，中国绝对缺少这样的书。

普及历史知识的另一个"敌人"是我们经常提到的"闲书"，这些书通常以某种历史或半传说半历史的事件为基础撰写。然而，很多时候，这些书除了大纲以外，其他全都不符合史实。人们在编排剧情的时候十分关注情节是否吸引人，因此，在标准的历史纲鉴中两行字就能打发的事情，在闲书中可能要用一整本书去讲，还要让读者读着开心。这种通俗故事具有不朽的魅力，能够渗透到各个方面，真正的历史反而永远都没有办法到达这些地方。

普及真实历史知识的又一个"敌人"拥有"两副面孔"——无所不在的戏曲和无处不在的说书人。中国人的确是最有耐心的听众，但他们也不可能兴致勃勃地去听中国历史这么无聊的东西。无论是戏曲，还是说书人的叙述，都是自由不受束缚的，他们可以从任何地方出发，去往任何地方，可以将一切无中生有。他们就像熟练的魔术师一样，他们的嘴巴明明看上去空空如也，却能从里面变出最令人惊奇的事情。

这种情况的结果是，在中国好像可以通过询问那些绝对数量很大、相对数量很小的读书人或学者来获得历史方面的准确信息，但是实际上并没有那么容易。如果说有成就的学者在顶端，教育水平参差不齐的大众在底层，那么夹在中间的普通的学校老师就是两者之间的媒介。但是你随便找一个普通的学校老师，他也有可能无法给出关于战国时期的准确历史信息。他不可能没读过《战国志》，但那是很久以前的事了。他也许熟悉孔子的《春秋》，但是他也有可能不熟悉，因为近年来这本书被严重忽视。战国时期大约有二十个国家，但是倘若要阅读这二十个不同国家的史书，即使是中国老师的记忆力也很难时刻记住哪个是哪个。

除此之外，大部分中国人对古代地理知识的了解几乎是乱七八糟、不完善的。一个主要花时间研究数学的剑桥大学毕业生，可能通过不了撒克逊七国时代①（Saxon Heptarchy）的考试，尽管撒克逊七国时代比战国时期离我们的时代要更近五百到一千年。然而不管他懂不懂，我们都很难想象他脑子里关于英格兰历史的知识有一部分是祖父讲了好多次的传说故事，有一部分是看过的历史戏剧里面的内容，剩下的部分则是因为他熟读了简·波特尔②（Jane Porter）的《高地酋长》③（*Highland Chiefs*）或者路易莎·米斯洛克④（Louisa Müthlochs）的《亨利八世王宫》（*Court of Henry the VIII*）之类的书籍。然而，在中国，这种假想的情况有很相似的实例。中国人是历史领域最博学也最无知的人。

---

① 七国时代，英国的一个历史时期。5世纪中叶至6世纪上半叶，盎格鲁人、撒克逊人、朱特人持续从欧洲大陆来到英格兰，征服了土著凯尔特人以后形成了七个王国：东撒克斯、南撒克斯、西撒克斯、东盎格里亚、麦西亚、肯特和诺森布里亚。829年，西撒克斯王爱格伯特平定六国，七国时代基本结束。（《辞海》编辑委员会，2020）（《世界历史词典》编委会，1985）[6]

② 简·波特尔（1776—1850），英国历史小说家。

③ 书名应该是《苏格兰酋长》（*The Scottish Chiefs*），简·波特尔的代表作。

④ 正确的人名应该是路易斯·米巴赫（Luise Mühlbach，1814—1873），真名为克拉拉·蒙特（Clara Mundt），德国作家，以其历史小说成名。（Gilman et al., 1905）

与清朝相关的俗语

如坐针毡——背生芒刺。① 这个俗语指的是清朝初年臭名昭著的强盗和海盗周隐龙。他改邪归正,得到了护卫队长的职位。他在这个职位上取得的功绩让他被升为将军,但是因为出身,同僚们都瞧不起他,再加上不熟悉官职礼仪,不久他便被迫向皇帝请求辞职,隐退故乡。这句俗语用来表示一个人因为自己的性格和周围环境不协调而感到不自在。

天下只有两人忙。这句俗语中所描述的事件和其他历史事件一样,被认为与乾隆皇帝相关。乾隆皇帝曾经走在北京的城墙上,看着人群从前门涌入,他问大臣和珅:"前门一天出入有多少人?"和珅答道:"两个。"皇帝问:"为什么?"和珅解释道:"一个是名,另一个是利。"这句话说明名利是真正影响人类行为的唯一潜在动机。

提及历史人物或半传说半历史人物的俗语

属于这一类的俗语有很多是与某些历史人物突出的性格相关,而与特定的事件无关。**孟姜跟着刘海走——哭的陪笑的。**孟姜是一个很古老的人物,她很擅长哭。刘海②是中国著名的德谟克利特(Democritus),以笑著称。为了表示笑与泪的结合这一主题,这两个生活年代相差数个世纪的人物被联系在了一起。

纣犬吠尧——各为其主。纣是著名的暴君,其罪行导致商朝(殷朝)于公元前1123年灭亡,而早在一千多年前就去世的尧则"站在中国历史的黎明中,成为所有智慧和主权美德的典范"。

---

① "如坐针毡"出自《晋书·杜锡传》:"累迁太子中舍人。性亮直忠烈,屡谏愍怀太子,言辞恳切,太子患之。后置针著锡常所坐毡中,刺之流血。""如芒在背"出自《汉书·霍光传》:"宣帝始立,谒见高庙,大将军光从骖乘。上内严惮之,若有芒刺在背。"

② 刘海,也叫刘海蟾,名操,字昭远,号海蟾子,事燕主刘守光为相。(《辞海》编辑委员会,2020)

沉鱼落雁，闭月羞花。这两个词语包含了中国历史或传说中几位著名美女的典故。楚国的伍子胥（参见梅辉立《中国辞汇》第879条）在逃往吴国的途中，据说看见一个漂亮的女人在河边洗衣服，河中的鱼儿被她那光彩照人的脸迷得眼花缭乱，沉到水底去了。同样的故事也发生在越国著名美女西施身上（参见梅辉立《中国辞汇》第571条）。

大雁的传说和昭君有关（参见梅辉立《中国辞汇》第45条）。昭君被匈奴俘虏后，便求一只大雁捎信给汉武帝[①]，她把信绑在大雁脚上，大雁就忠实地把信送到皇宫里。昭君是汉武帝最喜爱的妃子，她在信中说她坚决要结束自己的生命，并感谢汉武帝对她的厚爱。汉武帝深受感动，不久就因悲伤而死。

那个和月亮比美，让月亮黯然失色、隐藏起自己面容的女子是崔莺[②]（参见梅辉立《中国辞汇》第792条）。

在花园中散步并使花失去颜色的美女是貂蝉（参见梅辉立《中国辞汇》第669条）和杨贵妃，杨贵妃是唐明皇的妃子（参见梅辉立《中国辞汇》第887条）。

张飞卖蝲〔刺〕猬——人强货扎手。上文已经说过，张飞是刘备和关羽的结拜兄弟，他很有钱，完全不需要靠贩卖豪猪为生。众所周知，他勇武过人，谁惹恼了他谁就会有麻烦，因此就有了这句俗语。这句可以用来指代下属激怒了性情危险的长官就会遭殃，诸如此类的事情。

张飞拿仓官——大眼儿睁小眼儿。张飞据说有一对很大的眼睛，而鼹鼠的眼睛则很小。这句话形容两个人计划失败了，束手无策，除了面面相觑，不知做什么好。

说曹操，曹操就到。这位著名的将军推翻了汉朝，他是戏剧般的三国时代最为杰出的人物。他的战略才能极强，人们只要一提到他的名字，他就出现了，仿佛从天而降。

曹操买马，要看母子。很可能这句俗语是另一句发音类似的俗语的讹文："**槽头买马——要看母子**"，意思是，从父母身上看出孩子的缺点。

[①] 王昭君为汉元帝时人。竟宁元年（前33），匈奴呼韩单于入朝求和亲，她自请嫁匈奴。（《辞海》编辑委员会，2020）

[②] 应该是崔莺莺，《西厢记》中的人物。（《辞海》编辑委员会，2020）

吃王莽的饭，走刘秀的国。王莽属于西汉，刘秀属于东汉①（参见梅辉立《中国辞汇》第418条和第804条）。很多从篡位者王莽那里拿了钱的人，私下里是为了帮助刘秀，最终刘秀获得了政权。这句俗语用来指代两面派。

狗咬范丹无人问，蝎蜇石崇挤破门。范丹是战国时期②的学者。他很穷，有很多孩子，后来孩子们都成了显赫的高官。石崇——中国的克罗伊斯③（Croesus）——是汉朝人④。作为商人的他，家财羡煞千万人。关于他的无穷无尽的财富，有许多奇妙的故事。如与一个小权贵竞争，他用锦缎覆盖了四十里的街道，胜对手十里⑤；他送出了一棵七尺高的珊瑚树作为礼物，而皇帝只能给出一棵三尺高的珊瑚树⑥；他还用"三十六个单位的上等珍珠"买了一个漂亮的姑娘，但这笔交易的结果很糟糕，总督为了得到这个姑娘，把石崇投进了监狱，他就死在了那里⑦。因此，有句俗语说：**石崇豪富今何在，范丹有子不为贫**。下面这首诗对比了

---

① 此处有史实错误。刘秀生活的年代跨越了两汉，因此并不仅仅属于东汉。

② 范丹为东汉名士，原文疑错。范丹（112—185），亦作范冉，字史云，东汉陈留外黄（今河南民权西北）人，生活极其贫困，有时绝粮。（《辞海》编辑委员会，2020）

③ 克罗伊斯，吕底亚王国最后一位君主（约前560—前546），最终被波斯帝国打败。据说他非常有钱，他的名字后来成为富豪的代名词。（《世界历史词典》编委会，1985）[302]

④ 石崇为西晋人，原文疑错。石崇（249—300），字季伦，小名齐奴，西晋渤海南皮（今河北南皮东北）人，八王之乱时被杀。（《辞海》编辑委员会，2020）

⑤ 《世说新语·汰侈第三十》载："王君夫以粘糒澳釜，石季伦用蜡烛作炊。君夫作紫丝布步障碧绫里四十里，石崇作锦步障五十里以敌之。"

⑥ 《世说新语·汰侈第三十》载："石崇与王恺争豪，并穷绮丽，以饰舆服。武帝，恺之甥也，每助恺。尝以一珊瑚树，高二尺许赐恺。枝柯扶疏，世罕其比。恺以示崇。崇视讫，以铁如意击之，应手而碎。恺既惋惜，又以为疾己之宝，声色甚厉。崇曰：'不足恨，今还卿。'乃命左右悉取珊瑚树，有三尺四尺，条干绝世，光彩溢目者六七枚，如恺者甚众。恺惘然自失。"

⑦ 《晋书》卷三十三《列传第三》："崇有妓曰绿珠，美而艳，善吹笛。孙秀使人求之。崇时在金谷别馆，方登凉台，临清流，妇人侍侧。使者以告。崇尽出其婢妾数十人以示之，皆蕴兰麝，被罗縠，曰：'在所择。'使者曰：'君侯服御丽则丽矣，然本受命指索绿珠，不识孰是？'崇勃然曰：'绿珠吾所爱，不可得也。'使者曰：'君侯博古通今，察远照迩，愿加三思。'崇曰：'不然。'使者出而又反，崇竟不许。秀怒，乃劝伦诛崇、建。"

第五章　包含历史、半传说半历史、传说、神话人物或典故的俗语 | 115

范丹和石崇的截然不同的命运,以及其他几个人的命运。除彭祖(参见梅辉立《中国辞汇》第561条)外,这些人的命运前文都已经提到过了。彭祖是一个神话人物,按照上古时代的方式生活,传说他活了八百岁:**甘罗发早子牙迟,彭祖颜回寿不齐。范丹贫穷石崇富,八字生来各有时**。

眉听、目语、是绿珠。绿珠是石崇的小妾,是造成石崇死亡的罪魁祸首。皇帝嫉妒石崇有一个美丽又聪明的妾,于是把石崇关进了大牢,并得到了绿珠。

汉语俗语经常围绕某个具体的历史人物大量形成。宋朝出了许多名人和学者,例如朱熹——古籍经典的注释者和历史学家。朱熹曾为孔孟的作品作注,后世认为他与孔孟齐名。

虽然他的某些著名的家语已经变成了俗语,但是"朱夫子"三个字,并不是他那个时代的老百姓在谈话中经常提到的名字。大家经常会提到的是另一个人——武大郎,他的名字已经成为国家级笑话。朱夫子主要是那些读书人认识,而不管读不读书的人,几乎没有人没听说过武大郎,这个人是一个侏儒。他的妻子叫潘金莲,潘金莲和一个叫西门庆的人通奸,并因此被人们记住,武大郎无力阻止他们。据说,这两个人逼着武大郎吃下了毒药,武大郎虽然知道他们的目的,但也不敢拒绝,最后被毒死了。因此有俗语:**武大郎服毒——吃也死,不吃也是死**。这句用来形容那些被逼到绝路的人。

武大郎有个哥哥叫武松[①],他是宋江的将军。前面已经提到过宋江,他是一个非常英勇的人。武松非常喜欢喝酒,喜欢到俗语里面也出现了他的名字。为了报仇,他杀死了嫂子和她的情夫西门庆,但也因此犯罪被流放。他流放的地方的长官姓施,这个长官有个儿子叫施恩。因为父亲有权有势,自己也身强体壮,所以施恩在当地当了个土霸王(这样的

---

① 武大郎应为武松的哥哥,原文疑错。

事情在中国十分普遍）。在他当土霸王的地方，不管交易什么东西都要交税，这样的横征暴敛唯一的好处就是人们只需要给一个土霸王交税，而不用被其他人剥削。

在施恩落难时，一个比他更强大的强盗蒋门神偷袭了他，并将他打伤，然后把他赶出了自己的地盘，攫取了此地的收入。施恩向武松寻求帮助，武松也乐意帮忙，但武松喝了很多酒，看起来干不成什么大事，这让施恩很沮丧。不过武松解释说，如果不醉的话他打不了架，但是如果喝醉了他就英勇无敌了。然后，他便大闹了蒋门神的老巢——一个叫快活林的地方，大胜而归。① 因此有这样一句俗语：**武松大闹快活林——是酒儿支使的**，用来表示喝醉酒的人。

武大郎如今在中国的名声不好，因为他的名字让人联想到各种不好的词，简而言之，他已成为"小人"②的典型。**老虎不吃武大郎，没有人的气味**。

武大郎架着夜猫子——甚么人儿甚么雀鸟。这句俗语指主仆都是坏人。

如果一个人无能，那他就是：**武大郎卖面茶——人软货稀**。

凡是情况糟糕到无可救药的事情，都可以用"**武大郎的脚指头——一个好的没有**"来形容。

身材矮小的人被戏称为：**武大郎盘杠子，上下够不着**。

武大郎坐天下——不敢保，说的是一个人承担了他无法完成的任务。

下面这句俗语暗示了一个人总的来说是个无能之辈：**武大郎放风**

---

① 参见《水浒传》第二十八回：施恩重霸孟州道　武松醉打蒋门神。
② 中国的大众伦理道德观有趣的一面在一句俗语中有所体现。有一句俗语说，当一个赵匡胤这样的人上人，即使他吃喝嫖赌，也会比当一个武大郎这样的安分守己的下等人要好。**吃喝嫖赌的赵匡胤，安分守己的武大郎**。这句俗语的意思是，赵匡胤的高尚精神让他的过错被人宽恕，而武大郎卑劣的身份让他变得可鄙，就算他没有做错事。——作者

第五章　包含历史、半传说半历史、传说、神话人物或典故的俗语 | 117

筝——出手不高。

我们听到的关于他的唯一的好事是：**武大郎的袍子不长不短——正合式儿的**。这句指事情办得好。

当谈到泰山上的庙宇种类够不够丰富的问题时，人们常常会开玩笑地说："你见过武大郎的寺庙吗？"这是在戏谑地暗示即使是有这么多庙宇，这么伟大、这么无可非议的泰山，也会受到某些无理的批评，比如批评泰山上没有武大郎这样的名人的庙。

第六章　包含特定地点或区域，或者仅仅对于某个地方很重要的人物和事件的俗语

　　这类俗语与上一类俗语之间的界限并不总是明显的，因为某些地方的知名人物也有可能变得全国知名，一个小地方也可能拥有大名声。

　　地方俗语有很多种，其中一些涉及自然地理领域。比如，**黄河是败家子，运粮河是养家的聚宝盆**。开凿大运河是为了让南方进贡的大米安全地运到北京，这样就不用担心风暴和海盗。而相形之下，黄河几乎不能通航不说，还得耗费大量的成本修筑堤坝，否则就会淹没数个省。

　　滹沱河发源于山西北部，流经太行山，在正定府附近流入直隶大平原。多年来，河流冲刷了数千英亩的沙子，这些沙子铺满了整片土地，把泥土掩埋得看不见了。随着时间的推移，河道淤塞，来年洪水来临时，水流会流向新的河道，所到之处生灵涂炭。这一过程已经持续数年，下面这句俗语凝聚着对这种不稳定流向的观察：**南不过衡，北不过平**。衡水县〔今河北衡水市〕和安平县相距一百多英里。

　　另一类俗语清楚地描述了一些当地的历史，或者一些年代久远的预言。**火烧岇折〔潭柘〕寺，水淹北京城**。这是某个人的预言，涉及北京西南一座著名的寺庙。群众对这样的预言深信不疑。

　　天津卫只有水火之灾，没有刀兵之苦。这是刘伯温的著名言论，他是明朝建立者洪武的著名拥护者。人们通常认为刘伯温是一位预言家，他有许多非凡的预言，但是这些预言到底是不是他说的，只有神仙知道。很奇怪的是，那些言论如果真的只是预言的话，它们竟然连续几个世纪

都成真了。天津人经常面临战争的威胁，尤其是当太平军向北京进军时，军队在天津以南二十五英里的静海县〔今天津市静海区〕莫名其妙地停下了，没有继续前进，天津最后安然无恙。同样，1860 年英法联军入侵直隶时，分别在北塘、大沽、张家湾和通州附近作战，天津人又一次幸免于难。但是 1900 年夏天，天津被攻占，天津人承受的痛苦远远超过了前几年不受战争侵扰时的和平，这句"预言"不会再被人提到。天津火灾频发。从 1871 年到 1873 年，整个地区都被洪水淹没，造成了极大的苦难，从那以后，天津经常发洪水。

三山不显出王位，四门不对出高官。这副对联表明了人们对山东省会济南的地形的看法。其地形很特别，南面的山脉，城市西南角非凡的泉水，以及附近的三座小山丘，都对风水产生了强大的影响。这里的地面容易被水浸透，因此济南被认为是一艘船。这里提到的小山丘之一名叫橛山，其意为钉子之山，因为船就是拴在这里的，没有了它，船就会漂走。

第三种地方俗语具体说到了某个城市或地区的一些有趣的事物。例如，直隶有个城市叫沧州，早不在原来的位置了，向西移了十二或十五英里（中国人总是用这种方式迁移城市）。这个地方曾经因一对巨大的铁狮子而闻名，现在还能看到。东光县是大运河上的一个区域性城市，有一个巨大的铁神像，而在不远的地方，运河以西的景州有一座宝塔，在这一地区，佛塔十分罕见。这几个景点一起被编入了俗语式的歌谣：
沧州狮子，景州塔，东光县铁菩萨。

这种韵文在整个中国应该很普遍。它们被收集整理成叫作《走遍天下州》，或是其他类似名称的小册子。这种小册子与其他廉价印刷的书籍一样满是错别字。大多数人只能靠阅读这样的小册子来获得地理知识，这可以说是西方基础地理这门科目的替代品。

城市的特色往往都是三个三个地编出来的，这些特色被认为是城市的宝贝，是为了模仿佛教的三宝。北京有三宝：马不踢（因为人总是那么多，马都不怕了），狗不咬（因为它们一天到晚都能看到陌生人），十七八岁的少女在街道上漫不经心地跑〔因为满族人在这方面完全不同于汉族人，汉族人就像使徒保罗①（Apostle Paul）一样，要求年轻女孩留在家当家庭主妇］。**北京城，三种宝：马不蹄，狗不咬，十七八的闺女满街跑。**

保定府，三种宝：铁球，列瓜，春不老。保定府制造小型铁球，人们可以将其拿在手中当作玩具，有些人认为这样可以强身健体。列瓜是一块石头，形状有点像葫芦，在保定府西部一个商店的走廊的地板上。它被认为是一个能够遏制社会上的恶的符咒。据称，人们曾经试着想把这块神奇的石头挖出来，但挖掘得越深，石头占据的空间就越大，所以有人认为这个"瓜"其实是一座山的山顶，除了顶端之外，其他部分都被埋着！春不老是一种类似芥末的植物，广泛种植于此地。

天津有三宝：鼓楼、炮台、铃铛阁。鼓楼有一个双拱门，在中国人看来，这是建筑领域一个难度很高的大师之作，传统上认为这座楼的灵感是建造者在梦中得到的。炮台起初有七座，建于明朝永乐年间，现在已经完全拆除。铃铛阁不是一座特别的建筑，可能只是因为最后一个字的发音"kao"碰巧与"p'ao"〔pào〕押韵，所以才被提到。**天津卫，三种宝：鼓楼，炮台，玲珰〔铃铛〕阁。**

济南府，四种宝：北门里头北极庙，南门外头千佛山，东门外头闵子墓，西门外头宝〔趵〕突泉。

闵子是孔子的弟子之一，也是二十四孝之一，他的名字因此人尽皆知（参见梅辉立《中国辞汇》第503条）。继母跟他父亲生了两个孩子②，继母总是给自己的孩子穿得暖暖的，而闵子却只能穿用芦苇和蒲草填塞的衣服。闵父并不知道闵子穿得不够暖和。在某个极冷的日子，他让闵子驾车送自己出门。闵子由于长期受冻，在途中将绳索和鞭子掉在

---

① 使徒保罗，《新约》中的人名，原名扫罗，是早期基督教神学家。（丁光训 等，2010）（梁工，2015）[59-61]

② 有些人说是三个。关于这个话题似乎有一些不确定的地方。这个话题类似于关于约翰·罗杰斯（John Rogers）的后代的问题，他在殉道时留下了九个小孩，一个还在吃奶。——作者

约翰·罗杰斯（1505—1555），《圣经》编纂者，宗教改革者，生活在玛丽一世时期，也是玛丽一世时期第一位新教的殉道者。（Editors of Encyclopædia，2011）

了地上。父亲知道了儿子穿不暖这件事后，非常气愤，决定立刻和妻子离婚。但是年少的闵子是杰里米·边沁[①]（Jeremy Bentham）的忠实信徒，他认为绝大多数人的最大幸福才是一个人行事应该遵守的最大原则。听到父亲说马上离婚，他这么说道：**母在一子寒，母去三子单**。

闵子的这种行为得到的结果在中国的故事中屡见不鲜。闵父开始重新考虑自己的决定，继母也深受影响，开始将闵子视如己出。[②]因此有这样一句俗语：**能叫一儿寒，别令三子单**。因为如果只有闵父照看孩子们的话，他们肯定会受冻。

深州本有三宗宝：小米，柳杆，大蜜桃。

很明显，通过这样的方式，随便哪个地方都可以说一个东西是"宝"，不管这个东西是否真的是"宝"。由于这些"宝"的存在，中国的城市都有了这样的"三宝"，而且描述"三宝"的韵文还会小小地押韵一下，长城以外的地区也是如此。**口外三宗宝：人参，貂皮，乌拉草**。人参被称为"神草"，是中国药典中最珍贵的药物之一。乌拉草是源于蒙古语和满族语的一个词。由于乌拉草能够御寒，所以关外的居民非常重视它，把它放在鞋里。其根也是一种药。

关东倒有三宗怪：板打墙，瓢舀菜，窗户纸糊在外。

中国人目光敏锐，不管多么琐碎的事情都会被他们拿来比喻另外一些事情。中国北方有一种青蛙，它不叫，而是使身体膨胀起来，好像要发出很大的声音，但是到最后都不会发出声音，因此有俗语云：**济南府的虾蟆**[③]**，干鼓气**。这句比喻一个人吞下自己的怨恨。

一些地方俗语和当地的商业有关，如河南的诛仙镇，直隶巨鹿县的新集，以及山东济南府东边的周村。**河南一镇，直隶一集，山东一村**。这些地方都是大型的贸易中心。

---

① 杰里米·边沁（1748—1832），英国哲学家、社会改革家。（肯尼，2019）
② 郭居敬的《二十四孝》载："周闵损，字子骞，早丧母。父娶后母，生二子，衣以棉絮；妒损，衣以芦花。父令损御车，体寒，失纼。父查知故，欲出后母。损曰：'母在一子寒，母去三子单。'母闻，悔改。"
③ 即蛤蟆。

这类俗语之中，有一些看起来极其琐碎，但却可以体现中国人运用比喻的天赋。有一句俗语说道：**木兰店的裹脚条子，有边**。这是河南的一个集镇，这里的妇女用布条缠绕双脚，布条的每个边上都有一个狭窄却做工精细的花边。这句用来表达某件事并不是没有希望办好，就像木兰店的布条一样，还是"有边"的。

郑州的货虽全，没有蜊皮领子，猪皮大褂，金粪义子银粪筐。郑州是直隶中部的一个商业小镇（其名字暗示它在过去可能是个二级城市），镇子里集市盛大，这个小镇也因此出名。这句话与前面提到的"泰山没有武大郎庙"的说法一样，用来表示任何完美的东西都可能有不合常理的例外。

叫你上六堂口去凉快。六堂口是直隶的一个镇子，镇子里的居民是出了名地不跟人来往。如果一个人很生气的话，那就劝他去这个人迹稀少的地方冷静一下，因为这是个冷清的地方。

出了嘉峪关，两眼望青天。嘉峪关位于甘肃省，是长城最南端。更远的地区（在通往巴里坤的路上）通常被认为十分荒凉。这句俗语也表示一个人穷途末路，只能躺在地上看天空。

门口上常常贴着"**三多九如**"[①]的字样，"九如"取自《诗经》。有三件事值得期待，即**多福多寿多男**。在山东省，人们戏仿这句话，创造了一句俗语，**山东三多：治病的比患病的多，教书的比念书的多，织布的比穿衣裳的多**。

有一类地方俗语谈及当地居民生活习惯。

山西人在中国的商业体系中占有独特的地位，银行业务的很大一部分掌握在他们手中。人们普遍认为，当铺如果没有山西人做掌柜，就不可能成功。山西人不仅遍布全国十八个省份，而且深入中亚。他们愿意离开家人多年，而大多数中国人每年至少回家一次。人们认为山西人非常聪明，锱铢必较，可以机警地利用机会，在挑衅下能够保持耐心，即

[①] "三多"出自《庄子·天地》："'嘻！圣人。请祝圣人，使圣人寿。'尧曰：'辞'。'使圣人富'。尧曰：'辞'。'使圣人多男子。'尧曰：'辞'。""九如"出自《小雅·天保》："如山如阜，如冈如陵。如川之方至，以莫不增……如月之恒，如日之升。如南山之寿，不骞不崩。如松柏之茂，无不尔或承。"

使生气了，也会想着这是一次赚钱的机会，便不生气了，因此与许多其他省份的人形成了鲜明的对比。因此有俗语说道：**山西找子，要财不要命**。山西人也被称为"老西儿"，是许多俗语戏谑的对象。例如，上面的句子，稍微改一改就会变成：**老西儿舍命不舍财**。

　　两个山东人打架，为一棵葱。据说山东人特别爱吃葱。人们普遍认为，每个地区都有自己独特的口味。南方人喜欢吃糖，而北方人则喜欢腌制蔬菜，还有一个不知道叫什么名字的地方会大量食用食盐。山西人以爱醋闻名，山东东部人则以喜欢辛辣知名。因此俗语有云：**南甜，北咸，东辣，西酸**。五味之中只有"苦"没有对应的地区，也许是因为能吃苦是整个民族的特性。

　　难舍难离[①]**的邯郸县**。邯郸是直隶西南部的一个城市，年轻人经常被吸引到这里做生意，因此出了名。它在中国历史上经常被提及，城内有几座古老的寺庙。传说，上文提到的吕洞宾在这里做过一个著名的梦，因此这个地方也变得出名起来。吕洞宾逃到这里，看到钟离权（参见梅辉立《中国辞汇》第90条）在一个破庙里煮黄小米。吕洞宾看着看着就睡着了，梦见自己当了皇帝，一生都在享受高位带来的荣耀。他老了，即将死去时，梦醒了。吕洞宾发现自己又回到了他倒下的那座古老的庙里，令他吃惊的是，当时黄小米甚至还没煮熟。当吕洞宾回想起自己的梦时，他发现世上所有的财富和荣誉都是空虚的。这让他决定放弃骗人的瞬间快感，跟着钟离权归隐，在那里他成了最著名的八仙之一。这一故事经常在**黄粱梦悟**[②]、**邯郸梦觉**中被提及。

　　黄粱梦和其他常见的意象一起使用，表示财富、幸福等的消逝，如下文所示：**富贵花间露，荣华草上霜。世街英雄辈，黄粱梦一场**。

　　有些地方俗语很难解释或者不能解释。因为中国没有英语世界中"注释和问答"（Notes and Queries）之类的书，追溯一切事物的最遥远的起

---

　　① "难舍难离"这个特点也在另外一个句子中被用来形容一个距离邯郸几英里远的镇子，名叫临名［洺］关，但它通常被称为**四十五里的鬼门关**。——作者

　　② 黄粱一梦，也叫邯郸梦，此典故出自唐代沈既济的《枕中记》。（彭庆生 等，1990）

源十分费劲。下面这句流传甚广的关于天津附近的一个村庄的俗语就是一个例子：**那里卖不了辣椒醋，一心要上扬牵蒋**。它的意思是如果不能在一个地方做生意赚钱，还有其他地方能够赚钱。但辣椒醋是什么意思，即使是这个村子里年纪最大的村民也不会说自己知道。

下面一类俗语中大部分都暗指某个人，有的只是在当地有名，有的甚至根本不出名，但是跟这个人有关的某一件事已经足以让他的名字留在俗语里面，就像把苍蝇留在琥珀里面一样。从这些俗语的性质来看，它们中的大多数都只流通于一个很小的区域，但在这些区域，这些俗语比其他俗语更经常被用到，也更能被当地人理解，因为它们十分辛辣，具有地方风味。它们是自发产生的，并且随着新俗语的出现，数量不断增加。它们的特性将在下面的例子中展示，其中许多俗语中的人物生活在天津。

周先生过河——躺下咧。穷人周先生上了一条渡船，但因为大家都知道他没钱，船夫拒绝送他过河。于是周先生就躺在船上，那船要么就送他过河，要么就歇业不做生意。"周先生过河"用来指睡着了的人，或被绊倒了的人。这类俗语的重点就是省略了谓语[①]，由听者直接补充谓语。

刘老万掉饽饽——恼心。刘老万是一个苦力，每天一大早就出门找活干，出门时带着天津工人（一天只吃两顿正餐）在工作间隙常吃的面食。有一天他的面食掉在地上，被别人捡去了。一个熟人遇见了他，开始和他开玩笑，但他回答说："我心里很难过。"问了以后才知道，他烦恼的原因是丢了午餐。所以这个表达相当于小题大做。

王十二不下药——死症。这句用于指任何无药可救的事情，比如特别穷之类的事。

刑三儿吊纸——不是人。葬礼上的乐师一般在死者家人出现的时候就开始演奏。这个姓刑的人是亡者家的朋友，他在葬礼上充当总管的角色。当他走近时，乐师们正准备吹奏音乐，他急忙插嘴说："我不是人。"他想说的是，他不是这个家里的人，但是这个偶然的口误却使他名垂青史。

---

① 即"躺下咧"被省略。

这句俗语和接下来的俗语据说流传得很广,不仅流行于直隶省的大部分地区,而且流行于山东和河南的部分地区以及全东北,因为东北有很多人都来自天津。一个不经意的表达就能有如此经久不息的生命力!"刑三儿吊纸"这几个字,是一句隐晦的骂人话(这么暗戳戳的骂人方式是汉语独有的),意思是"你不配被称为人"。

梅先生拔烟袋——不得已而为之。梅先生感受到了贫穷的窘迫,就偷了一根烟斗。当被发现时,他引用了孟子的话。这个小偷竟然接受过古典教育,这样的反差使人们对他的偷窃行为和他援引孟子之言的行为记忆犹新,小偷也因此"声名鹊起"。他如果学的是正经的学问,如今可能不会这么出名。

一句俗语在不同的语境中有不同的意思。在山东省,有这样一个传说:一个秀才穷得连驴都买不起,于是雇了一个人推磨以碾磨谷物——中国的劳动力市场就是这么反着来的。一天,秀才看到雇工在干这种只有女人和牲畜才会干的活,觉得这种行为不太明智,他笑了。雇工勃然大怒,让秀才自己去推磨,否则就打他。因为雇工身体强壮,秀才别无选择,只好顺从。因此俗语有云:**秀才推磨——不得已而为之**。

西瓜皮打掌子——不是正经客货。一个半瞎的鞋匠被一个爱开玩笑的人骗了,这个人给了鞋匠许多干西瓜皮,说是驴皮。当有人来修鞋时,鞋匠就用这种"新式皮革"来补鞋,还很有诚意。第二天,鞋的裂缝还是一样糟糕,顾客就来投诉鞋匠鞋修得很差。克里斯平[①](Crispin)的弟子检查鞋子的时候,没有察觉这是个玩笑,只是发现这种特殊的皮革不是正经货。"不是正经客货"后来变成了一个委婉的表达,说的就是那些不达标的东西。

王聋子放炮——散了。[②] 不管有没有声音,他都听不见,这句话用来比喻那些完不成的事情。

---

① 圣·克里斯平(Saint Crispin),保护鞋匠的基督教圣人。(Editors of Encyclopædia,2011)。

② 《红楼梦》第五十四回凤姐有云:"外头已经四更,依我说,老祖宗也乏了,咱们也该'聋子放炮仗——散了'罢。"

高三上坟——骂不绝声。高三是一个生活在嘉庆年间的不孝子。为了避免别人奚落自己，他只能按习俗去扫墓，但是心中十分不情愿，所以一直用粗鄙的语言骂祖宗。这句话用来比喻那些不情愿干某事就开始骂人的行为。

傻喜卖包子——掉了底咧。傻喜是一个贪吃的少年，到街上卖肉包子时，喜欢把包子的底吃掉。别人问他为什么包子没有底的时候，他总是回答说，包子一开始就是这么做的。这句话用来比喻那些重大的损失，或者任何与底部掉落相关联的情况。

傻喜儿赶鸭子——全来咧。傻喜儿受雇照顾一群鸭子，一天晚上，他回来时发现很多鸭子都不见了。当被问及其余的鸭子去了哪里时，他回答说："全来咧。"别人让他算算有多少只，他说他不知道怎么算，他只知道"全来咧"。这句话用来指集会的时候人来齐了之类的情况。

小老道拉锁——苦死弟子了。这个少年被派去履行誓约，像和尚、道士一样拖着一根又长又重的铁链。每当他疲惫不堪的时候，他就喊道："苦死弟子了！"这句话现在被用来形容极度的痛苦。

王太爷问案——不是好人。王太爷于1821年在天津城任职，是一个优秀的官员，贤德而有智慧。每当一个坏人被带到他面前，他总是会说："不是好人"，也就是说，你是个坏人。

金先生伸托——一文钱。金先生是咸丰年间的富家公子，他跟父亲一样都是不孝子。给他干活的人或者和他打交道的人都走了，走之前还要骂他一顿。然而天降惩罚：他的一个很有能力、前途可期的儿子突然精神错乱，不久，金先生的家产化为乌有，他自己也成了乞丐。每当遇到什么人，他就伸手喊道："给我一文钱！"这句话被用来表示一枚铜币。

霍得儿抬药王爷——运压的。这是又一个因为主人公说错话而变得人尽皆知的俗语。道光年间的霍得儿参加为药神举行的庙会时，帮忙搬药神的椅子，忽然被绊了一跤，他说："运压的。"他想说的是椅子太重了，弄得他头晕①。这句指那些命运与自己作对的人，也指各种混乱的情况，比如指南针的指向混乱。

半夜打壶瓶——惯了嘴儿咧。这句话指一个工匠每天喊的就是："壶瓶做好了！"一天晚上，他在梦中说了这句话，因此这句话就用来指代某个人固定的习惯。

白儿他妈妈坐轿——头一末儿。这个女人是个童养媳，因此她结婚时没有机会出门，也就没有坐过轿子。一天晚上，邻居生病了，她被急急忙忙地叫去接诊。邻居派了一辆轿子来接她，她没有像其他人那样倒退着上轿，而是走到华盖下面，再转过身来。抬轿子的人都在笑她，而她则天真地回答道："这是我第一次坐轿。"因此，"白儿他妈妈坐轿"就被用来表示一次试航，或者各种首次体验。

三王爷打砖——好大口气。这句话与一部戏剧有关，剧中的一个人物深陷贫困深渊，他用一块砖头打自己赤裸的背部（打砖），就像中国乞丐为博取同情那样做。但是他不像普通的乞丐那样就要一两文钱，他要的是黄金、白银、珍珠、玉石等东西。如果对方给不起这些施舍的话，三王爷就会给对方一两银子。这句俗语指那些过分的要求。

小白脸子——不见面儿。俗语中的小白脸子是一个行动极为谨慎的小偷，他一直过着与世隔绝的生活，从来没有被抓到过。这句俗语用于指难以找到的人。

刘高手治病②——外科不管内科事。一个男子的右太阳穴被一支箭穿过（明显进入额窦），从左太阳穴射出。刘高手被叫来看病，他拿起一把锯子，把病人两鬓的箭头和箭尾切掉，并按照中国医生一贯的做法在伤口上贴膏药。对于这样的治疗手段，家属自然是要反对的，因为箭身尚未取出。面对家属的质疑，刘高手回答说："外科不管内科事。"这句说的是那些区别于直接相关人员的局外人士。

这种水平的医术似乎很难让医生获得众人的信任，在医学方面有名

---

① 原文为"He was made dizzy by the weight."，收录的原汉语为"压运的"。译者根据文本推断，他可能想表达的是"压晕的"。

② 《刘高手治病》是清末的一本子弟书。

望的人就更加不会信他了。还有一种说法是：**刘高手摇头——不治之症**。对中医的理论和实践了解得越多，就越觉得《论语》中孔子的那句话越有道理，孔子认为巫师和医生在某一方面是相同的[①]。

牛才子叫姐姐——一百钱。牛才子是一个坏蛋，姐姐的家人不让他进门。他每天都来到院子门口叫"姐姐！姐姐！"姐姐总是给他一百钱。这句话已经成为一百文钱的无数种说法之一。

秤铊〔砣〕坐把总——福至心灵。"秤砣"是乾隆时期一个士兵的绰号。乾隆曾到过天津。秤砣在乾隆来天津的时候负责弹药，也练习田径运动，但是他并不适合，因为长得太矮了。秤砣有一个强大的战友，皇帝在检阅军队的时候，他向皇帝推荐了这个战友。于是他们有机会一展拳脚，然后大个子战友就假装被矮个子的秤砣打败了。这个出乎意料的结果应该会使皇帝感到高兴。他们还商定，如果乾隆皇帝像平常那样赏他们银子，被打败的战友就拿大头。一切都按计划进行，皇帝很高兴，但与计划不同，皇帝没有赏银子，而是把秤砣提拔为海军上尉。而秤砣那没有拿到奖赏的战友则"恼死了"。这一事件足以说明这句俗语是什么意思。

搅家不贤的田三嫂——跳在黄河里水都不清。田三嫂生活在康熙时期或三皇时期（时间跨度几千年，甚至有可能数万年）。她对公公和婆婆都不孝顺，不尊敬她的丈夫，结果拆散了整个家。被丈夫休了后，她想再结婚，但没人愿意冒险娶她。恼羞成怒之下，她跳入黄河，黄河从此就浑浊了。

高二狼子挨刀——赶上律条咧。高二狼子喜欢吵闹，他被卷入严重的骚乱之中。近几日总督为了纪念皇帝，规定平民使用任何兵器都是死罪。高二狼子犯罪的时候，刚好赶上了新法令的颁布。这一句俗语可以用于碰上倒霉事的情况，比如说，商人把货品送到市场价格高的地方，却正好赶上这里物价下跌，这个时候就可以用这句俗语。

属老王妈妈的——往死处里照管。在远方做生意的父亲将两个没有母亲的孩子托付给老王妈妈照顾，她把他们俩都"弄"死了。这句俗语指的是那些帮倒忙的行为。

[①] 出自《论语·子路》："子曰：'南人有言曰："人而无恒，不可以作巫医。"善夫！'"

属老宁妈妈的——知古。老宁妈妈是个非常聪明的老太太，但她所知道的大部分都是些零零散散、错误地拼凑在一起的东西。这句俗语用来指那些腐儒。

三秃子卖艺——瞧咱的。这个人是以卖艺表演剑术为生的运动员。当其他表演者表演完时，他总是喊道："现在，瞧咱的。"这句俗语用来形容自吹自擂。

七十儿打家雀——趁着。七十儿是位少年。他把网布置好后，与网保持一定的距离，鸟儿被吸引过来时，他像影子一样慢慢地爬上来，成功地抓住了它们，而其他的捕鸟人则都失败了。这句俗语一般用来表示一个人很谨慎。

赵得会烧纸——一年不及一年的。赵得会在乾隆朝发达。他突然变得有钱时，有人告诉他，他应该按照习俗在祖坟前烧纸，以示对祖先的尊敬。他照此做了好几年，后来就不这样做了。有人问他为什么不这么做了，赵得会回答说："以前我不在祖坟前烧纸，我变得有钱了，但是自打我开始烧纸后，我的生活一年不如一年。"这句话指事物的发展一年比一年糟糕。

黑熊卖狗——又活了。天津的西门附近有狗肉店。当一个富有的家庭的狗死了之后，按照惯例，主人会把死狗交给一个仆人，让他帮忙处置掉这条死狗。黑熊是一个苦力，主人把死狗送给他。在去往狗肉店的路上，小狗碰巧又活过来了。黑熊是个老实人，他没有敲烂狗头，什么都没有说，而是把狗还给主人，说狗又活了。这句话适用于明显的失败之后，仍旧成功，并且表现出生命力[①]的事物。

你这个眼儿，还要玩鹰。这句俗语与一个叫陈二的人有关。他的一只眼睛受伤了，看不到东西，而且他本来还近视。陈二非常喜欢用猎鹰追野兔，但由于视力不佳，他认不出猎物。有一次，他的猎鹰在追乌鸦，陈二却以为猎鹰是乌鸦，追了半天以后发现白追了。这句话用来嘲笑某些人试图完成一些自己没有能力完成的任务。

你只好找褚二哥要去。褚二哥是个贪得无厌的人，每天都用闪烁

---

① 原文为"shows vitality"，收录的原汉语为"活动了"。

其词的承诺让自己的债主陷入绝境,但却从不还债,所以他的名字就成了完全没有希望做成的事情的代名词。

别拿着他当贾保儿待。贾保儿是一个极其蠢笨的人,经常被人骗,被人利用。把一个人当作贾保儿来对待,就是说欺负这个人。

吴均喜作揖——沉一沉。吴均喜是道光年间的一个坏蛋。他和人打了一架,另外一个人介入希望息事宁人。息事宁人就是让两个当事人碰一碰头,互相鞠躬致意。但是当两个人真的碰头,要鞠躬致意的时候,吴均喜这个傲慢的恶霸没有跟另一个人一起鞠躬,而是笔直地站着一动不动。这句俗语用于表示那些被推迟的事情。

余三胜吹胡子——瘪咧。余三胜是位戏剧演员,他总是习惯性地吹着胡须,趾高气扬地在舞台上走来走去,以表明自己的显赫地位。他上了年纪以后气短,当他想表现出生气的样子时,不能再像以前那样吹胡子了。这句俗语用来形容失去了威望,或权力正在衰落。

鲍居五吃栗子——瘪咧。鲍居五的父亲头上没有一根头发。鲍居五非常孝顺(中国人的那种孝顺),在任何情况下都不会说"秃"这个字,其意思是秃顶。但是这个字也专指烤栗子。有人给鲍居五一颗栗子,看他会不会叫它"秃",但鲍居五却说"瘪咧"。这句俗语和上一句俗语一样,用于指令人失望的事情,比如没有才能的人,没有钱的钱包等。

闫盛芝穿皮袄——众人不服。闫盛芝一辈子很穷,但是老了却有钱了。于是他改变自己的着装,穿上了一件漂亮的皮袄。大家都嘲笑他的服装与他的出身不符。这句俗语用来指那些让大家不满的事情。

孙猴吃梅苏丸——恼心。这个姓孙的人有个绰号叫"猴子",他对于糟糕的事的感知能力迟钝得无可救药,别人总是拿他当笑柄。有一次,他感冒了,胃疼得厉害,有人推荐他吃梅苏丸。"苏"是一种寒药,这种药丸会让他的胃更疼。当被问及感觉如何时,他回答说:"恼心。"这句用于指任何引起麻烦或焦虑的事物。

杜赖歹吃槟榔——晕了头咧。杜赖歹和上一句俗语中提到的人受到的伤害是一样的。他已经两天没吃东西了,这时有人给他吃了一颗槟榔,但是槟榔必须饭后吃才能消化。俗话说,**空肚子吃槟榔头晕**。杜赖歹没有注意到这一饮食规则,受到了惩罚。这句俗语用来指一个人承担了完全不胜任的任务,或者一个人在尝试自己不擅长的任务时手足无措的样子。

辣秃子娶媳妇——憋憋忸忸〔别别扭扭〕。这句俗语暗指如果一个人用它来表达某个人或者某件物品的话,那么就意味着这个人或事物令人恼火。

太爷接地方——小的错话了回咧。这又是一个典型的口误。咸丰年间,流寇威胁着天津,知县到西郊视察防御工事。知县来到西郊的时候,地保本应跪下说:"地保迎接大人。"但是这次地保犯了类似有幸见到英国大主教的美国男仆犯的错误。早上,男仆奉命去敲大主教的房门,他原本要说的应该是:"我是那个男孩,大人。"但是这个共和党人不熟悉这些称呼,大主教问他是谁的时候,男仆慌忙回答道:"我就是主啊!我的孩子!"而地保对知县说的则是:"大人迎接地保。"当知县因为他的失礼要打他时,地保急忙道歉,但是他说的是"错话了回咧"而不是"错回了话咧"。这句俗语用来表示错上加错。

中国每个地方都很可能有一些纯粹只在当地使用的俗语,而且如前所述,其数量是不断增加的。下面两句俗语是我们在一个小村子里发掘出来的,这两句俗语在几英里以外就没人听得懂了。**庞傧的车屋——离线**。庞傧有一次为自己的马车搭一个棚尾,工人们像往常一样挂了一条用来立墙的线,但是由于搭棚尾并不是多重要的事情,因此所有人都没有注意这条线,结果棚尾的开口太小了。这句俗语用来表示错得离谱。

耿谦说书——白说。这个小伙子叫耿谦,他会说书,到邻近的村庄表演。第一天晚上结束时,他说,如果有长凳,他就会再回来。有的人不肯给他长凳,于是他说道:"所以现在我的故事是白说的。"这句话用来表示那些没用的(白说的)建议。

下面这个例子说明了这类俗语是怎么流行起来的。某个地区有个恶霸叫王万选,人人都怕他。终于他因一件小事得罪了姓李的大家族。这个大家族的人决定马上报复他,手段极其残忍,为的是告诉世人,他们家族不好惹。于是两百多人拿着武器在夜间来到王万选家中,把他拖到一个人迹罕至的地方,将他打得半死,然后对他施以最野蛮的残害,让他以后永远都看不见,说不了话,这样他就没办法复仇了。这可怜的家伙一两天后就死了，只留下一个寡妇和一个儿子。母子俩没有多少钱，也没有有势力的朋友，而在中国如果想要打赢官司的话，这两个辅助因素是必不可少的。但是这种暴行极度残暴，很多人都知道，只要有人报官，凶手就很难逃脱惩罚。但案子还是拖了好几年，为了打官司，李家花了一大笔钱，这笔钱是李家卖掉祖坟上的柏树筹来的。结案的时候，整个柏树林都被砍光了，就为了填补打官司的花销。李家的几名成员被流放，但没有人被判死刑。对这件事的记忆以下面这句对联的形式永久地留存了下来：**要了王万选的命，李家的坟树卖了个净**。

第七章　双关语或其他文字游戏

　　汉字独有的结构和汉语的谐音特征，使各种各样根据字形和字义进行的文字游戏很容易进行，人们会不可避免地接触到这些文字游戏。不同地区的中国人之间差异极大，他们对文字游戏的广泛应用或许可以证明这种差异。为了达到这一目的，有必要对那些不属于谚语和俗语的部分稍微进行考察。但是，如果读者允许的话，我们或许要像俗语中那头走在大路上的聪明驴子那样，一会儿在这边咬一口，一会儿在那边咬一口。① 它始终小心翼翼地朝着自己的目标前进。

　　首先，中国人这么务实而冷静，却也喜欢"看动作猜字谜"（Acted Puns or Charades）这种游戏。

　　在一些地方，这种文字游戏司空见惯。搬入新家之前，第一个放进去的东西必须是瓶，必须放在案（椟）上。旁边放一个由玉或木头制成的如意（或者叫"如你所愿"），其形状像扁平的字母 S。这一套奇怪的、西方人完全理解不了的程序，就是中国版的"看动作猜字谜"游戏，这与**平安如意**这一熟悉的表达有关。直白地说，意思就是愿你在新家安享和平、安宁，愿你实现心中所有的愿望。

　　其次，我们还能见到图画双关语。关于这一点，有句俗语可以作

---

　　① 原文为"the sagacious donkey on the broad highway, who takes now a nibble on this side, and now a bite on that"，收录的原汉语为：**大路上的驴子，东一口西一口**。

为一个例子,即靠天吃饭①。这句俗语在牌匾上十分常见。一个男人"靠"着一个巨大的 "天"字,狼吞虎咽地吃着一碗饭,心无旁骛。济南府的汇泉寺也有一块这样的牌匾。牌匾上雕刻的字有时会给人们提出极好的修行美德的建议,这显然是为了引起人们的注意而设计的图画双关语。

从大街上经常可以看到摆在衙门入口处的照壁。众所周知,照壁上画着一只由鱼鳞、龙头、狮尾、马蹄组合成的四足动物,叫作贪。传说,这个怪物贪得无厌,想要吞下太阳。它想要吞下太阳时,总是掉下来,摔成碎片,落在它出生的那座山上。这个不加掩饰的寓言意在说明贪是一件多么愚蠢的事情。前面说到的那只怪兽的名字也叫"贪",因此这又是另一个图画双关语的例子。贪的旁边画着老虎、豹子等,还放着金银锭,表示**有利必有害**。

无论这种警告最初对官员是否有威慑力,我们有理由担心它可能早就已经失去效力。然而,让这些传说中的生物在全国范围内长期发挥这种独特的作用,却显示出中国人对文字游戏的强烈偏爱。除了中国人,还有谁会选择蝙蝠作为幸福的象征呢?并不是因为蝙蝠比猫、老鼠、刺猬更幸福,而只是因为"蝠"字和"福"字恰好发音相同。在一幅画中,

---

① 在中国有无数的教派,这些教派中的一些有这样一种习俗:老师傅会叫成员们写一首与教义有关的颂歌(想象一下,在一个基督教集会上,牧师向恰好在场的人承诺,要为下次集会创作赞美诗)。被分派到这些任务的人却大字不识一个,对押韵和格律规则一无所知,这根本是不可能完成的任务。不管投稿上来的作品行数多么不均匀,押韵多么不完美,这些人都会收。被称为老天门的教派,就以这样的方式产生了下面这些粗糙的诗句。他们评论了"靠天吃饭"这句俗语,也在结尾处证明了这些民间的神学思想有多么不合逻辑。这首诗虎头蛇尾,结尾十分奇怪,原本他们应该找的是老天爷,现在却变成找佛祖念经了!
依天靠天,对天要吃穿。
详参细参,天恩难报还。
天降雨露,普地下边。
丰收了,同吃饱饭,不受饥寒。
诸日吃三餐,如吃天一般。
将何物对天显献。
拍拍心,该将佛念。——作者

我们看到一个身穿红袍的发福的军官，手里握着一把剑，前面就是"五个红蝠"，意思是**福在眼前**，即五种幸福都在你的正前方。

有一个瓶子，瓶口冒着干净的水汽，瓶身上画着五只蝙蝠，就好像飞在仙气里一样。这寓意**清平五福**。

类似的例子极其丰富，几个就足以说明它们的特点。不过有一些双关其实并不完美。例如，一只蝙蝠嘴里衔着两枚金币，爪子抓着桃子。桃子代表西王母蟠桃园中长生不老的蟠桃，但是三千年（有的人说九千年）才成熟一次。蝙蝠代表福，桃子代表寿，而两枚金币（双钱）则代表双全，并不完全谐音。整幅画代表了**福寿双全**，也就是福寿都圆满的意思。

象征繁荣、富贵的形象是经常遇到的。因此，几朵牡丹（也叫富贵花，因为种在富人的庭院里）旁边有一个缸，缸里有一对金鱼，这代表**富贵有余**，也就是财富和荣誉还有富余。

有一种有新月形刃的武器被称为戟，有一个音乐盘被叫作磬，还有两条鱼，这代表**吉庆有余**，寓意过量的吉祥幸福。

上文提到的如意，或者叫弯曲的装饰物，是图画中普遍出现的纹饰，表示愿望的实现。因此，笔、锭和钩（钩代表的就是如意）三个东西放在一起代表**必定如意**，也就是说，事情一定会像你想的那样发展。

一棵柿子树的两根枝丫——也像前面那些东西一样有钩子——寓意**事事如意**。

图画双关语中经常出现希望儿子考取功名的祝福语句，因此公鸡在一群小鸡之中打鸣寓意着**教子成名**。打鸣就暗示了"名"。打鸣是公鸡的成就，要传给小鸡。

冠、带、船，还有榴，寓意**官代传流**。

同样地，两个孩子中的一个一手握笙，一手握莲，另一个孩子手握桂，则寓意**连生贵子**。

再举一个例子就足够了。在某些衙门的屏风上，可以看到一位名叫天官的老人，用手指日。下面是一个斗，十升就是一斗。这个图片中隐藏的意思就是**指日高升**。图片的一边是鹿，寓意这个幸福的人将要上任的职位薪水（禄）十分丰厚。

从农民粗俗的玩笑，到学者文雅的狡辩，中国人的日常谈话充满了各种各样的双关语。关于前者有一个例子，在中国，人人都说发财。当有人听到一个熟人吹嘘他在这方面的前途或成就时，这个人就会嘲笑地喊道："发财！发棺材！""发棺材"暗示这可能是他这辈子唯一赚到的一笔钱了。这三个字只能用来自嘲。还有语气更弱的三个字"发云彩"（虚幻的极致）也有这个意思。"你为什么要吃这么多葱？"一个乡下人问。"哦！我正在努力变得聪明一点（长一点聪明）"可以这样回答。

一个人像父亲一样也有耳疾，这并不奇怪。这句话用来回应一个与巧合有关的传说式俗语。俗语不是说**聋生聋凤生凤**吗？但是事实上这句俗语不是这样说的，而是**龙生龙凤生凤**（"龙"与"聋"同音）。

据说，著名的美女褒姒患了忧郁症，再也不笑了。封建诸侯被假警报召集到都城保卫国家，看到他们尴尬和惊讶的样子，褒姒突然大笑起来（参见梅辉立《中国辞汇》第541条）。这个故事衍生出了俗语**千金难买这一笑**。有个人建了一所义学，他发现费用远远超出预期。于是他将自己的经历浓缩成了对上面那句俗语的又一种解读：千金难买这义学。

"够了，够了，"一位客人对正在倒茶的主人喊道，"别倒了，**满招损，谦受益。**""满招损"出自《书经》和《易经》。①

北河②上的船费很高。有一次，一群中国人包下了某条船上一整条走廊，坐船去通州。到了晚上，他们发现船的走廊挤满了乘客，连躺下的地方都没有了。有人向船主抱怨，船主马上回答说，没有什么不公平的，因为一开始说的就是坐在船上（讲的是坐船），而不是在船上躺下睡觉。

有个中国人被介绍给一个外国人认识，这个外国人在取汉语名字的时候选了"卡"作为姓氏，这是一个很奇怪的姓氏。那个中国人马上问外国人是哪个字，外国人说就是一个上和一个下组成的那个字（上下＝卡），中国人这时候适时地回答道："**上不来下不去。**"

---

① 前文已经提到过汉语的谐音了。理论上，谐音应该会导致持续的歧义，但是汉语的歧义远没有那么频繁。一所大型中国女子学校的老师是权威，她说自己的一个学生误解了《圣经》中的"狐狸有洞"，以为是"壶里有动"。——作者

"狐狸有洞"出自《圣经·马太福音》第八章第二十节。

② 北河是 Peiho river 的音译。

中国人并不只开外国人的玩笑,许多中国人的外号都是在巧妙地挖苦对方的某些特质,而另一些则是通过一个人的名字来嘲讽这个人的特点。有一位官员名叫陈嗣良,由于他太严厉,不受老百姓的欢迎,他得到了"沉四两"的外号。

在山东省毗邻大运河的地方有两个小村庄,它们最初是为运河上干活的人建立的,这样的村庄被称为屯。要取更好的名字可能要耗费太多的脑力劳动,所以有几个这样的村庄的名字只是被编号了而已,比如第三屯、第五屯、第七屯,大家通常只将它们称作第三、第五、第七等。有个故事是这样的:在附近的市场,顾客在翻西瓜时,发现西瓜底部有缺陷,就说这些西瓜是"地捂的",也就是说由于西瓜与土壤接触,所以没有长成适当的颜色,读音与"第五的"相似。卖家回答道:"不,它们只是'地欺的'。"即,西瓜下面的土壤阻碍了西瓜的成熟,读音与"第七的"类似。

中国有一种习俗:文人相会之时,主人会款待客人,而且款待的方式要配得上客人在人生前几年获得的成功所带来的辉煌成绩,这些辉煌成绩占满了文人们的脑子。在这种场合,酒才是最好的饮料。俗语有云:**寒夜客来,茶当酒。**[①] 所以,上酒成为一种考验主人待客诚意的方式。不能找借口不上酒,上了酒以后也不应该质疑主人的好客之心。另一句俗语如是说道:**将酒待客,并无讹意。**

有一位文人和大多数人文人一样非常穷。一天,一位朋友来拜访他,他想招待得妥当一些,可是他连酒都没有,也没有钱去买。但他还是拿出酒杯和酒壶,用酒壶倒水喝,说道:**真朋友淡淡如水,假朋友蜜里调油。**

下面的趣闻轶事可以证明,文字游戏是社会各个阶层都喜欢做的事情。有一个小伙子智商不是很高,刚结婚不久就到妻子的娘家过年。姐夫知道他脑子不灵光,决定用中国人惯用的手段戏弄他,当然并不是粗暴地戏弄他。当时是隆冬时节,小伙子却被安排在凉炕上睡觉。中国人对凉炕的恐惧是众所周知的:**能睡凉床,不睡凉炕。**另一句俗语是

[①] 出自宋代杜耒《寒夜》:"寒夜客来茶当酒,竹炉汤沸火初红。寻常一样窗前月,才有梅花便不同。"

这样的：**傻小子睡凉炕，全仗身子壮**。①虽然觉得很冷并不是啥好事，但他却毫无怨言地睡在那儿了。可是到了夜里，天冷得让人受不了，他被冻醒了，看见屋角有一根梁，他就抓住梁，扛在肩上，来回踱步，一直走到浑身暖和了，才又睡着。第二天早晨，接待他的人都很想知道他睡得怎么样，特别是想问他炕凉么？"啊！"小伙子大声说道，"不扛梁就冻死了。"

中国的漏勺叫作笊篱，很不值钱，坏了都不值得修。因此有俗语说：**谁有闲钱补笊篱？**②言下之意，修理费都够买个新的。现在大家都习惯在可以给徒步旅行者提供住宿的房子门口挂笊篱，这种通知方式可以省去许多不必要的询问。

如果读者以前从未听说过这种习俗，不须惊讶，有人也一样无知。有一次，乾隆坐着战车出行，大臣和珅随行。乾隆偶然看到一个笊篱挂在门上，就问这是干什么的。回答说是用来捞东西的。乾隆假装惊讶地回答："难道南北就不能捞吗？为什么只能捞东西呢？"和珅立刻回答说："因为南方属火，火会把捞它的笊篱烧坏；北方属水，会漏。而东方属木，西方属金，所以笊篱只能捞东西，不能捞南北。"乾隆微微一笑，称赞和珅回答得很恰当。

中国人的对话中充满了双关语,双关语甚至根植于语言的本质之中。在卫三畏的字典③中，有这样一个记载：在广东方言中，"舌"字被读作

---

① 就像中国许多其他的俗语一样，这句俗语使用了比喻的修辞手法：没有能力维护自己权利的小傻瓜受上天保护（让他有良好的体质）。另外一句俗语也表达了同样的意思：**憨头郎睡热炕**，即尽管他不能照顾自己，但是命运照顾他。——作者

② 这是中国俗语变体的一个典型例子——如果有两句话，它们之间几乎所有的地方都是不同的，这时候就可以说它们互为变体。有时会这样解释：一个有钱的傻瓜拥有一个梨园，梨园的梨经常被鸟儿吃掉。一位过路的旅客让园主想开点。他给每个梨都做了个小布帽，把它们遮起来，他觉得这样能完全保护梨免受鸟儿侵害。但是这个想法没有被推而广之，原因很明显。于是这句俗语又有了新的版本：**谁有闲钱布罩梨**。——作者

③ 卫三畏的《英华分韵撮要》（*A Tonic Dictionary of the Chinese Language in the Canton Dialect*）。（Williams，1856）

"利",因为同音字"舐"的意思是在交易的时候亏钱①,因此有一个不吉利的联想。卫三畏也提到了"行李"这一奇怪却经典的表达,是"行理"的双关语,而"行理"更合理,它指的是旅行中合理的、恰当的东西。

类似的例子无疑有很多。同音字似乎更加滋生了这种文字游戏②,错别字自然而然地产生,就像八月的湿热莫名其妙地产生了霉菌、霉斑和蚊子一样。

再比如,不管一个人有多熟悉汉语,听到有人说一个人说话就像"大梨糕",或者说他在"耍大梨"的时候,他怎么可能听得懂?这两句天津话据说来源于这么一个故事:有个人学会了做大梨糕的技艺,没有人比得过他,他就在街上卖大梨糕,垄断了市场。一个刮风天,他卖得不多,有人问他赚了多少钱。他回答说,天有风暴,大家没办法出门,他只卖出几万文钱(实际上他一年都卖不出这么多钱),还说,如果天气好了,他估计能卖几千捆钱。如果当地人的话可信的话,那这个天津版的敏豪森确实改变了当地的方言。人们每天还能看到这位七十岁的老人推着小推车,听到他发出含糊的咕哝声来吸引顾客。"大离话"这个词的意思是夸夸其谈。由于这个人说话实在是夸张得太过离谱,"大离话"③变成了"大梨糕"和"耍大梨",语气又加强了一点,暗指这句话起源于那个人的"梨话"。这里间接提到了"离"字,意思是"有距离的",也

---

① 粤语中不用"舌"字,而是用"脷"字表示舌头,因为"舌"字在粤语中的发音为"sit6",它和意为亏钱的"蚀"字同音。对于广东人来说,如果将舌头称为舌的话,那每一次提到舌头都好像在说亏钱一样,这是一个不吉祥的说法。因此广东人不说舌,而是创造了"脷"字来表示舌头,这个字和"利"字同音(lei6),这样每次提到舌头,都好像在说利润一样,是个吉祥的说法。

② 如果议会禁止米德尔塞克斯(Middlesex)郡或肯特(Kent)郡的居民建造冰屋(an ice-house),理由是英格兰国王住在漂亮的房子(a nice house)里,而且不容争辩,那会怎么样?但是在中国确实会发现类似的情况。在1882年12月的《教务杂志》中,杜德珍博士(Dr. Dudgeon)提到了一件事:生活在北京后面的西山上的人们不可以存冰(这里很容易存下大量的冰),这是因为他们考虑到"冰"与"兵"同音。中国朝廷总是害怕造反,如果他们听到数以万计的冰(兵)就藏在离首都距离这么近的地方,可能会让他们感到不安。——作者

③ "大离话"的意思是夸大不实之词。(岳国钧 等,1998)[166]

就是说他的言语远离实际情况①。

在所有汉语的表达方式之中,双关语也许是外国人最容易学会的,不仅仅是由于它与西方语言完全没有关系,而且不同汉字发音的相似之处会猛击外国人的耳朵,因为他们的母语中并没有没完没了的同音字,同音字对外国人的影响会比对本地人大②。暂且忽略这一事实,如果我观察得没有错的话,讲汉语的外国人很少注意到汉语的文字游戏,即使是那些声称涉及汉语的书中也很少提到这些文字游戏。

如果有人问一位旅人:"你有几艘船",那么他可以回答"杨震"。杨震是生活在公元 100 年的一位杰出的学者和官员,以正直著称。他的如下事迹广为人知:有人带了一件礼物想要贿赂他,而且是晚上送来的,不会有人知道他受贿,但是他坚决不收。送礼人听罢便不高兴了,说道:"暮夜无知者。"杨震对此的回应足以令他名垂青史:**天知,地知,你知,我知,何为无知?**③(参见梅辉立《中国辞汇》第 880 条)。杨震这句著名的回答,一般叫作"杨震四知"。所以,旅人的意思就是他有四只船。

除了偶尔模糊地暗示中国人喜欢谜语和各种晦涩的俗语外,几乎找不到任何文章提到过这个话题。例如,《中国丛报》有二十卷,收录了所有可以想象得到的与中国有关的主题的文章,尤其是关于汉语各个历史阶段的文章,也收录有俗语集子,但是很少,而且几乎所有的俗语都

---

① 中国习语喜欢用否定的方式来表示强烈的肯定。把"人很多"说成"人不少",把"非常坏的人"说成"不是好人",在北京把"很优秀的人"说成"不赖",在某些村里是"不孬","一个特别聪明的孩子"就是"一点不傻"。有些人认为,西方有一个常见的英语俚语就来源于一句以否定的方式表示肯定意思的汉语表达:西方的小孩会说他的风筝"特别好"(bully),意思是他的风筝是顶尖的,是第一名;中国人会更谦虚地称赞那篇令他的灵魂愉悦的文章"不离"。——作者

② 因此,"心尖子"是中国母亲对孩子的爱称。一个管家喊道:"停,放下我的新剪子,别想着拿它来修灯!你可以拥有仆人的心尖子,但是永远别碰我的新剪子。"——作者

③ 出自"杨震暮夜却金"的故事。范晔《后汉书》载:"四迁荆州刺史、东莱太守。当之郡,道经昌邑,故所举荆州茂才王密为昌邑令,谒见,至夜怀金十斤以遗震。震曰:'故人知君,君不知故人,何也?'密曰:'暮夜无知者。'震曰:'天知,神知,我知,子知。何谓无知?'密愧而出。"

没有附汉语文本。《中国丛报》包含了成千上万页的丰富索引，却只提到了三个汉语双关语。

不注重意义和发音，只注重字形的俗语不多见。两三个例子就足够了（来自《中国丛报》和卢公明的《英华萃林韵府》）。

官字两个口。①即受贿严重。

喜字两个口。即抢礼物。

贪字与贫一样写。也就是说，贪婪往往导致贫穷。

下面的例子显示，对联很适合用来玩与汉字字形相关的文字游戏。第一个例子和第三章给出的一个例子类似。它和乾隆皇帝相关。有时候乾隆皇帝会出宫巡游全国，根据身处的环境，他说了这么个上联让官员和珅对下联：**烟锁池塘柳**。下联的难点在于五个汉字的部首都要是五行：**金木水火土**。和珅一下子没对出来，但当他到了一个朝海的城楼上的炮台时，他回答说：**"海镇炮城楼。"**

在下面的对联中，每句话的尾字都有一点：**国乱民贫，王未出头谁作主？天寒地冷，水无一点不成"冰"**。②

背着一捆柴火的樵夫，从山上下来，遇到一位旅人。樵夫指着自己背上的柴火，说出了一个上联，其中第四个字和第七个字被拆解了：**此木是柴山山出**。旅人环顾四周，看到傍晚的浓烟向上卷曲，恰当地给出了下联：**因火成烟夕夕多**。

在俗语中，对汉字字形的玩味相对较少，但谜语或者跟谜语一样晦涩难懂的句子却大大弥补了这一点，而这在字母语言中是完全不可能的。几个例子就足以说明汉语在这方面的无限资源。英语中最简单的谜题形式之一是矛盾的谓语，这令青少年十分困惑："我在火中，但不在火焰中，我在老剩女中，但不在贵妇中，等等"（I'm in the Fire, but not in the Flame, I'm in the Spinster, but not in the Dame, etc.）。这里的字母"I"

---

① 比喻旧时官吏说话没有定准，一时这样，一时那样，出尔反尔，反复无常。（耿文辉，1991）[320]

② 出自明蒋一葵的《尧山堂外纪》卷八十一《国朝》："文庙在燕邸大宴，时天寒甚，文皇出一对曰：'天寒地冻，水无一点不成冰。'姚广孝在座，应声曰：'国乱民愁，王不出头谁是主。'文皇大喜，遂决意起兵。而姚预靖难功焉。"

就是谜底所在①。再比如，"永恒的开始，时间和空间的结束，每个结束的开始，每个地方的结束"②。

汉语中的同类提示要巧妙得多：**唐虞有，尧舜无，商周有，汤武无**。谜底是"口"。**脚上有，腿上有，肩上有，背上有，胸上亦有。头上无，面上无，耳上目上无，手上指上俱无**。谜底为"月"。

下面这个例子可以证明第四章"诗歌形式的俗语"中的一句话——一字大。该例子也表明字的字形简单并不代表一个人就可以很容易地理解其包含的所有东西：**上不在上，下不在下，不可在上，且宜在下**。也就是说，在"上"字的字形中，"一"字并不在上面，而是在下面，在"下"字的字形中，"一"字不在下面，而是在上面。在"不"字和"可"字的字形中，"一"字是在上面的，而在"且"和"宜"字的字形中是在下面的。

上又无画，下又无画，下又在下，上又在上。也就是说，"卜"字没有上面的部分，也没有下面的部分，"卜"在"下"字的下面，而在"上"字的上面。

四个口字，一个十字。四个十字，一个口字。这句说的是"圖"字和"畢"字。

用一个汉字的几个组成部分来猜出这个汉字是什么的谜语，经常会成为无路可寻的迷宫。例如，用四个字组成一个句子，其中的每一个字都简略而晦涩地被另外四个字描述：**女子同眠，两又齐肩。人挑扁担，月去耳边**。谜底是"好双大脚"。"脚"字中的"月"是肉的意思。

一月复一月，两月共半边。上有可耕之田，下有长流之川。六口共一室，两口不团圆。谜底是"用"。

有了一个口，再加一个口，莫作吕字看。正了四字多两点，横

---

① 火（fire）和剩女（spinster）两个单词中包含字母"i"，但是火焰（flame）和贵妇（dame）两个单词中没有字母"i"。

② 此处也是文字游戏，"永恒"（eternity）的英语单词以"e"开头，"时间"（time）和"空间"（space）以"e"结尾，"结束"（end）以"e"开头，"地方"（place）以"e"结尾。因此这里的谜底就是"e"。

第七章 双关语或其他文字游戏 | 143

了目字多两点，莫作"具"字看。这两个谜底是"回"和"囬"①。

两画大两画小。谜底是"秦"，其上半部分比"大"字多两画，下半部分比"小"字多两画。

谜底是三个字：**两山相连不相对，两山相对又相连。两山相对不相连，一支文笔插青天**。谜底是"王曰叟"。"叟"的下半部分实际上是"又"字，但是被当成了"文"字，"文"字上面有一个长长的笔画。

在下面的例子中，汉字的组成部分被用来迷惑猜谜者。谜底是两个字：**目字加两点，莫作"貝"字看。"貝"字欠两点，莫作目字看**。谜底是"賀"和"資"。"賀"是"目字加两点"，"資"是"具字欠两点"。

你可我不立，你立我不可。去了中一横，罢了你和我。谜底是"奇"。"奇"字被认为是"立"字和"可"字的合体。

生员与和尚角口，和尚不成和尚，生员不成生员。谜底为"赏"。"赏"的上半部分与"和尚"一词中的"尚"字相同，下半部分是"生员"的"员"。"尚"字和"员"字中都有"口"字，其中"口"字上的两个"角"都被拿下来进行了"角口"，因此它们中的"口"字都不完整了，所以就没办法成为自己。

接下来的俗语只是用来引出另外一个汉字，要猜的只不过是这个汉字的一个组成部分罢了：**四山纵横，两日绸缪。富是他起脚，累是他起头**。谜底是"田"。"田"字在"富"字的脚下，在"累"字的头上。

三王是我兄，五帝是我弟。欲"罷"而不能，因非而得罪。谜底是"四"。它是三王的哥哥，五帝的弟弟。②"欲'罷'而不能"出自《论语》。"四"字要（欲）成为"罷"字，但是它少了个"能"字，即"欲'罷'而不能"。在最后一句中，"四"字"得"了"罪"，因为在它下面加上了"非"字，即"因非而得罪"。

有些谜语要猜的那个字是根据谜面给出的汉字的字形或它的某个组成部分得出的，而有些谜语的谜底是根据谜面汉字的意思得出的，这让谜语变得更加晦涩难懂。**寒则重重叠叠，热则四散分流。四个在"縣"**，

---

① 原文中给出的汉字是"囬"，但是给出的读音却是"mien"，译者猜测作者想要给出的汉字可能是"面"，而不是"囬"。

② 这句应为"它是三王的弟弟，五帝的哥哥"，原文疑错。

144 | 汉语谚语俗语集

三个在州。在村里只在村里，在市头只在市头。谜底是"点"。它在"寒"字里面有一堆，在"热"字中均匀地散布在底部，在"縣"字中出现了四次，但在"州"字中只出现了三次。在"村"字中，点是在里面的，而在"市"字中，点是在头上的。

画时圆，写时方。寒时短，热时长。谜底是"日"。

我有一字，九横六直。问孔夫子，亦猜三日。谜底是"晶"。"晶"字由三个"日"字组成。

专有名称很容易被用来出谜语。有两个谜语，谜面是"女士头饰"和"两个历史人物"，谜底是制作头饰的材料。厉害的猜谜人会猜出来是黄盖和李白。因为"里白"即银，"黄盖"即金。黄盖是一位三国时期的人物，李白是唐代著名诗人。

词语和俗语也可以用来做谜语，就像黄鹂的巢一样，可以用手边的任何东西做。多年前，有人在北京买了一座寺庙作为传教总部。北京的灯谜①中巧妙地提到了这一情况，谜面是寺庙，线索是"谚语一句"，而**谜底就是神出鬼入**。

如果适当地应用这些修辞手法，什么东西都可以无中生有。举例来说，很少有汉字会比"乜"字显得更直白、更不可能有内在的含义，但是在一个拿着文字变戏法的中国人手中，它也具有了意义，就像犹太法典研究者操纵下的希伯来注音符号一样。例如，"乜"字打"四书二句"。《论语》倘若就在读者的舌尖，他就会立即说出"弗如也"和"非也"，翻译过来就是它和"也"字不一样，它不是"也"。

或者，这个过程也可以反过来，变成一个从古籍经典中提炼出来的汉字。提炼方式在某种程度上类似于《圣经》中证明主人公应

---

① 中国每年生产的对联数量庞大，各种各样的谜语也是如此。纪念正月十五的晚上，国家挂满了灯笼，灯笼上都是"灯虎"，答对了就奖励几文钱，或几粒西瓜种子。如果谜语去年就用过了，那就像去年用过的对联今年还用一样，是灯会的耻辱（明恩溥原文为"Old riddles are regarded with as much contempt for this purpose as a last gear's almanac for fixing the feast days."，收录的原汉语为"头年的皇历，今年看不的"——译者），所以每年都必须从中国的语言、文学资源中抽取大量素材创作谜语。——作者

灯虎即灯谜。

该快点自杀的句子：犹大出去吊死了①；你去照样行吧②；你所做的，快做吧③。

从下面的文本中，可以获得这个汉字。**子路率尔而对曰："是也"。颜渊喟然叹曰："非也"。夫子莞尔而笑曰："诚如是也，直在其中矣。"** 这三十三个汉字中，有七个从"四书"中摘取并融合在一起，形成了一个新的意义。

下面是原文：**子路率尔而对曰**，出自《论语·先进》。**是也**，出自《论语·微子》。**颜渊喟然叹曰**，出自《论语·子罕》。**非也**，出自《论语·卫灵公》。**夫子莞尔而笑曰**，出自《论语·阳货》。**诚如是也**，出自《孟子·梁惠王上》。**直在其中矣**，出自《论语·子路》。

这里没有使用这些内容的本意。实际上这里的意思是，子路快速而轻松地说道："这是'也'字。"颜渊深深地叹了一口气，说："这不是'也'字。"夫子很开心，笑着说："它真的很像'也'字。你可以在它中间加上一个竖线。"

"亚"字也可以变成一句俗语——**安心不善**，暗指在"亚"字下面加上一颗心是"不善"的，也就是"恶"。

中国的古籍经典提供了取之不尽用之不竭的材料储备，从中能够编出各种不同难度的谜题。"问管仲"是一个谜面，出自《论语·宪问》。出题者觉得读者应该记得这三个汉字后面还有三个字："曰人也"。从"曰人也"这三个字出发，中国人马上就会发现"他"字是由"人"和"也"字组成的。下面的这个例子出自《孟子·梁惠王上》：**何可废也，以羊易之**。这句话表示某种祭祀不会因为没有牛而失败，因为可以用羊代替。他们将不同汉字的不同部分交换了一下，使得汉字的意义也进行了交换，于是这些词被赋予了一个全新的意义。因此，在"何可废也"中，"何"字里面的"可"字被"废"掉了，用"以羊易之"中的"羊"字"易之"，替换完以后，"何"就变成了"佯"，"佯"就是谜底。

在西方人看来，中国科举考试中的八股文，可能显得文风陈腐，内

---

① 出自《圣经·马太福音》第二十七章第五节，译文来自和合本。
② 出自《圣经·路加福音》第十章第三十七节，译文来自和合本。
③ 出自《圣经·约翰福音》第十三章第二十七节，译文来自和合本。

容平庸，充满了恶性循环，永远不去证明它们应该证明的东西，反而将这些应该证明的东西视作理所当然，而且一直在试图证明那些它们本应该见怪不怪的东西。不管这种批评是怎样的，这些八股文（或者他们所谓的文章）很像那些中国园丁辛辛苦苦人工培育出来的矮树：**苍蝇虽小，五脏俱全**。

同样，虽然有些八股文可能只有三百字，但该有的它都有："头""脖子""喉咙""胳膊""内脏""腿""脚"。八股文的写作是亿万中国人的一项大事业，仅仅一想到每年生产的总数就令人疲惫不堪。

上文关于八股文的叙述仅仅是为下文将要引用的八股文做铺垫，就像刚才提到的谜语一样，这篇文章就是马赛克拼图而已，但比谜语复杂得多。这篇文章由近八十个小句组成，每一个小句都摘自"四书"，这些小句合在一起组成了一张普通的考卷。文章题目是《惧内论》，虽然这是中国人最喜欢的笑话，但乍一看，这似乎并不特别适合作为一篇严格引用经典的文章。我还会在汉语文本之后标出这些文本在"四书"中出现的位置[①]。

[①] 如果你要花工夫在这么一件小事上，最好是考虑一下解开织好的线会有多麻烦。一位有二十多年教授经书经验的学者，对经书的熟悉程度几乎和主日学校的小学生对十诫的熟悉程度一样，如果这个小学生也是一周花费了大部分的业余时间查考和验证这些典故的话。——作者

第七章　双关语或其他文字游戏 | 147

惧内论①

有妇人焉②，是吾忧也③。夫人不言④，吾知免夫⑤。见志不从⑥，则吾岂敢⑦。昔者窃闻之⑧，男女居室⑨，和为贵⑩，妻子好合⑪，斯为美⑫。就之而不见所畏焉⑬，夫何忧何惧⑭，何也⑮，巧笑倩兮美目盼兮⑯……宜其家人⑰，不亦乐乎⑱。既醉以酒，既饱以德。⑲无违夫子⑳，固所愿也㉑。今也不然㉒，征于色㉓，行行

---

① 原文在每个句子后面都加了出处的英文缩写，外国汉语学习者可以读懂，且不影响阅读，但是如果译者在译文中将这些英文缩写全部翻译成汉语，会影响阅读。因此译者采用加脚注的方式标明这些句子的出处。

② 出自《论语·泰伯》。

③ 出自《论语·述而》。

④ 出自《论语·先进》。

⑤ 出自《论语·泰伯》。

⑥ 出自《论语·里仁》。

⑦ 出自《论语·述而》。

⑧ 出自《孟子·公孙丑上》。

⑨ 出自《孟子·万章上》。

⑩ 出自《论语·学而》。

⑪ 出自《中庸》。

⑫ 出自《论语·学而》。

⑬ 出自《孟子·梁惠王上》。

⑭ 出自《论语·颜渊》。

⑮ 出自《孟子·离娄上》。

⑯ 出自《诗经·卫风·硕人》。

⑰ 出自《诗经·周南·桃夭》。

⑱ 出自《论语·学而》。

⑲ 出自《诗经·大雅·既醉》。

⑳ 出自《孟子·滕文公下》。

㉑ 出自《孟子·公孙丑下》。

㉒ 出自《孟子·梁惠王下》。

㉓ 出自《孟子·告子下》。

如也①，其容有蹙②，发于声③，侃侃如也④。其言不让⑤，听其言也⑥，攸然而逝⑦，比其反也⑧，望之俨然⑨……将入门⑩，色勃如也⑪，及席⑫，踧踖如也⑬。无愠色⑭，一则以喜⑮，无喜色⑯，一则以惧⑰。问其仆曰⑱："女弗能救与⑲，吾甚恐⑳。"告其妾曰㉑："若是其甚与㉒，如之何㉓？"终日不食㉔，不可以请㉕。终夜不寝㉖，莫

---

① 出自《论语·先进》。
② 出自《孟子·万章上》。
③ 出自《孟子·告子下》。
④ 出自《论语·乡党》。
⑤ 出自《论语·先进》。
⑥ 出自《孟子·离娄上》。
⑦ 出自《孟子·万章上》。
⑧ 出自《孟子·梁惠王下》。
⑨ 出自《论语·子张》。
⑩ 出自《论语·雍也》。
⑪ 出自《论语·乡党》。
⑫ 出自《论语·卫灵公》。
⑬ 出自《论语·乡党》。
⑭ 出自《论语·公冶长》。
⑮ 出自《论语·里仁》。
⑯ 出自《论语·公冶长》。
⑰ 出自《论语·里仁》。
⑱ 出自《孟子·离娄下》。
⑲ 出自《论语·八佾》。
⑳ 出自《孟子·梁惠王下》。
㉑ 出自《孟子·离娄下》。
㉒ 出自《孟子·梁惠王上》。
㉓ 出自《论语·为政》。
㉔ 出自《论语·卫灵公》。
㉕ 出自《孟子·公孙丑下》。
㉖ 出自《论语·卫灵公》。

第七章　双关语或其他文字游戏

之敢撄①。骄其妻妾②。难矣哉③，刑于寡妻④，未能也⑤。乐尔妻孥⑥，弗如也⑦。导其妻子⑧，已矣乎⑨。彼丈夫也⑩，二女女焉⑪，和乐且耽⑫，我丈夫也⑬，一妻一妾⑭，战战兢兢⑮……呜呼⑯，是焉得为大丈夫乎⑰？虽然⑱，予岂若是小丈夫然哉⑲。既不能令又不受命是绝物也⑳。犯而不校㉑，不报无道㉒，为无后也㉓，天也命也㉔，分定故也㉕……是故君子有终身之忧也㉖。

① 出自《孟子·尽心下》。
② 出自《孟子·离娄下》。
③ 出自《论语·卫灵公》。
④ 出自《孟子·梁惠王上》。
⑤ 出自《中庸》。
⑥ 出自《中庸》。
⑦ 出自《论语·公冶长》。
⑧ 出自《孟子·尽心上》。
⑨ 出自《论语·公冶长》。
⑩ 出自《孟子·滕文公上》。
⑪ 出自《孟子·万章下》。
⑫ 出自《中庸》。
⑬ 出自《孟子·滕文公上》。
⑭ 出自《孟子·离娄下》。
⑮ 出自《诗经·小雅·小旻》。
⑯ 出自《论语·八佾》。
⑰ 出自《孟子·滕文公下》。
⑱ 出自《孟子·滕文公上》。
⑲ 出自《孟子·公孙丑下》。
⑳ 出自《孟子·离娄上》。
㉑ 出自《论语·泰伯》。
㉒ 出自《中庸》。
㉓ 出自《孟子·离娄上》。
㉔ 出自《论语·子罕》。
㉕ 出自《孟子·尽心上》。
㉖ 出自《孟子·离娄下》。

怕老婆的男人[①]

（"破承题"组成了文章的"头"）有一个女人是我悲伤的根源。她不说话的时候，我知道要远离她。当我看到她下定决心绝不让步，我还敢做什么。

（"起讲"组成了文章的"脖"）很久以前我听人说过，当男人和妻子住在一起的时候，和睦是最大的财富。与妻子幸福的结合是美好的。我第一次走近她时，并没有发现她有什么可怕的地方。有什么好担心的，有什么好害怕的？

（"讲下句"是文章的"喉"）到底我在担心害怕什么？

（"前二比"是文章的"对股"）她那狡黠笑容里的漂亮酒窝，她那黑白分明的眼睛！她和整个家庭都相处得很好。这不是很愉快吗？她因酒而欢乐，内心充满道德感，并不违背丈夫。这正是人们所希望的。

（"先反后正"）现在的实际情况却完全不同。

（"中数比"是文章的"腹"）这表现在她的容貌上，表现在她胆大包天、如同士兵一般的举止态度上，因为她的面容使人不安。这表现在她的声调上，因为她说话坚定而直率，她的语言不给任何人让步。听了她的话，我欣然跑掉，等我回来时，我严肃地盯着她。就在我进门的时候，她的脸色似乎变了。当我走到垫子跟前时，我感到局促不安。如果她脸上没有流露出不高兴的神色，那我就很开心了。如果她脸上没有喜悦的表情，那我就该害怕了。我问仆人们："你们不能将我从她手中救出来吗？我真的怕极了。"我跟小妾说："真的那么糟吗？真的没救了？"我已经一整天没吃东西了，我不敢找她要吃的。我整夜没睡，不敢走近她。要对妻子和妾表现得骄傲，这确实很难。要妻子效仿我的行为，我做不到！和妻子一起享受快乐，我是做不到的；至于教导妻子，到此为止吧！其他丈夫娶了一妻一妾，她们一直以来相处愉快、和谐，我也娶了一妻一妾，但我却焦虑，却害怕。唉！这就是一个称职的丈夫吗？不过，我肯定不像那些不配做丈夫的人。

（"末二比"是文章的"腿"）无力命令她，也不愿接受她的命令，断绝与她的一切往来。对不合理的行为感到生气，却不与之争辩，也不对之报复，唯恐无后。

[①] 明恩溥对《惧内论》的翻译。

第七章　双关语或其他文字游戏 | 151

（"煞尾数句"是文章的"脚"）这是天意，这是命运！这是命中注定的！所以，君子有一种终生的焦虑。

不管这些处理汉字的方法在中国人之间多么常见，在外国人看来，它们都显得有些复杂，他也许会开始怀疑这些文字游戏没什么实际用途。已经列举出来的不过是中国谜语理论和实践的基本部分，我们可以这么说，谜语的初等算术一直会延伸到复合数和普通分数的末尾。在一片罪恶的荒野之外，还有平方根和立方根、微积分、流数、不尽根数（真荒谬啊！）和四元数。我们一点也不想进入这个可怕的未知世界。我们只是恳求那些宽容的读者，如果从正确的道路上被骗离太久了，就去仔细想想下面这三个像克里特岛上的迷宫一样的俗语迷宫。

很明显，单个汉字的拆字法会越来越少，因为汉字拆一个少一个，因此必须发明更复杂的新形式。这些新形式种类繁多，其中之一就是众所周知的"重门格"，即只有通过剖析其他汉字，才能发现要找的汉字。比如，**往来无白丁**。我们被告知："打'四书'一句，要按重门格猜法。"线索就在我们熟悉的那句"问管仲"之中。"问管仲"被拆开，就是**门口个个官中人**，这几个字就是谜面要表达的意思。

还有其他包含晦涩难懂的谜语的修辞手法。"卷帘格"中的汉字要从尾往头读；"鸳鸯格"会给出一副对联的一联，但是谜题的答案却在另一联中，而不在这一联（两联紧密联系，就像鸳鸯一样，也就是说，像丈夫和妻子一样）；还有"系铃格"和"解铃格"。

中国学生在刚开始学习的时候，就知道多音字的不同发音有不同的意思，必须要在汉字的四角加上小圈表示这种区别。比如下个例子中的最后一个字"重"，在这里读作"ch'ung"〔chóng〕，但它在一般情况下通常读作"chung"〔zhòng〕。这些小圈被神秘地称为"铃铛"，添加小圈就是"系铃格"，删除小圈就是"解铃格"。

中国历史上有一座建筑被称为宏景楼，或远景之塔。根据"宏景楼"三个字，"打'四书'一句，要按系铃格猜法"。《中庸》中的四个字"**有三重焉**[①]"给了我们神秘的提示，这一点我应该不需要跟读者解释。我们都知道，这座塔在三个故事中出现过。现在我们把"铃"挂在"chung"

[①] 出自《中庸》："王天下有三重焉"。

（重）上①，这个句子就成为"**有三重焉，二有三层焉**"，意思是这里有三个故事，证明完毕。

再来一个字谜。谜面是"埙"字，"打《左传》人名一个，要按解铃格猜法"。关键的两个字当然是"伯乐"，不用说，读者肯定已经猜到了。

埙是一种很奇怪的乐器，据说是用瓷制成的，形状像鸡蛋，有六七个孔，从顶端吹，会发出哨声。按照规定，只有哥哥才有权吹这个有孔的"瓷蛋"，弟弟只能吹篪。如果字形能够给我们一些提示的话，篪应该是用竹子制成的，发出老虎般的声音。大家都记得《诗经》云："**伯氏吹埙，仲氏吹篪。**"

这种分工导致埙被用来指代哥哥，篪被用来指代弟弟（"吹乐器"被认为是兄弟俩的主要职业）。我们开始提到的"埙"字，现在被分解成了"伯乐"两个字，即哥哥的乐器。但根据要求，我们要"解铃"。这样，"Po Yüeh"（伯乐）就变成"Po lao②"（伯乐）了。通过仔细阅读整本《左传》，就可以确定其中没有"伯乐"二字，但是有一个"伯涝③"，因此"伯涝"就是我们要找的汉字。

这样一个将构建和解决这类谜题的任务托付给他人的国家，没有时间进行原创思考，更不要说进行自然科学的研究了，这一点或许不须奇怪。

有一种中国人喜欢的适合于眼睛和耳朵的诗歌形式叫作藏头诗。他们甚至有专门收录藏头诗的书籍，规模还特别大。藏头诗就是将诗句"编织"到一起，同时隐藏诗句的开头。表面只是杂乱无章的汉字，但对于掌握关键的人来说，这些汉字却能够组成一页的诗。不仅可以根据汉字的形状出题——例如"山"字的形状等——而且谜题还可以变成八卦图（在中国没有八卦图什么都干不成）、正方形、圆形、双圆形、椭圆和其他各种几何

---

① "有三重焉"中的"重"原本解作"重要的事情"，因而读作"zhòng"，而加上了圆圈（"铃"）之后读作"chóng"，"重"就变成了楼层的意思。

② 这是"yüeh"（乐）的不寻常读法。由于"伯乐"本就读作"po yüeh"〔bó yuè〕，所以这里不需要"解铃"。——作者

③ 译者在《左传》中没有找到这个人物，可能这个谜语指向的是其他人物。

图形，以及中国装饰品和各种各样扇形的形状①。

  据说，有许多这样的谜题是由受过良好教育的中国女性编成的。对于这些女性来说，没有比出谜语更好的智力活动了。就算是俄狄浦斯（Oedipus）和斯芬克斯（Sphinx）学会了汉字的奥秘，他们的智慧加在一起也猜不出这些谜语。其中一些有许多不同的解读方式，谜题中的每个汉字轮流作为第一个汉字引领一个句子，而在另外一些这样的谜题之中，只要找到了窍门，无论是从上往下读，从一边往另一边读，还是按对角线读，都可以把这些句子读得富含诗意，符合格律。

  只要稍加考察就可以清楚地看出，这类谜题能做到的，远非英语中的任何图形字谜、藏头诗、易位构词游戏、四方连词等，或任何其他方法可比。中国人很有可能已经在语言迷宫方面获得了巴别塔或者巴别塔之后的国际博览会的金牌。

  只有亲自见过一次，才能对这类字谜有充分的认识。下面就是这种谜题的例子。它被称为"壶中造化"，由一百多个汉字排列成一个有盖、有柄、有壶嘴的酒壶。唯一的提示就是这个文本是七言诗，从"酒是人间"开始。

---

  ① 在《中国丛报》第九卷第 508 页中有一首母牛诉苦的歌谣。据说这头母牛一生被迫辛苦劳作，过得很差，死后又被切碎吃掉。这首歌谣被改编成了牧童牵着这头母牛，用自己的方法赞美乡村生活的幸福。这首歌谣见于一本佛教宣传小册子，那些佛教信仰者印制了许多这样的大开本册子。册子中一组常见的祈祷词像每一层窗户上都有佛像的宝塔一样排列。参见卫三畏《中国总论》（The Middle Kingdom）第一卷第十二章。——作者

"壶中造化"字谜图[①]

但是上面的提示其实都不太准确,因为更加仔细地检查一遍之后——借助一种模糊的寻找谜题答案的办法(赞法)——我们发现壶盖本身就是一首五言诗,与剩余的小节完全分离。而七言诗一共有十二句,讲述了酒所造成的危害。诗句以一般的陈述开始,由特定的事例来支持,最后回到概论。整首诗与这种通常印在玻璃瓶瓶嘴的禁酒说明十分类似:

  有一个旧玻璃酒瓶,

  它的嘴张得很大。

  深红色的酒已经退去,

  离开了水晶玻璃的侧面。

要读藏在盖内的诗句,首先要解析壶盖顶上的汉字"端",因为"端"字在这里有四重功能。第一行以"山"字开头,其他四个字在盖子的上半部分,从中间开始[②],从左往右读。第二行以"而"字为起点,但"而"是用来代替另一个发音相同的汉字"儿"的,其他四个字在与第一行相对的那半边[③],从右往左读。第三行以"立"开头,其他四个字则是在壶盖下半部分的右半边[④],从外往里读。最后一行开头的汉字则是"端",

---

 ① 图名为译者所加。
 ② 即从壶盖的"高"字开始。
 ③ 即从壶盖的"孙"字开始。
 ④ 即从壶盖的"在"字开始。

其他四个字与第三行的四个字相对,但从最外面的字[1]开始,从左往右读。这首五言诗是这样的:

山高好种田,

儿孙个个贤。

立在壶瓶里,

端的是神仙。

其余的诗句从壶嘴的外端开始,是这样的:

酒是人间大胆汤,

人人吃了被他伤[2]。

汉王为酒忠臣散,

杨妃为酒马前亡。

六郎为酒三关[3]死[4],

李白为酒丧长[5]江[6]。

杜康为酒天牢[7]禁[8],

徐州拆散汉关[9]张[10]。

君王为酒家邦[11]破[12],

---

[1] 即从壶盖的"的"字开始。

[2] 原文给出了诗句文字在前文《"壶中造化"字谜图》中的位置。为了不影响读者阅读,译者将文字出现的位置,采用脚注的形式标出。"了被他伤"四个字,在壶把手的上端。

[3] "六郎为酒三关"在壶身左边的顶部。

[4] "死"在酒壶中间。

[5] "李白为酒丧长"在壶身右边的顶部。

[6] "江"在酒壶中间。

[7] "杜康为酒天牢"在壶身左边的中部。

[8] "禁"在酒壶中间。

[9] "徐州拆散汉关"在壶身右边的中间。

[10] "张"在酒壶中间。

[11] "君王为酒家邦"在壶身左边靠近壶嘴处。

[12] "破"在酒壶中间。

高官为酒坏名①扬②。

兄弟为酒伤和③气④，

夫妻为酒骂爹⑤娘⑥。

除了藏头诗，汉语里面还有很多其他种类的文字都加了密。例如，有一种加了密的文字，谜底可能要把字拆开来，分解成这些字的组成部分，这就是拆字。

下面的诗句就是拆字的一个例子：

耗国因宝木，

刀兵点水工。

纵横三十六，

所据在山东。

前两行文字本身没有任何意义，但每一行都暗示了一个汉字，人们可以从中猜出是什么字。"宝木"指"宋"，"宋"由"宀"和"木"组成。"宀"用来替换"宝"字，因为它通常被称为"宝盖"，是"宝"字中盖住"宝贝"的盖子。第二行的"点水工"表示"水"要放在"工"之前，构成"江"字。谜底就是"宋江"，他是梁山泊的头子，前文已经提过他了。

在大量的汉语表达中，风、花、雪、月都是虚幻之物和转瞬即逝之物的象征，大家耳熟能详。⑦在下面的诗句中，这四个字中的每一个都被描述得十分晦涩难懂，如"凤"字中的"几"被当成了鸟巢，鸟飞走了，给虫子留下了空间，才形成了"风"字。其他三个汉字也被拆解了，但是没有改变意思。

---

① "高官为酒坏名"在壶身右边靠近把手处。

② "扬"在酒壶中间。

③ "兄弟为酒伤和"在酒壶底部的左边。

④ "气"在酒壶中间。

⑤ "夫妻为酒骂爹"在酒壶底部的右边。

⑥ "娘"在酒壶中间。

⑦ 比如这些俗语：水中明月镜中花；花开能有几日红。——作者

虫入凤（鳳）窝飞去鸟，
七人头上长青草。
大雨下在横山上，
半个朋友不见了。

据说在一次十分开心的旅程中，乾隆皇帝到江南的一座寺庙里吃了点东西。庙里有位举人在一所学校教书。皇帝发现他十分明智，非常开心，便为寺庙题匾："虫二"。在外行看来，这两个字指的或许是两只虫子，但是这大大偏离了皇帝的本意。他真正的意思是国家，相信聪明的读者已经猜出来了。在乾隆那个时代，国家比以往任何时候都要大。在乾隆的眼里，国家就像风的范围，或月亮的光辉一样无边无际。一旦皇帝觉得这个假设成立了，就能很轻易地通过一个常见的修辞手法，利用月亮和风表现出国家的幅员辽阔，因此谜底就是"风月无边"。再重复一遍，这是皇帝的意思。但是皇帝不会像庸手一样直接这么写，他只是给出了内核，而没有给出外壳，也就是说，他只给出了"虫"字，暗示"風"字，又给出了"二"字，暗示"月"字。

当然了，无论一句话有多么直白，那些不懂的人，或者是各种不稳定的因素总是有可能会歪曲它。这种事情并不奇怪：虽然皇帝笔下的"虫二"指代的是"风月无边"，但有一群文学阐释者还是觉得应该忠实文本，他们认为"虫二"实际上就是两条蛇，一条青蛇一条白蛇。数以百万计的中国人根深蒂固地相信这两条蛇存在，并信仰着它们天生的邪恶力量，这是一种根植于"虫二"两个字的信仰，这一信仰被皇帝一笔一画写了出来。

另一种加密的汉语文本，可以称之为注解式谜语。谜面并不包括谜底的汉字，也不包含谜底汉字的组成部分，但是会描述它们，比如下面的诗句：

梧桐木上挂丝绦，
两国相争何用刀。
千年古事他知道，

万里山河妙手描。

谜底是"琴棋书画"。

另一种注解式谜题是通过藏头诗的形式暗示谜底。下面这首诗就隐藏了"卢俊义反"四个字，卢俊义和前面提到的宋江有关：

**芦花丛里一扁舟，
俊杰皆从此地游。
义士手提三尺剑，
反身定斩逆臣头。**

据说韩世忠（参见梅辉立《中国辞汇》第154条a）追捕女真首领金兀术时，在西湖深处追丢了。金兀术的军队人数众多，这里绝对藏不下这么多人，宋朝的士兵就没有在这里搜。士兵向一位和尚打听金兀术的藏身之地，但他不愿意提供直接的信息，只是字正腔圆地说出了下面几句话。每句话开头的字连起来，暗示想要找到藏起来的敌人的话，就要到老龙窝走一趟。

**老迈年残领大兵，
龙争虎斗①逞英雄。
窝巢逆匪全受命，
走马消氛定太平。**

戏仿式俗语

前文有个例子已说明只消轻微改变一些词语，整个对联的意思便彻底改变了。在汉语中，各种各样的戏仿现象很常见，其中一些可以作为文字游戏的例子，进一步说明这个现象。

我们已经注意到，中国人喜欢拿怕老婆的（惧内的）人开玩笑，在与"惧内的"人有关的众多轶事中，有一件就包含了一句戏仿式俗语。有个穷书生，他碰巧有个受过教育的妻子。每当书生惹妻子生气的时候，妻子

---

① 龙就是皇帝，虎就是皇帝的将领。——作者

就会很凶，弄得书生心惊胆战。妻子总是逼书生半夜跪在床边，跪到她同意放他上床睡觉为止。①有一次，妻子说愿意放他上床，但条件是书生要引用他们熟悉的诗集中的一首诗，而且必须把这首诗改成符合他现在的状况的样子。如果失败了，书生就要无限期跪下去。书生选择了这首诗：

云淡风轻近午天，傍花随柳过前川。
时人不识余心乐，将谓偷闲学少年。②

以下是修改后的版本，得亏了它，书生才不用受罚：

云淡风轻半夜天，傍花随柳在外边。
时人不识余心苦，将谓偷闲学拜年。

下面几句诗体现了中国人对学习的看法：

天子重英豪，文章教尔曹。
万般皆下品，惟有读书高。③

清朝末年，官吏腐败让官府变成了国家的耻辱。有人重新改编了上面几句诗，恰如其分地讽刺了那些贪官污吏——这是一个倒转了原诗意思的版本，而且已经作为俗语流通了起来：

天子重元宝，文章不要了。
万般皆上品，惟有读书糟。

下面这首诗出自《神童诗》，题目为《四喜》：

四　　喜
久旱逢甘雨，他乡遇故知。④
洞房花烛夜，金榜题名时。

在下面这种情况下，戏仿是在每句后边加两个字，使意思完全相反：

---

① 罚跪似乎是中国版赞西佩（Xanthippe）众所周知的一种巩固权威地位的方式，因为有俗语云：**怕婆顶灯跪到五更。**——作者
② 出自宋代程颢的《春日偶成》。
③ 出自北宋汪洙的《神童诗》。
④ 沙修道先生的书中（第2492条）引用了这首诗的前两句作为一句"天气"俗语。——作者

久旱逢甘雨——雹子，

他乡遇故知——讨账。

洞房花烛夜——宝女，

金榜题名时——作梦。

凡是学英语的人都知道，为了表达准确的意思，标点和从句的安排是至关重要的。英语老师举了一些例子来说明这一真理：一个乡下人在商人的办公室里找到了一张利息表，却被这张利息表弄糊涂了，因为上面写着"数房子数量准则"（a rule for counting houses），实际上是"账房工作准则"（a rule for counting-houses）的意思。还有一个议员，在说了不符合议会规矩的话之后，他用一句含糊不清的话道歉："我说他是个骗子这是真的我很抱歉。[①]"汉语里面有无数这种例子。在一个爱打官司的地方，住着一位父亲和他的两个儿子。到了年底，他们商定三个人各说几句好听的话，希望接下来的一年能够转运。父亲首先说："今年好。"大儿子接着说："晦气少。"小儿子补充道："不得打官司。"然后，他们把这十一个字写了下来，贴在大厅里，希望这十一个字能给他们带来好运，也希望来到他们家的人都能读一读，让好运加倍。第二天早上，女婿来访的时候惊呆了，因为他面前有两张纸条，第一张有五个字——今年好晦气，第二张有六个字——少不得打官司。

刚才引用的故事发生在一本名为《笑得好》的小书里，这本小书里的故事都被改编了，用来揭露、嘲笑人性的诸种弱点和丑恶之处，希望通过讽刺的手法让人们改正这些问题。在这种情况下，有些人期待几句喜庆话就能给他们的生活带来好的影响，便做了一些迷信的蠢事，而这些人就是这本小书书写的对象。在另一个类似的故事里，岳父要买房子，但是女婿们又没办法从中获利。他们在写给岳父的贺词中清楚地暴露了自私的本性：

---

① 原文为"I said he was a liar it is true and I am sorry for it."，可以有多种解读。

岳翁新盖一楼房，三个女婿贺喜到中堂。

岳翁说，每人必须说句吉祥的话，

也不枉我操心受累的忙了这一场。

大婿说，丈人的楼房虽然好，

只怕你死后没有儿子谁承当。

二婿说，盖此楼房钱不少，若要转卖赔了钱必定疼得荒〔慌〕。

三婿说，我看也是急早赔钱转卖了好。

倘若失了火烧你个片瓦无存，落个精打光。

每个人都知道中国人有一个习惯：用手指在空中写字，或者用手指在手掌上写字。对外国人来说，这就跟在水上刻字一样，他们根本看不懂，但中国人已经习惯了通过笔画数量和笔势顺序来记住汉字，所以对他们来说这样写出来的字跟用笔和墨写出来的差不了多少。这是让对方通过看来猜测写的是什么汉字。除此之外，还有一种让对方通过听来猜测汉字的方法。一个极其固执的人就被称为"三点水，加一个带字"，也就是"滞"字。同样，一个蠢人会被人用"三点水，加一个军字"来形容，即"浑"字。大多数这样绕弯子的表达可能都是用在不好的意思上，但也有很多例外。一个人是家里的"行四"，就会被叫作"方字边儿"，人们认为正方形有四个角，或者说"四"这个字本身就是正方形。这个词也可以用来指四篇文章。

拆字游戏

汉语特有的结构让汉字可以被拆解，这是字母语言无法做到的。在文明的国度，易位构词游戏一直是一种受人喜爱的娱乐活动，有时也体现了一个人的大智慧。例如，在半个世纪以前的巴黎，曾有对这类谜题的狂热追捧。其中法国第一执政拿破仑的名字是用下面这种奇怪的方式处理的，七个字母组成了下面这个希腊语易位构词游戏：

Napoleon
Apoleon
Poleon
Oleon
Leon
Eon
On

巴黎人认定这里面只有希腊语单词，这些单词组成了一句希腊语：Napoleon on oleon leon eon apoleon poleon。翻译成汉语就是：拿破仑是人民的狮子，他一直进军，毁灭城市。

我们有理由相信,就算把所有英语的易位构词游戏全部收集在一起，与汉语拆字游戏的数量相比，它们也相形见绌。这不仅是因为汉语中的素材是无穷无尽的，而且因为拆字游戏在中国已经被纳入艺术的范畴很多年了。

中国人有大量预测未来的方法，其中拆字的地位突出。[①]关于拆字游戏，我们在上一节已经看到了一些例子。不过在这个问题上，提一提算命先生应该不会不合时宜。

有一种不确切的说法认为拆字艺术之父是唐朝的邵康节[②]，他倒是有资本吹嘘自己有一大堆徒子徒孙。用拆字游戏来算命的方式差别很大。有些算命先生手中拥有三十到六十个遴选过的汉字。经过几代算命先生的熟练操控，这些汉字展示了人类生命潜藏的秘密，展示了人体的肌肉、神经和循环系统，就像一个解剖学专家演示手中的纸质模型一样。顾客有时会从竹筒里抽出一根小棍子，选一个字，而这个字的意思则是算命

[①] 下面这几句话据说已流传了大约十七个世纪，它们预测的是董卓（参见梅辉立《中国辞汇》第687条）的暴富和暴死，他于公元192年被杀。**千里草，何青青。十日卜，不得生**。这个字谜的谜底就是董卓的名字："千""里""草"三个字构成了"董"字，"十""日""卜"构成了"卓"字。——作者

[②] 邵雍，字康节，北宋哲学家，理学象数学派的创立者。（蔡元培，1996）（张岱年，2010b）[519-520]

先生根据那不为人知的行业规矩得出的。有的算命先生让顾客自己选一个字，这样他就能有最广阔的空间进行施展。算命先生就是这门艺术的教授，他们就像那些古代的诡辩家一样，随时准备与希腊听众谈论任何问题，不论时间长短。

有一个文人，就像许多其他文人一样，对这种算命手法既相信又怀疑，十分奇怪。他马上要进行一场十分可怕的考试，于是请教了一位算命先生。这个文人抽到的字是"串"字，意思是连接，算命先生立即说这个字是最吉祥的，因为它是由两个"中"字组成的，"中"有一个读音的意思是得到。因此，算命先生预言这个文人肯定能考过，而且取得双重第一。

有一个观众被这预言的妙处打动，于是走上前来算命，碰巧，他和文人一样也选了"串"字，希望能骗到老天爷，让自己也获得一个有利的回答。中国社会人群混杂，什么样的人都有，要在这里过活一辈子，一个人就得头脑灵光，算命先生的脑子早就被磨炼得十分敏捷了，他立刻知道了是怎么回事，但是他要让这位顾客失望了，因为他给出的占卜结果是最糟的那种："串"字的下面加上"心"字，就变成了"患"字，意思是灾难，表明命运要跟他对着干了，因为他的心脏不好。

在适应当前环境的速度上，中国算命先生可以与他的兄弟信物男①（confidence men）以及西方国家的其他骗子一决高下②。当没有顾客上门时，精明的算命先生会像读汉字一样读人，频繁向路人打招呼，说他从路人的面相中看出了他们的命运。十个人中有九个都想知道将来

---

① 在美式英语里，信物骗局（confidence trick）是一种专业的诈骗手段，引诱受骗者将金钱或贵重物品交到诈骗犯手中作为信物（a token of confidence）。而信物男就是实施信物骗局的诈骗者。

② 写完以上内容后，笔者遇到了一位云游四方的算命先生，他就从事拆字工作，于是让他给我试一下。我看到的第一个字是"古"字，这位算命先生读过一些基督教书籍，他马上解释说，十字架（十）所宣扬的教义（口）就来自古代（古）！第二个是"样"字。他说"羊"字也就是"善"的上半部分，表示"善"是永恒存在的，这种令人向往的状态在东方无处不在（笔者来自美国，美国的地理位置在中国的东边），而且东方属木，这就证明了上文的理论。——作者

会有什么样的命运等着他们。如果跟算命先生说话的人刚好是这九人之一，这个人发现有一个温文尔雅的绅士在礼貌地跟自己打招呼，他就会叫停马车。

在这个时候，算命先生抽出一张纸条，上面写着这样一段话："昨天晚上，我在一家客栈里计算了一下未来，发现今天我会在这里遇到你！"精明的算命先生觉得用这种方式给十个人打招呼是值得的，因为其中有九个人都没有想过，其实一个算命先生在前一晚就算出了他会在这里碰到一个可以以"你"相称的人，并不能证明这个算命先生就很会算命。他们也不会想到，其实这个"你"同样适用于碰巧路过的任何一个人，就像每天都是今天一样。因此，这个顾客停下脚步，让算命先生为自己算命。这个手段应该就是为了吸引人们过来聚在一起。

正如经常发生的那样，如果一群人聚集在一起，但没有人提出想要请人解释一下他的运势，算命先生就会随便和他看到的第一个人聊起天，问一些问题，再琐碎的事情都会问，比如"你结婚的时候多大？"人在吃惊状态下不会留太多心眼，因此他可能会回答，他结婚的时候三十岁。然后算命先生又跑去问另一个人，接着又继续问下一个人，以此类推，巨细无遗。每一句不经意抛出的话语都是一个钓鱼钩，而每一个鱼钩都被用来钓一条蠢鱼。

过了一会儿，算命先生极其直白地向人群提出了一个建议。既然他与大家都是素不相识的，那么不妨随便上来一个人，随便哪一个，他都能将其家庭、出生日期、亲属的数量等，大致地告诉大家。完成这件事后，算命先生就同意从他那一堆计算出来的运势（都是昨晚在一家客栈里编出来的）中拿出一份，每一个细节都与这个人的经历相符。仅凭"昨晚在一家客栈里"算出的结果，片刻之间根本没办法给出那么多、那么具体的细节。人群的好奇心就这样被激发起来，他们开始详细讲述自己最近发生的事情，同时算命先生站在一旁**袖手旁观**。

但是，这位算命先生的袖子，就像他的同胞阿辛①在玩著名的尤克牌游戏时穿的衣服的袖子一样。在那宽大的衣袖里藏着一小块砚台和一支粗短的笔，他可以迅速而准确地记下顾客给出的信息。与此同时，算命先生像韩愈和苏轼一样，写字写得特别快。顾客说完了以后，算命先生用一种巧妙的手法，假装在翻阅一大堆备忘录，选了一本墨水刚干的，拿起来念给大家听。有些人可以通过他们对相应汉字的了解来验证这句话的准确性。他们都被这句话毋庸置疑的准确性打动，就算这句话是昨晚在一家客栈里编出来的。

如果这些方法都没有用——因为太多人用了——也许就不得不求助于先前编出的话，这些句子可能有两个意思，而这两个意思甚至可能还是相反的（双关语），就像古代的那句"吾告汝，大秦人可胜矣"②一样。考虑到这一点，他会提前准备好小纸条。如果算命先生像前面一样，提出从他那一大捆写有计算结果的小纸条中抽出一张，计算出随便一个人的父母哪一个先去世，将结果告诉观众以后，他会用德尔斐式的语言③将"昨晚在客栈"的计算结果——父在母先亡——说给观众听。如果母亲先去世，算命先生读完第二个字就会停一停，这时候这句话的意思就是："父亲还在世，母亲已经去世了。"如果父亲先去世，算命先生就会有意强调第四个字，意为"父亲比母亲去世得早"。如果完全不确定顾客的父母是都活着，还是只有一个活着，或是都去世了，而算命先生又愿意证明自己"昨晚在客栈"做的计算是准确的，他就会说下面这句话："父母双全你不能伤一个。"如果父母中只有一人在世，算命先生就会说："父母双全你不能，伤一个。"如果他们都活着，算命先生就在第四个字那里停一停："父母

---

① 《阿辛》（*Ah Sin*）是马克吐温和布莱特·哈特（Bret Harte）于1877年创作的戏剧。（虞建华 等，2015）

② 原文为"Aio te Romanos vincere posse"，这是古希腊德尔斐神庙的著名神谕之一，有两个意思：一个是我告诉你，你可以战胜罗马人；另一个是我告诉你，罗马人可以战胜你。

③ 德尔斐是古希腊的神庙，著名的德尔斐神谕就是在这里颁布的。在英语中，德尔斐式的语言也指模棱两可的语言。这里一语双关，既指上文的"吾告汝，大秦人可胜矣"，也指模棱两可的语言。

双全，你不能伤一个。"但如果父母都已经去世，机灵的算命先生这时候不说最后两个字，句子就会变成："父母双全你不能，伤。"

这些证据无可辩驳地证明了算命先生能力强大，它们此刻也许已经说服了一小会儿前曾被问过问题的那个乡下人。他走上前来请算命先生给他算命，狡猾的算命先生告诉顾客，星象表明他的少运[①]很差，他很穷，他的父母很早就去世，等等。算命先生根据之前了解的情况，准确无误地推断出这个男人直到三十岁才结婚，一般三十岁才结婚百分之九十九是因为家里穷，或者是家里有问题。他的少运已经这么悲惨了，他的老运[②]自然是越佳越好。

算命先生能熟练地将汉字的组成部分拆开、重组，用自己过人的天赋将它们解读成一个新的汉字、词语或句子。但并非只有算命先生才能从这种事情中获益，大量中国教派的首领经常使用拆字法来阐发他们最神秘、最不可言传的教诲。

一个叫作炼丹门的教派，自称继承了道家长生不老的真正秘密，还说这个秘密是那些连道家经典（《道德经》）都看不懂的无知道士们都不知道的。

炼制长生不老药的工作，不涉及深奥的、几乎不可理解的秘密，只消几句解释，就足以使我们明白其中奥秘。根据这一学说，人类天生由精（Body）、气（Soul）、神（Spirit）三部分组成。精，我们简单地把它翻译成身体，聚集在丹田处。气居住在胸腔里，它和呼吸的气并不一样，虽然两者是同一个汉字。这里的气的唯一作用是把询问者弄得晕头转向。神被认为坐镇头部。

净化的过程在于"精化气"和"气化神"。那些实践这门技术的人可以通过某种手段使神离开精，当神到达天上或其他地方的时候，他们就能看到语言无法形容的东西。气通过一个穴位离开，有些人认为这个穴位在鼻梁附近，另一些人则认为在头的后部，而还有一些人则认为这

[①] 指一个人早年的运气。

[②] 指一个人晚年的运气。

第七章 双关语或其他文字游戏 | 167

个穴位在骨头的连接点，颅骨的顶部。这就是长生不老药理论最粗浅的概要，如果要细讲这个理论，无论演讲人的演讲技巧多么纯熟，都有可能耗尽最宽容的读者的耐心。

一位保险经纪人问了一个问题，算命先生的回答让他着实吃了一惊。他的问题是"如果父母在世的话，有多大年龄了？"他得到的数字是131和123。调查了一番之后，算命先生发现这对一看就很长寿的夫妇已经去世三四十年了。保险经纪人说，如果他的父母还在世的话应该有这么大年纪了。

这种因为错误解读算命先生话语而导致的误会，可能与中国人对汉字的推究并不那么相似。对于"天"这个字，各派有两种截然不同的解释。"天"可以被认为是"一"字与"大"字的结合，俗语有云：**天是一大天，人是一小天**。但也有一派认为，"天"字是由"二"字和"人"字组成的，表明人把这种双重的力量结合在自己身上。

"道"字的意思是道路、教义或道理，是炼丹门的智慧之矿。它由"首"和"辶"组成。也就是说，根据这个教派的教义，不是教派的首领在建设这个"道"，而是净化后的精神经过一定的路线，穿过身体的各个部位，然后如上文所述，顺着脊柱向上，最后从头部"出去"。

炼丹门的人是**三教归一**思想的坚定信仰者，他们能够引用古代圣贤的言论，其水平甚至能让那些知名文士瞠目结舌。哲学家孟子曾与公孙丑有过一次长谈，谈到了人的道德、智慧和气。孟子说："**我善养吾浩然之气**。"不出意料，公孙丑追问道："敢问何谓浩然之气？"同样不出意料，孟子说道："难言也。"① 但是，如果孟子能够预见到，炼丹门认为浩然正气一点也不难言，他会说什么呢？孟子的"气"和炼丹门的"气"意思是一样的。孟子的意思是他已经炼了很长一段时间的药，他是这方面的专家。

孔子在《论语·颜渊》中聊到了如何实行完美的道德，人们觉得孔子微言大义，不只是表面上看起来的那些意思，更不只是那些评论家所

---

① 这段对话出自《孟子·公孙丑上》。

说的意思。颜渊曰:"请问其目?"子曰:"**非礼勿视,非礼勿听,非礼勿言,非礼勿动**。"按照炼丹门的说法,这被称为"四扇门的关闭",即四扇感官之门的关闭。这样做是为了开启"天门",也就是颅骨的顶部。

《论语》的开篇是这样的——子曰:"**学而时习之,不亦说乎**?"当我们知道最后一个字(悦)读"Yüeh"时,这句话可能就和《论语·学而》的其他句子一样清楚明了了。

现在看看炼丹门是怎么处理这些如此简单的句子的。为了让人们理解他们的思想,其前提必须是,纯净的"神"通过"天门"后,又从"天门"返回,但不是从脊柱下来,而是经过颅骨的前面部分,到达上颚,此时舌头必须抵住上腭,然后"神"就会从舌尖通过。如果舌头没有抵住上颚,"神"就无法通过。舌头抵住上颚,发声的气从喉咙逸出时,自然而然地会发"Erh"(而)音。因此,"而"音成了炼丹门之理论和实践的象征。用电学术语来解释:当能发出"而"音的时候,这个电路就会关闭,净化过程继续进行;如果发不出"而"音,电路就会断开,净化就会停止。"而"字深奥的原理是一个极大的秘密,绝不能提及,虽然这个秘密现在已经传授给了尊贵的读者。

有了这些解释,我们现在就可以对"**学而时习之,不亦说乎**"进行新的炼丹门式的阐释。孔子说:"要学习'而'就必须要经常练,这是一个不能说的事情。"

在基督教国家,某些想法认为《圣经》应当能够被用于解释任何事物,或者认为它不应该被用于解释任何事物,例如现代相信通灵术者认为约柜就是他们用于存放死灵的柜子的原型,有些人会觉得这种想法很奇怪。并不是只有一两个人这么利用《圣经》,还有很多这样利用《圣经》的例子。

孟子曰:"**吾闻出于幽谷,迁于乔木者**。"① 这句话已经变成了俗语,用来形容一个人从糟糕的职位到好的职位。炼丹门的人以及其他的一些人认为这句话证明了上文描述过的神的飞升是存在的。精就是"幽谷",

---

① 出自《孟子·滕文公上》。

天空则是"乔木"。这样的诠释确实很奇怪，因为根据炼丹门的说法，"神"确实不断地从乔木返回到幽谷，但是孟子又接着说："**未闻下乔木，而入于幽谷者。**"①

一群炼丹门和八卦门的成员皈依了基督教，他们很快就发现，有了汉字，道理就像黑莓一样多。在他们看来，离开幽谷就是离开八卦门。"谷"字是由"八人"和"口"组成，也就是说八个有口的人，八个老师，即八卦门的领袖。他们现在去的那棵乔木就是十字架。

与此类似的是中国基督教学校的校长，他告诉学生，"恶"字中的"亚"指的是亚当，这是为了纪念他把原罪带到世界上来。

另一位老师解释说"義"字是由"我"字和"羊"字组成的，他说这是耶稣无意中的预言，只有耶稣才能说："我是義的（因为我是上帝的羔羊，毕竟我加羊等于義）。"

除了算命先生和教派经常拆字外，这种文字游戏也让那些读过书、掌握文字技巧的人乐在其中。

五个朋友在酒馆里玩拆字游戏。每个人要依次说出一个汉字，并证明他拆字的方法是对的。谁没做到，就要被罚多喝一杯酒。

第一个人马上作了一首诗：

田字不透风，十字在当中。

十字推上去，古字赢了酒一盅。

第二个人接着说：

回字不透风，口字在当中。

口字推上去，吕字赢一盅。

第三个人说道：

图字不透风，令字在当中。

令字推上去，含字赢一盅。

第四个人已经准备好了，他说道：

困字不透风，木字在当中。

---

① 出自《孟子·滕文公上》。

木字推上去，杏字赢一盅。

第五个人是最后一个，原本应当有一些优势，但他却想不出什么合适的字。他犹豫了一下，其他人兴奋地喊道："罚酒！罚酒！"他说："等一下，我想到了。"然后他开始吟诵道：

日字不透风，一字在当中。

一字推上去。

"停，停，"其他人惊叫道，"没有这个字！""有的。"接着他以下面这句作结：**一口一大盅。**[①]

同伴们都哈哈大笑起来，然后他就不用喝酒了。汉语中有大量的"孩儿语"（Children's Sayings），其中一些已经被收集并出版。它们比俗语更难收集，用处也小得多。有些是天然的"舌头陷阱"，就像西方的"彼得·派珀摘胡椒"（Peter Piper pepper picker[②]）一样。这种受过良好教育的人玩游戏写出来的诗歌，和前文引用过的用于消遣的诗歌之间完全没有区别，就像两个平行的纬线一样。对大多数中国人来说，如果要很快地读完下面这三段话，几乎不可能不出错，不过更多的外国人觉得它们其实没那么难，除了最后一个。

刘老六

有个六十六岁刘老六，

家有六十六座高大楼，

[①] 这个故事出自《聊斋志异·鬼令》："教谕展先生，洒脱有名士风。然酒狂，不持仪节。每醉归，辄驰马殿阶。阶上多古柏。一日，纵马入，触树头裂，自言：'子路怒我无礼，击脑破矣！'中夜遂卒。邑中某乙者，负贩其乡，夜宿古刹。更静人稀，忽见四五人携酒入饮，展亦在焉。酒数行，或以字为令曰：'田字不透风，十字在当中；十字推上去，古字赢一钟。'一人曰：'回字不透风，口字在当中；口字推上去，吕字赢一钟。'一人曰：'囵字不透风，令字在当中；令字推上去，含字赢一钟。'又一人曰：'困字不透风，木字在当中；木字推上去，杏字赢一钟。'末至展，凝思不得。众笑曰：'既不能令，须当受命。'飞一觥来。展即云：'我得之矣：日字不透风，一字在当中……'众又笑曰：'推作何物？'展吸尽曰：'一字推上去，一口一大钟！'相与大笑，未几出门去。某不知展死，窃疑其罢官归也。及归问之，则展死已久，始悟所遇者鬼耳。"

[②] 英语绕口令。

楼里放着六十六篓桂花油，
六十六匹大红绸。
楼下也有六十六盘大辘轴，
拴着六十六只大犄牛。
惊了牛，
拉倒楼，
撒了油，
染了绸。
气杀六十六岁刘老六。

吃葡萄

谁吃葡萄不吐葡萄皮，
吃葡萄才吐葡萄皮。
不吃葡萄难吐葡萄皮，
是吃葡萄正吐葡萄皮。

崔粗腿

山前有个崔粗腿，
山后有个粗腿崔。
俩人山前来比腿，
也不知崔粗腿的腿粗，
也不知粗腿崔的腿粗。

以同一个字的不同意思为基础的双关语

中国人大量使用双关语,这些双关语将一个汉字的意思"借"给另一个汉字,如此使用或许可以证明大量解释汉字的特征是有必要的。几乎每一个汉字都包含了许多完全不同的意思,这就产生了很多双关语。在这些双关语中,一个汉字的某个意思被用来表示这个汉字的另外一个意思。

以"神"字为例,它不仅可以指神灵,也可以指精神,等等。

老和尚卖庙——留神。[1]教导我们要小心行事(留神)。

土地爷捕蚂蚱——荒〔慌〕了神。意思是心里很慌(荒了神)。

花子放气花——穷气升了天。也就是说,穷人逢人便抱怨,他的气息就像烟花中爆炸的气体。

蚂蚱头包扁食——竟嘴。指一个人的能力全在嘴巴上,除了说啥都不会。

老鸹打前失——嘴支着。[2]和上一句意思类似,光说不练[3]。

老猪掀竹帘——仗着嘴挑着。和上一句意思一样。

老太太的生日要打肉。买肉就是打肉的意思。老太太平常买不起肉,因此如果你跟孩子说"老太太的生日",意思就是你要被打了(要打肉)。

扛着牌坊卖肉——好大架子。指一个人架子很大(好大架子)。

泥娃娃扛牌坊——人儿虽小,他的架子好大。和上一句意思一样。

半夜叫城门——碰钉子。城墙的铁门要等到天亮才开,所以他就算叫城门也没人会给他开,他进不去。这句比喻难办的事情(碰钉子)。

阴天打跟头——没影子。指东西丢了之类的情况。

---

[1] 原本指老和尚把寺庙卖掉,只留下天天必须供奉的大佛神像。后来指提醒人们注意防备各种危险,或小心谨慎,防止出差错。

[2] 在北京土语中,"嘴支着"意为花言巧语,用嘴来应付。(白鹤群,2013)[210] 啄木鸟打前失——全靠嘴支着,这句俗语的意思就是完全用话来敷衍塞责。(关炜炘,2010)

[3] 原文为"all talk and no cider",英语俗语。

说平〔评〕书的看扇子——没有本。指那些没有本钱（没有本）的人。

王莲峰说书——照本。王莲峰是道光年间的天津人，在一家茶馆说书，他不像其他说书人那样把内容记下再背出来，而是照本宣科。这句俗语指某人做生意完全受资本限制（照本）。

阴田不如心田，阴宅不如阴德。心脏既可以被称作"方寸"，也可以被称为"心田"。因此俗语有云：**欲广福田，须凭心地**。中国人很看重阴德，但是从统计数据来看，即使阴德是可以获取的东西，但它的表现也没有好到让大家那么频繁地提到它。

没有星的秤——定不了准。指没有确定目标、犹豫不决（定不了准）的人，等等。

庄家〔稼〕老儿未见过喷壶——碎嘴子。"碎嘴子"这个词用来形容那些喜欢挑毛病的人。

闫〔阎〕王的扇子——阴面。指一个人的外表掩盖了他真正的内在（阴面）。

马尾拴豆腐——提不起来。指那些提不动（提不起来）的东西。

庄家老儿未见过障纱——不顾面。比喻一个人没有自尊（不顾面）。

头上穿套裤——脸上下不来。和上一句的意思类似。

姚四的鞋——没有脸。姚四是一个经常穿圆头鞋的天津人。这句俗语指一个人没有自尊（没有脸）。

贺二爸卖肺——没心了。贺二爸是天津的一个卖肉的。一个顾客想买一颗羊心，他说："拿肺吧，我没心了。"这句用于比喻一个人没有心（没心了）。

弹不响的琵琶——没有品[①]了。品是吉他上的支架，让弦发出共鸣。这句指那些行为不当（没有品了）的人。

老太太的脚指头——曲而难伸。用来指那些犯了重大错误，难以纠正（曲而难伸）的人。

庄家〔稼〕老儿未见过大米粥——糊涂镜子。糊涂不仅指黏的，

[①] 品是弦乐器上确定音高的按音部位。

也指愚蠢的。这句用来指笨蛋。

本道盐道各行其道。每个道台①有自己的道。这句指让每个人干自己的事。

瞎子磨刀——快了。正在做桌子的木匠问道:"你什么时候要?"得到的回复是:"瞎子磨刀。"木匠就明白你是要他快快做好。

许多汉语双关语,或半双关语,都通过某个特殊的、不寻常的词汇来增加趣味性。这些俗语中的大部分只有在特定的地区才有人听得懂,如果在其他地方使用,就好像听外语一样了,必须要解释一番。某些词语和汉字也是如此。由于汉语官话方言的变体分布范围很广,而且十分奇怪的是,在中国的疆域内某些俗语似乎就是"东一晃悠,西一晃悠",往往一句俗语这个地方的人能听得懂,下一个地方的人就听不懂了,过了条河,在五百英里以外的地方又可以听得懂了。几乎没办法知道到底哪些是通行的官话,哪些是土话。我们现在的目的是展示汉语的某些特征,所以某个特定的说法是不是到处流行根本不重要,只要它在某些地方流行就行。下文中可以散见许多这种地方土语,少数几个是一组一组地出现的。

筒子的蛐蛐——让了口了。蛐蛐被放置在小陶罐里互相争斗,就像斗鸡被放在深坑里一样,观众可以下注赌它们的输赢。战败的蛐蛐被称为筒子。"让了口了"犹言"认输了"②。一般来说,这句俗语的意思是被打败或者失败。

磃〔磨〕房的驴子——拢住口了。拢住口是为了防止驴子转过头去吃磨盘上的谷物。这句俗语用来形容一个吵吵嚷嚷的家伙突然安静下来。

小猪子肉——半膘子。"半膘子"③一词用来形容一个人进入半疯癫状态,或者进入不理智状态。

死螃蟹——无沫了。"无沫了"一词表示一个人没有资源,没有计

---

① 道台即道员,明清地方各道主官的统称,清朝时管辖府、州,或为府以上、省以下最高的行政长官。(吕宗力,2015)
② 原文为"throwing up the sponge",英语俗语。
③ 即半彪子,不通事理,行动鲁莽的人。(徐志诚,1991)

划，或者没有决断力。

杜智恒的炮——空筒子。杜智恒就是为李自成打开北京平子门的叛徒。他的大炮是空的。"空筒子"一词表示空空如也的东西，或者虚荣做作的东西。

小刀子掉在井里——刺的不浅。"刺人"一词表示骗他们，或者"干"他们。"不浅"表示把人害得很惨。

吹筒麻花——拧着个筋。中国的麻花通常会被反复扭曲，有时会在中间做出一个凹陷。"拧筋"一词用来形容不同意别人观点的人，也指某些行不通的办法。

墩轳辘掉在井里——眼子到底了。①"眼子"一词用来形容一个人总是被人欺负。这句话的意思是说他把被骗的艺术做到了极致，或者说他一直容易被骗（眼子到底了）。

属影子戏人的——足了个透。"影子戏人"是用纸做的，把它们切开的时候，光线会穿透诸如它们的眼睛之类的地方。"影子戏人"是用刀切的，而用刀切的这个操作又叫"足"。这句俗语就像经常用到的词"足够"一样，用来形容某些东西十分丰富。

搬不倒坐鸡笼——一身账，又是窟窿。"不倒坐鸡笼"的主体是纸制的，黏在一个轻便的框架上。为了节省费用，人们会用旧账簿来制作"不倒坐鸡笼"，因此就有了"一身账"的说法。债务在口语中被称为窟窿，负债通常就被称为"拉窟窿"。鸡笼上的间隙暗指这些窟窿。这句话用在负债累累之人身上（一身账又是窟窿）。

中国人普遍认为有三种力量分别掌控着他们的幸福、俸禄和高寿，这三种力量被称为星。因此门口会贴上这样的吉祥话：**三星高照**。寿星老的形象经常是一个体型很大、头比例奇大的人。根据中国人的观念，如果一个人的头跟寿星老的一般大，那他肯定极蠢，蠢到没办法和别人斗。人们常说，一个人如果花没必要花的钱，或者仅仅是为了满足自己的需要花钱，那就是在"花冤钱"。比如一个人很想买一件古董，为了买它花了三倍于其价值的钱购买，那他就会被叫作"大头"。因为刚刚提到

---

① 砘骨碌吊在井里——一个眼子到底。（岳国钧 等，1998）[1052]（刘裕莲 等，2005）

过，中国人认为"大头"就是蠢人。"大头"也被称为"大肉头"或者"如意大头"。由于寿星老很符合这些条件，因此人们将他视作典型的"大头"，想出了许多笑话来取笑他，比如下面这些俗语。

首先必须提到的是"透玲碑"，这个词在口语中用来表示一个人头脑清楚。**寿星老儿带鱼缸——透玲碑儿的大头**。这句话用来嘲讽那些明明浪费了钱，却觉得自己很精明的人。除了他自己以外，每个人都明明白白地看得出来他的"头有多大"，也看得出来他脑子到底好不好使。

"Yüan"是口语用法，没有对应的汉字，意思是裹在里面，比如裹在被子里面。这就解释了另一句用来取笑庄严的寿星老的笑话：**寿星老儿盖马褥子——冤不过来的大脑代〔袋〕**。马褥子太小了，当不了棉被盖。"冤不过来"这个词在这里指裹在里面，其实际含义是没有人能像他一样被欺负得那么惨。

"到家"一词在口语中的意思是完备地、周详地，比如"说不到家"的意思就是不可能把意思说全。"到家"也表示极端、过分之意，比如"穷到家"的意思就是穷到了极点。在绘画中，寿星老儿的形象通常是敲着自己家门，下面这句俗语就提到了这件事：**寿星老儿叫门——肉头到家**①。这句通常用来指那些喜欢花冤枉钱的人把花冤枉钱做到了极致，也就是说，他们太笨了（肉头到家）。

咱们是颜料铺的幌子——棍靠棍。幌子是用来告诉路人这家店铺是售卖油彩和漆的，它由几根颜色不同的棍紧密排列而成。光棍指的是那些一无所有之人，还可以指那些社会的敌人，即恶霸、骗子以及诸如此类的人。这句话的意思是，既然你什么都没有，我也什么都没有，因此我们应该像商店的幌子差不多，互相支持（棍靠棍）。

小秃子摘帽子——精光。和上一句的意思差不多，指一个人一无所有（精光）。

坐轿嚎嗓——不识抬举。指一个人被推荐和表扬时，却没有意识到这一点（不识抬举）。

---

① 寿星老儿敲门——肉头到家。寿星的形象经常是额部长而隆起，故称"肉头"。这句指福运来了，也指人做事非常缓慢、不利索。（温端政，2018）[652] 也有另外一个说法认为，"肉头"指傻，不明事理。这句俗语比喻傻到极点了。（周骋，2007）

秤铊〔砣〕押天平——没法子。秤砣是在秤杆上使用的砝码，在这里却被放在了天平的两边，而原本应该放在天平上的砝码或"法子"却没有出现。这句话表示无法完成（没有法子）之事。

祭拜灶王爷的习俗产生了各种各样的俗语。在锅的正上方，有块小木板组成了一个架子，上面放着献给灶王爷和灶王奶奶的祭品，他们的纸制画像就贴在正上方，有时候会有廉价的秸秆做成的龛，有时候没有。人们认为灶王爷会在腊月二十三升到天界，告知上帝（Shang Ti）这一年他所看到的一切，但是《感应篇》上记载的是灶王爷每个月上一次天庭，这两个时间又不一样了：**月晦之日，灶神亦然**[①]。亦然的意思就是，和上文提到的其他神仙一样行事。中国人极其希望灶王爷能够上天替他们美言几句，希望灶王爷的美言能给他们带来最大化的利益，所以灶王爷上天庭报告的时间就显得尤为重要了，到底是一年还是一个月，这是必须搞清楚的。出于这种想法，人们会在灶王爷离开的时候献上祭品。[②]灶王爷的画像和神龛（如果有的话）会被扔到灶炉里烧掉，人们相信它们会变成灶王爷升天时骑的马。因此俗语有云：**灶王爷下锅台——离了板了**。"离了板了"是一个双关语，指的是响板，响板原来应该是与其他音乐和谐一致的，但是如果演奏错误，那表演者就是离了板了。这句俗语用来形容任何违反礼节的行为，违反礼节之人被形容为"灶王爷下锅台"。

另一句类似的俗语说道：**打莲花落的敲鼓——没有板了**。莲花落是响板的替代品。演奏者一只手拿着两个大竹片，互相撞击，而另一只手拿着几根小竹片剧烈地摇晃，演奏出戏剧表演的序曲。这些序曲类似于管弦乐队的序曲。这句这么说是因为原本应该打莲花落的不打，却去敲鼓，可能是没有板了。"没有板了"指那些违反了常规的事情。

烧灶神升天的仪式应当由男性主持，因为**男不圆月，女不祭灶**。祭祀者还必须念出下面这段话：**灶王爷本姓张，有年糕有瓜糖，上天言**

[①] 出自《太上感应篇》。

[②] 那些对这些仪式细节感兴趣的人，可以在卢公明的《中国人的社会生活》（*Social Life of the Chinese*）第二卷第81—85页中找到详细的描述。然而，十里不同风，百里不同俗，其他的事情也是如此。——作者

好事，少说是非。这段话是辞灶时说的，但写这段话的那位精明的中国人很可能已下定决心要智取灶王爷，让他没办法报告。这就是使用糖果，特别是瓜糖这种黏度极高的糖果的真正用意。有时候人们不仅仅供奉瓜糖，还把瓜糖黏在灶头。灶炉的孔洞被认为是灶王爷的嘴巴，这么做是为了让他的嘴紧紧地粘在一起。这样，当到达上帝那边时，他就一个字也说不出来了。因此有句俗语是这样说的：**灶王升天——粘着嘴咧**。

为了不让诡计得逞，灶王爷可能不得不把上天的频率改成一月一次，下面这副对联经常贴在他的画像上面：**上天言好事，回宫降吉祥**。由于在这种场合经常使用"回了宫了"这种说法，它就变成了死亡的婉辞。

如果一个人四处租房都租不到，或者刚刚卖掉自己的住处，他就会被比作画像和神龛被烧掉后还没有放上新的画像和神龛的灶王爷：**灶王爷上天——没了住处**。

新年伊始，灶王爷回家后，发现自己有了新的神龛、新的画像等，所以下面这句俗语用来形容一个人有了一套新衣服、一间新房子等：**灶王爷回家——一褡儿新**。

灶王奶奶和灶王爷经常一起在画像中出现，但是如果灶王爷是单身汉，那出现灶王奶奶就不合适了，因此在这种情况下灶王爷没有配偶。因此那些生活得很孤单的人就被称作：**光棍堂的灶王爷——独坐儿**。

有一个脾气很臭的家伙老是要找碴打架。每当他想找碴打架时，如果没有人跟他打架，他就会骂灶王爷，因为灶王爷肯定有空给他骂，所以骂灶王爷是最方便的选择。因此俗语有云：**三天不打架，指着锅台骂灶王**。

有一种特殊的陶器虽然易碎，但由于它很薄，只需极少的燃料就可以加热，所以中国人经常用它。这种陶器有一种光泽，就像擦拭火炉用的东西散发出来的那种光泽。它常常看起来比蛋壳厚一点，如果用得小心，可以使用很长时间。有句俗语说：**砂锅不打，一辈子不漏**。但是倘若使用不小心，它很快就会被损坏：**砂锅捣蒜，一椎子的买卖**。

有一种容器用这种陶制成，专门用来烧水，它有一个不易掀起的盖子，水必须通过较宽的瓶口倒进去。这种器皿叫砂铫子（sha-tiao-tzu），下面这句俗语与其有关：**沙〔砂〕铫子煮扁食——肚里有，嘴里倒不**

第七章 双关语或其他文字游戏

出来。这句的用法与下面两句俗语类似：哑叭〔巴〕梦见娘——有话，无处说。半悬空的浮云——没有根了。

瞎子打灯笼——混充明眼。"明眼"一词一般用来指有智慧的人，而在"秘密教门"中，它用于指那些审查成员表现（看功夫）的人，以确定他们各自有多少功劳。

耗子进书房——咬字。"咬文嚼字"这个词是用来形容在学习上注重表面功夫的学究。提到"耗子进书房"就是为了暗示这个意思。

一根快〔筷〕子吃藕——挑眼。藕这种根类植物有很多的孔，被称为眼。"挑眼"的意思是挑毛病。这句俗语也是这个意思。

小姨子哭姐夫——白嚎。妹妹不能与姐姐的丈夫有任何关系，甚至不能和他说话，不过有时候会有人坏了这个规矩。姐夫死后，妹妹用不着哀悼，因为这也不关她的事。这句用来表示没有用的乞求，特别是哭嚎的那种（白嚎）。

属洋碗的——是个粗底。"粗底"指那些祖上是伐木工、运水工等的人。这句俗语也是这个意思。

老小米子的饭——粒粒罗罗的。放了几年的小米是煮不软的。"粒罗"这个词是不是这么写暂且存疑，它用来形容事情做得井然有序，做得不错。

只有熏鸡熏鸭的，没有熏人的。"熏人"用来形容辱骂、贬低或威胁性的语言。这句话的意思是，家禽可以用熏制的办法处理，但这种方法不应该用在人身上。

王胖子的裤腰带——希〔稀〕松平常。"稀松平常"指的是那些很平常的并无特别之处的事情。这句俗语就是这个意思。

"苦"字的衍生义表示贫穷、痛苦、麻烦，其衍生义甚至比字面意思更常用。俗语有云，那些很穷的人，或者十分不幸的人"**比黄莲〔连〕苦三分**"。类似的还有"**苦了只怨命**"，这一表达经常在开玩笑的时候用，比如当你发现黄瓜或甜瓜是苦的时，你就可以说"苦了只怨命"。

清水下白米——一眼看到底。这种说法适用于任何易于理解（清白）的和一眼就能明白（一眼看到底）的东西。

你的压刀子我的锉——自认己锉。即"自认己错"。

庄家〔稼〕老未见过花褥子——点儿被。一个人的运势被称为运气，当一个人的运气变差时（比如在赌博之中），人们会说"点儿背"。这句俗语就是这个意思。

水热下不去。这句话用来形容泡浴的时候水太热了，下不到水里，用来比喻借钱等事情"下不去"。

多年的宾主——老东西。从客人和主人的位置来说，其字面意思是东方和西方。这句指的是一件老东西或古董（古懂）。

天亮下雪——明白了。这句俗语的意思是清楚了（明白了）。

老了——不添了。在中国，顾客被劝说着给了多少钱，这个钱数就是市场价格。买家出了价，卖家想劝他再加多一点，但是买家却说："老了，不添了。"这句用来表示父母太老了，不能再为家庭增添新丁（不添了）。

三九里的拔糖——不行。天气冷的时候，糖果很难拔出来。这句用来比喻任何"不行"的事情。

武大郎的口袋——累赘。武大郎身材太矮了，走路时口袋总是挡着他的路。这句用来形容任何令人烦恼（累赘）的事情。

新媳妇哭男人——好天。丈夫和妻子应该互相支持，就像天和地一样。丈夫若是去世了，妻子就会像地球失去了太阳一样。悲伤难过时，妻子会在丈夫尸体前哭泣，喊着"好天！好天！"这句俗语指天气晴朗（好天）。

家雀儿过海——没有落儿。表示某些人没有什么资源（没有落儿）。

判官请大夫——是鬼病。在城隍庙中，判官负责给予人奖惩。当城隍开庭审案时，判官也要出席，职能类似于知县衙门的典史。这句用来比喻私弊等，也叫"鬼病"[①]，即做一些被称为"作鬼"的坏事。

落草儿[②]掉在面缸里——白来一世。比喻某个人身上没有什么东西是成功的，似乎他来到这个世界上就是白来一趟（白来一世）。

老虎拉辗子——不听那一套。没有一种"套"能结实到足以让老虎拉辗子。这句俗语的意思是不听闲话（不听那一套）。

白磁盆子——看你这一套。形容语言虚假、荒谬（假话一套）之人。

[①] 即怪病或不可告人的毛病。（岳国钧 等，1998）[1095]

[②] 婴儿出生。（刘思训，2013）[209]

抬轿的见狗——活的。坐过中国轿子的人一定都注意到了轿夫回话时的咕哝声，很像一群青蛙在社交时发出的呱呱声。实际上，轿夫也有他们自己的黑话。因此当前面的轿夫在路上发现一条狗时，他想警告后面的轿夫不要被绊倒，喊的不是"狗"，而是"活的"。"抬轿的见狗——活的"这句俗语可以用来形容鱼。如果说一条鱼十分新鲜，那就会说它是"抬轿的见狗"，意思就是它是"活的"。类似的情况有很多，比如，在需要避开水的地方，人们就会喊"滑"；如果可能会撞到屋顶或其他障碍物，人们就会喊"靠"，比如"上靠""下靠""左靠""右靠"，以表示往上、往下、往左、往右的情况。

前蹿后跳的——狠不老实。指那些消停不了一会儿的人或不可靠（不老实）的人。

麻杆子打烟筒——黑了为止。一条路走到黑（黑了为止）。

说书的不带弦子——白讲。指无效的讨论（白讲）。

桅杆顶上设筵——高摆。指那些趾高气扬，但是实际上并没有实力（高摆）的人。

剃头的拍把〔巴〕掌——没有拿首。指一个人没有能力应付当前的情况（没有拿首）。

老西吃螃蟹——拿腿。指一个人跑步快得像他的腿带着他（拿腿）跑一样。

卖鱼的不带篮子——钩嘴儿。指阴阳怪气地讽刺他人，或辱骂他人（钩嘴儿）的人。

黄莲〔连〕堆娃娃——苦小子。指命运悲惨的人（苦小子）。

反面挂镜子——此人有些不照头。指那些不许诺任何好事（不照头）的人。

二十五头蒜——小辫儿。一百头大蒜的茎绑在一起，其中的二十五头叫作"小辫儿"。这句用于指有小辫子（小辫儿）的人。

抱着孩子进当铺——自己当人，人家不当人。用于指那些自以为了不起但被别人轻视（自己当人，人家不当人）的人。

各地都会使用大量没有正字的词汇，这是每个汉语学习者都很熟悉的一种情况。正如前面所提到的，有像野草一样从土壤中长出来的粗俗土语，有全国通用的口头语，还有用于文学的书面语。这三者之间的边界就像彩虹的尽头一样模糊不清，就像"足够"和"太多"的边界一样难以确定。这一切都是众所周知的。但是，还有一件事情更加令人沮丧。

大家都见过广东人十分拿手的牙雕套球①。从外表上看，它像桌球，但经过检查，人们发现它有一个开口，通过开口可以看到里面有另一个完美而且轮廓清晰的球。这个球里面又有一个开口，透过这个开口，我们可以隐约看见第三个球，第三个球也有一个开口，以此类推。换句话说，每个球都是一个空心球，只有最后一个才是实心的。难怪第一次见到这些玩具时，外国人会迷惑不解，不知道里面的球是怎么弄进去的。也难怪，一些好奇的人会把这些球扔到油锅里煮，以为这样能够看到制作者藏匿在这些小球之间的连接点。不用说，这样的实验必定失败，因为根本就没有什么连接点，所有的雕刻工作都是通过那小小的开口完成的。制作者做得十分灵巧，仿佛信手拈来。

我们可以把牙雕套球比作整个汉语，内部的球是汉语中的多种语言风格和方言。它的"内部深处"嵌着各种各样的小结节，我们会把注意力集中到这些小结节上。

就像汉语的其他组成部分一样，地方不同，这些称谓也有所不同。还有一种商业黑话，叫作市语，或者叫调市语，这个现象证明了塔列朗②（Talleyrand）的名言：语言是用来掩藏思想的工具。

下面有四组例子，第一个与黄铜和白蜡生意有关，第二个只有古董经销商才用，第三个是卖新鲜水果和鱼等的小贩使用的，第四个则是专门给理发师和盲人算命师使用的（想想看，只有理发师才听得懂的黑话）：

1. 黄铜和白蜡商人专用：**由中人共大天地景洋洪**。
2. 古董商人和二手衣服商人专用：**肖到挑罗福尊现世吾哥**。
3. 贩卖新鲜水果和鱼等的小贩专用：**摇柳搜哨歪料壳笨搅勺**。
4. 理发师和算命先生专用：**柳月汪在中神仙张太君**。

---

① 又称"同心球""鬼工球"，取鬼斧神工的意思，制作相当繁复，工艺要求极高。
② 夏尔·莫里斯·德·塔列朗·佩里戈尔（Charles-Maurice de Talleyrand-Périgord，1754—1838），法国主教、政治家和外交家。（Editors of Encyclopædia, 2011）

这里似乎只有任意两组之中的一两个字是相同的。其中一个把发音为"五"的字放在"九"字的位置。

在这些商业黑话中,"豆"字代表大,"洗"字表示小,所以"大的"就说"豆个的","小的"就说"洗个的",等等。

谁要是好奇心足够强,研究这些神秘的黑话,就会发现它们像汉语的其他口语形式一样,在统一性中有多样性,在多样性中有统一性。在北京流行的某一行业的黑话,不见得在西安府也会流行,当然也有可能会流行。例如,算命先生教学生这门手艺的奥秘,并把学生介绍给他圈内的熟人时,必须教学生这个行业的黑话。黑话也就成了学生的通行证,没有黑话,他寸步难行。因此,每一个行当和生意都变成了同行内部的事情。

据说有一个人曾经受雇于一家服饰商行,后来机缘巧合获得了一枚勋章,当了官。他走进一个遥远城市的一家服装店去买衣服,听到两名店员用服装行业的黑话极不礼貌地聊起了他。他脱下官服,把那两个人打了一顿。在西方国家也有这种事,年轻的电报员会通过酒店的咖啡杯嗒嗒地发送摩斯电码。这些黑话的"代码"在其他国家都不会成为秘密,只有在中国才会。有心人会查清楚这些黑话的谜团,然后把它改编成一部具有轰动性的小说。然而中国没有有心人,也就没有轰动性的小说,即便黑话现象历久不衰,也没有人注意,没有人想要深究。

此外,在所有的语言中都可以找到较低阶层和"危险阶层"①的黑话。读者们应该都能想起维克多·雨果的《悲惨世界》(*Les Miserables*)中大量的巴黎街头流浪儿和贫民的黑话,以及狄更斯的《雾都孤儿》(*Oliver Twist*)中相似人物的黑话。这些表达在汉语中有很多,有时它们被含糊地称为"调坎(侃)",这个词有时候也指其他形式的语言。在中国有成百,甚至很可能有上千个这种黑话,下面是其中几个黑话:

猪——黑跑。

马——快脚。

---

① 危险阶层,查尔斯·洛凌·布瑞斯(Charles Loring Brace)在1872年出版的《纽约危险阶层》(*The Dangerous Classes of New York*)中首次提出。他所谓的危险阶层包括流浪汉、流浪儿、掠夺性的罪犯、无业游民、妓女,皆是19世纪纽约城的底层人民。(Scott et al.,2014)

驴——鬼子①，而驴肉则被叫作"鬼子肉"。

许多人——山子好。

喝茶——知池。

酒——四五子，因为"九"与"酒"同音。②

下面是两个小偷之间的一小段对话。问问题的人在下面，回答问题的人在屋顶，找机会入室盗窃。

问："有水没有水？"意思是有没有下手的机会。

答："有。"

问："水甜不甜？"意思是机会大不大。

答："甜。"

问："有鱼没有鱼？"意思是有没有能偷的东西。

答："有鲍鱼。"鲍鱼是一种滑滑的鱼，没有鳞片。意思是机会不大。

问："钓不钓？"意思是要不要试一下。

答："不上钩。"意思是没用的，偷不到。

答："有一条筷子鱼。"意思是很容易得手。

有一句俗语正是用渔业术语表示入室盗窃的内容：**水大鱼多——只怕不上钩**。也就是说，大豪宅里肯定有足够的财物，但是得偷得到才行。③

在不能理解这种语言的人面前使用这种语言，对于对方而言，你是

---

① 据说这个绰号是根据中国人很喜欢的一种观察方式得来的。众所周知，**马见鬼，直了眼**。但是，据说驴子不怕妖怪，而且看起来很喜欢见到妖怪，所以，根据逻辑推断，驴子本身就是一种魔鬼。——作者

② 所以在一些地区，比如河南，百万富翁也被隐晦地称为"老草头"（Old Grasshead），是因为"万（萬）贯家财"中的"萬"就是草字头。北京方言中这种拐弯抹角的说话方式特别多，人们经常把这些语言编成小册子，在街上叫卖。一个姓陈的地方长官有个习惯，如果发现有人用这种奇怪的黑话说话，他会立刻给这个人一个耳光（打嘴巴）。因此就有了下面的俗语：

北京虚子恨人心，群立街头恐吓人。

口中调坎〔侃〕人难懂，可惜今无嘴巴陈。——作者

"老草头"为译者所译。

③ 有胆识但也不乏谨慎的读者，不应仅凭这些盗贼的黑话与渔业的关系，认为这样就可以和地道的中国小偷交流。这些渔业术语实际上并不是真正的黑话，虽然经常看起来很像，但它只是一种市面上用来误导诚实的询问者的赝品。——作者

在"笑骂"他，对他进行挑衅。下面这句俗语就是一个例子：**人有人言，兽有兽语**。我确实听不懂，但那是因为你们是兽。这样的谈话被叫作：**没眼的鸽子——瞎呱呱**。这句用来指那些专门说一些别人听不懂的话的人，也可以指那些夸夸其谈的人，说瞎话的人等。

如果对话是听得懂的，是公开敞亮的，那就是：**打破了壁子，说亮话**。但是有些人把"壁子"当成了"鼻子"的谐音，于是就有：**打破了鼻子，说亮话**。

这个"大题小作"的前言，只是为了以这些秘密的词语（私语）为基础，介绍一两句微不足道的双关俗语。

李翠莲死——一吊。这是唐代一位著名女性的典故，她住在山西的滕华县[①]。故事里，李翠莲是一个非常虔诚的人，是典型的佛教善人。但是丈夫不喜欢她信佛，竭力劝她放弃信仰，可怎么劝都白费力气。在一场严重的家庭暴力之后，李翠莲上吊自杀了，成为不朽的殉道者。

佛教有一本以她的名字命名的书，叫作《翠莲宝卷》，叙述她抛弃丈夫和孩子，虔诚献身宗教的功绩。这本书经常在"打醮"的过程中诵读。打醮是一种佛教弥撒，主要由妇女参加。开头的几句话是说翠莲决心吃斋，丈夫劝她不要吃斋。书中还记载了她对此的回复。

翠莲的名声并不仅仅局限于佛教圈，她的故事还被改编成了戏曲。中国的戏曲混杂着各种各样的传说，它们在戏曲中被组合在一起的唯一原则就是尽可能地产生最大的戏剧效果。李翠莲的故事并不止于此，甚至渗透到了中国的童谣之中。《翠莲宝卷》的第一句是这么说的：**李翠莲，要吃斋。他丈夫，劝他开**。儿歌戏仿了这句话：**李翠莲，要吃秤砣。他丈夫，怕他噎着。李翠莲，要吃辣角。他丈夫，怕他辣着**。

在"李翠莲死——一吊"这句俗语中，"李翠莲死"被用来暗指另外两个汉字"一吊"，即一吊钱。

黄毛儿的戏——三吊。黄毛儿是一个演员，他演了一部戏，表现出了高超的演技，因此出名。这部戏的剧情是这样的：

一个典型的中国婆婆，她对儿媳太过残忍，逼得儿媳想要上吊自杀

[①]　"滕华县"系译者根据"T'eng Hua Hsien"音译。

以结束这种痛苦。根据中国的理论，横死之鬼经常出没于死亡的地点，直到找到"替身"为止。只有当另外一个人以同样的方式在同一个地点死亡，第一个鬼才能获得自由，然后第二个鬼又成为横死之鬼。不仅如此，第一个鬼被赋予了危险的邪恶力量，能够进入人的脑子给人邪恶的指示，一旦这个鬼的指示进入了脑子，被迷惑的人就一定会自杀。这就说明了这类现象会连续不断地发生。

这个儿媳妇在窗边上吊自杀时，恰巧有个贼来了，想从那扇窗进去。他看见儿媳妇挡住了去路，就用剑切断了绳子。之前在这里死去的人变成鬼后不仅能叫人自杀，而且，奇怪的是，还能帮别人自杀。所以虽然鬼并不知道绳子被切断的原因，但是一直盯着儿媳妇摆来摆去的身体，一看到绳子突然被切断，便重新绑好。现在该轮到小偷吃惊了，他又切断了绳子，鬼一惊，又把女人绑了起来。第三次，小偷解开了绳子，把绳子拉出了窗外，里面的鬼彻底失败。鬼现在知道是谁在碍着它的事了，于是它跳出来和小偷打了起来，一直打到黎明，鬼跑了，小偷也受了重伤。儿媳妇在"三吊"之后被救了出来，婆婆过于严苛的毛病也被治好了，皆大欢喜。"黄毛儿的戏——三吊"指三千文（三吊）钱。

下面这句俗语是一个双关语，它不是同一个单词的两个意思的双关，而是一个词和另外一个没有意义的发音的双关：**老太太叫猫——花花的**。"花花"是呼唤猫时发出的声音。这句俗语指外表斑驳或绚丽的（花的）东西。

"笛笛呱呱"是一句重复的口语表达，用来表示犹豫不决，就像英语中的"dilly-dally"（磨磨蹭蹭）、"shilly-shally"（犹犹豫豫）等词汇一样。由于这个词的发音和鸡叫很像，所以有一句俗语：**吹鼓手抱公鸡，笛笛呱呱**。用于那些不知道自己在想什么的人。

与此有些相似的是这句纯粹与发音有关的俗语：**豁子嘴吹灯，飞飞飞**。兔唇的人只能发出"飞飞飞"的声音，这就像一个喜欢挑剔的人，总是喊"非，非，非"。

以同音字为基础的双关语

这类双关语比那些仅仅依靠一词多义的双关语要多得多。汉语口语的一个奇特之处是，即使在相距不远的地方，方言的发音也会产生质的变化。北京话和天津话的语音变化就是一个例子。

其他细节的变化也同样明显。北京话的许多首元音在天津话中不再是首元音。在中国北方的其他大部分地区，除了那些离首都很近的地方，这种首元音都变成了鼻化音。在北京话中发音为"cha"〔zha〕和"ch'a"〔cha〕的汉字，在天津话中发音为"tsa"〔za〕和"ts'a"〔ca〕。但由于这种音位变换在各地都是一致的，所以是可以原谅的。然而，当听到"shao"和"shih"〔shi〕等发音时，我们就会像罗伯特·霍尔（Robert Hall）谈及吉尔斯博士（Dr. Gills）的著作时说的那样，发现"一片泥泞的大陆"（a continent of mud）。这些音很多都变成了"sao"，或者是直接降格为齿擦音"ssŭ"〔si〕。不过还是有很多例外的。

正是由于方言的优美，才有了下面这些内容。我们以前听说过一个天津人，他买了一只雌性的红脖子鸟，却不知道雌性不会说话。朋友们追问他小鸟出声了没有，他只回答说："没哨。"天津话里面"哨"字的发音为"sao"，因此有句俗语说：**姚四的母红脖，没有哨**。指的是那些没有羞耻之心的人，即"没臊"。

下面的例子借用了谐音意思：**三九的萝卜——冻了心**。指一个人动了心。

用双关语来间接表达数字的情况很常见：

瞎子弹弦子——八板儿。即八百。

海蓝花——掉瓣儿。也就是一千五百文（吊半儿）。

火轮船上的划子——三板儿。指的是三百文（三百）。

显然，"火轮船上的划子"这句话一定是最近才有的。每天都有大量这种俗语出现，这是不消说的。

中国人对任何与金钱有关的东西都有着极好的记忆力。咸丰三年（1853），国家动荡不安，需要征兵。天津的盐务专员招募了一些勇敢的人，他们每天能得到四百文的报酬，这是熟练技工的工资。所以直到今天，天津人还会说这句俗语：**盐道衙门当勇，四百钱**。

在中国，只要亲戚朋友有婚丧嫁娶事宜，那每个人都要出份子钱，这显然是"第一个家族"出现时定下的社会准则之一。一方面希望显得慷慨大方，另一方面又不想花钱太过大方，这种想法或许就导致了经常将给的份子钱说成是实际数额的四倍的习俗。如果一千文被认为是合适的份子钱，那么他们就会给二百五十文。因此，说"**给你个分〔份〕子钱**"，意思就是我会给你二百五十文；"**给你个把〔巴〕掌钱**"，意思不是说一个手掌能装得下的钱，而是五文、五十文、五百文、五千文等，因为一个手掌有五根手指头。

两姐妹扑蚂蚱——对捂。也就是"两个五"（对五），等于十。

老头子毛腰——拾大钱。也就是十个大钱（十大钱）。

在中国，猴子通常被称为"三儿"，就像西方人称兔子为"布尼"，或者称鹦鹉为"珀尔"一样。"三"这个字经常被读作"sa"。知道了这些以后，我们便可以隐约知道下面这句俗语的意思。**猴儿拉马，三儿遛**。在这句俗语里，猴子骑在一匹马的背上遛马。最后三个字的发音是"sa-rh-liu"①，给人一种模糊的暗示。当听到一个人说"猴儿拉马"的时候，另一个人一定要知道下半句是"三六"，也就是三十六文。

用于表达金钱数量的还有另一种同样难懂的间接表达方式，外人完全看不懂，但懂的人却马上就知道是多少钱了。中国人有一系列类似手语的符号来表示数字。从一到五是用一只手的手指自然地举起来表示。整只手的手指弯曲表示六，大拇指和离得最近的两个手指表示七，大拇指和食指张开表示八（形状就像"八"字一样），食指弯曲表示九。

如果金额是二、两百、两千等，而当事人不想让外人知道这个数字，他们可能会说"挖眼嘎"。这个词的意思是，挖眼睛要伸出两根手指（一根手指挖一只眼睛）。听者就会明白伸出两根手指是为了显示总数，也就是两百文。

"一百鱼"和上一个词一样，表示金钱的数额。听者必须意识到，这里说的是一条鱼被放在墙上的场景。俗语有云：**墙上的鱼一只眼**。

---

① "sa-rh-liu"、"ssu-rh-liu"〔si er liu〕等，是"三十六""四十六"等的懒音读法。——作者

也就是说，在中国人的思维中，鱼要画在一个平面上，就不可能画完两只眼睛。这句俗语可以用来表示一个人只有一只眼睛，也可以表示还有一只眼睛（这里就是这种情况），只是它不在视线之内。一百条鱼画在一百面墙上会有一百只眼睛，因此"一百鱼"表示一百文。但是鱼在墙的另一面还有一百只眼睛，所以实际上这句俗语指的是两百文。

众所周知，中国人不仅注重自己的年龄，而且很看重自己在家中的排名。老大、老二等表示兄弟排名的称谓，跟在姓氏后面，形成了一种方便而通用的称呼方式①，而这样的称呼方式也无法避免双关语的"侵袭"。

多年的石头——老山。这句双关语是某个方言特有的，它只会在像天津这样的，把"山"字读成"san"的地方通用。这句俗语的意思是老三。

多年的古庙——老寺。表示老四。所以在"庙上庙"这个词中，"庙"用来指寺，"庙上庙"指的就是四十四。

多半世的妇人——老妻。即老七。

多年的绍兴——老酒。即老九。

"脸"字和"面"字也有自尊的意思，这个意思在双关语中经常使用，前面已经说过一些类似的双关语。这里有另一个：**卖切糕的竟剩了枣——没面**。即没有面子（没面）。

"理"字的意思是正义或道理，每个人都将它挂在嘴边（虽然这个人可能就是错的，或者是没道理的一方）。"理"字也有许多双关语。

两手捧寿桃——有礼。指做得对（有理）的人。与之相反的是，

---

① 这种简单地用数字称呼个人的习惯，会导致人们难以确定这些人称指的是谁。一个读书人，大家都管他叫"四先生"，只是因为他碰巧是家里的第四子。一个女人嫁给家中的老四，就被叫作"四嫂"。这种称呼方式带来的混乱是不可避免的。作者问一个客人："如果这个人真的想来见我们，为什么他从不过来见我们？"听罢，客人一言不发地举起了他的手指，这个手势神秘却重要。对外国人来说，客人打的哑谜完全没有意义，但中国人立刻就明白了，他们正在聊的这个人，可能和那个老四之间有什么问题。——作者

白衣道[1]**喝酒——反礼了**。指违反正义（反理）的人。

里壮不如表壮。[2] 坚持自己的观点比坚持正义要好。有一句反语说道：**理壮不如表壮**。

拆了棉花去穿大褂——没有里。就是说一个人不对（没有理）。

属包脚布的——反正都是里。指一个在任何情况下都有理（反正都是理）的人。

部分中国人喜欢撒谎，这导致了对"慌"字的各种玩梗：

向太阳的甜瓜——黄了一半了。即半真半假（谎了一半）。

喇嘛的帽子——黄了一半。和上一句意思一样。

太阳地的菜子——黄了。即虚假的。

许多俗语涉及长期缺钱的主题：

锣〔罗〕锅腰裁袍子——前短。即钱不够（钱短）。

锣锅腰上山——前紧。即钱不够（钱紧）。

响午朝南走——没有前影。即没有钱的痕迹（没有钱影）。

表示冥想、希望、期待的汉字备受青睐：

半夜打绳子——想麻了。即你在想什么（想吗）。

当兵的叫街——没饷了。即没有希望（没想了）

铁炮——响不开。即放不下（想不开）。

后锅里的水——响不开。一些茶馆有两个锅炉，后面锅炉中的水离火太远，不能煮沸。与上一句一样，这句话也是想不开的意思。

庄家〔稼〕老儿不认羊角炮——响到天上去了。"羊角炮"这种烟花在地面爆炸一次，在天上又爆炸一次。这句指毫无根据的预估。

你是火药短一半——没响头了。即没有希望（没想头了）。

---

[1] 这是一个著名的教派，其成员被称为"在礼"，也写作"在理"。这个教派禁止吸烟和饮酒。他们表面上是一个完全禁欲的社会，尽管受到当局极度怀疑和严厉镇压，但是他们在天津发展得特别好。他们那独特的服装——丧服——引起了大家的嘲笑。据说，由于上面（正文中的）这句俗语，他们变得家喻户晓，被叫作"白衣道"，但是这也给了外道嘲笑他们的机会，说他们是"白尾把道"，因为他们会把白绳子绑在队伍里。因此"白衣道"这个名字就替换了"在礼"。另一句俗语是关于他们的服饰的：**入了白衣道，不死老爷也穿孝**。——作者

[2] 也写作**表壮不如里壮**。表示妻子强壮比丈夫强壮更重要。——作者

你是鸟炝〔枪〕换炮——响头越发大了。即希望越来越大了（想头越发大了）。

现放着鸭子不拿——要拿鹅。指一个人为了敲诈勒索（拿讹[①]）而放弃了获得利益的机会。

鸭子头上长疙疸[②]——是个鹅头。指敲诈团伙的首领（讹头[③]）。

好画贴在南墙上。这句话是在嘲笑一个人觉得自己说什么都是对的，即漂亮话（好话）。

老虎大转身——没有脖儿。人们认为老虎没有脖子，所以必须要整个身体转过来。这句指某个人不愿意听从别人的要求又无法拒绝（没有驳儿[④]）。

他也算是海螃蟹——大夹儿。俗语中的"他"即使是个年轻而粗野之人，大家也不敢轻视他，因为他家族显赫（大家）。

浑身生疮——你是个脓人。这是在讽刺一个人假装自己很厉害："你真是个有才能的人（你是个能人）。"

鸡嘴衔琉璃瓶子——又尖又滑。比喻一个人又狡诈又不诚实（又奸又滑）。

旗杆上绑鸡毛——好大掸子。比喻一个人很有勇气（好大胆子）。

在西方，专有名词有很大的空间供人创造双关语。例如，谁没听说过《圣经》中最矮的人，齐膝高的米亚（Knee High Miah[⑤]），或者他的竞争对手，鞋那么高的比勒达（Bildad the Shoe Height[⑥]）？中国也有类似的这种玩人名梗的情况，虽然不是很常见。如：

梁山的军师——吴用。即没有用（无用）。

---

① 即"拿讹头"，指讹诈作奸者的钱财。
② "疙疸"同"疙瘩"。
③ 指讹诈的由头、借口。
④ 天津话，指不客气地拒绝。（刘思训，2013）[20]
⑤ 尼希米（Nehemiah）的谐音。尼希米是《圣经·尼希米记》中的主要人物。
⑥ 书亚人比勒达（Bildad the Shuhite）的谐音。比勒达是《圣经·约伯记》中的人物。

土地爷[①]**掉在河里**——**湿神**。即精神不集中（失神）。

说了半天算是江猪——**白蹄**。人们认为这种鱼有白色的蹄和爪子，这里用来比喻白提了一个请求（白题[②]）。

吃了荤了——**腻了**。比喻因为事情不顺利（逆了）而心烦意乱的人。

整的卖完了——**竟剩下末末了**。指一个没有工作，悠闲地游荡（闲行磨磨）的人。

满街上找鸡毛——**凑掸子**。指那些集合多人以壮胆量（凑胆子[③]）的人。

开水从头倒——**看你经浇不经浇**。即看你值不值得交往（经交）。

外甥打灯笼——**照舅**。即和之前一样（照旧）。

玉米棒子，撅（揣）在腰里——**不啃**。即不愿意（不肯）。

二十五两——**半封**。即精神轻微失常（半疯）。

骆驼上房——**高兽**。即高寿。

裁缝没有饭吃——**当针**。即信以为真（当真）。

药铺的苦菜——**看你这小蓟儿**。在中国药典中，蓟有两个品种：大蓟和小蓟。这里提到了小蓟，"蓟"与"技"谐音。这句的意思是你这不值一顾的能力（你这个小技儿）。

打折了骨头要对叉。对叉就是把骨头的两端连在一起，引申为找出账本中的错误（对差）。指那些需要调整一些差异的情况。

小葱子拌豆腐——**青青白白**。葱是天青色的，豆腐是白色的。指任何清晰简明（清白）的事情。

仰巴脚儿要塑神——**巧画**。即恰当的话（巧话）。

酱豆腐坛子——**没有筨子**。中国南部生产的坛子，通常都有一个松松垮垮的竹制篮筐，称为筨。那些只用来装腌豆腐的坛子没有这样的篮筐。这句话表示某人没有资源（没有落子）。

孟奶奶看闺女——**烂了**。孟奶奶的女儿得了溃疡，后来发展成了

---

① 《孟子》有云："狄人之所欲者，吾土地也。"最后四个字"**吾土地也**"，经常在土地神庙的入口看到。在这里，它变成了一句双关语，意思是我是土地。——作者

② 按照语境这里"白蹄"的谐音应该是"白提"。

③ 指集合多人以壮声势和胆量。（王彦坤，1999）[96]

恶性肿瘤。孟奶奶从女儿家回来后，别人问她女儿怎么样时，她的回答言简意赅："烂了。"也就是说，溃疡正在往外流。指混乱（乱了）的事物，或者腐烂（烂了）的事物。

老太太铺牌——煳了。"煳"指纸牌或多米诺骨牌与倒下的牌相符合的情况，这样就能赢了。这句用来形容一个人在极度贫困中，像烧煳（煳了）一样。

夹袄绪〔絮〕棉花——勾引。首先在袍子的边缘缝合（勾），然后可以放入棉花作为里衬（引）。指任何邪恶的诱惑（构引）。

高丽国的王子——外省。即外甥。

咸鱼船——莫打盐。即不要说话（莫打言）。

豆腐卤作菜——不用盐。即不需要说话（不用言）。

小刀子插到肋窝里，并不割心。指任何事情都不要放在心上（不搁心）。

敀打木子[①]**飞到旗杆顶上，想坐高橛**。希望获得高位（坐高爵）的人。

四衙却比二衙大，四衙比二衙多俩牙。这一妙语以"衙"字和"牙"字的双关为基础。"二衙""三衙""四衙"三个词指一些县令的下属可以在某些不重要的案件中代替县令办案。

养病堂里的破茶壶——又穷又滴搭〔答〕。滴答指滴水不止的东西，比如屋檐等。这个词与"低奔"同音，低奔的意思是很穷，社会地位很低。理发或者其他低层次手艺被称为"低奔手艺"。

别蒸馒头——争口气。争口气通常表示争吵、纠纷。然而，在这里，它的意思是奋起竞争。比如，有个人努力学习，虽然有人说这纯粹是浪费时间，但他不成功不罢休，这就可以称为"争口气"。"争"是"蒸"的双关语。

新牌，两支蜡，赊赌现抽头。纸牌、多米诺骨牌等被称为"牌"。

---

① 啄木鸟常被称为"锛打木子"，比如这句俗语：**锛打木子死在树窟窿里——吃了嘴的亏喇**。指那些祸从口出的人，因为他们不断地"啄"别人。——作者

在河北许多方言中，啄木鸟被称为"敲打木子""锛得木子""锛打木"。（李行健，1995）

假设玩家有一副新牌和一对蜡烛。大多数赌博的人都是通过赊赌进行赌博的，每个人都把自己的输赢记录下来，在赌博的时候不需要付现钱。赌博场的管理人会决定赌注中有几成要付现钱，比如每赌一百文就要付三文的现钱，这就叫作"抽头"。整句俗语只是表示某件事是"新排"的，比如一部戏或演员的台词。

剃头的扁担——长圆不了。比喻企业不能长远发展（长远不了）。

武职的衙门——没有枷。武官的惩罚比文官的惩罚要严厉得多，所以不需要枷锁。"没有枷"是"没有家"的谐音。

你两个是花椒大料——二味。这是一句讽刺的玩笑（改人的话），是在嘲讽那些没有资格被视作学者和绅士的人。"二味"是"二位"的谐音。

赁房子住——那里有契。只有当房屋被购买或被典当时，契据才归购买者所有。用来形容一个人因为生气而被抱怨，这时这个人回答说："哪里生气了（那里有气）？"

武大郎挑牌坊——担不起大架子。指某个人胆量不够（担不起大架子）。

带着柳斗上城壕——高升高较的。就像前文的图画双关语描述的那样，这句俗语中被带到高处的"斗"被用作"升"的双关语。而"升"又是"声"的谐音，"较"是"叫"的谐音。也就是说，"高升高较"是"高声高叫"的谐音。

甲鱼盖子量枣儿——什么升儿。指不和谐或令人讨厌的声音（什么声儿）。

为了满足佛教徒和其他不吃肉的人的需要，有一些餐厅专门将肉类排除在菜单之外。其中一些餐厅有一种汤，叫作笊汤，它有一点点鸡肉和猪肉的味道，因此有一句俗语这样说：**素馆里卖笊汤——二荤**。"二荤"是"二婚"的谐音。

然而，普遍的印象是，尽管理论上佛教僧侣是不能吃荤的，但是似乎大家对和尚们的印象都是，他们的饮食是最为自由的。佛教规定，僧人必须持斋或吃斋，不能吃五荤，即牛肉、马肉、狗肉、鹅肉、鸽子肉，以及某些蔬菜，如葱、大蒜等。但是，"五荤和尚"和"酒肉和尚"这两个词却告诉我们,大家都知道和尚实际上没有严格吃斋。

在下面这两句中,提问者直接问和尚:"你吃不吃肉,喝不喝酒?"因为佛教除了持斋外也禁止喝酒。和尚给出的都是含糊而意味深长的回答。"和尚你吃肉不吃呢?"和尚的回答是:"僧不吃。"和尚实际上想说的是"生不吃"(不吃生的),意思刚好和他原来说的"僧不吃"反过来。在天津,"生"读作"sêng",这让这个双关语变得完美。又问:"和尚喝酒不喝?"和尚的回答是:"最不喝。"但是实际上这句话的意思是"醉不喝",这样理解更加符合真实情况。

寡妇盖夹被——没心续。用于指鳏夫不打算再婚,也用来形容没心情给坏掉的弦乐器换一根琴弦(没心续弦)。

要去转咒去。"念死人的经"被称为"转咒",因为在举行仪式时,和尚们会一直不断地重复念经。这句俗语用来形容一个人在紧急情况下向一个又一个熟人求助,但都没用,因此他不得不"转周"一下,直到他得到一些东西。

吃药用押舌子——不灌。如果把苦药放在离舌头底部很远的地方,就没有必要用水冲下去。用于某人不熟悉的事物(不贯[①])。

推小车的拾了根褡包[②]——有襻[③]了。那些用手推车搬运重物的人,会把一个带子搭在肩膀上分担重量。在这句俗语中,推车的人原本有一条带子,但是弄丢了,不过他又捡到了一条腰带,于是他就可以用腰带来拉车,这样一来目的也达到了。这句指某个人在经历了巨大的困难之后终于看到了希望(有了盼子)。

钱铺里的耗子——盗帖。这句话暗示的是另一个词"倒贴",表示给予了超出预期的额外的东西。倒贴就是指在做生意的时候,甚至还要用给钱的方式达成交易。同样地,一个人做生意的时候被骗得很惨,被骗了很多不必要的钱,也被称为倒贴,即原本应该付钱的成了收钱的,原本应该收钱的成了付钱的。

---

① "不贯"应为"不惯",原文疑错。

② "褡包",即"褡膊",一种长方形的布袋,中间开口,两端可盛钱物,系在衣外做腰巾,亦可肩负或手提。

③ "襻"(pàn),器物上用来结系或攀手的带。

另一个类似的俗语也在玩"倒贴"一词的梗：**庄家〔稼〕老儿粘对联——倒贴儿**。庄稼老儿不识字，所以对他来说，怎么贴都可以（反正都是理）。

中国人喜欢通过庆祝节日来纪念神明，当然有可能只是为了开心。他们会举办各种有趣的集会，以便吸引观众上。在天津有一个叫作"龙亭西会"的聚会，是以举办地点命名的。在龙亭西会上，人们会弹奏一种叫作"拾不闲"的乐器娱乐大众，这是一种有琴弦的架子状乐器。拉动琴弦之后，鼓和钹会以看不见的方式敲击起来，并发出声音，无穷无尽，连绵不断。有个会首姓辛，别人给他取了个外号儿叫"辛不净"，也就是心不净。因此当地流传着这样一句俗语：**龙亭西的拾不闲——心不净**。

王小儿过年——咱记话。这是一出话剧，剧中王小儿和妻子到了过年的时候，家里一贫如洗。全国人都在吃喝玩乐，很长一段时间市场都关闭了，人们没有活儿干，这种情况自然会引起家庭的吵闹。

俗语有云：**三十晚上吃饼子——不及不年下**。吵闹完了以后，大家达成协定：谁先说话，并且让对方听见了，那谁就要负责整年的食物。

不久，侄子来拜年，发现叔叔婶婶都不说话，不仅相互之间不说话，也不跟他说话，他十分诧异。这个情况太奇怪了，侄子很害怕，便去报了官。当地官员下令王小儿和妻子去见他，查问他们不说话的原因。看到他们一语不发，官员和王小儿的侄子一样十分诧异，也和侄子一样生气了，于是以藐视公堂的罪名下令杖击王小儿二十下。打完以后，王小儿便装死，妻子开始哭，大声喊着王小儿的名字，哀痛不已。一听到妻子的哭声，王小儿就跳起来大笑说道："咱要记得说过的话（咱记话），你欠我一年的食物。" 这句话指那些话不投机的人，他们觉得既然话不投机，那么就不要再说话了（咱忘话）。如果要这么做的话，就可以说"王小儿过年"，剩下的大家就都懂了。

脚指头上挂铃铛——走一步，响一步。每走一步之前，先想一想（走一步，想一步）。

灵宝如意丹——小丸儿。指的是一个人引起了骚乱，但是这个人却说他所做的事情跟他能做的事情比起来只不过是小事一桩，而且他下次还会这么做，实际上，他现在只不过是在"小玩儿"一下而已。

冻豆腐——**拌不开**。钱不够,事情就办不成(办不开)。

老太太的拐杖——**扶人**。即有福之人(福人)。

木匠拿斧子——**不够一锯**。比喻说的话完全没有意义(不够一句)。

枣核子解板——**你可有几锯呢**。这句话是对一个明明没啥说的,却硬要说话的人说的:你能说几句呢(你可以有几句呢)?

庄家〔稼〕老儿未见过樱桃——**小杏儿**。指脾气暴躁(小性儿)的人。

周二家的驴子——**活兽儿**。周二是道光年间的天津人。这个人很喜欢在天后宫一年一度的集会上,给他的十四头驴穿上奇装异服,戴上面具,弄成狮子、老虎、龙、麒麟等的样子,然而它们毕竟是"活兽"。这句用来指活受罪(活受)的人。

庄家〔稼〕老儿买红矾——**信石**。信石是红矾这种矿物的别称。这句比喻诚实(信实)之人。

猪八戒喝礤〔磨〕刀的水——**内锈**。指一个人外表不怎么样,但是天赋异禀(内秀)。

挑水的回头——**过了井咧**。①指好日子已经过去(过了景咧)。

寿星老儿骑驴——**没有鹿了**。传说寿星老骑在一头鹿上。这句指处于困境中的人,没有办法(没有路)。

骑着鹿,搬着甲,一路不下马。走路的人经常被笑话是在"骑路"。"骑着鹿"也是这个意思。

福兴邦的和尚——**没有化**。福兴邦是北京的一座与关帝有关的寺庙,它不是靠和尚化缘的钱建立起来的。这句指无话可说(没有话)的情况。

姚四的指甲——**没修**。比喻不害羞(没羞)。

猴儿拿剪子——**瞎铰**。比喻添乱(瞎搅)。

元宝贺坐月子——**养蝠**。元宝贺②是蝙蝠富有诗意的名字,因为

---

① "井"谐音"景","过了井"即"过景了",谓已经过了光景,即过了时,情况发生了大的变化。(白维国,2001)[1458]

② 有些人想知道为什么中国的银子叫银锭(sycee),也许称其为银锭是因为他们"看"(see)到银子走了会"叹气"(sigh)。——作者
这句是一语双关,sycee 的发音是 sigh 和 see 两个单词发音的结合。

"蝠"与"福"同音，前文已经提到过了。如果一个人有很多的子女和孙辈，而且都是有道德的人，那么这个人就是在"养福"。

绿豆蝇坐月子——抱蛆。指经常受委屈（抱屈①）的人。

一个钱的烧酒——怎么燎。即这件事怎么解决（怎么了）。

拿着石头砍山——石打石的。也可以说：**山上滚硫轴——石打石**。比喻实实在在（实打实的）。

庄家〔稼〕老儿未见过对联——不是画。比喻话不连贯（不是话）。

腊月的孩子——冻手冻脚的。指积极做体操之类的运动的（动手动脚的）人。

笊篱挂在胸脯〔脯〕上——捞心。比喻费心（劳心）。

上山的骆驼——好大蹄。指一个涵盖面很广的主题（好大题）之类的，或者是嘲笑一个人的脚很大，像骆驼的蹄一样大。

猴抱琵琶——乱弹。比喻盲目的谈话（乱谈）。

三河县的老妈——高冠。三河县〔今三河市〕位于北京东部直隶省内的一个城市，以妇女戴高帽闻名。喻指高级官员（高官）。

野鸡戴帽儿——混充莺②。指假装自己很勇敢（混充英）的人。

反穿皮袄——混充羊。指一个人很穷，却假装自己很有钱（混充扬）。

小白菜——再拣。小白菜的黄叶必须反复拣出来。喻指下次见（再见）。

薄核桃——满仁。比喻挤满了人（满人）。

属梅花鹿角的——叉儿到〔倒〕不少。比喻错误挺多（差儿倒不少）。

小炉匠带〔戴〕眼镜——找叉儿。即找差错（差儿），类似于吹毛求疵。

武大郎拉楼——一溜胡构。即一派胡言（一溜胡讲）。

锅小——煮不了。指无法做主（主不了）的人。

砂吊里长葫芦——煮不开。和上一句意思一样，指做不了主（主不开）。

你是二十四孝——大贤人。即你是个无事可做的人（大闲人）。

---

① 即遭受或感到委屈。
② 英文原文为"a falcon"，应译为"鹰"。

第七章 双关语或其他文字游戏 | 199

闲人免进贤人进，盗者莫来道者来。

小炉儿匠的摇头——不敢钉。比喻不敢决定（不敢定）。

打着灯笼扬麦子——照场。比喻像往常一样（照常）。

园子里的白菜——在畦。指属于八旗之一（在旗）的满族人。

庄家〔稼〕老下旗〔棋〕——吃个卒。指吃饱了（吃个足）。

老坟后头撑摆渡——祖船。指一代一代传下来（祖传）的东西。

八百钱掉在井里——摸不着那一吊。比喻那些唱歌不好的人，找不到调（摸不着那一调）。

就像一位女士穿着很适合自己的裙子一般，上面这句俗语很适合中国人，仿佛它已经融化并注入了中国人的血脉。如果在中国有唱歌这种事情的话，那么我们可以有把握地说，永远不要让外国人听到。汉字"唱"的意思非常恰当，它也表示鸟鸣。对于从未听过中国人唱歌的人来说，以刺耳的假声唱出的咯咯声是难以形容的，而听过的人则不需要描述。除了那些还没有变声的小孩子，中国人尝试学习外国歌曲的样子往往会带来戏剧性的体验。在唱歌这件事上，每个人都只是自顾自地唱："每个人都在不同的道路上徘徊，却都走着下坡路。"[1] 外国人能够理解音乐术语所代表的节拍和曲调，但是对没有受过教育的中国人来说，它们就像亚述楔形文字一样难懂。外国指挥比世界上几乎任何其他地方的唱诗班领唱都更享受音乐，这是一个明显的优势。他能唱出适应任何特定音阶的曲子，适应任何其他音阶的小节；他可以改变音调、音高，甚至是曲调，而不会引起其他成员的怀疑。一个牧师脾气很暴躁，有一天他的唱诗班在费力地唱着一首赋格曲，已经唱到最后一节了，牧师突然说道："停！让我的声音死在寂静中吧！让你们的声音死在寂静中吧！如果天堂里的天使听到你们唱歌，他们会把你们的小脖子拧下来！"对于中国唱诗班来说，有一件事是幸运的，那就是"天堂里的天使"似乎没有特别注意到中国正在发生什么。

中国人很喜欢中国本土的合唱表演。下面这句俗语嘲笑了一个唱得不是很好的人：**山西的骡子学马叫——南腔北调**。

---

[1] 出自 1842 年版的《瓦茨博士及其他作者的圣歌和赞美诗集》（*The Hymn Book Prepared from Dr. Watts's Psalms and Hymns and Other Authors*）中的一首诗歌。

地名在英语中只是偶尔用作双关语，比如：匈牙利婴儿先去了拉普兰，然后去了布列斯特。①汉语之中将地名用作双关语的频率却很高，因为几乎所有的地名都有自己的意义。地名有时也被用来表示同音的其他词。例如：**过了获鹿往西走——井陉**。井陉是获鹿以西的第一个城市，获鹿镇位于直隶和山西之间的固关。这句俗语用来表示任何完全可行（竟行）的事情。

另一个地方俗语也体现了同样的思想：**恩县的馍馍——躺行**。馍馍是由发酵后的面粉制成的，可以做成想要的形状，一般是倒扣的茶杯的形状。在山东恩县，馍馍通常又长又厚，就像中国的蜡烛一样。捏好以后，馍馍被放置在一个温暖的地方盖起来，这个过程被称为"行一行"。因为长长的馍立起来的话肯定会倒，所以它们是"躺行"的。之后再被蒸熟。这句俗语在山东用来表示一件事可以像流水一样容易完成（汤行）。

这类双关语几乎与各种各样的谜语一一对应，其中一个地方的名字要通过隐晦的方式猜测，比如：**板凳底下劈劈柴——难扬斧**。这句说的是河南南阳府。中国的城市可能被这样处理过几千次了。无论新出来的谜语是什么，每年都会在新年灯笼上展出，供观众斗智斗勇。

古籍经典也难免受到双关语的入侵。我们的老朋友，《诗经》里的桃树，就被用到了双关语中：**桃之夭夭——走了**。"桃"字与"逃"字谐音，加上最后两个字"走了"，表示逃走了。

不过是哀而不伤的事。这是另一句引自《诗经》的内容，哀而不伤的意思是在宣泄感情的时候需要适可而止。这句话指出事了，但是并不严重（挨着一点所伤不大）。比如说一个人不得不花钱就属于这种程度的事情：这件事情和他挨得很近，但是没有近到能够对他产生伤害。

简而文的办就是了。出自《中庸》，意思是有序和恰当的程序方法（检点的办）。

诗句和其他古籍经典一样，很容易被双关语利用。因此李白的诗

---

① 原文为"the hungary baby going first to Lapland, and then to Brest"，应该是"the hungry baby going first to lap land, and then to breast"（饥饿的婴儿先去舔地，然后再去吃奶）的谐音。

句——**西望长安不见家**[①],讲的就是那些外表看不出来它好但实际上品质优良(不见佳)的东西。

有些句子,一整句话都能被当作一个名词,甚至还被编成了俗语。例如:**满脸的天官赐福,一肚子男盗女娼**。这句话是在诅咒敌人,贴在某些禁止移走的公告,或者禁止商标侵权的警告等后面。其意思是:如果有人无视警告,那就诅咒他的儿子都变成强盗,女儿都变成娼妓。

双重双关

中国人认为青蛙和蝉是同一个科属的。因此,俗语有云:**江南的蛤蟆——南蝉**。指一个人很难打交道(难缠)。

狗啃骨头——干咽沫。骨头光秃秃的,除了嘴里的泡沫,狗什么也吃不到。这句俗语指推动磨石的时候,没有东西给它研磨(谐音"干研磨")。

半悬空中刷镜子——糊云。比喻无聊的谈话(胡云)。**裱糊匠上天糊云**是这句话的另一个说法,这两句意思一样。

庄家〔稼〕人没见过顶针——针搁的。比喻真正的(真个的)。

坐盐马敲木鱼——咸化。比喻无聊的话(闲话)。

庄家〔稼〕老儿未见过莲蓬子儿——藕仁。比喻使人恼怒(怄人)。

一大把抓秫秫——喂鸡。比喻只考虑自己(为己)。

卖油的不带笔——石画。谐音"实话"。

求财望喜。这可能是天津当地的一个笑话。算命先生在吸引顾客的时候习惯吆喝这句话。这句用来吆喝的话没有很好地保留字的声调,最后两个字听起来像"往西"。

下面这句俗语是一句玩笑话:**求财往西**。表示一个人活着的时候没什么赚钱的希望,他可以把发财梦推迟一些,等他去到西方极乐世界(人们认为死人会去这里)的时候,再想着发财也不迟。

锅台后头钉板子——碗架。即女人的第二次婚姻(晚嫁)。

---

① 出自李白《与史郎中钦听黄鹤楼上吹笛》。

半夜睡不着——心邪。即新鞋。

河东的当铺——源裕。最后两个字"源裕"是当铺的店名。这两个字用来表示"yen yü"（言语），口语发音为"yüan yü"〔yuan yu〕，意思是想要什么就说出来。

东方亮打涕喷——闻明打听。表示询问姓名、调查情况（问名打听）。

夫妻两口子吵闹，假恼。两口子吵闹，隔夜就好。即棉袄（夹袄）。

变戏法的铺毯子，蒙地。即结拜兄弟（盟弟）。

攥着拳头进灰店——捣煤。"捣煤"是"倒霉"的谐音。倒霉的意思是已经没有运气，下面这句俗语就用了这个意思：**为人宁死，别倒眉〔霉〕**。

又有俗语说：**下馆下热闹馆，洗澡洗倒眉〔霉〕塘**。"下热闹馆"是因为那里所有的东西都是新鲜的，你可以吃尽心中想吃的东西；"洗倒霉塘"是因为那里的水会干净一些。

下一句俗语体现出中国人奇怪的习惯，它会像普通的双关语一样，抓住声音的相似之处，然后用双关语进一步来加强表达，这个时候已经与出发点完全没有关系了。且看这句俗语：**他是桃仁不该，杏仁也该**。杏仁表示"姓人"，即任何一个有姓氏的人，指任何一个人。也就是说，他谁都亏欠。"桃仁"与"杏仁"有关，这只是为了给那些不习惯走捷径的人设置障眼法。

用来交税的银锭通常是用硬木头运到首都的。这些木头被挖空，以便能装下大约十八块银锭，然后被小心地用铁条固定，装到大车运到北京，通常要穿越数千英里才能到达北京。中国这个国家如此深谙银行之道，却使用这么笨的方法，这体现了整个国家的兑换系统有多么糟糕，没有重量标准，也没有测量工具，当地银行注定会失败。

这些奇特的政府保险箱被称为"杠箱"或"杆箱"。民间有一个节日叫作"杠箱会"，在这里已成为一个典故。这是和国家资金运输系统有关的运动会，杠箱会里有大量稀奇古怪的展览。这种通过比赛娱乐大众的节日被称为"赛会"。

杠箱会上有国家的运钞车，一个表情严肃的官员看管着里面的货物（仅仅是因为他位高权重），有游行的队伍、无数的官员、灯笼等。灯笼上有说明官员级别的文字,但是出现最多的却不是大官的级别,而是"捕厅"。因此,天津有句俗语:**杠箱会的灯笼——全捕厅**。最后两个字[①]表示,无论别人请求我多少次,请求我多久,我什么都不听(全不听)。

这么简短的一句话,却用了最难以理解的语言,并且需要这么冗长的解释,说明在中国的所闻所见是多么难以理解。对中国人来说,这些绝对不可理解的事情却司空见惯。"你认识我爸爸吗?"一个小男孩问另一个。"不认识。"对方回答。"哼!"第一个说,"我认识我爸轻而易举,你竟然不认识!"

有一种俗语与双关语类似,甚至有时候其自身就包含双关语。这类俗语包含了大家常说的一个词或一句话,前面的句子描述了一个情景,这个情景包含了对应的那个词或那句话,而且经常会加入奇怪的或意想不到的内容。这些内容会产生幽默的效果。沙修道先生称之为影射的例子中,有一些就属于这一类包含了解释的俗语,我们可以通过下面的例子看出这类俗语的特质。就像双关语一样,这些俗语省略了最为关键的词,而句子其余的部分会暗示关键词到底是什么。

"**没有的事**"意思是"没有这种事情""不是这样的""这是个误会"。如果一件事罕见到不可能有第二次,那么口语上将其叫作"**没有的东西**"。

鸭子踢死人——没有的事。[②]

牵着不走,打着倒退。

驴子过桥,牵着不走——打着倒腿。

云里来雾里去。指模糊,不确定,不值得信赖。来得容易去得快。

张天师的鞋——云里来雾里去。张天师,或称天师,是中国道教世袭首领的称号。

---

① "最后两个字"应为"最后三个字",疑错。

② 一个船夫都能答出这句俗语,说明即使是没有受过教育的中国人也能马上回应这句话。船夫抱怨开价太低,他会亏钱的。对方的回答是:"鸭子踢死人。"船夫明显从未听过此类说法,但是有一个围观群众的问题提示了他这句话是什么意思:"有这样的事吗?""有啊,"船夫说,"**鸭子大人小的时候**。"这种情况下,船夫应该是在说另外一个人是小人。——作者

与这个称号有关的传说和传统可以追溯到张道陵。张道陵生活在公元 1 世纪（参见梅辉立《中国辞汇》第 35 条），生活在江西的龙虎山，其继任者至今仍住在那里，被人称为道教天师。张天师和北京朝廷有正式的联系，朝廷雇他当国家的首席驱魔人，有一个叫"法官"的作为他的代表常驻北京。每当皇帝有什么事要请教天师时，就给天师的代表传话，代表就在一张纸条上写下神秘的信息，然后烧掉这张纸，张天师就会立马赶去北京。人们普遍认为张天师像其他的大人物一样去北京，然后腾云驾雾回来。这就是俗语所说的：**张天师进京——见去不见回来**。

有俗语道：**张天师叫鬼迷着了——有法没法儿了**。这句话指一个人在另一个更强大的人面前失去威严。

貌不惊人。

武大郎带蒲包——人不压众，貌不惊人。

两手抱蟋〔刺〕猬。

两手抱蟋〔刺〕猬——丢了可惜，不丢扎手。在中国的一些地方，人们会抓刺猬，给它涂上泥巴，直到泥巴把刺掩盖住，然后烤熟。烤熟的刺猬的皮和泥巴都很容易去掉。据说他们觉得刺猬肉是美味佳肴。

随方就圆。也就是适应环境。

八仙桌子盖井口——随的方，就的圆。

进退两难。

羊撞篱笆——进退两难。

真假难分。

伍子胥闯关——真假难分。前文已经提过伍子胥了，他的父亲是楚国的大臣。故事是这样的：楚王坚持要把自己的儿媳娶入后宫，伍子胥的父亲伍奢是一位勇敢、正直、忠诚的官员，他向楚王进谏。由于直言进谏，伍奢要被满门抄斩。有人偷偷地告诉了伍子胥他现在身处危险，于是伍子胥设法逃到吴国，准备召集军队攻打楚国。因为伍子胥很强，所以楚王想尽办法不让他出逃，把他的肖像（画影图影）送到全国各处，想要找到他。伍子胥几乎没办法逃出楚国，但后来父亲的朋友把伍子胥安置在安全的地方，还找到了一个和伍子胥长得几乎一模一样的人，别人很难辨认他们。伍子胥和这个人交换了衣服，顺利离开了楚国，因为他们两个真假难分。伍子胥这种莽撞的行为，产生了下面这句俗语：**伍子胥过招关——硬闯。**

如胶似漆。形容十分亲密的结合。

鱼水相合——如胶似漆。

七手八脚。形容很笨拙。

海螃蟹过河——七手八脚。

门当户对。形容很匹配。

挑水的说给卖柴火的——门当户对。

一根不拔。形容很吝啬。

磁公鸡———根不拔。

手到擒来。形容马上就完成。

裤裆的摸虱子——手到擒来。

费力不讨好。

建桥的带子——费力不讨好。建桥是直隶景州附近的一个镇店，那里的腰带是"费力不讨好"的。

顾前不顾后。形容粗心大意。

老虎入山洞——顾前不顾后。[①]

远水解不了近渴。

玉泉山的水甜——远水解不了近渴。北京西部的玉泉水是供应给皇宫的。

家菜不香——外菜香。

妻子是人家的好，孩子是自家的好，家菜不香，外菜香。

一物降一物。每种事物都有其天敌。

一物降一物——卤水降豆腐。卤水是由"小盐"制作而成的，浸在苏打水里面。没有卤水，豆腐是做不出来的。

---

① 老虎的脖子很短，或者像中国人说的那样，老虎根本没有脖子，所以不可能总是看到自己的肩膀。它虽然鲁莽，但是强大。西方人说鸵鸟有着愚人般的自以为是，这种想法在中国人的俗语中也有体现：**属野鸡的——顾头不顾尾。**——作者

人马枪刀。即一个无能的人，一匹瘸腿的马，一把断了的枪，一把钝的剑。换句话说，装备不合格。

骑着肥猪抡扁担——看你这个人马枪刀。

里钩外连。即勾结、阴谋、背叛。

骨钉脚——里钩外连。女人的脚要是没有裹成合适的形状，就会被认为很丑。裹了之后的脚，形状像钉，或者钩，但却被认为像莲花。这句俗语用来表示勾结、阴谋、背叛（里钩外连）。

不看吃的看穿的。

披着蓑衣，龈石头。不看吃的，看穿的。①

头上一句，脚上一句。即语无伦次。

背着草帽，吆喝草鞋——头上一句，脚上一句。

邪不侵正。

圣经镇鬼祟——邪不侵正。

火燎眉毛。形容迫在眉睫的危险。

迎着风化纸钱——火燎眉毛。

靠火先热。

娘家的亲，炕头上坐，婆家的亲，门前过——总而言之，靠火先热。

有一句说一句。

灶王爷上天——有一句说一句。

少所见，多所怪。

见骆驼说马重背——少所见，多所怪。

皂白不分。比喻极度愚蠢。

卖炭的掉在面缸里——皂白不分。

比上不足比下有余。

你骑骏马，我骑驴，回头又见推车汉，比上不足比下有余。②

---

① 类似的观点也体现在一个关于鸟的俗语中，这种鸟叫太平鸟，它有美丽的羽毛，但像鸵鸟一样，吃那些最容易得到的东西：**属太平鸟的——讲穿不讲吃**。这两句俗语都用于形容穷人试图打扮得跟富人一样。——作者

② 更常见的说法是：**比上不足比下有余，人家骑马我骑驴**。——作者

一代不如一代。

锛打木转夜猫子——一代不如一代。啄木鸟没有什么与众不同的特点，但猫头鹰却是无可救药的恶鸟、不祥之鸟。**夜猫子进宅，无事不来**。因此，如果啄木鸟根据佛教理论转生为猫头鹰的话，与上一代相比，它就是退化了。

闲置忙用。

十三四岁的姑娘裁裤子——闲置忙用。

手忙脚乱。即心烦意乱地忙。

打面罗的敲梆子——手忙脚乱。

左右为难。形容尴尬的选择。

反贴门神——左右为难。前文已经提到了门神，这两个英雄的画像被贴在门的两边，门关上的时候，他们就会面对面站立。这句俗语讲的是，如果两个门神被贴反了，他们就会永远背对对方，这样会造成很大麻烦。

下面三个例子是对《孟子》中出现的语句的改编：**鸟中之凤，鱼中之龙，出类拔萃**。指皇帝之类的人。

下面的俗语包含双关语：

贤者在位。

腌萝卜放在椅子上——咸者在位。

能者在职。

变戏法在树梢上——能者在枝。去掉最后那四个字，加上"打孟子一句"，前面的两个例子就成了谜语。

一言难尽。

捶板石落在咸菜缸里——一盐难尽。用捶板石击打衣服，衣服会变得有韧性而且光滑。这句话用来形容某件事情一言难尽。

见不到最后一个字的俗语

中国人有一种习惯，即故意把句子的某一部分先藏起来，再用表达出来的部分引出被隐藏的部分，关于这点我们已经提及数次。他们之所以津津有味地使用一些带有双重含义的俗语，很大程度上是因为他们十分喜欢将某些部分隐藏，然后利用隐藏的部分表达自己的想法，让二者相互作用。除了我们之前已经提到的很多例子外，还有大量的俗语，它们被含糊地称为歇后语，就是最后一个字歇息的句子，也叫解后语[①]，即用其他部分来解释句子的最后一字。歇后语十分流行，但它们本身却极其难懂。这一节我们谈一谈歇后语。

如果一个讲英语的人听到别人跟他说"请去朴素"（come to your frugal），他很快就能明白别人在叫他去吃饭。此处，"朴素"（frugal）一词代替了"吃饭"（meal），而且将形容词"朴素"用作了名词。这句话的意思其实是请去吃饭。当一个男人正在卸货的时候，发现其中一个包裹是"鞋匠往他妻子身上扔的东西"[②]（what the shoemaker threw at his wife），他明白这是个歇后语。这些表达和汉语之中的歇后语别无二致，但是英语中流行的歇后语能够想到一打就不错了，汉语中却有上百句。毫无疑问，出现这种情况的原因之一，就是中国人都很喜欢这种说话方式。另一个原因也许是两种语言的结构不同。在英语中，形容词和名词之间的区别很清楚。如果我们假设"请去朴素"这句话变得流行起来，最终的结果就是"朴素的"这个词又增加了一个意思，即"一顿饭"，而且人们会天天说到这个词，说到它的时候也完全不会想到其他的意思。虽然这只是理论上的假设，但我们有理由相信这种事情可能已经发生过了。例如，"constitutional"一词除其他含义外，还表示那些对身体素质有益的事情，比如体育锻炼。这个词的这个意思是剑桥大学的学生首先使用的，它一开始可能就是一句歇后语："来，走一走'对宪法有益的'（路）[come

---

[①] 这类表达类似谜语，不像一般的俗语，它很难理解，因此并不通用。它们只不过是文字游戏，没有任何实用价值。——作者

[②] 也就是说，这个包裹里装的是鞋子。

take your constitutional（walk）]。"形容词很容易获得名词的意思，因此这个影射也被破坏掉了，于是就产生了另一个名词。在英语词典中，"constitutional"这个词也指走路。当一种语言背叛了这种无害的小玩笑，将其变成严肃的表达的时候，结果必然是这种小玩笑没有了用武之地。

此外，还有第三个原因，它比前两个都重要，因为它让英语没办法像汉语那样形成歇后语。第三个原因就是英语是不稳定的，几乎没有固定的表达方式。每种表达方式都是一样好的，只要能够最快、最准确地表达清楚意思，那就是最好的表达。汉语曾经也是这样的，但是它在很久以前就像巴黎的石膏一样被固定在一个模子里了。汉语包含着千千万万个惯用语，这些惯用语有着各种可能的特性，长度各异，涉及方方面面的主题。汉语的言词，特别是汉语的文章，在某些方面就像印书的格子一样，不仅单个汉字是这样，词和句子也一样。如果要用汉语中的术语印书，就必须使用固定的字、词或句子，然后把它们变成活字印刷块。如果想谈论一个人在高雅艺术方面的造诣，就必须用"**琴棋书画**"这个惯用语，不能用其他的说法。这就是普遍的情况。除此之外，有无数表达来自"四书五经"，并且流传至今，它们是全国唯一的"系列教科书"，必须被铭记，然后永远保存。"四书五经"不会因时间、时代、地点的改变而改变。所有这些情况都不适用于西方语言。《圣经》也许是最接近完美统一的书了，但即使是它已经有许多不同的版本了，还是有必要从头到尾修订一次。（想一想，找五六十个校者，勘校出一套全新的中国古籍经典文本，中国人估计不会做这事。）总之，在英语中，没有什么是大家都熟悉的，又保持形式不变的东西，乘法表是一个例外，但是不消说，乘法表没办法做成歇后语。英语中与歇后语有关的语言素材的贫乏，与汉语中丰富的歇后语语言素材形成了鲜明的对比。中国的孩子都能记得住《百家姓》、《三字经》、《千字文》、"四书"以及其他经典古籍。所有这些，再加上大量不能直接从书本上找到的惯用语，构成了无可匹敌的海量素材,这些素材都能用来创作歇后语。

现在我们开始举一些这类表达的例子。横排的字仅仅是介绍性的字,可以任意地变化;竖排的字是正文,下面括号里的汉字是被隐藏的字,也是其他的字所要暗示的字。成功的歇后语必须拥有的要素就是它里面的汉字要组成十分出名而且不可移易的结构。

在这个前提下,随便一个词,就算只有发音,完全没有意思,也和其他的词一样好。"吃不楞登"是打鼓的声音或其他类似的声音,就像英语的"咚咚咚"一样。于是有了这句歇后语:

点上了
吃
不
楞
[灯]

"劈打扑登"指的是一个人的落水声,也可以像"吃不楞登"一样用在歇后语中:

点上了
劈
打
扑
[灯]

有一部戏叫《瞎子逛灯》,讲的是灯节时,瘸腿的和尚骑在盲人的背上去看灯,所以就有歇后语:

点上了
瞎
子
逛

第七章 双关语或其他文字游戏 | 211

[灯]①

地名和其他词一样,都很容易被用来组成歇后语。由于火腿来自金华,所以就有歇后语:

抬起了
金
华
火
[腿]

歇后语也经常包含人名。"买臣休妻"中的"买臣"指的是朱买臣,前文已提及过他。妻子离开了他,朱买臣后来不愿意复婚。

娶一房
买
臣
休
[妻]

费仲和尤浑是商朝暴君纣的两个佞臣的代表,纣的罪行导致商朝灭亡。

他心中
费
仲
尤
[浑]

时千②是宋江统治下的梁山强盗之一。他的部门专门抢鸡窝。

买一只
时

---

① 有一句俗语讲到了他们:**瞎子背着瘸子去逛灯——你借我的腿,我借你的眼。**——作者

② "时千"应为"时迁",疑错。

千

偷

[鸡]

歇后语里面经常会包含双关语。王朝和马汉是宋朝的两个官员。

出一身

王

朝

马

[汉]

这里的"汉"字与"汗"字谐音。

唐朝有一位叫杨凡的将军,因为不讨人喜欢而得了"丑鬼"的绰号。

这件事有点

丑

鬼

杨

[凡]

"凡"字与"烦"字谐音。

到目前为止,更多的歇后语是由普通词组成的,它们有一个既定的和公认的秩序。根据中国的理论,地球被分为:**三山六水一分田**。

喝一碗

三

山

六

[水]

此事无

梳

第七章 双关语或其他文字游戏 | 213

洗脸[头]

上面的歇后语犹言"不体面"。

枭鸟是猫头鹰的一种，它也是中国人心目中不孝、忘恩负义之人的代表。因为中国人认为它会吃掉自己的母亲，只留下母亲的头挂在树上。正是这一原因，将罪犯的头颅挂出来威慑其他罪犯，被称为枭首示众。还有一种动物叫作獍，它也被认为会吃掉自己的父母，因此俗语有云：**獍兽食父，枭鸟食母**。

生身的枭鸟食[母]

你是有望财折[福]①

"七离五散"指某事物完全解体。"散"字也可以用来表示解雇，比如解雇一个仆人。多出来的"子"字的插入让这句歇后语不那么难以理解。

他是七离

---

① 原文没有说明文字，只是记录了这句俗语。下文类似情况不再一一说明。

子
五
[散]

这句歇后语的意思是，某个人被赶出了自己所在的地方（散了）。

"矶琉逛铛①"表示格格声，或者咔嗒声。这个口语词汇被用进了歇后语。

我上他的
矶
琉
逛
[铛]

在这里，"铛"是"当"的谐音，"当"字与"上"字组成了"上当"，意思是被欺骗或被欺负，即我被他欺骗了。

在古代，吏部被称为天官，"吏部天官"至今仍在使用。因此中国人经常提到天官，并在门上刻上"天官赐福"的字样，希望天官能赐福给他们。

此门要
吏
部
天
[官]

"官"是"关"的谐音。

脚上穿
道
正
人

---

① "逛铛"这个拟声词出现在这句俗语中：听那车逛铛逛铛过去。——作者

［邪］

"邪"是"鞋"的谐音。

坐一乘
　傍
　门
　邪
［教］

"教"是"轿"的谐音。

　　对歇后语来说，古籍里面的句子当然是最方便的素材之一。《诗经》中有"君子好逑"，其意是君王想要联姻。下面这句俗话与"君子好求"谐音。

不必去
　君
　子
　好
［逑］

"逑"即"求"，换句话说，"不必为这件事去求人"。

今天要下
　云
　腾
　致
［雨］

你的东西
　秋
　收
　冬
［藏］

>   光景要
>
>   天
>
>   地
>
>   玄
>
>   ［黄］

"黄"与"荒"谐音，意思是空无或挫败。

上面这三个例子都出自《千字文》第 1 页。我们可以轻而易举地弄出一个冗长得可怕的俗语清单，但这样做，最忠实的读者也会觉得不耐烦。因为这本书的二百五十个四字句，基本上都被用进了歇后语，没有被用进歇后语的那些四字句，想要被用进去也是很容易的。不仅如此，它们中的一些可能会被编到一起，比如下面这些例子。宽容的读者或许已经（或暂时）忘记了《千字文》中的一部分，但是他一定会想起来前面几句中有这三个句子组成的奇怪的大杂烩：

罔谈彼短。

靡恃己长。

果珍李奈[①]。

最后一句中的"奈"用来指代"奶"。这三个句子都省略最后一个字，组成了下面的四行诗。

王四相公罔谈彼，

王四娘子靡恃己。

一朝堂前两相遇，

一头碰着果珍李。

"拽苦郎"指一个人自己给自己带来痛苦，暗指他虽然不幸，但是这个不幸是他自己惹来的。**你是拽苦，背着一个狗。**我们没办法通过"拽苦"这个词的字面意思推出其在这句话中的意思。其实这里"拽苦"用来表示"拽苦郎"，而"拽苦郎"又是"拽苦狼"的谐音。也就是说，你"拖拽着痛苦的狼，而且还背着条狗"，即你是个被压迫的可怜人。

---

① "果珍李奈"应为"果珍李柰"，疑错。

第八章　杂谚

剩下的汉语俗语根本无法分类，包含了那些找不到别的词来概括的俗语。它的内容极为多样。我们在前面已经看到，许多俗语的主题是一些简单的物品。因此，猫、骆驼、鸡、狗、驴、马和牛，还有其他家畜，在上百个各种各样的俗语中都有出现。

在《伊索寓言》中，野生动物经常被用来当作某些特殊品质的代表。狐狸经常代表狡猾，狼代表邪恶，狮子和老虎则是力量与凶猛的象征，而凤凰则代表优秀。

凤凰落架不如鸡。这句有关鸟类的俗语告诉我们，普通人也可以拥有一些比他们更优秀的人所没有的优势。比如，苦力和总督如果都要被迫靠体力劳动维持生计，那苦力肯定会比总督过得要好。

草鸡窝里拉不出凤凰来。这句意思是蒺藜里岂能摘无花果[①]。如果把否定词去掉，类似的表达则指在意想不到的地方表现得优秀：**鹤立鸡群**。

中国的国树梧桐也象征着优秀、卓越：**家有梧桐树，引进凤凰来**。

我们在寓言中的"老相识"乌龟和野兔都曾受到过有些中国人的恶劣对待，并常常与最邪恶的特点联系到一起。乌龟经常是这样，而野兔

[①] 原文为"no figs from thistles"，英语俗语，来自《圣经·马太福音》第七章第十六句，意思与"草鸡窝里拉不出凤凰来"相当。

则是几乎一出现，就与最邪恶的特点联系到了一起。①

甜瓜、卷心菜、桃子、黄瓜这些物品经常像钉子一样把俗语想表达的思想高挂起来，让人清楚明白地看到（在这类俗语中，葡萄很少出现），这展示了中国人从普通事物中提炼思想的能力。

下面这些俗语都和萝卜有关，可作为例证。

一畦萝卜一畦菜，各人养的，各人爱。也就是说，合某人的心意。

抬头老婆，低头汉，黑心萝卜独头蒜。这些人是最为危险的，不要去挑衅他们，俗语里面提到的那几种蔬菜最糟糕的缺点他们都有。

少了你这个红萝卜做不上斋来么？ 这个反问句用来嘲讽自以为不可缺少之人。同样的意思也表达在这句俗语中：**死屠户，还连毛儿吃猪肉么？** 不要以为你能够垄断什么，因为还有许多其他的人可以取代你的位置。

爱吃萝卜不吃梨，各有所好。相当于那句古老的格言：各有爱好，不要计较（There is no disputing concerning tastes.）。下面这句话也表达了同样的意思：**布政司吃麻豆腐，各官各禀性**。麻豆腐是一种只有很穷的人才吃的粗劣食物。这句俗语的意思是，个人的品位不是社会地位决定的。

下面这句俗语是为数不多的与葡萄有关的俗语：**养济院栽葡萄，是穷酸，一独咯**②。"酸"字指很大的麻烦。

一个萝卜，一个坑儿。即收入应该用在恰当的用途。**打醋的钱，不买酱**。可以把它理解为没有无坑的萝卜，也就是说没有闲人。

拔了萝卜，地皮宽。当开支减少时，一个人的境况就更好了，也比喻客人离开以后家里的房间就空出来了之类的事情。

萝卜快了，不洗泥。工作紧迫时，没有时间可在琐事上浪费。

---

① 在司登德（George Carter Stent）《汉英合璧相连字汇》（*A Chinese and English Vocabulary in the Pekinese Dialect*）第三版的附录中（第 95 条注释），他对这种污名化乌龟的现象做了解释，以杜鹃的习惯作为类比，但那只是一个模糊的类比，两者关系不大。——作者

司登德（1833—1884），英国汉学家，《汉英合璧相连字汇》是他的作品之一。

② "独咯"疑为"嘟噜"。

火烧膛的萝卜——黑了心了。指极其恶毒之人。

中国人不懂西方人的植物学，也不懂动物学和大多数其他自然科学分支，但他们是敏锐的观察者，几乎能够注意到他们所能看到的一切。虽然他们对自然现象的解释——如果他们确实解释了一些的话——大部分也许是完全错误的，但是他们尝试解释的东西总体上却值得关注。

中国人善于发现事物中的相似之处，而且往往是在最不可能的地方。正是这种善于类比的能力，赋予了许许多多中国日常用语以诗意，每一位读者都能够想到其中的例子。

下面的例子是一个巧妙的类比：**水至柔，寒极则冰而坚。金至坚，热极则熔为汁而柔。由此而知人不到不能为的极处，也不能化解其心。**

各种各样的身体缺陷为许多俗语提供了可能性，这些俗语可能就是字面意思，也有可能是比喻句。因此，描述身体缺陷的表述与许多精粹的俗语捆绑在一起。哑巴往往象征一种被压抑的感情，如这句话：**吃哑叭〔巴〕亏**。也就是说，对自己的烦恼毫不在意：**哑叭〔巴〕吃黄连，苦在心里**。

身体的许多部位在一些比喻性的俗语中出现，例如：

胳膊肘儿没有往外扭的。也就是说，每个人都会关照第一名（Every man looks out first for Number One.）。

胳膊拧不过大腿去。也就是说"晚一辈的"不能避开"长一辈的"。

诸事掣肘。即很难完成。

胳膊折了，往袖子里吞，有了眼泪，往肚子里流。指一个人默默忍受痛苦。

打牙咽到肚里。和上一句意思一样。

三个鼻子眼，多出气。指一个人多管闲事。

三行鼻子两行泪。这里多了一个鼻孔是为了强调痛苦的程度。

十个指头有长短。这句俗语表示，无论一对父母生了多少儿子，儿子和儿子之间的性情都是不同的。（一娘生九子，九子各别。）

大拇指头挠痒痒，随着。就像大拇指在挠痒痒的过程中只能跟着其他指头动，帮不了什么大忙一样，在公共事务中，有些人只是随大流，一点用都没有。

在中国人看来，佛教和道教几乎代表了他们认知内的所有宗教，它们有许多对联和诗歌，体现了某种思想或某种思想的碎片，这些对联和诗歌可以在宗教系统的某个地方找到。其中有些俗语最初是用来记忆某些东西的，或许就像某些弟子悻悻地写下拉丁诗句以便记忆形式逻辑三段论的大前提、小前提、肯定和否定等术语一样。而另外一些这类俗语则更像是流畅的打油诗，经常以一种方便的方式，帮助孩子们生啃下枯燥的日期，或者其他精神食粮。如果不这样做的话，这些知识会很难消化，比如 9 月有三十天，1492 年哥伦布驶过了蓝蓝的海面，等等。下面这句从某部佛经中抄过来的俗语可作为来自佛教和道教圣书上的俗语的一例：

一文将不去，只有孽随身。①

  中国有很多善书，并且形成了一个文学门类。发行善书并使其流通于大众之间的机构，和西方发行《圣经》以及各种宗教文学的机构是同一种。②这些书的作者完全知道他们的职责。这种书的风格通常是朴素而有力的，这些格言经常有例子作为支撑，就像西方的医药学或者法律学书籍一样，告诉读者某个违反了这些格言的人是怎么受到惩罚的。引自典籍、诗歌、对联、通行俗语、匠心独具的寓言等的俗语，可以帮助我们理解这种情况。

  善书的人不择笔。这句话也可以理解为写善书的人可以用任何素材作为主题写作，只要它们方便获取即可。引自这一类书的内容实在太多了，甚至可以自成一大类。这句话指用最直接的语言、最恰当的比喻谴责罪恶，表扬善事。

  关于善书的这种特性，下面两个句子可以作为例子：

大道劝人三件事，戒酒除花莫赌钱。③

嫖场是万人坑，赌场是剥皮厅，酒馆里是非窝，烟馆有照尸灯。

  那些对中国的民间神学有所了解的人都明白，善书实际上并不只是用于宗派之争。儒家的道德，佛道的神祇和信条在善书之中都是真实有用的。

---

① 蒲松龄《聊斋志异·死僧》篇出现了"一文将不去，惟有业随身"的说法。

② 《教务杂志》1882 年第 4 期和第 5 期刊登了一篇沙修道对这种文学形式的评论，很有意思。——作者

③ 出自《名贤集》。

俗语有云：**人死如灯灭**。民间神学对这一点的理解更加深刻，而且我们极其容易碰到那些不相信来世，反而坚定不移地相信人死了以后会受到惩罚的人。佛法中的奖惩观念在中国人心中根深蒂固。大量的俗语被人们提到，被贴在寺庙里，被刻在寺庙的钟上，这一现象已经证明这些观念在中国人心目中有多么根深蒂固。

一两个例子就足以说明这类俗语到底是什么样的：

善恶施也，祸福报也。天报属阴，地报属阳。

善恶到头终有报，远走高飞也难逃。

因此城隍庙笔吏的形象就是拿着笔的样子，他的头上还会刻上"我笔难逃"的字样。中国人总是想得很多，又想得很少（thoughtless thoughtfulness），所以他们总是要提到关于痛改前非或者悔过自新的佛教俗语。

但得回头便是岸，何须到此悔前非。这是城隍庙里的一副对联，它的简化版就是：**苦海无边，回头是岸**。

下面这句话也是讲这个的：**人有弥天的罪过，当不得悔改二字**。①

这种悔改只能在连续的轮回，实际上是无限的轮回中才会结出果实：

一失足成千古恨，再回头是百年身。②

中国人对人性的观察极其敏锐，他们认为改变是很难的，即使是最简单的改变，比如改变方向，通常也很难实现。有一个与观音菩萨有关的十分重要的对联就提到了她一直面向北面的习惯，这个习惯从来没有改变过，而其他生灵则总是面向温和的南面：**问观音为何倒座，因众生不肯回头**。

天气是俗语的重要主题之一。沙修道先生列举了大约四十个此类俗语，当然还有更多的，它们组成的清单可以无限延长。每一种语言都可以写出一些押韵的俗语来概括气候的变化。比如，七时前下雨，十一时前雨霁；白天开始变长，天气越来越冷；诸如此类。但是在天气这个主题上，和其他主题一样，汉语将其他语言远远地甩在了后头。每个月都

---

① 出自明代洪应明《菜根谭·一九七》，原文为"弥天的罪过，当不得一个'悔'字"。

② 出自清代魏子安《花月痕》，原文为"一失足成千古恨，再回头已百年身"。

有一些俗语总结了当月所在季节的特点，下面是一些例子：

五月连阴六月旱，七月八月吃饱饭。

六月六，看谷秀。

六腊月不出门。 六月和腊月分别是最热和最冷的时候。

八月十五一声雷，普天之下全是贼。 对中国人来说，打雷和饥荒之间并没有太大关联。这句俗语的意思实际上是为了表达中国人不愿意扰乱正常秩序（改常[①]）的心愿。

一场秋雨一场凉，一场白露一场霜。

十月中梳头洗脸工。[②] 也就是说，这时白天最短。

腊月半，巧女多做半条线。 也就是说，白昼越来越长了，比起只能梳头洗脸的时候，她有了更多的时间，因此可以多做半条线。

七月半，蚊子嘴似个钻。八月八，蚊子嘴开了花。 这里的第二句值得研究一番：中国人断言，在季节结束的时候，蚊子的嘴巴上会有一个裂口，就像开花了一样，据说人们用显微镜已经证实了这一说法。据我们所知，世界上只有中国在俗语里面提到了这一情况。上面这句俗语的一个变体是：**七月十五烂嘴儿，八月十五撅腿儿。**

中国农历一年有二十四个节气，总体而言，二十四节气异常准确地描述了中国历法中的各个季节。中国各地区之间气候相对统一，所以中国人可以将天气最细微的细节都预测出来，这在英国或北美是很难的。英国的农民如果完全依赖"六月二十日，不管干湿，种萝卜就好了"（Upon the twentieth of July, sow your turnips, wet or dry.）这样的传统教诲，可能会发现他自己经常跟不上季节的变化。但是在中国，"万物皆有时节"这句智者之言却真正得以实现。

小雪不耕地，大雪不行船。 当然，这种说法只适用于中国最北部的省份。

从冬至开始，中国人算出了九个九天的周期（统称为"九九"），一直到3月的第二周，这时树木开始发芽（**九尽花开**）。下面几句俗语中

[①] 即改变常态。（岳国钧 等，1998）[866]

[②] "十月无工，只有梳头吃饭工。"这句的意思是农历十月白昼短，梳个头，吃三顿饭，一天一晃就过去了。（柳长江，2017）

出现了这些"九"各自的特点：

一九二九不出手，三九四九冰上走，五六九河边看柳，七九河开，八九雁来，九九无冰时。

七九六十三，路上行人把衣担。越来越暖和的天气使衣服变得多余。

九九八十一，家中做饭地里吃。

腊七腊八，冻杀人两三。

根据中国农历，立春有时在新年之前。下面的说法指的就是这种情况：**打罢新春，是新年。**

立春在六九的末尾：**春打六九头，海水向东流。**

下面这句俗语承诺春天即将到来，以安慰那些惧怕冬天的穷苦人家：**八月秋凉，九月温，十月小阳春，十一月冷一冷，腊月又打春。**我们可以信誓旦旦地说，十一月的"小阳春"和一月的"又打春"只不过是给穷人无用的精神慰藉。

还有另外一句俗语，它并不适合用来逗那些对节气不满的人开心：**能盼属〔数〕九，不盼初伏。**① 这句的意思是：当"九"到来时，天气慢慢变暖，不过这种说法有些牵强，因为"九"从冬至就开始了；而三伏天虽然很热，但很快就冷了。

过了芒种，不可强种。芒种这一节气大约在 6 月 6 日。

五逢六月，车辙雨。② 车辙雨的意思不是这个时候道路会被淹没，而是在这个节气，夏天最早的那几场雨只在某个区域下，因此车子前面的车辙积满了雨水，后面的车辙却是干的。

大旱不过五月十三。这句格言肯定并不具有普遍性。

二八月，乱穿衣。③

二八月地如筛。

---

① 民间有俗语"宁盼数九，不盼数伏"，因为伏天一过，一天比一天冷，而九九一过，春天就来临了。

② 车辙雨指北京夏季数伏的日子里，经常出现东边下雨，西边不下的场景。由于阴晴之间只隔着一条窄窄的车辙，所以北京人将其称为"车辙雨"。（白鹤群，2013）[87]

③ 农历二月、八月都是换季时节，冷热交替，气候变化无常，所以街上人穿多穿少，差异较大。这句俗语形容穿什么衣服的都有。（白维国，2001）[345]

农历虽然有其缺点，但它给每个人都提供了很大的便利，使人能够追踪月球的运动轨迹。

十七八坐坐等等他。部分中国人对在黑暗中出行有着极端的恐惧，虽然如此，但他们似乎宁愿在深夜赶路，也不愿意一大早就出发赶路：**二十莫掌灯，月出在一更**。

在一个基本以农业为主的国家，各种各样的俗语都极为仔细地注意到了下雨之前的预兆：

日没火烧云，明天必定晒死人；日落云吃火，明天雨难躲。

雨前生毛，必不雨；雨后生毛，必不晴。

久阴必下暴雨不长。

春雨贵似油。

中国人坚信有些日子是不会下雨的，这些日子大约是在新月和满月的时候。

不怕初一十五下，就怕初二十六阴。这句话的意思是，即使初一、十五原本确实应该下雨，这个雨也不会下，天空仍旧会保持晴朗，但如果初二、十六多云，那么肯定会下雨。

八月初一下一阵，早〔旱〕到来年五月尽。

七月十五定旱涝。

淹不淹看七月二十三。

阴雨连绵——不晴天。这是对雨季的简要描述。

旱来东风不下雨，涝来北风不晴天。

早霞阴，晚霞晴。

早霞不出门，晚霞行千里。

风是雨的头。

许多这类俗语都是比喻性的，比如：**行下清风望细雨**。又比如否定句式的：**不行春风，难望夏雨**。① 没有柔风，就不会有雨点。这句俗语的意思是，一个人想要得到他人帮助，就必须先付钱。这是一个熟悉但重要的原则，在中国，想要办成事就必须拿出一点礼物，或者请别人吃饭。

---

① 比喻要先给别人好处，别人才会给自己好处。(《古今汉语成语词典》编写组，1985）

听风即是雨。根据刚才所引用的俗语，这一推断似乎是正确的；但是这句话跟气象学没有太大关联，它是在比喻一个人用极其夸张的语气重复着一个听说过的故事，就像听到刮风了，这个人就在喊"听！下雨了！"一样。

下面这句对那个被纷繁复杂的气象哲学迷惑的年轻人来说是一种鼓励，这些哲学常常自相矛盾，也与经验矛盾。**人过三十，测天一半**。到三十岁时，他就可以预测自己的未来。

我们已经多次提到了大臣解学士，他是中国人最熟悉的诗人之一。据说，某个春日，解学士走在北京的街道上，路上泥泞不堪，他摔倒了。看着解学士狼狈的模样，同伴们都哈哈大笑起来，但是解学士就像往常一样神情自若，即兴吟出了下面的诗句，其中引用了一句俗语[①]：

春雨滑似油，下的满街流。

跌倒解学士，笑杀一群牛。[②]

银河是穷人的日历：**天河掉角，要裤要袄**。因为秋日迫近。**天河劈叉，要裤要褂**。温暖的天气即将到来。

古伯察[③]（Abbe Huc）在他有趣的《鞑靼西藏旅行记》（*Travels in the Chinese Empire*）中提到中国人有一种根据猫的眼睛的扩张来报时的方法。即使在阴天，瞳孔的孔径也会受到太阳位置和光线特性的影响。这个故事，就像古伯察所讲的其他事情一样，一直受到嘲笑，原因很明显，就是有些人从来没有自己去查证这个事实。

古伯察所说的"猫钟"[④]（Cat-clock）并不罕见，它的规则如下：子

[①] 即"春雨贵如油"。

[②] 出自明代解缙《春雨》："春雨贵如油，下得满街流。滑倒解学士，笑坏一群牛。"

[③] 古伯察，本名埃瓦里斯特·雷吉斯·于克（Evariste-Régis Huc，1813—1860），法国传教士。1839年入华，曾在蒙古居住五年。1844年，他在秦噶哗（Gabet）神父的陪同下入藏，装扮成喇嘛，一直到达拉萨。返回欧洲后刊行著作《鞑靼西藏旅行记》。（伯德莱，2016）

[④] 有人认为《滴答滴答，老鼠上钟啦》（*Hickory, Dickory, Dock, the Mouse Ran up the Clock*）就起源于猫和时间的这种联系。这个说法看起来有些道理。——作者

Hickory, Dickory, Dock, the Mouse Ran up the Clock 是一首著名的英语童谣。

午卯酉一条线，寅申巳亥两头尖，辰戌丑未圆上圆。

包含医疗建议的俗语

许多汉语俗语包含医疗建议，或者会记录一些普遍的观察，就像其他俗语一样，从最普遍到最具体的地方都会涉及。

秋卖果子春卖药。

冬不藏精，春必瘟病。①

若要小儿安，常带三分饥和寒。这个明智的建议来自医书，而且看起来被人们普遍接纳了。人们觉得如果孩子吃得太饱，穿得太暖和，他们就会病得很严重，而吃得不太饱，穿得不太暖，小孩子就不会病得那么厉害。**小孩子担的了十分病。**这种情况被中国人认为是公理，他们认为这句俗语符合上一句的思想。

肚子里没病死不了人。

这些保持健康的方法有些类似于西方人所说的"发烧要挨饿，感冒要吃饱"，但它们并不比西方合理多少。

保眼饿疮。

饱洗澡，饿剃头。前半句可以防止头晕，后半句可以防止严重的消化问题。

饱弹，饿唱。根据中国解剖学的说法，丹田是呼吸的源头，如果吃得太饱，丹田上面有太多食物，就对歌唱不利。

白轻夜重，不早治没命。

六十六不死去块肉。六十六岁是人生旅途中一个自然阶段的终点。如果六十六岁没死，一些肉体上的疾病就会接踵而至，就像掉一块肉。下面这句俗语也以同样的理论为基础：**七十三八十四，闫〔阎〕王不叫自己死。**

考虑到这种情况，在对待老年客人时一定要谨慎：**七十不留宿，八十不留坐。**如果这些老人像小乔（Little Jo）一样死在接待他们的人的

---

① 《黄帝内经》有云："冬伤于寒，春必病温。"

房子里，那就很尴尬了。没有人想看到这个局面，所以要让他们自己另寻他处。

干劳气臌噎——闫〔阎〕王请的客。[①] 这句俗语与邓通[②]有关，他是某位汉朝皇帝最喜欢的大臣，一个算命先生预言他会饿死。邓通问是否有办法可以避免这种命运，算命先生说只有修德才能避免。邓通自然不信，但有一天，他和皇上下棋时，提到了这个预言。皇上笑了，说算命先生的预言无聊且愚蠢，因为君王的宠臣怎么会挨饿。为了避免这样的意外发生，皇帝给了邓通一个铸币的熔炉（一个小型铸币厂），他可以用这个炉子堆出一座"钱山"来。接着皇上说，我们看看你是不是真的会饿死。但是，时间渐渐过去，邓通却得了要命的噎病，最后还是饿死了。如果懂得积德的话，邓通原本可以不会被饿死。因此俗语有云：**邓通有钱山，竟会饿死。**

有些信念告诉人们一些奖励和惩罚是肉眼可见，而且近在眼前的，在这种信念（特别是其中与身体有关的）的影响下，中国人十分相信"**手脚无善症**"。

疥到了脸着席卷。 方便把他自己埋了，因为他肯定会死。

春捂秋冻，到老没病。 春捂的意思是，等到温暖天气真的到来了再换衣服。

老怕伤寒，少怕痢疾。

老健春寒秋后热。

从来胖人多耐冷。

人过三十容颜改。

吃药不忌口，枉费大夫的手。

---

① "疯痨膨胀膈，阎王请下客"，指疯、痨、膨胀、膈等病是不治之症。（岳国钧 等，1998）[1110]

② 邓通，蜀郡南安（今四川乐山）人，汉文帝时为黄头郎，后得文帝宠幸，官至上大夫，多加赏赐，又赐邓通严道（今四川荥经）铜山，得自铸钱，因此邓通钱布天下，富甲一方。明恩溥所讲的邓通的故事与冯梦龙《情史》中所讲的邓通的故事有些微相似，但又有些微不同。在明恩溥的版本中，邓通的结局是被噎死，而在冯梦龙的版本中，邓通死去是因为受到了汉景帝的妒忌，最终被罢官，落得个财产败尽，不名一文的命运。（《辞海》编辑委员会，2020）

黑痰轻，黄痰重，白痰要了命。

有钱难买六月痢。 有人可能会觉得大部分人应该在什么时候都不想得痢疾，但根据中国人的观念，痢疾是有益的，因为它能够帮助人体排出有害的液体，能够有效预防更糟糕的疾病。

桃饱，杏伤身，李子树下埋死人。 李子吃多了会即刻毙命。

要求南风，须开北牖。[①] 这句话比喻身体的经脉必须有秩序才能保持健康，相当于苏格兰格言"敬畏上帝，保持保龄球开启"（Fear God, and keep the bo'ols open.[②]）。这句话也表示人要礼尚往来。

内科不治喘，外科不治癣，治时讨伤脸。

一位聪明的汉语老师生活在开放式港口，那里已经成功治疗了数千例各种疾病，其中包括许多例癣症患者。他是这么解释上面那句俗语的："最好的医生都治不好这种感染，无论是中国医生还是外国医生。"

心动，则心血来潮。 这句话基于血液循环理论，由王叔和在《脉诀书》中提出。王叔和提出了"神气"这个概念，神气在心脏里面有自己的位置，它像灯中的火焰一样明亮。心脏的中心位置"有血一堆"，专门用于覆盖和培养神气这种生命力量，看起来神气应该是像兔子住在畜栏里一样，占据了那个为它量身定做的巢穴。白天人的思想活跃，这时神气就离开了它的洞穴，但是到了晚上，当疲劳来袭时，神气就会缩到那堆血的下面。在这里，神气经过一夜的滋养，得到恢复。人年轻的时候，神气很容易回到那堆血中，这就是年轻人晚上犯困的原因。但是随着年岁的增长，血液的供应越来越少，以至于神气很难躲藏在那堆血下面。健忘症也是这么来的。

那些练习道家修炼精神之术的人声称，当他们的精神退回到它的巢穴中时，他们不会像其他人那样疲倦。这是因为他们已经习得了一种控制精神的方法，通过这种方法，他们连最细微的精神活动都可以避免。如果他们用尽全力也无法阻止心脏的悸动，这是因为在宇宙某处发生了

---

① 明代吴有性《温疫论》："欲求南风，须开北牖。"指要想使南风吹入，就应打开北面的窗户。（吴有性 等，2018）

② 译者没有查到"bo'ols"这个单词是什么意思，与它相近的只有英语的"bools"（保龄球）一词，也没有查到这个苏格兰格言的相关信息。

与他们有关的事件，他们的心脏才做出了机械的反应。

现在有一句俗语说：**熟读王叔和，不如临症多**。毫无疑问，西方的读者会真诚地赞同这句话。也难怪，另一句俗语说：**名医何必多识字**。①

许多汉语俗语都是以一个人为主题的，前面我们已经提到了武大郎的例子。有一些俗语，它的主语并不是具体的，而是属于一个大的类别，这样的俗语就和前面提到那种只讲某个人物的俗语有点类似，但是不完全相同。这些主语为适合这一大类的各种动作和事件（predicate）提供了空间，据此可以类比出任何属于这一大类的动作和事件。这类俗语的主语可能是神，可能是男人，也可能是女人。下面的例子可以说明它们的特点。

土地爷，土地的守护神，是中国万神殿中最不重要的角色之一。不要把他和大地之神"社"混淆（参见梅辉立《中国辞汇》第181条和第605条），"社"的功能应该与农业和农作物有关。而土地爷照顾死者的灵魂，他和城隍的关系，就像地保和县令的关系一样。人死了以后，他的亲属就会去土地庙向土地爷报告这件事，并请求土地爷转告城隍。

当乡土地，当乡灵。这句话用来表示人离开家以后就没有了影响力。

人离乡贱，货离乡贵。土地庙是唯一一个几乎在每个村子能见到的寺庙，但也有例外。

如果村庄比较大，它可能有两个这样的土地庙，两头各一个，就像大城市往往有一个以上的地保：**东头的土地，西头不灵**。

---

① 不管一名医生有多无知，他知道的东西都能让那些比他还要无知的人获益。人们普遍觉得普通人没办法理解所有的医学理论，也没办法区分药物的特性和用法。**神仙难辩[辨]九散膏丹**。一个流传已久的笑话是，卖切糕的商人把有枣的那部分都处理掉了，剩下的滚成丸子，运到一个村里当药丸卖。**卖的是切糕丸，讲的就是这个故事**。这句俗语的用法与英语的面包丸（bread pills）一样。——作者

"面包丸"是英语俗语，指那些用面包屑一类没有药效的物质制成的无用的药丸。"名医何必多识字"出自《聊斋志异·医术》。

人们通常认为土地神的原型是韩愈，也就是所谓的韩文公（参见梅辉立《中国辞汇》第 158 条）。如此么厉害的一个人物却被当成土地爷这么微不足道的神，这是一件与韩愈的能力不相匹配的事：**昔为唐朝进士第，今作当庄土地神。**

土地爷就是不重要：**土地爷吃饽饽——担不了大供献。**一般来说，"咀嚼"这个词对译的不是"吃"，而是"tai"〔dai〕。"dai"没有对应的汉字。这句话适用于那些薪水微薄的小官，或运气不佳的小人物等。

女性人物之中，老太太常成为人们善意戏谑的对象：**老太太的牙——活了**。说的是一个下不了决心的人，对他来说，一切都是开放性问题。

老太太戴眼镜——虚设。她看不懂书，戴眼镜没用。表示无用的人、物。

老太太坐车——不稳当。她的小脚蜷在身下，导致她坐得并不稳当。指没有固定位置的东西。

老太太的脚指头——卧囊一辈子。"卧囊"这一富有表现力的口语表达的字面意思是被迫睡在一个袋子里，即受委屈。缠足会永久性地压迫脚趾。这句话用于那些自己从未拥有权利的人。

老太太逛灯——走着瞧。如果有人质疑某些已经确凿无疑的事情，那就用这句话来回应他。如果你不相信，那就"老太太逛灯"，也就是说走着瞧。

老太太吃的——是好的。由于儿女和孙辈对她的尊重，她能够吃到的东西都是最好的。指人或物是好的。

老太太送殡——走了后头了。送葬队伍中的妇女跟在棺材后面。指一个被拖在后面的人，即一个迟到的人。

老太太咬牙——忘了没有咧。指某些人买东西没有带钱，或者类似的情况。

庄家〔稼〕老儿

庄稼老儿在汉语俗语中扮演着重要的角色，前面已经介绍过很多例子了。我们已经多次提到过汉语的一个特点：经常对想说的内容进行暗示，却不会说出来。如此一来就可以很容易地使用俏皮话来责备或嘲笑一个人，但是又不对他进行公开的攻击。

庄稼老儿以各种各样的方式承担着这项让他人开心的工作。被用来嘲笑的并不只是庄稼老儿的没见识，或者庄稼老儿荒谬的言行，这些俗语实际上也在挖苦听这话的对象。为了挖苦对方，这些俗语总是说庄稼老儿干了一些最为可笑的蠢事。下面的例子可以说明问题：

庄家〔稼〕老儿未见过瓷器铺——好家伙山。

庄家〔稼〕老儿买棺材——躺下试一试。中国人肯定会认为这样的行为不合适。这句俗语用来嘲笑那些不懂得什么事是合适的，什么事是不合适的人。

庄家〔稼〕老儿不认的〔得〕水仙花，独头蒜。独头蒜这种蒜和萝卜一样，一旦开始腐烂，就会变得特别辣（**黑心的萝卜，独头的蒜**）。

庄家〔稼〕老儿闻鼻烟——满眼流泪。指某个人流下大量眼泪。

庄家〔稼〕老儿不认的〔得〕孔雀——大尾巴鹰。嘲笑那些自命不凡的人。

庄家〔稼〕老儿看戏，热热闹闹。许多人说话，吵吵嚷嚷。

中国人最热衷的娱乐莫过于看戏了，但是很多中国戏剧完全没办法看懂。**唱戏的是疯子，看戏的是傻子**。这句俗语真正的意思是，唱戏的表现得疯疯癫癫的，而看戏的却看不懂戏。

庄家〔稼〕老儿吃蚂蚱——天赐的活食。指某些人得到了一些没什么前景的东西。

庄家〔稼〕老儿未见过送嫁妆的——大搬家。送新娘的嫁妆就是为了让排场看起来越大越好，这些嫁妆会穿过所有的主要街道，让人们都能看见。这句俗语形容搬家之类的事情。

庄家〔稼〕老儿未见过城隍庙——鬼不少。少量的贪污或压榨被称为"鬼病"。这句俗语暗示这种鬼病发生了不少。

庄家〔稼〕老儿见皇上——少说话，多叩头。 这句话是嘲笑那些说话迟钝，别人说什么就是什么的人。

庄家〔稼〕老儿未见过泥人——是人做的不是人养的。 这是一句十分冗长的骂人的话，意思是那个人不是人。

庄家〔稼〕老儿未见过高跷——半截不是人养的。 跟上一句用法一样。

庄家〔稼〕老儿不认的〔得〕起花——一溜烟的跑了。 指那些迅速消失的东西。

庄家〔稼〕老儿未见过木鱼子——挨打的物。 指长期遭受虐待，被殴打或辱骂的人。

庄家〔稼〕老儿收秋——一把儿。 人们认为中国农民和其他国家的农民一样，生下来就爱抱怨，他们从来都不觉得自己的收成超过"一把儿"。说"庄稼老儿收秋"，就相当于说某个东西数量很少。

庄家〔稼〕老儿不认的〔得〕切面的幌子——丝丝萝萝。 中国商店经常用一幅画作为招牌挂在门前，告诉路人他们卖的是什么东西。切面店的标志是一些切成窄条的镀金纸，用来模仿切面的形状。这句俗语指那些被混淆的东西。

庄稼老生的乖，越赶越不卖。

《西游记》

俗语中最常被提及的一本书叫《西游记》，书中有一位叫作唐三藏的大师，他和三个弟子一起去印度寻找佛教圣书。

《西游记》与三教的关系类似于《天路历程》(*Pilgrim's Progress*)与基督教的关系。要说清楚这种关系，可能需要连篇累牍地罗列大量的细节。两本书都叙述了一段以宗教为动机的旅程。两段旅程十分漫长，充满困难，经常有令人惊奇的冒险。两本书都不断地借助于超自然的力量，其中的人物都有象征性的名字，每一个细节都有其寓意。它们分别是汉语和英语最为人所熟知、最受欢迎的作品之一，每一次激动人心的冒险、超自然现象的自由融合和深刻的教诲都牢牢地抓住了读者的心。

《西游记》为戏剧表演和说书人提供了丰富的素材,他们经常会增加一些其他情节和点缀以提升听者的兴趣,因此书中的主角和真实历史中的人物一样,也为大众所熟知,甚至有过之而无不及。因为书中的冒险会更加有趣,更令人兴奋。

在基督教国家,有个小女孩被基督教徒去往天堂之城朝圣的故事激发了想象力,她下决心效仿。于是她来到了遥远的农舍寻找"诠释者[①]之家"。

虽然听起来不可思议,但毫无疑问,《西游记》也能对冷漠的中国人产生类似的影响:笔者听说有个人读了《西游记》之后,开始觉得里面的故事情节都是真的,就像小女孩相信班扬的梦[②]是真实发生的事情一样。最后,他抛弃了家庭和所有的一切,去朝圣,从此再也没有听到更多关于他的消息。

《西游记》中两个人物的名字已经与相当数量的俗语联系在一起了。这些俗语十分流行,其中一些包含了《西游记》中的一些剧情细节,而另一些则是由故事中人物最显著的特征体现出来的。

主角是孙悟空,他是由石头自然进化而来的,最初是一只猴子。这只猴子躁动、善于模仿和狡猾的特点在书中任何地方都很突出,因此它被称为孙猴儿。

形容一个人见多识广就是:**属孙猴儿的——见识到〔倒〕不少**。

孙猴儿的金箍棒——要大就大,要小就小。神奇的金箍棒是孙悟空从观音菩萨[③]的宫殿里得到的。当它缩到最小的比例时,可以像针一样放在耳朵里,但孙悟空要把它放大时,它就变成了一根强有力的铁梁,对于神和人来说都十分可怕。这句俗语用来形容起初无足轻重的诉讼,但是衙门里的人把它夸大成了毁灭性的事件,以及诸如此类的事情。

孙猴儿打跟头——连着的。孙悟空习得的神功中,有一项就是筋

---

① "诠释者"是《天路历程》中出现的人物名称,不同汉译本将其译为不同的译名,如"解释者""晓谕"等。在书中,"诠释者"为基督徒揭示了真理。

② 即前文提到的约翰·班扬的著作《天路历程》。

③ 在《西游记》中,孙悟空的金箍棒是从东海龙王处获得的。

斗可以不间断地翻一万八千里①,或者更确切地说,一个筋斗就可以翻一万八千里。他还能把自己变成七十二种不同的形状,这意味着他很强大。这句话形容一件接一件发生的事情,比如一个客人走了,另一个就马上到了。

孙悟空的桀骜不驯(用来象征人心难以驯服的不安特性②)让他不断地以无畏的勇气挑战神祇,这给他带来了很多麻烦。玉皇认为有必要请佛祖来帮忙。佛祖任由孙猴儿随心所欲地翻筋斗,以便证明给孙猴儿看佛祖的力量要比玉皇强。孙悟空开始在如来佛的手掌心翻起了跟头,他翻了很远,到达了天地的尽头,那里有五根强大的肉红色柱子支撑着天空。随后,他回来告诉佛祖他所看到的一切,宣称自己来到了万物的终极。然而,佛祖告诉他,他一直在佛祖的手掌心兜圈子,他口中支撑天空的柱子实际上是佛祖五根向上的手指。孙悟空不信,便又试了一次,但是佛祖还是很快就抓住了他。所以俗语有云:**孙悟空打跟头——打不过佛爷把〔巴〕掌心**。

与孙猴儿的强大形成鲜明对比的是另一名弟子沙悟净的不显眼,他的名字象征着人性被动的一面。这个人除了肩上扛着担子在队伍的后头步履艰难地前行以外,什么也不做,他也没有什么可以给俗语提供的素材。

第三个弟子猪悟能活在大家的"嘴里"。他象征着人类本性中的动物本能。他的姓氏表明他是一头猪,他通常被称为猪八戒或者八戒。③

---

① "一万八千里"应为"十万八千里",原文疑错。

② 对于这种人心躁动的特性,中国人有几个常见的比喻,比如,将其比作奔驰的骏马:**心似平原走马,易放难收。心中像马不停蹄的。心猿意马**。孙悟空行为的不稳定产生了这句俗语:**人心乃是天下第一的个妖精怪物**。(应为"人心乃是天下第一个的妖精怪物"。——译者)

一位中国老师就这句俗语用了一句很有中国特色的话来解释为什么人心如此不安。他首先提到,在十二地支(earth-stems)中,"猴"字总是与"申"字联系在一起,或者用汉语的说法,"猴属申"。接着他又说"申属心",不过没有给出明确的理由,但是这之后也没有人问他,心和猴子到底有什么相似之处。——作者

③ 沙修道的书中没有提到猪八戒。在卢公明先生那个长长的清单中,猪八戒的名字只在第689页出现过一次:**猪八戒顽〔玩〕鸭子,各爱皮毛**。这句话的意思是,猪八戒很像真的猪,以至于鸭子都被骗了。但是卢公明不理解这一点,他直接忽略掉了"八戒"两个字,把这句话翻译成了"猪和鸭子在一起玩等"。——作者

第八章 杂谚 | 235

我们曾经在别的地方引用过与他的名字相关的俗语，虽然只是偶尔提到《西游记》中的一些故事，但主要都是指他的性格和外表与猪无异。在绘画中，他的形象就是猪头人身。为了理解其名字的使用方式，必须记住这个人设。总而言之，这类俗语提供了丰富的素材，让中国人可以拐着弯骂人，正如我们前面说过的，中国人特别喜欢这么干。

猪八戒吃人参果——没味。取经途中，他们到达了一个叫万寿山的地方，在那里有座寺庙，寺庙内生长着一棵树，这棵树是在天和地分开时种的。树根延伸到四大部洲。其果实叫人参果，这棵树三千年才开一次花，再过三千年结一次果，又过三千年果实才成熟。而经过这一漫长的过程后，只有三十个果实能在一万年内成熟。那果子的形状像初生的婴儿，四肢和身体部位都是完整的。凡是有幸闻到这种水果香味的人都能活到三百六十岁，吃到人参果的话能活到四万七千岁。

唐三藏来的时候，掌管万寿山的老和尚不在，但已吩咐两个少年在他面前放了两个人参果。但他看到这些"植物娃娃"时，却被吓坏了，不相信它们是长在树上的，以为是人。弟子们无意中听到了那两个送人参果给唐三藏的少年的谈话，知道了人参果是在后庭种的，便决定每人必须吃一颗。孙猴儿费了很大的力气，终于把果子从高高的树上打了下来。他先拿出金箍棒，再借助自己的神力爬上了树，最终获得了人参果。由于猪八戒的嘴巴和喉咙都很大，因此吃人参果的时候，猪八戒一口就把整个吞了下去，然后问师兄弟这是什么味道，因为他还没吃到味道就吞下去了。这句俗语可以用来形容那些**淡而无味**的东西，比如无趣或难懂的谈话等。

猪八戒照镜子——里外不是个人儿。这句俗语适用于交易中的中间人、媒人等，他们想尽办法让两边都开心，但结果却把两边都给惹恼了。

猪八戒挟着一刀火纸——混充读书人。

猪八戒穿袍子——混充局统人。

猪八戒戴眼镜子——遮着脸儿。指试着遮掩害羞情绪的人。

猪八戒饞酒糟——酒足饭饱。酒糟是用来喂猪一类的动物的。这句用来嘲笑吃很多的人。

猪八戒戴头盔——混充大将军。嘲笑那些不符合事实的自我肯定。

猪八戒唱小曲儿——什么腔调。指难听的言语、难听的歌声等。

猪八戒点名——不算人数儿。猪八戒的名字被用来拐着弯骂人，意思就是这个人不算人。

猪八戒养孩子——吓死人。

猪八戒卖炸肝儿——自残骨肉。

猪八戒卖凉粉，人物不及调和好。

猪八戒卖蒲子——人松货不高。这句话，与前文引用的关于武大郎的俗语一样，表示兼具平庸和坏两大缺点，比如主人和仆人等。

属猪八戒的——倒搂一耙。猪八戒有一个像耙子一样的兵器，兵器有九个齿，叫"金兜拐"。这句俗语用来形容一个人自食其果①，比如他举报别人偷了他的东西，却反过来被指控为小偷。

在"诗歌形式的俗语"一章中，我们已经说过，中国人认为"三教归一"。《西游记》的主要价值也许是，以一种清晰而有力的方式，展示中国人如何自然而然地赞同三教合一——这种在西方人看来十分荒谬的思想。从精神的角度而言，道教、佛教、儒教三教合一，就像将三朵独立的云团融合成同一团水汽一样容易，但是追踪这三教合一的过程，就像追逐两栖动物一样困难——它一下跳到水里，一下跑到岸上，一下又跳进几英寻深的泥巴里。

在介绍完与《西游记》有关的俗语之后，我们可以引入一个中国的寓言，它的主题的核心就是三教合一。这个故事叫作《三教争先》，讲述了某个村庄新近建了座三教堂，在三教堂里，佛陀虽然是外来的，但是占据了中间最为高贵的位置，左边是道教创始人老君，右边则是孔子。

一群儒生偶然经过，看见孔子在里面，就停下来像往常一样跪拜孔子。他们一进去，发现佛陀在中间，非常不高兴，说："我们肯定比其他两教好，为什么他们把孔子放到了较低的位置？"说完这些话，他们就把佛陀从宝座上挪了下来，让孔子取而代之。一想到"**明人不作暗事**"这句格言，他们就在墙上留下了几句诗，来为自己的行为证明：

三教之中儒数魁，金榜题名中棘闱。

---

① 原文为"hoisted with his own petard"，英语俗语。

独占鳌头骑骏马，谁人不知名利得。
可笑释道门人子，万世不得这事为。

　　做完这些以后儒生就走了。过了不久，一群道士从那里经过，看到三教堂大门敞开，就像往常一样进去朝拜老君。他们看见老君被放在一边，心下极为不快，喊道："三教里面数我们教最高贵。我们的祖师爷怎么能被推到一边呢？"于是，他们便把孔子从宝座上撤下来，换上了老君。想到了明人不作暗事，他们也在墙上写下了一首诗，解释自己的行为，并为之辩护：

三教之中道门高，儒释不及俺的腰。
广寒宫里去赴筵，王母请俺赴蟠桃。
可笑儒释门人子，万世不得这逍遥。

　　道士们刚一走，一群正在散步的和尚就看到一座新的三教堂，他们不由自主地走进去朝拜祖师爷。但是，当他们看到佛陀丢掉了最好的位置，被人推到一边，他们比儒生和道士还要生气。"什么？！"他们生气地说，"有谁听说过三教堂里不把佛陀放在中间的？"说着，就把佛陀移到中间去了。考虑到明人不作暗事，他们也在墙上留下了诗句解释并为自己的所作所为辩护：

三教之中佛门强，闭目悟空灵性光。
撒下蒲团莲台坐，扫尽地狱化天堂。
可笑儒道门人子，萤火怎比日月光。

　　诗歌刚刚写完，他们就看到在路上相遇、争吵的儒道两派的人一起回到三教堂。于是，三教的人在各教的神祇面前辩论。三教信徒大吵了一架，大家都在争自家是最好的，没有任何让步的意思。这时，有位面目慈祥的老人打断了这场激烈的争吵。他看出了争吵的根源，也知道各方都写了一首诗为他们自己辩护，便拿起笔又写了一首：

先有五当后有天，宏教真君把道传。
先制金木水火土，生老病死在后边。
末留仁义礼智信，三教本是一脉传。
劝众不必争强胜，能说不行是枉然。

　　儒生、道士、和尚读了老人家的诗，都感到羞愧难当，便各自离去了。

中国寓言

我们在别的章节已经聊过了中国的寓言,有时候它们被模糊地称作"寓意"。我们可以从善书中举出几个例子,来说明这些寓言式的教导是如何被运用的,也可以用来解释那些加在寓言后面、激励着人们践行道德规范准则的俗语是什么意思。①

第一个是刚才那则故事的一个变体。某座寺庙里立着佛陀和老君的塑像,老君像被放在左边较为尊贵的位置上。一个僧人看了,很不高兴,说:"佛学广阔无边,怎么能将老君放在尊位?"他说完这句话,调换了佛像的位置。有个道士见了,很是恼火,说:"道家是最为高贵的,怎么能让佛陀坐在尊位上。"说罢,他又把塑像的位置换回来了。这种事频繁发生,一来一回之间,塑像被搬坏了,裂成了碎片。老君笑着对佛陀说:"你我是最好的朋友,这一切麻烦都是那两个心胸狭窄的和尚和道士造成的。"

寓意:坦诚的敌人比不慎重的朋友要好。真正让大家吵起来的是那些第三方人士:**破蒲扇,两边摇**。②

别扇风儿拢对的。

《治驼》:有个医生吹嘘他能治愈驼背,声称即使病人的背驼得像只虾或者像弓一样,甚至头已经跟腰齐平了,如果只需要把背弄直,而没有其他要求的话,那他的背立刻就能变得像一支竹笔一样直。一个驼背的人信了他的鬼话,就派人去请医生来。医生让病人仰卧在一块木板上,

---

① 上文已经引用过一次这句骂袁绍的话:"羊质虎皮功不就,凤毛鸡胆事难成。"这句话之中就包含了与《伊索寓言》中《披着狮皮的驴》(The Ass in the Lion's Skin)异曲同工的寓言。中国的兵书中称之为**羊质虎皮之辱**。——作者

"羊质虎皮之辱"应该出自黄石公《素书·安礼章》中"羊质虎皮者柔"。《披着狮皮的驴》故事内容:有一天,一个猎人杀死了一只狮子,将它的皮剥了下来,准备拿到市场卖掉,但是运输途中,皮从车上掉了下来,被驴捡到了。驴把狮子皮披在身上,走进了村庄。所有的人和动物都以为是狮子来了,连忙逃走。驴感到很得意,放声长嘶,因此被人识破,主人也打了他一顿。

② 蒲扇的顶部向一侧弯曲,这样扇子就变成了碗的形状,可以像碗一样把空气装起来。但是如果蒲扇坏了,它就和其他扇子一样两边摇了。——作者

身上再放一块木板，用结实的绳子把两块木板紧紧地绑在一起。病人极其痛苦，大叫求医生别治了，但医生不听，反而变本加厉。结果是背直了，但人死了。旁观的人抓住医生，要打他，但医生说："我只是答应治疗驼背，从来没有保证过治好以后病人还活着。"

寓意：医生、高利贷者，还有那些挑起官司的人只关心自己的利益，全然不顾被他们伤害的人有多痛苦。

没有赔面的厨子。

医生治病，治死不抵偿。

医生会了十八反，治死人，如同摔个碗。①

《庙里捐钱》：一个穿着朴素的低阶官兵被和尚当成平民接待。官兵对和尚说："我看到庙坏了，如果你想修的话，我很乐意捐款。"和尚非常高兴地端上了茶，表现得非常恭敬。捐款证明放在面前时，官兵用粗体字写了"总督部院"几个字，表明他属于这个机构。和尚以为来者是一个乔装打扮的高官，心下恐惧，跪倒在地。官兵接着加上了这几个字"标下左营官兵"。和尚看出来自己闹了乌龙，来客并不是什么高官，于是就站了起来。官兵又写了一句话，"乐意捐款三十"，和尚以为他要捐三十两纹银，又高兴起来，于是又跪了下来。但是官兵这时候又加上了一个字"文"。和尚看到官兵其实只捐一点钱，急忙站起来，转身离开，心下满是愤怒与屈辱。

寓意：

人敬富的，狗咬破的。

钱是英雄的胆，衣服是镇人的毛。

远迎衣裳，近迎人。

人是衣裳，马是鞍。

三分的人才，七分的打扮。

---

① 上文提到过中国的脉象理论是中医实践的基础。有一个中国医生在乡下散步时，看见一块地里长着小麦，就说："这大蒜真好看！"一个农民听到了这句睿智的话，就对他的同伴说："这个城里的医生一定很聪明吧！"这个医生甚至分不清楚麦和脉，或者用英语的说法，他甚至不知道豌豆、豆子、脉搏等东西有什么不同，对此一窍不通（He does not know beans.）。——作者

财帛世界，衣帽年。

《下辈子当债主的爹》：一位富有的老人把几个欠他钱的人叫了过来，说："如果你们发誓现在没办法还钱，但是来世能够还上这笔钱，那我就把你们欠债的证据烧掉。"第一个人欠的钱很少，于是发誓愿意成为债主的马，让债主来世骑着他，好让他偿还债务。老人点头同意，然后把证据烧掉了。

第二个人欠的钱更多一些，于是他说："我愿意来世成为你的牛，为你犁地，这样就可以偿还我到期未还的债务了。"老人同意了，并像前面一样烧毁了证据。最后一个人欠的钱特别多，于是他说道："我下辈子可以当你爹。"老人非常生气，大骂他，还准备打他。这个人说："听我说！我欠的钱太多了，单单是为你当牛做马的话根本没办法还上那么大一笔钱，所以我下辈子可以当你爹，一辈子为了你辛勤工作，完全无视自己的生活，我可以为了你赚大把大把的钱，但是一分都不留给自己。这样偿还我长期积压的债务难道不好吗？"

寓意：**儿孙有了儿孙富，不与儿孙做马牛。**

《烧蚁拜佛》：老妇人手里拿着一串珠子，大声不断重复着"阿弥陀佛，阿弥陀佛"。她一边虔诚地祷告，一边大声叫仆人过来，跟仆人说："饭锅里面全是蚂蚁，我最讨厌蚂蚁了，拿火来，我要把它们全烧了。"说完，她继续"阿弥陀佛，阿弥陀佛"。过了一会儿，她又叫仆人过来，说："快来把灶台上的污垢清理一下，不过以免簸箕被烧成灰，就别用我的簸箕了，去找邻居张先生借。"

寓意：

口是心非。

小人的嘴甜心苦。

能说不如能作。

言善不如行善。

下面的故事在西方国家很常见，这些例子表明，在人性问题上，全世界都一样。

《钱比命重要》：有个人落水后，儿子求另一个人去救他，答应会以很多钱作为报酬。掉进水里的人挣扎着抬起头喊道："三两银子，不能再多了,爱救不救,不救拉倒。"

寓意:

视钱如命。

舍命不舍财。

人为财死,鸟为食亡。

《渴望变成人的猴子》:一只猴子死后去了阎王(中国的普路托①)殿,请求转世变成人形。阎王告诉猴子,要把他身上的毛都拔掉。于是,阎王叫来了一个小鬼,小鬼拔掉了猴子的第一根毛,猴子抱怨说很痛,求别再拔了。阎王笑着说:"你连一根毛都不肯拔,怎么变成人?"

寓意:生活中没有钱是不行的,但有了钱却吝啬的人是可鄙的。他就是:**磁公鸡一毛不拔**。

或者是:

铁驴子似的,没毛可拔。

不受苦中苦,难得人上人。

不受磨难不成佛。

《乌鸦和乌龟》:乌鸦站在宽阔的河边,和乌龟攀谈起来,开玩笑说要看看它俩谁先到达对岸。乌龟同意了,立即潜入水中游过去。当乌鸦到达对岸时,它问:"乌龟,乌龟,你在哪里?""我在这儿,"乌龟抬起头说,"我已经在这儿很久了!"乌鸦一想到自己被乌龟这么笨拙的动物打败了,很惭愧,就提议再试一次,乌龟很高兴地答应了。这一次,乌鸦用尽全力飞了过去,一眨眼的工夫就飞到对岸了,然后它得

---

① 中国的普路托经常被人提起,但他不是一个神,而是十个神,统称为十殿阎君。他们是战国时期十个有权势的君主,之所以选他们当阎王,是因为他们都凶残好战,选择他们也是为了让人们在转世审判的时候畏惧。因此,十个阎王都有各种各样的表情,表情还十分野蛮。这让我们想起米拉波(Mirabeau)的一句话:"没有人能洞察我丑陋的面庞背后深藏的力量。如果你想知道我长得有多丑,那就想象一下一只得了天花的老虎吧。"——作者

米拉波伯爵,全称奥诺雷·加百列·里克蒂·德·米拉波(Honoré-Gabriel Riqueti comte de Mirabeau,1749—1791),法国著名政治家和演说家,法国大革命时期最重要的人物之一,三岁时由于生天花容貌尽毁。(Editors of Encyclopaedia, 2011)

意地叫道:"乌龟!乌龟!你现在在哪里?""我在这儿,"乌龟说,"我已经在这儿很久了!"乌鸦现在非常不高兴,但是绝望之余,它还是提议再比一次。乌鸦飞到河中央,像刚才一样叫道:"乌龟!乌龟!你在哪里?""我在这儿,"乌龟在对岸说。"我在这儿,"乌鸦刚刚离开的那一侧的河岸上,另一只乌龟异口同声地喊道。

寓意:骗子可以采用不公平的技术优势获胜,即一人不过二人智。

《龙王看世界》:有一天,龙王决定离开海底深处的宫殿,去看看他统治的海底世界。大臣们反对,但龙王心意已决。龙王把自己变成一条小鱼,出了家门,见到了许多陌生的东西,他很开心。由于好奇心很强,但是经验又不足,他很快就被渔网缠住了,无法挣脱。龙王被渔夫取出来,在市场上卖给了一个家庭主妇,被带到了她的家里。家庭主妇刮了龙王的鱼鳞,把他劈成两半,没等龙王恢复真身就把他倒进锅里炒了。龙王脱身以后,急忙跑到众神之王玉皇的宫殿,抱怨说自己受到了虐待。玉皇问清楚了龙王变成小鱼的前因后果说,既然他离开了自己的宫殿,去了一个他不该去的地方,那就是咎由自取。

寓意:顺其自然。

在家千日好,出外时时难。

凤凰落架不如鸡。

生行莫入,熟行莫出。

自投罗网,别怨人。

解释人性的俗语

正如前面所说的那样,一个民族的俗语能够体现出这个民族对于人性的体察程度。前面引用的许多俗语都体现出了这种特质,不过,我们还可以再举几个例子来进一步说明。

乍得仓官坐,连夜煮米吃。

吃不得味儿,穿不得样儿。这句话是在嘲笑那些一夜暴富却不知如何表现得体的人。

在中国，吃饭是按照最合理的原则进行的。中国人就像荷马笔下的神祇一样，从来都是不慌不忙的。中国人不像盎格鲁－撒克逊人一样狼吞虎咽，相反，他们要用大量的时间吃饭，这也许能够解释为什么这个民族具有惊人的活力。他们有一句话十分睿智：**紧活不紧饭**。

没有人比中国人更能深刻地体会到，拿着别人的钱吃吃喝喝的那种罕见的、难以言喻的快乐。据说，在这种喜庆的场合，他们就会：**嗓子里伸出小手来**。

中国人在这方面的技能，正是在发现和创造这种机会的过程中得到了体现。这种对情况的接受能力，对环境的即时适应能力，被称为"眼色"或"眼力见"。因此俗语有云：**拿出眼力见来吃东西**。

有时候，要拿出眼力见，就必须像英语俗语说的那样有"黄铜"[①]。中国人称之为"脸厚"，或者无耻：**脸儿壮，吃个胖。脸儿厚，吃个够。脸儿薄，摸不着**。

我们知道，《论语》中子贡问孔子："有一言而可以终身行之者乎？"孔子说："其恕[②]乎？己所不欲，勿施于人。"[③]

人们通过这句话推断出一个结论，这个结论甚至被印在了书上：在中国，那些金科玉律只会消极地发挥其作用。没有什么其他错误比这个更严重了。长期以来，中国人一直有一种习惯：他们怎么对别人，就希望别人怎么对他们。这个过程被称作"礼"。《礼记》有句名言：**礼尚往来，往而不来，非礼也，来而不往，亦非礼也**。[④]

出门如见宾，入室如有人。若要人重我，无过我重人。[⑤]

礼尚往来意味着：**你敬我一尺，我敬你一丈**。礼尚往来意味着：**得人一牛，还人一马。一盒子来，必须一盒子去**。

用诗歌的形式体现礼尚往来的原则的话，聪明的读者应该很快

[①] 英语中"黄铜脖子"（Brass neck）或者"黄铜神经"（Brass nerve）指一个人无耻、不谦卑、不懂得缄默，十分倨傲。

[②] 明恩溥将这个"恕"翻译成了"互惠互利"（Reciprocity），即后文"礼尚往来"之"往来"。

[③] 出自《论语·颜渊》。

[④] 出自《礼记·曲礼上》。

[⑤] 出自《明心宝鉴》。

能够理解它的必要性。下面这几句可以用来复习中国人礼尚往来的原则：

有人倚，有人倚。无人倚，自跳起。

跌倒了，自己爬。望人扶，都是假。

礼尚往来要求的不是西方哲人所教导的恩惠和回礼的价值相等，而是要求回礼的价值大于恩惠。实际上，礼尚往来要求每个人不仅关注自己的东西，也要关注别人的东西，要想着让别人的东西为己所用。在紧急情况下，每个人都宁愿牺牲别人的东西，也不会牺牲自己的东西，就像阿特缪斯·沃德[1]（Artemus Ward）挑起战争，但是卷进来遭殃的却全是他妻子的亲戚一样。

有一个故事讲的是一个中国老妇，当国家面临蝗虫的威胁时，面对即将到来的灾难，她祈祷："蚂蚱神，蚂蚱神。别吃昝〔咱〕的，吃四邻。"

逢人损寿，遇物增价。这是中国的切斯特菲尔德勋爵（Lord Chesterfield）精于世故的名言，他知道如何取悦他人。如果朋友看起来是四十岁，跟他打招呼的时候就告诉他，他看起来像三十岁；如果他以两倍的价格买下了一件不是很贵重的古董，不是让他知道真相，而是告诉他无论如何价格都很便宜，这种古董本来就少。

吃人家的，吃出汗来。吃自己的，吃出泪来。意思类似于西方的俗语：切别人的皮革，做自己的腰带（Broad thongs are cut out of other folk's leather.[2]）。

你是红口白牙，吃人的东西，不知情。意思是如果有机会吃别人的东西，那嘴巴肯定是张着的，这样就看得到牙了。

无事是二神仙。这句中国格言与《伊利亚随笔集》[3]（*Essays of*

---

[1] 查尔斯·法拉尔·布朗（Charles Farrar Browne，1834—1867）的笔名，美国幽默作家。（Editors of Encyclopaedia，2011）

[2] 译者没有查到这句英语俗语的相关资料，也没有查到它的意思。可能是因为明恩溥生活的年代久远，这句俗语已经不再通用。译者只能通过上下文判断这句俗语的意思应该是用别人的东西去达到自己的目的。

[3] 查尔斯·兰姆（Charles Lamb）所著。

Elia）中的看法一致："一个人留给自己的时间永远不会太多,一个人要做的事情也不会太少。如果我有个小儿子,我就在施洗的时候给他起名叫'啥也不干',然后让他啥也不干。我完全相信,只要一个人还在干活,他就不会真正地开心。"下面这句话也是这个意思：**一日清闲,一日仙**。

你不可杀鸡问客。如果你率先问客人要不要煮鸡吃,客人肯定会拒绝。这种问法会让客人不舒服,也会让主人看起来很可笑。

吃红矾①**药死老虎的主意**。一个人下定决心伤害另一个人,他甚至愿意牺牲自己的生命,比如某个人自杀就是为了让仇人卷进官司身败名裂。

家家观世音,处处弥陀佛。

家家有本难念的书。每一个家庭都不太一样。

清官难断家务事。

闺女大了似私盐包。唯一能保证的事就是她肯定会结婚,而且越早越好。

烈女怕谋郎。

百行孝为先,论心不论事,论事世间无孝子。万恶淫为首,论事不论心,论心天下无完人。

放鹰的妇人,是两口子的计策。当一对夫妻觉得家里已经买不起足够的食物的时候,他们有时会去离家很远、没有人认识他们的地方"放鹰"。女方会假装是男方的姐妹,这样条件合适她就可以嫁人了。她刚在新家安顿下来,就趁机带着新丈夫的所有贵重物品跑路,在约定的地方和她真正的丈夫碰头。这种勾当相对来说比较容易实施,因为中国人习惯在失去伴侣后很快再婚。

妻似墙上的坯,揭一层又一层。即妻子刚去世,她的丈夫就打算再娶一个：**寡妇不隔月,填房**②**不过年**。

这种事情肯定会导致不停的争吵和官司,所以产生了俗语：**好汉子,**

---

① 中国人的毒物分类知识不怎么样。汉语俗语中提到的三种致命药物中,有两种的毒性还不如一些常用的药物：**硫磺、巴豆、信,吃了就出殡**。——作者

② 指妻子死后续娶的妻子。

不娶活人妻。

但是在"放鹰"的情况下，妻子很便宜，因此会引诱买家过来，但是买家很快就发现：**占小便宜吃大亏。贪小利必受大害。利也大，害也大。**因为**从来便宜是个当。**这句话的意思是，便宜的东西就像当铺的东西一样，容易让人上当。

是个好汉子，也架不了底漏。"底漏"① 指的是从婆婆家偷东西给娘家的女人。这种事情在中国家庭司空见惯：**外贼好挡，家贼难防。**

有一个故事，讲的是两个多年没有见面的老太太，有一天她们相遇了，一个问另一个说："过得怎么样？你儿子的生意怎么样？你娶了个什么样的儿媳妇？"对方回答道："我儿子的生意相当好，但是儿媳不好，她是个底漏。""你那出嫁的女儿呢，她怎么样了？"这个老太太回答说："哎，要不是因为我女儿的帮助，我都不知道怎么渡过难关"。

没有马勺不磕锅檐〔沿〕的。马勺是黄铜做的，在舀食物的时候，肯定会时不时地碰到铁锅。这句话的意思是没有家庭能像理想中那样完全和谐，因为肯定会有一些不愉快，就像马勺碰到锅沿一样，没办法预防，也不可能避免。

谁家不能挂着无事牌。"无事牌"指的是秘密教派谋划暴乱的时候，在门旁挂一个上面有秘密暗语的牌，可以保护建筑不被劫掠。这句意思和上一句话相似。每个家庭都有每个家庭的困难，没有不求人的人。

关于父母与子女的俗语

我们需要关注一下中国人关于小孩的俗语，这不仅是因为中国人觉得每个人都必须要留下后代才能将家族延续下去，他们的坟头才有人祭拜，而且还因为我们可以从这些俗语中看出，对于中国人而言，孩子其实并不仅仅是上天的赐福。

俗语有云：**不怕儿女晚，只怕寿数短。**
命中有儿，何在早晚，只要活着。

---

① 原指不易察觉的支出，转义指嫁出的姑娘给娘家钱财。

还有一句俗语：**能生早子，不养迟儿**。这句和中国的许多俗语一样，是很自私的一句话。因为早生孩子的话，孩子长大成人后就能侍奉父母很多年，不然的话，父母在儿子能够孝敬他们之前就去世了，这样花在孩子身上的钱就白花了。

这个民族坚定地相信生命中的一切都是天注定的，所以理所当然，他们十分看重命运对孩子的影响。

财帛儿女由天分。

财帛儿女命相连。

财帛儿女有定分。

这种思想在下面这些句子里面有间接的体现：**修的五男，二女的**。另外，生出不好的孩子，就是对这一世的惩罚：**这小子是个现世报**。

一个家庭必须有孩子，要么自己生，要么领养。这是中国社会伦理的一个基本原则，否则就没有人继续供奉祖先了。孟子说："**不孝有三，无后为大。**"①

在这个原则的基础上，必须认识到中国最突出的社会现实，那就是生存斗争。生存斗争的巨大压力无处不在：**一尺的孩子，三尺布**。

但是，即使是在中国，不管孩子有多高，他需要的也不止一码的布料。中国这个拥挤的国家拥有上百万的婴儿，他们在人生的头三年会生活在某个人的怀抱之中，因此孔子认定，正是由于这个奇怪的原因，父母逝去后，儿女必须守孝三年。在中国，"怀抱的孩子"这个词极度重要，而在西方国家则没有那样重要。

家里人干活带来的收入虽然微薄，但却是必需的，抱孩子的这段时间，因为没办法干活，这份收入也没了，或者变得更少了。这样就不难理解下面这个俗语了：**小户人家养个孩子，受三年穷**。

这种磨人的经历，再加上很可怕的一点，即孩子最终会变成什么样是不确定的——他们的人生是否成功很重要，他们的道德品质也很重要——使得小孩子经常被奇怪地叫作"冤家"，即敌人或者家庭的压迫者：

---

① 出自《孟子·离娄上》。

多儿多女多冤家，没儿没女活菩萨。①

如果一个人生的孩子太多了，他会用这样一句俗语来安慰自己：**多了可以多捞摸**②。这句俗语用来鼓励人们在赌博、贸易等冒险活动中再碰碰运气。

养着是儿，养不着是冤家。 我们前面看到过一个包含着三个同音字的俗语，在那个俗语中，独、妒、毒三个用来形容女人的字都读 du(tu)。同样，这句俗语也包含三个"yuan"：父亲不慈，儿子不孝，这叫"冤"，意思是错误、不公；父子不和谐，则是"怨"，意思是怨恨；但是如果父慈子孝，那就是"缘"，意思是天命。普通语言很少注意到这些微妙之处。

养太多孩子的话就会伴随这些痛苦的不确定性，因此人们用俗语警告大家不要养太多孩子：**一儿一女一枝花，多儿多女多冤家。**

养儿别养俩，养俩灵官马。养儿别养三，养三没有家。 这句俗语认为养育儿女是为了最终使父母获益。比如，母亲老了，必须和孩子同住，如果有两个孩子，她就得从一个孩子那里搬到另一个孩子那里去，不得安宁。据说，灵官是周朝一位姓王的官员，他被当作神明崇拜起来。他老是想去征服最东部的某个王国，或者某片偏远区域，因此，他"马不停蹄"。有两个儿子的母亲可能会有类似的经历，但是如果她有三个儿子，那就更糟了，因为那样她就到哪都不是家。总而言之，**多男则多惧。**③

因此，不管出于什么原因，**好子不用多，一个顶十个。**

父母对孩子的爱，即使在他们最不好的时候，也只是用"喜欢的冤家"描述，所以，**儿女乃是眼前欢儿。**

好老婆，架不住四个孩子。 在这一点上面，全世界的人都有点相似。要煮饭、修理东西、处理家庭事务，就算再厉害的家庭主妇，她的能力也会到达极限。

下面这句俗语明确指出了儿子和女儿相比之下的优势：**十八个罗汉**

---

① "活神仙"三个字很常见，指的是一个人生活无忧无虑。沙修道在《谚语丛话》第 2170 条中把它翻译成了"神仙之家"。——作者

② 即向水中探物，亦泛指寻取。

③ 出自《庄子·天地》："尧曰：'多男子则多惧，富则多事，寿则多辱。'"

女，赶不上个点脚的儿。"十八个罗汉女"指的是长得好看的女孩，她们和十八罗汉一样都是道德模范。从中可以看出，最好的女孩子还比不上最差的男孩子，但是如果生不出男孩，那生女孩总比不生强：**没有朱砂，红土子为贵**。

从中国父母和孩子之间关系的本性中，我们可以看出为什么中国人会讨厌女儿。他们有句俗语说：**养儿防备老，种树图阴凉**。但这只适用于儿子，不适用于女儿。父母养大女儿要花费大量的钱财，经历许多烦恼，当女儿长大可以偿还这些东西的时候，她却已经订婚了，变成了一个多余的包袱。她结婚还要消耗家庭资源，而且没有办法回本。结婚后，她是丈夫家的财产：**嫁出的姑娘，冲出去的水**。

女儿即使或多或少地回家看一看，也是为了自己、丈夫或者孩子（他们都不是娘家的人），而她要回到婆婆家时，还要从娘家带点礼物回去。母亲老了，无自理能力还守了寡的时候，女儿还不能照顾她：**穄子不纳粮，闺女不养娘**。如此一来，也就不奇怪为什么只有哲学家思考过，并说出了这样的话——女孩也很重要——的时候，女孩才能够受到热烈欢迎。①

中国的社会哲学是这样看待孩子的，所以人们认为父母的责任在子女结婚的时候就已经完成了，这一点不足为奇。人们认为，实现这个义务是最为必要的，没有其他事情能够比它重要。**男婚女配，大礼攸关，父母焉能辞其责**。

女大不可留，强留必定仇。

儿成双女成对，一生大事已完。如此一来，父母就可以死而无憾。

有一类俗语是为数不多的与父母对子女的义务相关的俗语。下面这句劝父母善待子女，因为如果严厉过头了，子女就不孝顺父母了，这样的话父母就相当于惹了许多没必要的麻烦：**父母不见宽，难显儿女的孝道来**。

同样的逻辑也适用于君主如何对待臣民：**君不正臣必不忠，父不慈子定不孝**。

---

① 这一段作者的论述很奇怪，逻辑与前文对应不上。

孝顺这种美德根本上源自人性中的自私。要做到孝顺还是挺难的，所以只有那些取得了成功的人才配自鸣得意：**没老子娘夸孝顺，没儿女夸干净。**

当然，《三字经》告诉我们：**人之初，性本善。**还告诉我们：**小儿的心，似佛心。**即使现实的经验和观察与书上的说法不一致，也很容易争辩，劝人不要打孩子时就会说：**树若大了自然直。**或者更简单的说法：**树大自直。**但是在现实中，如果孩子生下来就不像《三字经》说的那样"性本善"，而是难以管束，那么对待他的办法只有听之任之，然后期待最好的结果。有一句俗语的大意正是如此：**利害小儿是个好的，利害闺女是个巧的。**

家鸡打的团团转，野鸡打的满天飞。[①] 这句俗语很好地描述了管教孩子的过程。打孩子的时候，如果是自己家的孩子，那他就只能在家里活活受打，哪儿都去不了，而如果是别人家的孩子，那他就可以跑回家，不用挨打。

人们会觉得别人家的孩子都年少有为，意思就是自己家的孩子一事无成。下面这句话体现了这样的观点：**人家养儿养女，要往上长。**言外之意就是，我的孩子不往上长，当然这只是一种谦辞。

有些家长溺爱孩子，不懂得拒绝他们，但旁人一般都比较公正，所以弄了句俗语讽刺他们：**要活人的脑浆子，按倒就砸。**

那些无缘无故为孩子焦虑，总是过度关心、保护他们的父母，常被嘲笑为：**口里含着怕化了，脑袋顶着怕歪了。**

下雨天，当一个人的日常工作被打断的时候，经常会开这样的玩笑：**阴天打孩子，闲着的工夫。**

正如上文引用的俗语所示，中国人对父母关系的看法在某些方面是非常实际的。正是在这种观点下，我们被告知：**满堂的儿女，不如半路的夫妻。**也就是说，孩子们要去别处办事，只有自己的妻子总能陪在身边。

许多俗语都提到了父母对子女的爱：

虎毒不吃子。

---

① 出自《金瓶梅词话》第十二回："常言道：'家鸡打得团团转，野鸡打得贴天飞。'"（耿文辉，1991）[437]

猫养的猫疼，狗养的狗疼，不养的不疼。

连心扯胆的是儿女。

七股子肠子八股子叶。"七"和"八"两个数字离代表完整的"十"不远。这句话的意思是，一个人存在，大部分是为了子孙后代，为了孩子们。其隐含的意思是，子孙后代都是烦人的，他们的出生实际上是父母的罪孽应得的报应。"叶"是"孽"的谐音，也就是报应，即孩子们是上天降下的报应，他们的出生就是为了惩罚父母的罪孽。

中国人太善于观察人性了，他们发现父母对孩子的爱，尤其是从不遗忘也不分时间的母爱，与孩子对父母的爱有着完全不同的性质。古老的习俗要求子女守孝三年，除此之外，没有其他情况是儿女会表示哀悼的。所以俗语有云：**只有慈心的父母，没有慈心的儿女。**

下面这句俗语意在强调，与其他人际关系相比，亲子关系的长处所在：**天下无不是的父母，世上难得的是弟兄。**①

能叫父母缺儿女，不叫儿女缺爹娘。

能舍坐官的爹，不舍叫花子的娘。

关于离弃父母的事，中国人有很多笑话。据说种水果是很赚钱的生意。果园在口语中被称为"行子"。"吊枝行"既指果园，也指经营新鲜水果的行当。因此有句俗语：**能舍老子娘，不舍吊枝行。**"能舍老子娘"是因为他没办法从父母身上获得利益。

俗语有云：**河中鲤，海中鲛，最肥不过。**因此有句俗语说：**舍却老亲娘，难舍鲛鱼汤。**

中国人一直强调孝道，但事实上孝道强迫父母履行对子女的义务，完全是有问题的，这也是中国社会制度最薄弱的地方之一。

与中国迷信相关的俗语

有些中国人所迷信的东西，肯定会反映在他们的俗语中。我们从前文已经知道他们是怎么看待那些有身体缺陷的人。他们还会相信更加莫

---

① 出自《格言联璧·齐家类》，原话为"天下无不是的父母，人生最难得者兄弟"。

名其妙的事情。例如，他们相信大耳朵是鸿运当头的象征，如果耳朵长得可以碰到肩膀，那他就是最幸福的人了，几乎所有中国人都对此深信不疑。在这样的观念之下，开那些有着显著身体特征的人玩笑的俗语也应运而生：

头大福也大，有福在头皮上挂。

嘴大福也大，有福在嘴角儿上挂。

脚大福也大，有福在脚尖儿上挂。

有像大象耳朵一样的耳朵是非常重要的，比如刘备的耳朵就长到了肩膀上，所以他才有那么好的运气，建立了王朝。[①]但是耳朵太大也不行，因为：**两耳扇风，败家的妖精。**

还有些人认为上嘴唇中间的缝或沟槽如果很长，主人肯定会长寿，不仅如此，他的年龄与这条"小水道"（俗称"人中"）的长度成正比。

据说汉武帝和东方朔聊天时说："我读过'相书'，上面说，如果人中长一英寸，那么这个人就能活一百年。现在我的人中有一点二英寸，所以我肯定能活一个多世纪。"听完之后，东方朔忍俊不禁，放声大笑。汉武帝吃了一惊，感觉受到了冒犯，问东方朔是什么意思。东方朔回答："我笑的不是陛下，而是商朝的'老彭'，他活了八百八十年，那他的人中肯定从头顶长到了下巴！"从此以后，汉武帝再也不相信相书了。

中国的相书对每一个值得怀疑的点都给出了极其细致的规定，相书上的格言的流行程度已经达到了拉瓦特[②]（Lavater）想都不敢想的地步。

下面这些审美规则普遍流行，并且大家都潜移默化地接受了它们。男人：**眉清目秀，方面大耳，鼻直口阔，面如敷粉，唇若涂朱**。女人：**柳叶眉，杏核眼，樱桃口，瓜子脸，杨柳腰**。女人的脸应该是椭圆形的，上宽下窄，就像瓜子一样。如果比例颠倒过来，那就极其讨厌了。她走路的样子就应该像"**风吹杨柳细而摆**"一样。

左眼跳财，右眼跳祸。

老人耳垂子干，必定要入棺。

耳后不容指，八十不能死。

[①] 这句流行的俗语特别适用于刘备：**两耳垂肩大贵人**。——作者

[②] 拉瓦特（1741—1801），瑞士面相家。（Editors of Encyclopeadia, 2011）

弓肩缩背，一世苦累。

脚擂鼓，一世苦。

小手大脚，一辈子糟糕。

食指动，必有嘴头吃。

男生女手，不赚自有。这句出自相书，人们对它坚信不疑。这里的女手是说手指细而柔软。

女生男相，贵不可谅。

在英语中，我们经常听到有人说，当一个人发现自己耳朵烧得通红的时候，说明有人在谈论你。中国人也有类似的观念：**眼跳眉毛长，必定有人讲。**[①]同样，如果一个人不停地打喷嚏，这说明别人在提他的名字。

如果年纪轻轻头发就白了，那么中国人就会认为这个人的能力很强。因此，俗语有云：**少白头，有人求。**求助者求他是为了让他帮忙解决事情。

尽管他们也钦佩身体在一定程度上发育良好的人，特别是县令，但是体型长得太大的人——比如寿星老——是绝对不会被看好的。

大汉不呆——真宝贝。

人要是大身量必呆，若不呆必奸。

中国人的许多迷信都是基于他们所观察到的事物，或者他们认为自己观察到的事物，而且他们还会就这些事物给出自己独到的解释。

三虎出一豹，九狗出一獒。"獒"通常被翻译成马士提夫（mastiff，参见梅辉立《中国辞汇》第52条），是一种有着惊人智力的动物。它的智力将圣伯纳德和纽芬兰毛发蓬松的四足动物或训练有素的印度大象甩在了阴影里。例如，它能区分忠诚的人和叛徒，甚至能读懂人的思想。一见到獒，普通的狗就像在原地生了根似的，动弹不得。周朝的时候，

---

① 有一句与"讲"字相关的俗语，应该可以当作一个我们没有讲到的有关双关语特殊功能的例子。在没有栅栏的乡村，农地的边界必须事先画好，而在没有石柱的地方，农地的边界则用各种各样的小型灌木做标记。选择这些小型灌木是因为它们生命力顽强。"桑棵"一词已经成为这种用于划分边界的灌木的泛称。说一个人**耩桑棵以外**，就是说他侵犯了别人的权利。说话的人想说大家都没有明白下雨的原因，他会这样说："你讲不了，若是讲了，必**耩桑棵以外**。"也就是说，会讲到一个他们完全不熟悉的领域。这样使用俗语，经常导致原来的双关语的意思变得模糊，甚至完全消失。——作者

北方的蛮人送来贡品，其中就有獒，当时周公就力劝周成王留下这种动物。

牛生麒麟，猪生奔。如果母牛生下三头小牛，其中一头就是著名的在圣贤出生时出现的独角兽①（unicorn）。当一窝有十八头猪时，其中一头就是奔，长有一只角的四足动物，是由马和猪杂交的。这两种动物死得很快，因此没办法找到能够放在动物展览里的标本。

进门子儿，穷到底儿。这句俗语被视为一句不需要质疑的关于家庭的格言。

寡妇进门养小子，必定发达后老子。

一位老师对这种俗语的评论很好地反映了中国人关于这种俗语的整体想法：**此言虽荒唐，然极准。每见生女者，不发财，生男者，必发财，不解何故。**

下面这句话也属于这一类：**孤儿，子孙多。**这被认为是一个常理。

从小儿没娘说话长。这是另一个被认为无可争议的奇怪想法。当一个人想说某个人说话很烦人的时候，可以拐弯抹角地说他从小没娘。

有些中国人根据星象判断一个人的运势，他们对这种算命方法的重视程度极高，怎么夸大都不过分：**人有人运，地有地运。**他们认为那些出生在邪星下的人永远无法摆脱邪星的影响，无论他走到哪里，邪星都会给他带来厄运。因此，俗语有云：**妨八败命的运。**举个例子来说明这句俗语的用法。这句俗语指如果男的不顾后果娶了星象不好的女性，那她就会从八方带来灾难。如果她的出生时间不合适，那当她被娶进门的时候，倒霉的公公婆婆就会死掉，很有可能她的丈夫也会死掉。这个家通常一年之内就会彻底被摧毁。有的孩子刚刚才能吃饭，就不知不觉地克死自己的父母，以此类推，还有各种各样的恶兆和恶果。同样的迷信在这句俗语中也有提及：**短命的儿郎，遇见妨夫的女。**

有一种类似的迷信认为，当新娘从轿子上下来，走进未来丈夫的房

---

① 即麒麟。

门时，天气就会对她产生神秘的影响：**刮风不良，下雨不长**。① 又比如另一种说法：**不贤良的女，不刮风，就下雨**。这句说的是新娘还在轿子上的时候。

这类观念是可以被无限放大的，而且中国人完全可以胜任这个任务。② 不仅人受命运支配，就连地方、无生命的物体都要受命运支配。聚宝盆就是一个明显的例子。某些类型的陶器——一般是大型水罐这样的粗糙陶器——在烧制过程中，能够集天地精华之气，因为在中国一切皆可解释为气。因此这些陶器差不多就像先知以利亚（Elijah）用来装油的瓶子一样厉害。因为聚宝盆装什么，什么就立马成倍增加。

有个关于明朝的渔夫的故事：这个渔夫撒网捕鱼，结果只网到了一个破罐子。这个罐子除了用来喂猪之外，没有任何用处，于是他就用它来喂猪。第二天，渔夫发现猪竟然没有把食物吃完，十分惊讶。第三天，食物溢了出来，在后院形成了一个池子，他才惊奇地发现，原来这是一个聚宝盆，这种珍贵的盆子能使物品的数量增加。我们无法解释为什么这种容器总是在让东西成倍增加之前就碎了，我们也无法解释为什么那些运气不好的人拥有这种盆子时，它们就没办法让东西成倍增加，但是当天生运气好的人变成它的主人时，聚宝盆就开始让东西成倍增加，并且频率可喜。它里面装的东西可以是猪食，可以是金银锭，也可以是玉器或者珍珠。在西方国家，这种情况很快就会致使瓷窑里的某些想要交好运的人在罐子和盘子出手之前，一个一个地测试它们有没有聚宝的能力。但是中国人的观念比较含蓄，所以没有这样的剧情。

传说以前天津的南门总是建不牢，因为无论怎么努力它总是会倒塌。最后，有个聪明能干的人说必须在墙下埋聚宝盆来抑制邪气，这个聚宝

---

① 我们经常在听到一句汉语表达之后，完全没办法准确地知道它的意思，这句话就是一个例子。只要稍微改动一下，用同音字替换掉一个字，这句话就是一个天气类俗语了：**刮风不凉，下雨不长**。——作者

② 在中国这样一个如此热衷于算命的国家，几乎所有事情都有一个公式。例如，这句话中的规则是根据新娘出生时候所属的生肖来决定新娘应该在哪个月结婚：**正七迎鸡兔，二八虎和猴，三九蛇和猪，四十龙和狗，牛羊五十一，鼠马六十二**。——作者

盆属于沈万山①。沈家当然不愿意交出聚宝盆,他们只想把它留为己用,但是人们还是找到了办法,并说服了沈家。聚宝盆被埋了下去,这毫无疑问让南门走了"锅运",因为自此之后,南门再也没有塌过。为了证明这个传说,人们认为,与其他城市的大门不同,天津南门壁垒的出口与城墙形成直角,和内城墙不在一条直线上。②这一切解释了我们下面这句俗语的意思:**我没有聚宝盆,经不起你胡花**。

别拿他当作摇钱树。这句话中也提到了类似的想法。这种摇钱树很出名,但没有人真正见过它,因此它没有被植物学分类。其树枝上挂满了钱,轻轻地碰一下就能让钱像雨一样撒在地上。

在东方,人们普遍相信一个人可以用神秘的方式伤害另一个人。因此有这样一句俗语:**又种虫,又卖饭的**。这句俗语比喻那些明面上是朋友,背地里中伤对方的人。

如果以迷信的眼光来解读那些最为琐碎之事,它们就会瞬间充满意义。因此,有些人把怪猫的出现或者狗的离开当成一种预兆:**来猫去狗,不赚自有**。

剃头洗澡莫赌钱,否则你肯定会输。但这句话不适合那些长期赌钱的赌徒,就算他们再怎么不剃头,再怎么不洗澡,依旧**常赌神仙输**。

我们可以举骨头鉴定为例子说明中国尸检的流程有多奇特。如果要确认一块骨头属不属于这个死者,而死者的儿子们又刚好活着的话,可以让儿子咬破手指,让血流出来滴在骨头的表面。如果血仍然停留在表面,

---

① 在中国,沈万山是一个非常受人尊敬的名字。据说他是明朝早期的有钱人,家在明朝的第一个首都南京,因此有这样的说法:**南京的沈万三,北京的大柳树,人的名,树的影**。这棵柳树是以前存在的,据说它的影子有一百里宽。传说,燕王(后来成为永乐皇帝)横扫北方杀害了一个广大区域的所有人时,他用尽了自己的资源,请来沈万三帮忙。民间传说认为沈万三这么有钱是因为他拥有能够让物品成倍增加的聚宝盆(前文提到过聚宝盆)。由于这个传说的关系,人们称他为"活财神",所以人们就会把很有钱的人比作沈万三,说他是"**好似活财神,沈万三一般**"。还有这样的说法:**富贵不过沈万三**。把天津的传说和沈万三这么有名的名字联系到一起,可能是因为在这些传说中,一些重要的公共事件被认为是在某个人的帮助下完成的,而这种现象在中国很少见。——作者

② 沈家的聚宝盆的影响力似乎在 1900 年冬天被耗尽了。1901 年,天津临时政府夷平了城墙和所有城门,为电气化铁路修建了一条林荫大道。——作者

那就说明死者不是血亲，至少不是父亲。但是如果血液迅速渗入，情况就不同了。因此才有了下面这句俗语：**鲜血入骨，父子天性。**

中国人和吉卜赛人以及许多其他民族一样通过指纹算命。指尖上的圆形纹路被称为"斗"，翻译成英文叫 peck，而那些弯曲的、没有形成圆圈的纹路被称为"箕"，因为他们觉得它长得像簸箕。因此有这样一句俗语：**一斗穷，二斗富，三斗四斗开当铺，五斗说媒，六斗做贼，七斗遭殃，八斗吃糠，九斗一簸〔簸〕箕，到老坐着吃。**

王道捉妖——瞎捣鬼。传说宋代有一个道士，他试着念了一段咒语，想抓住白蛇精，但是他学业不精，碰上了一个可怕的对手，被对方重伤。"捣鬼"在口语中是自言自语的意思，一个人独处时还在说话，就好像在和鬼打架一样。这句俗语是用来形容一个人自言自语地说了一些别人无法理解的话，或者两个人用私语交谈。

人老无用，物老出古，禽兽老了成精。

蝎虎子拜北斗，要作雷。蝎虎子是五毒之一，人们认为它的分泌物能致命。它一般只有几英寸长，如果长到三英尺长，肯定就是成精了。蝎虎子拜北斗七星的目的是让北斗七星把它变成人形。如果真的变成人形，它将对人类造成无穷的伤害，所以上天是不会让它成功的，会降下天雷劈死它。这句话用来形容某些人挑起了不必要的大型灾难。

五毒分别是蛇、蝎子、蛤蟆、蜈蚣、蝎虎子，它们都有成精的倾向，即它们老了就成精了。成精了以后，它们就开始用"法力邪术"搞恶作剧，这种恶作剧叫作"作耗"或"白作耗"。因此，一个想要制造麻烦的人，别人会叫他"别作耗"。如果这些有害的动物想要搞一些危害严重的恶作剧，那天雷就会把它们劈死，就像刚刚那只蝎虎子一样。

马虎子还未出袖儿了。马虎子也叫皮虎子，是父母和保姆虚构出来的怪物，专门用来吓唬不守规矩的孩子。它住在山里，很邪恶。据说它常出没于墓地，某个地方有一个传说，说的是有一只马虎子因为对自己的超自然能力掌握不精，被抓住了。因此，当地有句俗语：**王家坟墓的皮虎子——笨。**

你得罪了老浪〔郎〕神，装什么不像什么。一般认为老郎神是"明皇"，或"玄宗"，他是唐朝的皇帝（参见梅辉立《中国辞汇》第504条），酷爱戏剧，因此成为戏剧演员之神。这一转变是中国神祇随着时间演变的类型之一。没有他的帮助，演员是不可能成功的。这句话用来指一个人无论做什么都肯定会出错。

你莫非撞见五道了么。五道是五个邪神。人喝醉了就有可能碰到它们，并且马上会陷入"疯迷"状态。这就是为什么当一个人喝得酩酊大醉时，几个人都拉不住他的原因，因为他就像碰到了五个邪神一般。

黄狸黑狸得鼠者雌。家猫老了以后，就到山里变成妖精，特别喜欢吃山里的大型野兽。它们打架的时候，如果谁输了要逃跑，就会被认为是更弱的一方。这句话用来形容那些自命不凡但终究不得不屈服的人，就像英语俗语说的：强胜弱败[①]。

中国人关于狐狸的迷信能写一篇很长的文章，不过大部分读者看梅辉立《中国辞汇》第 183 条就足够了。最危险的是九尾狐，它有迷惑人类的能力，无法接近。下面这句俗语用来形容那些极其狡猾又危险的敌人：**他是九尾狐狸似的，不好惹**。

虎豹常愁逢獬豸，蛟龙最怕遇蜈蚣。獬豸有点像狗，也有点像鹿，大约有两英尺高，头上有一个角。从角到尾巴，脊椎骨被磨得像剑一样锋利，它能像闪电一样迅速前进。当獬豸看到敌人时，它会用背攻击敌人，能马上把敌人的内脏掏出来。它的分泌物有毒，会腐蚀皮肤。人类是唯一不怕獬豸的动物。蜈蚣天生有能力通过耳朵或鼻子进入龙和其他怪物的头骨，一旦进入，它就会吃掉大脑。因此龙非常害怕它。蜈蚣只有大约两英寸长，有着珍珠的颜色。在云南、贵州、四川等省份发现了一种巨大的两头蟒[②]，它的智力似乎只有前面提到的夔才能与之媲美。这条蟒晓得如何知道一个人的名字，也会说人类的语言。如果有旅人在山里独自赶路时听到有人字正腔圆地叫出自己的名字，他们大吃一惊，知道两头蟒在跟踪他们了。但是大自然很仁慈，有一物降一物的法则。就

[①] 原文为"The weaker goes to the wall."，英文俗语。

[②] 中国人相信有一种双头蛇叫白花蛇，下面这句俗语提到了它：**一个长虫两脑袋——双头白花蛇**。这句俗语指的是那些话特别多的人，他们好像有两个脑袋，但是就是没有人理他们。——作者

好像在盛产葡萄酒的国家总是有栓皮栎①一样,在蟒蛇出没的省份也有其天敌——飞蜈蚣。

一个外地人曾在某一地区听到过这种不祥的声音叫着自己的名字,但他不明白这种声音代表着什么。一到旅馆,他就把自己的经历告诉了旅馆老板,老板立刻告诉他,他已经成了一条有毒巨蟒的猎物,三更半夜巨蟒一定会过来把他的心脏吞掉。

不过还是有好消息的,旅人得到了一个小匣子,这个匣子能帮他躲过一劫,不过旅人必须枕着它睡觉。老板告诉他这匣子里放着一对会飞的玉蜈蚣,千万不能放出来,免得它们惹出大乱子。到了适当的时候,它们自己就会出来。

旅人仔细照做了,果然在三更的时候听到了类似风的声音,巨蟒来了。一瞬间,小匣子打开了,飞蜈蚣钻了出来,很快就飞出窗外消失了。巨蟒在遇到天敌时毫无招架之力,马上就被它们打败了。天亮时,战斗结束,但是飞蜈蚣已经享受到了自由,不愿意再回匣子里,所以它们飞走不见了。这对玉蜈蚣原本值五十盎司的银子,失去它们,店主自然很伤心。

但是死在院子里的那条巨蟒的关节有一片竹林的竹子那么多,每一个关节里都有一颗美丽的珍珠,卖了以后,店主净赚了一万倍的纯利润,想到这里他就没有那么伤心了。

金乌西坠玉兔东升。金乌或金鸡指的是太阳,玉兔指的是月亮(参见梅辉立《中国辞汇》第724条)。

白镪②**赠君还赠我,青蚨飞去复飞来**。这副经常出现在中国商店里的对联源于神话传说,即两只青蚨即使分开一段时间也会再次找到彼此,详情可见卫三畏的字典③的"蚨"字条。在某些地区会有一种习俗,那就是抓住一公一母两只青蚨,然后把它们的血涂在一串钱上,将钱花掉一部分,另外专门留下一部分以待后面重新把花掉的那部分拿回来,因为另一只青蚨能够在三更的时候根据它们的血液的神奇魔力找回这些

---

① 常用来制作软木塞。
② 白银之别称。(郑恢,2002)
③ 卫三畏有两本汉语词典,一本是《英华分韵撮要》,一本是《汉英韵府》,两本书都有"蚨"的词条。

钱。①

得梦不祥，写在南墙，太阳一照，化为吉祥。

家有阴阳宅，房子挪起来。这句指的是看阴阳宅的人，他们的废话错综复杂，有一套复杂却相互之间紧密相连的荒诞的话语系统。他们会想方设法让一个人相信他的门稍稍偏离了最恰当的界线，窗户装错了地方，坟墓应该被移走，等等。如果有人听信了他们的鬼话，那他可能就会把自己家拆了，一个部件一个部件地挪到其他地方。

有个关于云游四海的风水师的故事。他来到一家食肆，食肆前面有一个托盘，里面放着烤好的饼以吸引饥饿的旅人。这些饼上撒有芝麻，芝麻轻轻附着在表面，许多都脱落了。所有的饼都卖光了，但是托盘的底部布满了芬芳的芝麻，一文不名的风水师饿了。聊胜于无②，没办法吃到饼，涂了油的芝麻也是可以的。风水师走到食肆前面坐下，熟练地和卖饼的人聊起了风水。风水师用手指在空空如也的托盘上比画着连接每个点的线，在画线的时候，他故意弄湿了手指，表面上是为了让画出来的线更加明显，实际上是为了把芝麻弄到他嘴里。他画出了食肆、房间、门、窗户，证明它们都基本符合风水学的理论。到这个时候，风水师基本上把所有芝麻都吃到嘴里了。最后总结的时候，他用手掌轻轻敲打托盘，让剩余的芝麻聚成一堆，然后在说"总之，整间店铺都不错"的时候，巧妙地将这些芝麻吃到了嘴里。

风水师的工作就是勘察地点所受到影响的好坏，而判定多节树木的纹理也是一门技术。在下面这句俗语中提到了两种技术的相似性：**三年打柴会看坟茔**。

地动三摇，花子放下瓢。要丰收了，乞丐不用拿着葫芦要饭了。

前文已经提过，猫头鹰进宅是大凶兆：**夜猫子进宅，无事不来**。

一群乌鸦叽叽喳喳是一种信号，表明会听到"解灾的咒语"，之后

---

① 《搜神记》卷十三《青蚨还钱》："南方有虫……又名青蚨……生子必依草叶，大如蚕子，取其子，母即飞来，不以远近。虽潜取其子，母必知处。以母血涂钱八十一文，以子血涂钱八十一文。每市物，或先用母钱，或先用子钱，皆复飞归，轮转无已。故《淮南子术》以之还钱，名曰'青蚨'。"（干宝，2009）

② 原文为"Half a loaf is better than none."，英语俗语。

就不会有什么坏事发生。

赤口上天，白舌入地。①赤口指的是吵架，而白舌则指的是那些"背地里的话"。

中国人的整个社会生活都遵循这样的原则：某些日子、地点、同时发生的事件是吉利的，或者是不吉利的。这一套理论经过精心而巧妙的阐述，成为世界上最庞大的信仰体系之一，就像空中的城堡一样难以拆除。

下面这句俗语体现了据说从古时候就口口相传下来的一种说法：**初五、十四、二十三，老君炉里不炼丹**。②乾隆皇帝却有自己的想法，他废除了这种荒谬的说法，用巧妙的双关语把忌日改成了吉日。

皇帝说的话威力无边，因此有俗语说："**你莫非属皇上的，金口玉言**。"乾隆就像腓特烈大帝（Frederick the Great）或者其他有名的君主一样，知道怎么让自己的趣闻轶事成倍增加。举一个乾隆的例子来说明君主的话语产生的影响有多么深远：有一次微服私访，乾隆进入一个工坊的时候，里面的工人正在忙着制作一种奇特的叫作高香的香。由于这里极热，所以工人把衣服都脱掉扔到了一旁。乾隆见到后大叫："天呐！这些人像乞丐一样。"这是一个多世纪以前的事了，但是从那个时候，从乾隆的那声感叹开始，直到今天，制香的人都发不了财，因为乾隆说他们像乞丐一样。

正因为如此，才有俗语称：**朝廷口里无虚言**。

有个例子能够证明皇帝的话就像"风行草偃"一样这个公理：有人说虽然深红色和紫色一直是宫廷最喜爱的颜色，但乾隆却偏爱粉色，一百多年来这件事一直影响着市场上粉红色物品的价格。

人们起初并不重视这种叫作沙绿的陶器，但道光皇帝的皇后却看中了这种特殊的器皿，把它叫作孔雀瓷。如今，这种陶器备受追捧，但是古董商很明显已经把它们都卖光了。因此正如孟子所言："**上有好者，**

---

① 《水浒传》第六回："正在那里喧哄，只听得门外老鸦哇哇的叫。众人有扣齿的，齐道：'赤口上天，白舌入地。'智深道：'你们做甚么鸟乱？'众人道：'老鸦叫，怕有口舌。'"

② 这句有点类似"七不出，八不归"。——作者

下必有甚焉。"①

不仅皇帝本人具有某种特殊的神圣性，与他有关的一切事物也都具有这种特殊的神圣性。乾隆不仅有微服私访的习惯，而且还喜欢长途旅行。因此就要建立许多行宫，有些行宫仍然存在。

其中有座原来建在天津的北河东岸，但在道光年间，为了纪念皇帝，这里被拆了，改作他用。这座建筑空了之后成了某些妖怪的老巢，它们以各种动物的外形出现，被当地人简称为"狐、黄、白、柳、灰"。第一个很明显是狐狸；第二个是黄鼠狼；第三个从颜色看应该是刺猬；第四个是蛇，因为像柳条一样长；最后一个是老鼠，老鼠是灰色的。这些动物非常可怕，被称为"五大家"。这些妖怪把参与这项工作的工人都搞疯了。这个传说透露出来的民间信仰在俗语中有所体现：**这光景好似拆了行宫似的**。指的是一个人引发了很大的骚乱，好像他中了邪一般。

招了爪子似的——疯闹。又一次证明了上一句俗语中提到的观念。这些动物能够隐形，并且能让人类中邪。它们爱喝酒，喝醉酒的时候有一个讨厌的习惯：躺在路上。如果有人在这种时候踩到它们的爪子，马上就会中邪。不过，这在很大程度上还是要看个人的性格，正直之人是不会被这五种动物影响的。上一句是用来形容那些制造了巨大骚乱的人。

也许正是由于这几种动物被归为一类，所以才会有这句话：**黄鼠狼吃蝲〔刺〕猬——爷们毁爷们**。②这句是说，有相同利益的人应该是相互利用的。下面这句俗语也表达了类似的观点：**大水冲了龙王庙，一家人不认的〔得〕一家人**。

好人头上三尺火，是邪是鬼都得躲。由于头顶上"灵光"的亮度与这个人的美德成正比，所以我们可以用它来区分好人和坏人。

一个类似的说法是用来区分男人和女人的：**男子头上有三尺火**。说

---

① 出自《孟子·滕文公上》，原句为"上有好者，下必有甚焉者矣"。
② 大家都知道黄鼠狼的捕食习性导致了下面这句俗语的产生：**不偷鸡也是偷鸡**。这句是说黄鼠狼在鸡笼附近晃悠，偷不到鸡，因为鸡在笼子里面它够不着，但是黄鼠狼确实是在偷鸡。"偷鸡"一词与"投机"谐音。这句俗语的意思是，一个人没有偷东西只是因为他错过了偷东西的机会。——作者

明男性有力量、属阳，而女性则属阴。①

"男子头上有三尺火"这句俗语中提到的"头上三尺"这个位置，和在许多俗语中腾云驾雾于人类头顶之上的神明所在的位置一致：**头上三尺有神灵**。

死的屈，冤魂不散。人们普遍认为人有三魂七魄，在人死了以后，这三魂七魄的合作伙伴关系就瓦解了，因此古谚称：**魂升于天，魄降于地**。②

所谓的冤魂不散是比喻一个人来了就不肯走，或者比喻一个人走了没过多久，又跑回来，就像寓言中的苍蝇一样。

冤魂缠腿。手上沾过他人鲜血的人是难以逃脱天网的，这句就是基于这一原则。凶手无法逃脱，因为被杀之人的灵魂一直缠着他，就好像古希腊的复仇三女神一样，被杀之人最终会将他绳之以法。这句用来形容债主不断骚扰欠债的人。

你即明白，为什么死在炕上。当一个人即将去世之际，他就必须穿上最好的衣服，从他生病的炕挪到一张木榻上。如果死在炕上，他的灵魂一定会直接进入地狱。而且炕是泥做的，上面没有能够让气飘出来的孔，如果有人死在炕上，他就得永远背着炕。

人死做鬼，鬼死做聻。③这是《康熙字典》中引用的为数不多的俗语之一，出自《聊斋》。我们被告知：**人死作鬼，人见惧之。鬼死作聻，鬼见怕之**。④因此，把"聻⑤"字用篆书写在门上，一切的鬼就都会被吓跑，也就是说中国所有的鬼全部都消失不见了。我们不知道太多关于"聻"的信息，也不知道在什么条件下鬼才会死。

---

① 作者将"属阳"翻译成了"属于明亮的原理"（light principle），"属阴"翻译成了"属于黑暗的原理"（dark principle）。

② 《本草纲目》："此是缢死人，其下有物如麸炭，即时掘取便得，稍迟则深入矣。不掘则必有再缢之祸。盖人受阴阳二气，合成形体。魂魄聚则生，散则死。死则魂升于天，魄降于地。魄属阴，其精沉沦入地，化为此物，亦犹星陨为石，虎死目光坠地化为白石，人血入地为磷、为碧之意也。"

③ 《聊斋志异·章阿端》载："人死为鬼，鬼死为聻。鬼之畏聻，犹人之畏鬼也。"

④ 出自金代韩道昭《五音集韵》。

⑤ "聻"在作为"鬼死之后之称"这个意思的时候读"jiàn"。

只气的三尸神躁〔暴〕跳，五雷豪气飞空。①

我们关于灵魂的大部分知识都来自道家的《感应篇》，我们知道这些尸神（spirits）寓居于身体之中，并且知道它们了解一个人做的所有事情，定期将其汇报给上天。据其他人的说法，这三个尸神是三兄弟，名叫彭。第一个位于头部，负责观察所见、所闻和所言；第二个位于腹部，负责监视人的心；第三个在脚上，调节人的行动。尸神统治着生者，但是其名字中却有一个表示尸体的"尸"字，我们不知道原因。在卫三畏的字典中提到了"三尸"这个词（省略了"神"字），他将"气得三尸暴跳"翻译成了他由于过度愤怒又跳又舞。第二句和第一句一样难懂，还有这谜一般的四字词"五雷豪气"可能要改一改，将"五雷"改成"五内"，指五个气蕴藏在五脏之内，这样这个句子就没那么难懂了。

锁子穿了琵琶骨，有法也变不出来。当邪魔攻击人的时候，据说正确的自卫方法是紧紧抓住它，在它的琵琶骨处插入锁链。琵琶骨似乎是邪魔精魄所在的地方，这样邪魔就跑不掉了，除非它可以带着锁链跑。这是大家自然而然就会想到的方法。

像乍了尸一般的乱跑。人们普遍认为，死者的尸体在还没有放进棺材之前，会在午夜时分突然从床上爬起来，冲出屋子追赶某人，想要抓住他。死者这时候碰到人的话，即使这个人是死者生前挚爱的亲人，中了邪的死者还是会用手把他抓死。这句话是说一个人跑得很快，好像被鬼魂追赶着一样。

只有人类的灵魂会回来折磨、恐吓活着的人，而动物，即使是最凶猛的动物，死后也会变成无害的灵魂。因此俗语有云：**人死如猛虎，虎死如绵羊。**

心神不定——猫蹬心。西方国家的人害怕猫踩在尸体上，中国人也有这种迷信。人们相信，如果猫踩到了死者的心脏，死去的人就会跳起来，然后它就会像上一段提到的那样把人抓死。这句俗语形容一个人处于极度恐惧或混乱的状态，就像死人复活一样。

在"拆字游戏"一节中，我们已经说过了炼丹的各种理论。五脏（心、

---

① 清代俗文学文本中经常出现"三尸神暴跳，五灵豪气飞空"的字样，比如清代佚名《走马春秋》第十二回："姜元帅闻言，气得三尸神暴跳，五灵豪气飞空。"

肝、胃、肺、肾）的精气聚集在丹田，而神（包括已经转化成神的精和气）经过三重升华后，聚集在头部。下面这句话是对这一复杂过程的简要概述：**三华聚顶，五气朝元**。当这个过程完成时，神就离开身体进入了遥远的界域，而身体则进入睡眠或恍惚的状态。当这种升华的工作结束后，神就不朽了，并拥有奇妙的力量：**聚则成形，散则气**。

这门法术通过炼丹来获得长生，被分成了两个敌对的教派，这和大端派（Big-endians）与小端派（Little-endians）的争斗十分类似。[①] 这两个派别关于从哪一端开始剥鸡蛋才算是正统的争论，大大启发了格列佛船长（Capt. Gulliver），于是他决定航行到小人国旅游。

中国的预言

有一种迷信是关于已经发生过的事情的，另外一种迷信则是关于未来将要发生的事情的，二者差得不远，仅一步之遥。预言术是一门失传的技艺，失传已久，但中国人很早就发现了它，而且他们不愿让预言术就这么没了。

中国人熟读许多小书，这些小书的影响力与它们的篇幅之间的比例不定。其中有一本叫作《推背图》，根据一个与其来历有关的传说，它也被称为《对背图》。据说成书于隋末唐初。

这本书的两个作者名气都很大，一个是袁天罡，一个是李淳风。他们都是算术和占卜方面的专家，深谙五行阴阳之理。

他们感觉到时局动荡，无力回天，两个人不愿意继续做官，于是便隐居到了深山里。在这里，他们阐述了自己的历史理论，这种理论可以简明扼要地称之为革命的进化史。

根据他们的理论，大约每三百年会有一次小的叛乱，大约每五百年会有一次大的叛乱，显然他们的理论是以孟子的一段话为基础的。当大

---

① 《格列佛游记》中"小人国"（Lilliput）的两个教派：一派认为吃水煮鸡蛋应该从大的一端开始剥壳，因而叫"大端派"；另一派则认为应该从小的一端开始剥壳，所以叫"小端派"。

266　汉语谚语俗语集

的叛乱结束后，会出现一个合法的统治者使国家平静，然后另一个循环就开始了。因此他们预见到隋朝灭亡后，将会出现唐朝，但是他们不清楚接下来会发生什么。为了把这个重要的问题弄清楚，这两位算术大师背靠背坐着，想把它算清楚。这种预言算法的规则是不能向公众透露的，老百姓为了理解这些预言的意思也是竭尽全力。

袁天罡拿起笔画画，李淳风拿起笔写下句子。两人都没有看到对方做了什么，但是图片和句子却相互印证了。这种方式当时在外人看来是难以理解的，不过事后大家都明白了，这就是一个预言。

但是《推背图》这本命运之书的两位作者却意外地经受了一次十分重要的考验。一个全身发光的老人从天而降，手里拿着一只小鸟。老人跟他们说："你们现在预言一下我手里这只鸟的命运吧，你们要告诉我，我张开手以后，它是生还是死。如果你们说它生，我就捏死它；如果你们说它死，我就张开手让它飞走。你们连一只鸟的命运都预言不了，怎么好意思预言未来？"

袁天罡和李淳风感受到了这段话中蕴藏的力量，知道上帝肯定生他们的气了，他们不敢再冒险预言了，于是毁掉自己的笔隐退了。如果他们能顺便毁掉自己写下来的东西的话，子孙后代就能少担心忧虑几个小时了。

中国人对于《推背图》的看法，和基督教诸国对于使徒约翰的《启示录》的看法有异曲同工之妙，双方都认为这两本著作在源头上一定是超自然的，它们都简要地通过绘画的形式总结了人类历史，而且没人能在万物终结之前理解、研究透彻里面到底在讲什么。

在各个时代，预言都是一种强大的政治武器。那些敢于发表与国家统治者的观点不一致的预言的人，往往付出了身陷囹圄的代价，或者是惹来了杀身之祸 [比如《列王纪上》第22章[①]的先知米该雅（Micaiah），

---

① 在《列王纪上》第22章中，以色列王亚哈决心夺回被亚兰侵占的基列的拉末城。战前亚哈召集了四百先知，都说大战必捷，亚哈又叫来米该雅，让他问耶和华的旨意。米该雅说耶和华将说谎的灵放在了四百先知口中，实际上米该雅看到的预言是以色列将要亡国，以色列人像没有牧羊人的羊群，各自散去。亚哈勃然大怒，将米该雅关入了囹圄。

以及《耶利米书》第 32 章①的耶利米（Jeremiah）]。

正如法拉尔教士②（Canon Farrar）所说的一样，所有的犹太人都认为但以理③（Daniel）所预言的第四帝国就是罗马帝国；约瑟夫斯（Josephus）则不一样，他原本要用一块石头把雕像砸成碎片，但是他来到这块石头面前时，却突然停下，他觉得自己不应该解释这块石头，因为很明显，在政治上，这么做对他来说很危险。

中国皇帝从来不认为哪一个种族能够拥有一个受到上天启示的先知，他们不会容许那些指出自己的王朝即将覆灭的预言流传开来。因此，《推背图》早已被列入禁书的行列，拥有《推背图》可能会招来祸患。所有的《推背图》都是抄本，不是印刷本。

不是每个国家或每一天都能有人可以买到这本即使不被普遍接受，也已被大多数人接受了的秘密预言书。因此作者花了不少力气去寻找不同的抄本，以便进行对比和校对。

有一本抄本的前头有一篇序，被刻在石碑上，序中声称这本书曾经被呈给唐朝第二个皇帝唐太宗（年号为贞观）看，石碑上面的日期写着贞观二十七年④，所以这本书只有一千二百四十年的历史。

要确定这类书籍的出版年代显然是不可能的，但也许一千个中国读者中也不会有一个会想到去质疑它的出版日期，一万名中国读者中也没有一个会花时间去调查这件事。序言告诉我们："《推背图》一书，非才广学深者，勿可与观察，其详奥妙无穷。"这本书在宫中珍藏，代代相传，不可随便翻阅。如果有人运气极好，探视到了其中隐藏的智慧，那就能逃离洪水、火灾和暴力的侵袭。

这本书预言部分的最后有一个附加说明，其中有一张图片，图中两个作者背靠背地在进行他们的工作，在图片的另外一面有一句赞颂他们

---

① 耶利米是《圣经》中的一位先知。在《耶利米书》第 32 章中，他预言耶和华一定会将犹大城送到巴比伦的手中，犹大王西底家也必然会被巴比伦人抓住囚禁。预言触怒了西底家，西底家便把他囚禁了起来。

② 费德里科·法拉尔（Frederic Farrar，1831—1903），英国通俗宗教作家。（Editors of Encyclopædia，2011）

③ 但以理，《圣经》中的人物。（梁工，2015）[155-156]

④ 唐太宗李世民统治时期为贞观元年至二十三年，并无贞观二十七年。

工作的诗，诗的下面是几个散文句子，重申了这本书具有很高的价值，还说"岂人力能为哉"。书上声称这段文字是明朝开国皇帝的顾问刘伯温所写。对于中国人来说，刘伯温就是伟大的预言家，关于他的俗语前面已经提到过，这段附加说明据称写于洪武三年（1370）或1391年，也就是说它已经有超过五百年的历史了。

《推背图》远不是简单的预言。它的第一幅图上是第一个人类盘古，他一手持日，一手持月，站在画面中。但是，不管把它看作是一本历史概要还是预言书，读过这部著作的人可能会发现，这里处处都超出了读者的深度。只有一个地方有一座短桥，横跨着已知的过去和未知的未来之间的峡谷。第三十八幅画描绘的是一棵树，树枝上挂着"量天尺"，树下是一位佛教僧侣。附加文字的最后一句说道："释子是君王。"这位僧人毫无疑问就是朱元璋，他原本是佛教僧人，后来一路攀升，成为明朝的开创者，年号洪武。

下一幅图上有一棵李树，上面只有一个李子，李子上有"人眼"。在一些抄本中这张图里的李树是长在城墙上的。人们都知道这里说的是李自成，因为"李自城"。这个人起兵造反，推翻明朝，自己成了皇帝。但是他只当了几个月的皇帝，满族人就把他的统治给推翻了。

满族人推翻李自成的事件已经在这句诗歌中被预言：**一旦乾坤属大清**。接下来的一幅画上画的是战旗，它预言了满族人的八旗，但图画的某些细节不是很容易理解，比如旗子有五个颜色，由四个男孩拿着。附上的诗句就像其他诗句一样，只是让预言更加难懂了而已。

从这里向后看，除了刘伯温歌功颂德的诗句以外，还有二十五幅图，每张图显然都代表着一些新的帝王，约占整本书38%的内容，这些内容足以让那些急着想要学习预言的人好好学一学了。这里所描述的两个抄本来自相距数百英里，属于不同省份的两个地方。比较一下两本书的内容，我们就能看到一些相互龃龉的地方，极具启发性，但是那些想要学习预言的人可能就要失望了。

第一，诗句和图的数量。在一个抄本里诗句和图的数量是六十七，而在另外一个抄本里是六十八。少了一幅图和一句诗就意味着一整个朝代的历史就没有了。

第二，诗句和图的顺序。有十句诗和图的位置对不上，比如第一个抄本的第十五句诗和图在第二个抄本里是第十六。如果一个学习预言术的人喜欢按照时间顺序学习的话，那他可能会被弄晕。从第六十号起，两个抄本的顺序完全不同。第一个抄本的六十一到六十七对应的是第二个抄本的六十三、六十四、六十五、六十六、六十一、六十二、六十八。抄录者把这些诗句写在零散的纸张上，然后钉在一起的时候出错了（两本书都没有给诗句和图片编号），让后世的读者一头雾水，也是他们看不懂的原因。

第三，诗歌一般有四句七言，但当一个字难以辨认或明显是错别字的时候，抄录者有时会留下空白，有时候会加上一个他认为最贴合语境的汉字，而且有些诗句看起来很多余。

第四，他们经常将一个汉字替换为另外一个字形相似的汉字。一个抄本里的"兔"字在另外一个抄本里变成了"兒"字。这给后世带来了巨大的风险。

第五，另一个给后世带来苦恼的是同音字问题。在抄录书本内容的时候，有个人将书本内容朗读出来，抄录者则据此写出内容，因此他经常混淆读音类似的两个字，比如把"chi"（几）写成了"chiu"（九）。

第六，完全不同的两个字经常相互替换。比如"龙"和"牛"，"蛇"和"虎"，"鼠"和"女"，"奸人"和"好人"，等等。这种替换根本就是用来让后世子孙晕头转向的。

第七，图片的变化。并不是每个抄录者都能画出中国画，因此每幅画都有一个简短的描述，说明这幅画包含了什么内容，但是这些描述常常又有所不同。很难确定两个抄本的预言图之间允许多少差异存在。我们比对了一番，发现两个抄本有30%的图片（包括对图片的描述）之间有着极大的差异。

第八，文字变体的比例。为了确定这个比例，我们将诗句分成三类：语言形式完全一致的诗句；语言表达上有所差别，但是意思基本上一致的诗句；语言形式十分不同，以至于改变了句意的诗句。最后一种诗句之间的差异，有的时候是由于改了一个字，许多时候甚至两个诗句之间没有一个字是相同的，两个诗句表达的意思也完全不同。两个抄本中只有 16.91% 的诗句是一致的，41.35% 在语言表达上有所差异，41.73% 的诗句和意思都完全变了。

有时候人们会引用一句据说是来自《推背图》的话，但是在《推背图》中却找不到这句话。这句话预言**铁树开花**，意思是说要改朝换代了。据说，这句话在许多年前就被上海的中国人实现了，他们在一个铁灯柱上面放上了金色火焰形成的花朵。

"铁树开花"也成为一句大众俗语的一部分。众所周知，十二地支表示十二个年份，而每个地支都有象征它的动物，如鼠、牛、虎、兔等，但就是没有驴。俗语有云：**铁树开花驴子年**。相当于英语中的"太阳从西边出来"（when three Sundays come in a week）。

另一个令人费解的预言，据说作于清朝建立时那个暴风雨般的时代：**不怕南来一群虎，就怕北来一只鸡**。俗语中提到的鸡十分可怕，简直就是政治方面的恐鸟，它指的是一个什么样的人，或什么样的东西呢？还没有一个胆大包天的人敢把答案说出来。但如果有人把它认作是沙俄旗帜上那种长着羽毛的奇特怪物，那这只鸡就不会那么奇怪了。普通中国人唯一清楚的一点是，这句话一定是"有神人言"之，否则为什么没有人能理解它。

《推背图》中有一个类似的预言被压缩成了五个汉字：木、立、斗、世、田。这几个文字本质上是一个汉语的注释，把它们展开的话，时间跨度可达一百八十年。

解开这个预言的过程很简单。"木"被拆分成"十"和"八"，代表清朝的第一个[①]皇帝顺治在位的十八年。顺治之后是康熙，康熙统治了六十一年，这里用"立"字表示"六"和"一"。康熙驾崩后，雍正即位，他统治了十三年，这十三年用"斗"指代，也就是"十"和"三"。乾隆在六十岁的时候退位[②]，因此用"世"字来代表他，"世"表示一个时代，或者一个六十年的轮回。考虑到二十五亩地就是一个田，用"田"字来代表嘉庆二十五年的统治，即使是没读过书的人也应该看得出来。

---

① 顺治为清朝的第三位皇帝，原文疑错。
② 乾隆在位六十年，原文疑错。

正如我们所见，这段预言只延续到嘉庆统治结束，即 1821 年①。在后面两个皇帝道光和咸丰的统治时期，人们开始发现根本制服不了那些蛮夷，也感受到了他们带来的压力，于是人们开始明白自己需要清晰准确的预言。汉语有足够的素材为地球上所有统治者提供这样的预言，直到时间的尽头。

在 1871 年 2 月的《教务杂志》中，一位作者引用了这个所谓的预言，他认为这个预言是刘伯温说的。我们之前已经提到过一两个他的预言，他还有许多广为流传的预言，人们都很相信这些话，毫无疑问这些预言都是出自天才之手。但几乎没有任何证据可以证明这些所谓的预言到底是五百年前的人说的，还是五十年前的人说的。

在《教务杂志》版本中，最后三个字是"天"，以及"下"和"低"，而不是"田"。②

卢公明在《英华萃林韵府》第二卷第 662 页中引用了这三个字，但没有做任何解释，而《教务杂志》的作者是这么解释的："天"指的是嘉庆统治的二十五年，因为嘉庆原本来自"二十四诸天"，再加上玉皇大帝居住的那个"天"，那就是"二十五个天"，刚好对应嘉庆统治的二十五年！如果有人怀疑嘉庆的真实来历，那别人就会跟他说嘉庆一定来自天上，否则预言中的"天"字就不会落在他身上，这样令人信服的证据一定会让怀疑者哑口无言。

"下"字被解读为"一卜三十年"。为了证明这一点，有人跟我们提到了《易经》，但是他们没有说是《易经》的哪一段。

"低"字指的是咸丰。首先把它拆成"亻"和"民"，人们对这个字的解释是另外一个人——戈登上校③（Col. Gordon）。

这种预言的学习者要做第一件事就是被骗去研究一些意味深长得过了头的汉字。这些汉字的结构就像挖泥机的铲斗，底部有一扇旋转门。在某个时刻，在没有任何先兆的情况下，这个底部突然掉了出来，所有的意义都掉了下去，变成了泥浆。剩下的只有一个架子。预言家和学习

---

① 与史实不符，嘉庆 1820 年就驾崩了。
② 《教务杂志》的版本是"木、立、斗、世、天、下、低"。
③ 英国人戈登是攻陷北京和火烧圆明园行动的主要参与者。

者把这个架子拆成一片一片的，然后再把它们重新排列成自己想要的形状，或者直接把它们打乱。预言家要是厌倦了这种拆字游戏，就会突然采用第三种方法：汉字的意思被捞出来弄干，然后被强行赋予一个绝对的关联，其所包含的数字就是预言的对象的数字，比如上面的"田"和"天"两个字，就包含了数字。

下面要说到的事情很有趣，可能与《推背图》有关，因为这些事情说明在一个时代，预言是如何被孵化和传播的。

1881年，在天津和保定府之间开凿了一条运河。天津和保定府都传出报道，在施工过程中，出土了一块非常古老的石碑，上面的铭文十分值得注意。人们都认为这块石碑是三国时期著名的政治家诸葛亮写的，当然这种猜测完全没有根据。铭文的抄本被送到了上海最重要的报社手里付梓印刷。后来两个记者试着将其翻译了出来，他们的译文之中，只有铭文中的五个字（西蜀无瓦盖）的翻译是一样的，其他地方，他们的译文完全不一样。双方的分歧完全无法解决，每一个人的注释都经过研究考证，足以支持自己的论点。

一年半以后，在一次黄河决口造成的洪水之后，山东省流传了一段类似性质的铭文，距离上面那段铭文的发现地有数百英里。后面这段铭文所在的石碑是在修复黄河堤岸的挖掘工作中被发掘的。后面挖掘出来的石碑和之前的那个十分类似，几乎可以判定同源。但是，如果检查得更仔细的话，就会发现两个石碑之间的某些地方存在奇怪的差异。首先，总字数从八十减少到了七十。其次，这七十[①]个字中，有二十六个（约占38%）与目前流行的天津版本不同。这二十六个不同的字中，只有四个是因为发音相似，"鹦鹉"和"婴武"，"迷主"和"米粥"，而且这几个词在意思上完全不搭边。在这两篇铭文中，如果这些字很重要的话，那么后面一篇的意思更合理。再次，后一个版本的第一句是第一个版本的第七句，而它的最后一句却又是第一个版本的第二句；第一个版本的三、四句在第二个版本中完全消失，而第一个版本的五、六两句则放到了不同的地方。无论这四个不同顺序中的哪一个都会伤害或者颠倒整篇铭文

[①] 后文中第二块石碑只有六十九个字，可能是明恩溥在转写的过程中出现了漏字。

的意思。最后，后一篇铭文的署名是刘基，他就是前文提到的刘伯温。

尽管这些变化的数量众多而且意义重大，但铭文被挖出来之前似乎就已经流行起来了，因为第二个版本无论是在文字顺序上，还是在字面意思上，都和上海的两个记者翻译的其中一个文本能对应上。而且其他地方流行的版本的意思更加不同，可以说与这两个版本都迥然不同。

为了那些可能对这种资料感兴趣的人着想，我们把两个铭文都附在了下面，但是没有必要再把它翻译出来。这种铭文对外国人的唯一价值，就是清楚地让我们看到了如下的几点。

第一，这些人一定费了不少功夫炮制和传播这些铭文。

第二，这种铭文经常在政府危机，叛乱四起的时候出现，甚至有时候它的出现根本没有什么明显的原因。事实上，这些所谓的铭文，或者其他类似的文字具有煽动民众情绪的倾向，它们都是某个神秘组织或者神秘教派的首领散播出去的，这种神秘组织在中国就像蜂窝的眼一样多。抄本从一个村庄传到另一个村庄，从一个家庭传到另一个家庭，人们开始在一定程度上相信这些事情，这是大众无知和迷信的产物。这种铭文里的任何一个词都有可能是某个地方起义或者某个动乱的接头暗号。众所周知，即使是对于独裁政府，这也是**暗箭难防**。

第三，只要给铭文署上名人的名字，铭文立马就能得到重视。

第四，上文给出的原因说明，很明显，这些铭文完全不可靠。

第五，这些文章的基本特点就是它们可以被解读成任何意思。比如下面这句话：**一字十二点，价值二十五**。上面提到的两个翻译中的一个是这么解读这十个字的：这十二个字中的一个字值二十五文。但是这种清晰的陈述句没办法让那些热爱探索的人满意，所以有个脚注说道："'十'和'二'组成了'斗'字，一斗刚好是十二斤！"答案就是，十二斤的某个物品只需要二十五文就能买到。但是另一个译者的解释却是一个字将会有十四个点，或者是"十"字加上四个点——米，价格是两千五百文或者说它值两千五百文。但是，这似乎还不够精确，译者继续用脚注补充道："'一字十二点'一句可以翻译为'十'字加上四个点组成'米'字，证明米价即将面临大幅上涨。第六句预言了大米涨价的这种情况。"所以，同一句诗，用同一种理由，不同的方式解读它，一个解读预言大米即将大丰收，另一个解读预言大米快要没了。

1881年在直隶省出土的那块预言石碑上的铭文：

龙蛇刀兵起，谁是谁底主。要得丰好年，四海皆行主。

一字十二点，价值二十五。幼儿受疆土，情似玉鹦鹉。

大狮并大兔，元秦黑白虎。大清归大清，二人坐川土。

西蜀无瓦盖，更比汉朝苦。贫穷多岁月，富贵无迷主。

1883年在山东出土的预言石碑上的铭文：

幼儿管疆土，恰是此婴武。大狮并大鬼，胜边黑儿虎。

一字十四点，价值两千五。西蜀无瓦盖，更比汉朝苦。

贫穷无明，富贵无米粥。大清趋大清，二人分疆土。

但等龙蛇会，你的是真主。

大明臣刘基遴立。

玖月出现。

这些所谓的预言对中国人影响极深，普通盎格鲁-撒克逊人肯定会小小地瞧不起他们。但是，西方国家的迷信事实上比看起来的，或者是大家所感觉的要严重。1830年，克拉伦斯公爵威廉·亨利[①]（William Henry, Duke of Clarence）即将继承他哥哥乔治四世（George IV）的王位，成为英格兰国王，这时候出现了一个问题：他登基以后的帝号应该是他所钟爱的亨利九世（Henry IX）还是威廉四世（William IV）。据说，枢密院（Privy Council）讨论这件事时，国王本人就是权威，他的决定主要受一个古老的、闻所未闻而且无法证明的预言的影响。预言说道："亨利八世已经摧毁了僧侣和监狱，亨利九世将会摧毁大主教和排钟[②]"［菲

[①] 即威廉四世（1765—1837），1830年至1837年在位。（Editors of Encyclopaedie, 2011）

[②] 一种用于教堂的乐器。

茨杰拉德①（Fitzgerald）的《乔治四世生平传》（*Life of Geo. IV*）第二卷第十四章节注释］。

下面这首歌谣在中国的一些地方广泛流传了很长一段时间，是历史预言题材的一个很好的例子：

下雨下雪，冻死老鳖。

老鳖告状，告着和尚。

和尚念经，念着瞎退。

瞎退算卦，算着蛤蟆。

蛤蟆浮水，浮着老鬼。

老鬼把门，把着大人。

大人射箭，射着老万。

老万搕〔磕〕牙，搕〔磕〕了二斗芝麻。

这首歌谣的前四句暗示了当时中国的动荡，预示着元朝将在14世纪覆亡，而这一动荡就是其覆亡的起点。"老鳖"指的是元朝，这是根据相等的量彼此相等的公理推理出来的。鳖也叫大鼋②，就是大元，即元王朝！

"老鳖告状，告着和尚。"这里说的是建立明朝的朱元璋，他做过和尚。

"和尚念经，念着瞎退。"这里说的是推翻明朝的起义军首领李自成，传说他只有一只眼睛，被称为"盲人李自成"。算命师一般都是盲人，这就解决了将他们等同起来的问题。

下文的"蛤蟆"指的是清朝，清朝的国号为"大清"，而蛤蟆正好

---

① 珀西·海瑟灵顿·菲茨杰拉德（Percy Hetherington Fitzgerald，1834—1925），英国、爱尔兰作家。《乔治四世生平传》是他的作品之一。（Clarke，2009）

② 龟的这些别名，还有其他海洋动物的名字都是同一个部首，因此就有了这样一副嘲讽人的对联：**先生先生你别恼，你不会写鼋鼍鳖蛙灶**。下面这句俗语提到了那些喜欢选取生僻字的人：**竟拿生字压人**。——作者

是青色的，因此也可以用"Ta Ch'ing"（"大清"）的发音来表示。①

在水里和"蛤蟆"一起被看到的"老鬼"，是外国蛮夷，或者叫"洋鬼子"。在道光年间，老鬼巧妙地潜入了清朝人的蛤蟆池。结果就是老鬼成了蛤蟆的把门之人。1860年外国军队占领北京后，外国使团来到了皇城的入口附近，中国人大喊："老鬼肯定是在为皇帝把着门呢！"

剩下的两联还没有发生，我们必须学习约瑟夫斯谨慎缄默的精神，因此我们不解释剩下的两联。

通过黑话和拆字法，我们可以看出中国人对预言有多么笃信，这就跟某些评论家关于《启示录》中野兽的数量的论述一样不合逻辑。有个狂热分子将麦考利（Macauly）与这个话题相提并论。麦考利就在他给这个狂热分子的回复中讽刺了这个活该被人讽刺的话题，他说："先生，下议院就是野兽，里面共有六百五十八人，加上他们的主要副手——三个职员、一个中士和他的副手、一个牧师、一个看门人和一个图书管理员，总共是六百六十六名。"

如果有人认为在19世纪的最后二十五年中，已经不会再出现变幻莫测的预言了，那么他应该好好看看现在西方对于预言话题的解决方案，他会发现在这件事情上，西方人的离谱程度和中国人相比，也不遑多让。

例如，一篇简短的文章就这么总结："最近皮亚齐·史密斯（Piazzi Smith）教授和其他知名学者在大金字塔的科学与宗教研究中发现"，然后我们得出了下面这个令人信服的推断："从主甬道的北墙到主甬道现在的北边尽头的地面长度为2527.1英尺。2527.1加55.568（约为组成金字塔的石头的平均宽度）等于2582.688②或岁差刻度（precessional dial，大金字塔编年表的一个重要特征）除以十得出来的数字。""而且，2582.688加206.066（法老棺材所在的墓室的宽度）等于2788.734，所

---

① 这是作者常犯的一个错误，他经常将"蛤蟆"翻译成"青蛙"（frog），实际上蛤蟆正确的翻译应该是"蟾蜍"（toad）。作者认为蛤蟆是青色的，实际上蛤蟆一般都是褐色或者黑色的。为了说明这种错误，译者只能在"frog"这个词出现的前后两个地方采用了不同的词进行翻译。

② 此处的2582.688以及后文的2788.734和1033.0672计算结果有误，原因未知。

以我们确定大洪水的时间是在神创造万物后的第 2789 年。"

"'岁差刻度'582.688 除以 25〔因为埃及皇家腕尺[①]（Sacred Cubit）长 25 英尺〕等于 1033.0672。减去 1000 年的时间，得出来的结论，可能就是我们的救世主耶稣自愿蒙受羞辱的生命长度：33 年 24 天 13 小时"（大金字塔年表中最重要的一部分就是知道什么时候从一定的平方英寸中减去一定数字，这样得出来的数字就可以变成年、日、小时）。

如果有人蠢到去质疑这些计算的结果，那么他会发现前墓室的长度 116.26 减去 83.1925——去往前墓室的阶梯斜边的长度——等于 33.0675，和上面说过的那个数字相同[②]！而且，33.0675（由于与大金字塔年表相关的原因而略有改变）乘以 6（也许是由于造物主用了六天创造世界）得出的时间刚刚好是从雅各死的那天到摩西带领以色列人离开埃及的时间。在我们看来，金字塔的先知可以随时与中国的先知碰面斗法，先给中国的先知留一点胜算，然后彻底打服他。

---

　① 指从肘部到中指尖端的长度，一种古代的长度单位，可能起源于公元前 3000 年的埃及。（Editors of Encyclopædia，2011）
　② 这里所说的"和上面说过的那个数字相同"指的应该是 33.0675 这个长度和上文提到的 33 年 24 天 13 小时比较接近。如果将 33.0675 换算成后者的格式的话，相当于 33 年 24 天 15.3 小时，二者仅差 2 个小时。

第九章　结论：汉语俗语的起源、发展与学习汉语俗语的难点所在

上文已经对汉语俗语的理解和翻译做了一些初步的研究，其中引用的各种不同类别的俗语表明，完全理解这些俗语经常会遭遇困难，但是深层次理解汉语俗语对于理解汉语口语又是如此重要，因此在结束对汉语俗语的研究时，还是可以回到这个主题上做进一步说明。

为了使问题尽可能清楚，我们首先选一个字，再选出一些有这个字出现的词语和句子，而且这个字在这些词语和句子中的意思各不相同。在选词方面，我们几乎不会出错，就像神童项橐对孔子所说的，我们身前之物，也就是"眼"字。

从字面意思看，眼是面相的一部分，或者是视觉器官。

柳眉杏眼。

灵眉大眼。

睽眼看鸡蛋。也就是说，看是眼睛大还是鸡蛋大。

挤鼻子弄眼。小孩子的行为，他们不敢说出某些事情的时候就会用这样隐蔽的面部表情表示。

喜眉笑眼。

吵闹呕眼。准备打架的征兆。

在后面这几句话中，"眼"这个字渐渐有了新的意思，"眼"开始表示一个人的情感、脾气、性情和性格。

仇人见面，分外眼红。

贼眉鼠眼白眼狼坑人的贼。指狡猾邪恶之人。

豹头虎眼。指一个像张飞一样威严、勇猛的人。

提眉吊眼。就像恶霸一样，希望越多人怕他越好。同样的意思还有：**好大眼眶子——不认的〔得〕人**。这句的意思是觉得别人都比不过自己。

目中无人虚气假瞪眼。

两个人同心，挤眼。

马快见贼，对了眼子。马快是那些不再偷东西之后被任命为官差的人。这句俗语指某些东西经过专家鉴定之后，被认为是优质的，或指某个东西刚好适合当前的情况。

闭眉合眼。指那些深度穷困之人，或者是倒霉的人。

翻白眼。指一个人很傻，或者他装傻。

耗子落在面缸里，只乘〔剩〕翻白眼哩。这句指一个人很蠢，或者很没有心眼，什么东西都能骗他，他除了翻白眼什么都不会。

睁眉都露眼。这个人做这个动作是在装傻，假装他不认识对方。

两眼模糊的——不认的〔得〕人。和上面那句意思差不多。

坏人不睁眼，意思是他没有看到他应该看到的，他不愿意花他应该花的钱，等等。

早晨打模糊眼。比喻一个人要蒙骗他人。

不睁开眼。指一个人不考虑实际情况。

别作那个睁眼的大漏事。

不知眉眼高低。与上一句意思相同。

眼儿眵[①]**不可塞牙**。亲眼看见的（眼见活见的），或者是用法庭上的目击证人的说法：我用自己受上帝保佑的双眼看[②]到的！这句指一个原本已经定下来的事情突然之间又重新开始，并且变得悬而未决。

何必在此，吃下眼食。"吃下眼食"的意思是吃别人给钱买的食物，你吃的每一口他都要艳羡地看着你。

必须摘下他的眼罩儿来。

放开眼界看事，立定脚根为人。

---

① 即眼屎。

② "看"（see）一词的过去式原本是"saw"，原文中却写作"seed"。

杀人不展眼的魔君。[1] 指一个人是为恶的"专家"。

饿蓝了眼。

死羊头，蓝了眼了。 这句话指一个人极度贫穷，连眼睛里的黑色部分都褪色了。

在很多俗语中，"眼"字被用来表示任何类似于眼睛的东西，例如开口、洞：**无故混挑眼。** 这是在找茬。**雨过天晴，有道眼。** "道眼"是指雨后在中国街道的泥泞中逐渐踩出来的狭窄小路。**坐钱边摸钱眼。** 这句话说的是一个非常吝啬的人，他贪得无厌，而且总是很吝啬。

"心眼"是这类词汇中最常见的一个，意思是智慧、先见、计谋。**呆子无心眼。** 这句意思是七窍都被塞上了，或者说这个人需要七窍。**你是处处小心眼儿。**[2] 即你一点常识都没有。

"眼"这个字常被用来表示通过眼睛看到的东西，即观察、预见：**留下一个人，作个拨眼儿的。** 一群人串通一气干一些诸如用人欺骗主人的事情。为了避免罪行暴露，他们留下一个人把风，避免被人看到。**前船是后船眼。**[3] **后悔没后眼。** 也就是说，他已经为自己的错误感到后悔了，但他仍然没有往后看的眼力。

下面这些俗语中"眼"的用法也不同：**酸文加醋，咬字眼。** 指一个人装作读书人，但是实际上没怎么读过书。

到目前为止，引用的词语和句子都没有什么难懂的，我们不难举出五十甚至五百句和"眼"字有关的俗语，真是令人绝望的数量。考虑到中国的每一个汉字都有自己的"字眼"，所以至少我们还会看到很多可能性。

钢眼里拔出来的手。 这里指的是铁丝，把铁丝从铁制拉模板的开口

---

① 《水浒传》第四十二回有"杀人不眨眼的魔君"的说法。

② 这里明恩溥的解释似乎和"处处小心眼儿"在现代汉语中的意思不一样，这可能是由于明恩溥误解了"小心眼儿"的意思，也有可能是由于"小心眼儿"在那个时代的意思和现代不同。

③ 这句话让人想起一个耳熟能详的中国人的故事。一个外国人问为什么要在舢板的船头刻上或画上大眼睛，对方回答道："没有眼睛怎么看？怎么走路？"为了证明这个观点，可以提一下马、驴子等腿上的大疙瘩，中国人俗称作"夜眼"。他们觉得如果没有这些发光的东西，马和驴子就不能在一片漆黑中找到路。——作者

拉出。意思就是，他很吝啬，抽成铁丝[1]（wiredrawn）。**做事说话，没板眼**。在这句俗语中，"眼"字用来指智慧，但智慧并不是表演者的，而是表演者使用的工具的。板是戏剧演员使用的响板。板眼指的不是响板上的眼，而是知道怎么使用响板的技术。

一板三眼科来的。有的戏剧演员从少年时代就接受这样的教育，有的则到中年才从事这种职业。只有前一类人才了解梨园的全部事情。这句俗语的意思是他的技艺是从有名的大师那里学来的，不会出错。

"家伙眼"的用法和这个类似，其意思是各种工具、乐器都是按照它原本应有的使用方法使用的，如乐队里的喇叭之类的东西。

钱有眼，谷有鼻，飞来飞去无定地。[2]这就是说，钱凭借眼睛、谷凭借鼻子在世界上寻找自己的道路。它们只会跟那些有能力"欢迎"它们，也就是有能力获得它们的人待在一起。

第一次听到一句汉语俗语一般很难听懂，往往是因为人们会使用其他词汇来指代原本想要说的词。这些俗语对于中国人来说本身没有歧义，但是对于外国人来说，这种表达方式经常像谜语一样难懂。也经常有俗语在第一次被听到的时候，其中的某些字、词并不是它们平常的意思。

下面这句俗语说明了这种用法带来的歧义：**能打私盐槽米，不打人命干连**。[3]打油的意思是买油，但是打盐却不是买东西的意思，而是打官司的意思，被牵扯进与私盐走私或者粮食税有关的案子中。这句的意思是，即使是在最坏的情况下，这种案子都不会重罚，但是如果是跟人命案牵扯到一起，即使是目击证人，也会被无限期地关起来。

买瓜买茄，要让他个老咧。在这里，下半句并不是像人们想象的那样，在购买甜瓜和茄子时，应该多给"一个老钱"，而是让当事人放过这个人，因为他是老人。这句用来劝人们不要吵了。

---

[1] 英语中，"抽成铁丝的"（wiredrawn）一词也指琐碎的。
[2] 清代乐钧《耳食录》卷一："谚云：'钱有眼，谷有鼻，飞来飞去无定地。'"
[3] 清代佚名《刘公案》："刘清，你好无道理！你替人家鸣冤受累，撂下六七十岁的老娘在家胆惊害怕，又无养廉，俗语说得好：'能打私盐漕米，不打人命牵连。'你为何欲自投火坑？万一你母闻你替人家去打人命官司，你母一惊，若因此而病，有些好歹，你生不能养，死不能葬，你创的什么好汉尖子？"

以〔倚〕老卖老的。这意味着一个老人觉得自己年纪大就可以随心所欲，**以老为理**。

钱大，买钱二么。钱在这里是一个姓氏。"钱哥哥能把钱弟弟的股份买断么？"这句话的意思是，谁手段多，谁就能赢。"最长的杆子打掉柿子。"或者它可以作为一个完全相反的意思使用。比如，商人在卖早熟的水果时给出了很高的要价，有钱人不愿意出那么多的钱，商人一脸冷漠，当场吃掉了水果，然后说："钱大，买钱二么？"他的意思是，"你可能比我有钱，但是你控制不了我"。

有与这句俗语类似的表达：**天是王大，你就是王二**。这是在讽刺一个自大的人："你说得对，除了老天爷没人比你厉害，你和老天爷是兄弟。"

大鸡蛋摆在头上，吓的他抖衣而战。"大鸡蛋"指的是官员帽顶上的纽扣。这句话的意思是谁能戴上它，就可以用自己的威信吓到他人。

扁担光棍占一溜，豆腐光棍占一方。在这句不大清晰的俗语中，"扁担"和"豆腐"两个词是形容词，它们被用来修饰这个"光棍"所占的区域①，而不是修饰更适合它们修饰的词。这句话的意思是，恶霸在一片长长的土地——比如一个城市与另一个城市之间的干道——称王称霸，由于长长的土地和扁担形状相似，因此他被叫作"扁担光棍"。一个长长的，只有一个街道的小村子被叫作"扁担村"。豆腐制成的小方块，晒干以后就变成豆腐干②。这里"豆腐"一词指的就是豆腐干，指这片由当地恶霸统治的区域是方的，而离远一点的人往往都不知道这些恶霸。

下面这句俗语中，金属都被用作了形容词，与我们所说的黄金时代、白银时代等异曲同工：**金石沟，银胜芳，铁打卓勾庄，不及信安一后响**。这些地名都在直隶北部，但据说这些地方没那么有钱、没有那么有势力。

贼使非智，官动非刑。这并不是说小偷不使用技巧，也不是说地方官不使用刑罚，而是说当小偷使用非常的技巧时，地方官会用前所未有

---

① 即它们被用来修饰"光棍"一词，而"光棍"占据了"一溜"和"一方"的区域。

② "豆腐干"，有点像煮过的肥皂，大约有三英寸见方，半英寸厚，表示微不足道的事物。比如这句俗语：**如同三块豆腐干子，那么高的人儿**。也就是说他个子不高，没什么值得看的，没有胆量，就是个没用的人。——作者

的严厉惩罚来对付他。

家中没有二亩白沙地，我赔垫不起。在这里，有人可能觉得"二亩"一词指的是很少很少的田产，特别特别少，然而实际上指的是经济实力不济："我没钱，所以我买不起。"白沙地被认为是最好的田，无论是湿润的年份还是干旱的年份都能长出饱满的庄稼。

下面这句俗语也有类似的用法：**家有三亩田，不离县门前**。① 即有固定收入的人才能打得起官司。

下面这句俗语提到了很小却很具体的一块土地，用来强调区域的狭小：**你只在这一亩三分地上豪横**。这就是说，一个人胆子不够大，能力也不够强，但是他还混充恶霸，没有人怕他，他只能在自己的那一小块地盘上称王称霸。

偷雨不偷雪，偷风不偷月。② 这句话的意思不是一个人可以"偷雨偷风"，却"不偷雪不偷月"，而是如果地上有雪或者月亮光芒很亮的话，小偷会有被发现的危险，但在下雨和刮风的时候就没有被发现的危险（参见沙修道《谚语丛话》第 1809 条）。

要宜麦见三白。③ "三"指的是冬至后的"三九"，前文已解释过。如果在"三九"，白色雪落下，来年的小麦收成肯定会不错。

能走冻河一寸，不走开河一尺。字面意思好像是人们可以在结冰的河上走一英寸，但冰正在融化的时候不能走一英尺，这当然是胡说八道。这里指的不是水平的长度，而是垂直的深度。如果河上结了冰，即使冰有一英寸厚，你也可以到上面去冒险；但是当春天冰开始解冻的时候，即使冰有一英尺厚，你也不能再走了。

铁到了钉，人到了兵，小孩子到了卖烧饼。"到了"一词指的是到了最后的状态，也就是最差的状态。**好人不当兵，好铁不捻钉**。一个人只有穷途末路，无法谋生才会去当兵；一个小伙子就算再一无是处至

---

① 《增广贤文》："家有三亩田，不离衙门前。"
② 清代俗语，指偷窃作案要趁刮风下雨天，有月亮或者下雪的日子则不能偷窃。清代石天基《传家宝》卷一："偷雨不偷雪，偷风不偷月。"（温端政，2011）
③ 清代俗语，要想麦子长得好，必须冬天多下几场雪。清代李光庭《乡言解颐》卷一："《朝野金载》：'正月见三白，相公笑赫赫。'北人谚曰：'要宜麦，见三白。'"

少也可以卖烧饼。

轻易莫许人，许死人，想死人。第一个分句的意思显然是不要轻易做出承诺，但是第二个分句是什么意思呢？外国人必须要猜这是什么意思，想了一会儿之后，他可能会误以为这句话的意思是："如果你答应杀人，就要记住这件事，然后把他杀了。"实际上"死"在这里是一个副词，表示不能改变地，意思是如果你做出了不可挽回的承诺，就一定要履行它。

在下面这句俗语中，"有心为善"一词乍听可能被理解为"如果一个人有一颗善良的心"，但第二句话会告诉我们这个理解是错误的：**有心为善，虽善不赏。无心为恶，虽恶不罚**。[①] 这句话的意思是，奖惩不是由外在行为决定的。一个人如果带着特定的目的行善，即专门让人看到自己做善事，那他做的事情即使真的是善事，也不会得到奖赏；如果一个人是无心行恶，那他应该不会由于行恶受到惩罚。

下面这句"**又吃旧锅里的粥**"的意思似乎是又一次吃旧锅里面的粥，但它只是指一个人重新从事他一度放弃的行业。"旧锅"这个词比喻这个人以前维持生计的行当。

竞擎老公分子。由着老公赏。这两句俗语用来描述一个人拿走了别人给他的东西，但是没有索要更多。"老公"一词通常用来指太监，但是在这里其意思比较模棱两可。在这里"老公"指的不是太监，而是先生、您。您给我什么，我就拿什么。如果这两句俗语没有不确定的地方就奇怪了，因为中国人基本上没有机会使用它们。

"生意"一词一般指贸易，更狭义地说，它们用来指算命师、魔术师、面相师等行当。比如下面的俗语：

医卜星相分生意儒流。

生意人的口，不怕胡说，只怕无说。

乾坤皆生意。

《庸行篇》的这副对联中的"生意"则不是这个意思：**常觉胸中生意满，须知世上苦人多**。

[①]《聊斋志异·考城隍》："公文中有云：'有心为善，虽善不赏。无心为恶，虽恶不罚。'"

汉语句子中主语和谓语倒装很频繁，这会导致令人尴尬的歧义。比如，这句话"孩子喜欢人"的意思是孩子给别人带来快乐，而不是孩子喜欢他。

同样，"劝"的意思是劝告，"打孩子"的意思是揍孩子，但是"劝人打孩子"的意思却是劝人别打孩子了。

人可欺，天不能欺，人可瞒，天不能瞒。

人善人欺，天不欺。人恶人怕，天不怕。[1] 在这里，"天不欺"的意思可以是天不欺负人，也可以是天不会被人欺负。

有些汉语俗语虽然不难理解，但却难以解释，因为缺乏俗语的三个基本特征之一——意义。

兔死狐悲，物伤其类。

听到"好汉爱好汉，猩猩惜猩猩"的时候，我们就明白了它的意思。

听到"猫哭耗子假慈悲"的时候，我们也觉得有道理。

但是，如果说狐狸为兔子的死感到悲伤是动物同情同类的一个例子，西方人会觉得很荒谬，但是中国人不觉得。比如一个士兵看到自己的战友阵亡，他会明白自己处境危险，但是如果一个衙役被打板子了，那他就是反面例子，长官会用来警告他的同僚不要玩忽职守。我想，这两个例子足以说明这句俗语的用法。

打了骡子，马也惊。 这句意思类似。

但是，这样的用法之中的两种动物，除了它们都是在野外生活的哺乳动物之外，并没有解释它们相互之间有什么关联。

有人请一位聪明的老师解释这种文理不通的情况，他说："如果狐狸都能为并非同类的野兔哀悼，那么那些富有同情心的人做的肯定会更多。"但是有人并不认同这个说法，因为俗语中并没有包含这样的想法，而且这样的想法和这句俗语完全是矛盾的。这位老师回答："那么你必须去问问创造这句俗语的那个人，他到底想说什么。"而另一个老师是这么说的："你觉得话都有情理吗？"

有衣的多寒，无衣的少寒。 这让人想起了沃特利（Whateley）《逻

---

[1]《初刻拍案惊奇》："若不是前世缘故，杀人竟不偿命，不杀人倒要偿命，死者、生者，怨气冲天，纵然官府不明，皇天自然鉴察。千奇百怪，巧生出机会来，了此公案。所以说道：'人恶人怕天不怕，人善人欺天不欺。'"

辑》(*Logic*)中的一个三段论:"最饿的人吃得最多,吃得最少的人最饿,所以吃得少的人吃得多。"但是,即使中国的这个悖论是四段论也没有办法得到解决,然而解释这个汉语俗语其实很简单:谁被冷到了,谁就穿更多的衣服,但是他还是觉得很冷,因此就得穿更多的衣服,这一过程不断重复,最后他变得十分衰弱。没有衣服穿的人就不一样了,他会变得很耐寒,所以相形之下,他"少寒"了。

在美国的一些地方,俚语"一匹马"(one horse)用来表达某件事物的不完整、劣等,比如"一马镇"(one horse town)就是差劲的小镇,"一马报"(one horse newspaper)就是不好的报纸等。与它相反的表达"整个队伍"(a whole team)表示装备齐整。

有一个头脑冷静的农民想要告诉人们他对格兰特将军(Gen. Grant)的能力的了解,就说格兰特将军不是你们所想的那种"一马将军"(one horse generals),他有"整个队伍",有一匹小马、一只大狗,马车下面还有个柏油桶哩!

汉语中也有这种衬言。这种衬言就是简单地加上一些词来增强表达的力量:**他肚子里,也有个三化五化,大麻花儿的**。"三化"和"五化"指的是一个人的能力,比如《西游记》里的孙悟空,在紧急情况可以变成一座庙,尾巴变成庙前的旗杆。"大麻花"则是衬言,因为"花"和"化"谐音。

公鸡头,母鸡头,不在这头,在那头。在这里,公鸡、母鸡和这句俗语的意思没有任何关系,它们只是用来告诉我们这两个头(或者叫端点)是不一样的。送信的人要么从"公鸡头"收钱,要么从"母鸡头"收钱,也就是说,如果这一头他收不到钱,那就在那一头收。

五脊六兽——好难受。又一个衬言的例子。在中国寺庙顶部经常雕刻海生怪兽的形象,它们被统称六兽。不过还有九种或者更多种怪兽,它们被叫作"难受"。这句俗语用来形容特别痛苦,难以忍受的事情。

用错单词经常会让孩子们有一种奇异的愉悦感,他们可以说完全糟蹋了国王的英语(King's English)。比如他们会问一个人有没有给提格·维克特(Tig Whicket)投票,有没有坐过"马李行车"(Waggage

Bagon），或者是否拥有过舒珀克里·波普（Shopecary Pop）等。①

有时候用错词的人可能也不是故意的，就像某个演说家说道："谁心中不曾珍视过一条不温不火的鱼呢？②（Who has not cherished a half-warmed fish in his heart？）"

很难想象像中国这样一个头脑清醒的民族会沉迷于这种形式的玩笑，但事实就是如此。

俗语有云：**凡事向理不向人。向人向不过理去**。某个中国城市（这里就不提城市名了）的居民有一个更为恰当（因为更加符合实际，也更坦诚）的表达：**凡事向人不向理**。

倒茶切瓜，用来指一般的待客之道。**切茶倒瓜**是其常见变体。

担酒牵羊。这也是一种款待客人的方式，它在一定程度上表明了一个人的诚意。但是要说一个人待客的时候**大题小作**③，就会说他**牵酒担羊**。也就是说，他只是做做样子而已。

木雕泥塑的。这个词常用来表示神像是怎么做出来的。在下面这句俗语中，这个词是反过来的，它指的是一个什么都不是的人，或者我们应该说，一个不是鱼，不是肉，也不是禽的东西：**成了个泥雕，木塑的人**。

在西方语言中，词与词之间的关系用介词表现得十分准确，但是在汉语中，词与词之间的关系往往很模糊，甚至不说清楚两个词之间是什么关系：**气恨人家有，笑人家无**。

一些俗语中部分汉语词汇意义不明确，往往是由于不给出主语和谓语，而是用描述它们或者暗示它们的语言取而代之：**站着的房子，躺着的地**。在这里，读者自然会问"站着的房子"和普通的房子有什么不同，"躺着的地"有什么稀奇的。其实这句意思很简单，是在说拥有很多的房子，拥有很多土地。

浮桥仓里，有他一分。搭成浮桥的旧船舱一般会被乞丐抢来当作住

---

① 译者不清楚第一个短语和第三个短语是哪两个短语的讹误，但第二个短语"马李行车"是"行李马车"（Baggage Wagon）的讹误。

② 应该是"谁心中不曾珍视过一个不完全成型的愿望呢"（Who has not cherished a half-formed wish in his heart？）的讹误。

③ 原文为"all talk and no cider"，这句英语俗语的意思是光说不练。

处。这句话的意思是，他最后一定会去到浮桥那里，即他最后一定会走向贫穷。

没齿不忘大恩。没齿指年纪很大。这句俗语是指这个人永远会记得这份大恩。

手上戴帽子，胳膊上穿套子，白日在人后，夜间人前走，站破方砖，倚着明柱。这里描述的是仆人，他手里拿着主人的帽子，肩上搭着主人的衣服，白天跟在主人身后，晚上走在前面为主人照亮前方的路，主人坐着他站着。这句话本质上是个谜语。

在下面的例子中，前两句解释了后两句的谜语：**赶车的拿起鞭子，顶着个二年半的徒罪，前面似没爪牙的虎，后边似滚木雷石**。这段话并没有夸大中国拥挤的主干道有多危险，在这里一瞬间的失误就有可能碾死一个人，然后马车夫就会被流放。"没爪牙的虎"指的是马，"滚木雷石"是马车和轮子。

许多俗语没有直接或者间接地告诉我们为什么它里面的命题可以成立。两个完全独立的句子经常被连成一个整体，没有任何谓语，听者或读者只能猜测它们之间的联系。**说书的嘴，唱戏的腿**。这句是说，一个人在骗人和跳舞方面能力过人。

在讨论中国人缠足这一问题时，人们经常注意到这种习俗和西方人喜欢束腰束得很紧的习俗类似。下面这句俗语表达了这种类似：**中国脚，西国腰**。两者都被紧紧地缠着或束着。

南斗北秤。即南方的度量单位比北方的大，而北方的重量单位比南方的重。这句话也指南方用斗能秤得更准，北方用秤能秤得更准。

事不着急，棒不打腿。使用这句话的人经常不知道怎么解释它的意思。最自然的解释或许是，如果没有事情把你惹急去做一些可能会被报复的事，你就不会被打。

在京的和尚，出京的官。在北京，做和尚很赚钱，他们都很有钱；但是北京当官的太多了，很少有人能干上美差。离开北京的和尚和官员的境遇发生了改变，和尚的境遇变差了，官员的境遇则变好了。

匠人不偷，庄稼不收。意思是有些手艺人总是偷东西，如果他们不这样做，就好像庄稼歉收一样，即他们偷东西就像农民收庄稼一样，是收入的来源。沙修道《谚语丛话》第313条给出了含义相同的另一个版本：**银匠不偷银，饿死一家人。裁缝不偷布，妇人莫得裤**。

艺人难富。这句话确认了上一句话的说法。

下面这句俗语可以支持关于工匠"磨工夫"的描述：**皮匠人——慢工夫**。凡是雇佣过中国工匠的人都知道所有行业的工匠都是这样。

卖倭瓜，托大坯的事由。这种南瓜很重，价格却很便宜。卖它们的人必须为了非常微薄的利润而非常努力地工作。成型的土坯砖也是如此。

指谷借米。谷是一种尚未成熟的庄稼，主人指着它，证明他有能力偿还他想借的大米。

离地三尺，不是神，也是仙。这里指的不是头上三尺有神灵的"神"或者"灵"，而是那些付得起钱能坐在马背上、马车上或者轿子上的人，他们刚好离地三英尺。这样的人被认为是自由自在的。

不会不散。你可能会以为这个词的意思是不见面也不分离，就像一朵孤云，和其他云朵离得不是很远，但是也不会跟其他云朵聚集在一起。这种解读方法应该是类比了"不冷不热"这个词。但是这句话真正的意思完全不是这样的，必须把这些词放进虚拟语气中才能理解它的意思：如果两个人约了见面，谁先到就应该等另一个，不管等多久，没有会面，他就不走。

头伏浇，二伏烧。这并不是说头伏一定是潮湿的，中伏一定是炎热的，而是说如果三伏的前十天下雨，那么中间十天就会很热。

能买不值，不买吃食。这句话的意思是就算某件东西买得很贵，至少它是握在手里的，但是如果一个人花钱买吃的东西，那他连拿来炫耀的东西都没有。

抬头的男家，低头的女家。丈夫的家庭在财富、威望等方面若是比妻子的家庭优越，那么就应该昂起头来。

看三国，顽〔玩〕鸟枪，下象棋，辨银行。这句话是"四大决"的意思，也就是四种没有退路的极端情况。

三国以战略取胜，**兵不厌诈**，消灭敌人是唯一的目的。在猎鸟和下棋的过程中是没有同情可言的，同样的道理也适用于中国的货币商店。毫无疑问，读者已经发现了这一点。

早卖开张，晚卖收市。这里讲的是店主的行为，很明显店主的道德水准不比前面提到的工匠和农民高。如果时间很早，店主就假装他们刚开始做生意，不介意比正常价格降价一点，这样顾客就会上当受骗，买他们的东西。天快黑了的时候，他们就说要关门了，所以给大家打折，这样大家又会去买东西了。

　　打杀臭块地。杀人的唯一结果就是让一整块地方都臭了（臭块地），所以最好不要杀人。

　　拾来麦子，鬼推磑〔磨〕。卖食物的小贩在大街上的叫卖词，用来指双重好处，就好像捡到了别人遗落的麦穗，还有鬼帮你推磨一样。

　　一个人吃饭，一家不饿。他是家里唯一的成员，没有家人。

　　一人不入庙，二人不看井。这句不太容易理解的俗语的意思是，当一个人进入一座寺庙时，很可能会发现和尚们在干着一些不太光彩的勾当，见不得人，所以他们会杀死来访者，防止事情败露。第二句同样是警告，如果其中一个人欠了另一个人钱还不起，或者其中一个人惹到了另一个人，后者想要报复，或者一个人爱上了另一个人的妻子，那他们最好不要一起走在井边，因为其中的一个人肯定会把另一个人推下去。

　　一人一马一条枪。军队的其他人都消失了。一个没有父母、兄弟、妻子的单身汉很孤独。

　　人走时运，马走膘。意思是说，一个人要想长期取得成功，就必须要有好运气，就像马要远行的话，有一身好肉抵御风寒是十分有必要的。

　　在下面的句子中，前五个字可以当作形容词，后五个字可以当作动词。这句简要地描述了一个坏蛋的形象：**奸巧劬滑坏，寻躐拐骗坑**。

　　五年，六月，七日，八时。这里的数字代表了一个人生命的几十年。五十岁时，一个人的体力一年比一年明显衰退；到了六十岁，这种衰退每个月都能感觉到；七十岁时天天都能感觉到；而到了八十岁以后，是每个小时都能感觉到的。

　　与汉语俗语相比，英语俗语中很少出现双关语。因此，当英语俗语中确实出现双关语时，人们很可能完全注意不到。

　　一个很好的例子是，他永远不会点燃泰晤士河（He will never set the

Thames on fire.）。"temse①"是一种筛子，它会在支撑它的框架上摇晃，摇晃的速度很快，会使它自身着火，但是如果工人不好好干活的话，它就会摇得很慢，那就不会让筛子着火。

有很多科普书籍经常提到这个解释，而在期刊文献中也时时可见，它无疑是正确的，但大概有99%的说这句话的人都觉得它只是一句夸张的表达，因为说"筛子（temse）淹没在泰晤士河（Thames）"中似乎也不是不行。

汉语俗语中则经常出现双关语，而且在中国，筛子也并不过时，所以应该不会出现这种情况。但双关语就源于同音不同字现象，同音不同字现象有时候也有可能让人们误解俗语的意思。②

上文已经顺便提供了几个例子，下面这句俗语可能又是一个例子：**春冷冻死牛**。这句话自然很容易被认为是一句夸张句，就好像点燃泰晤士河一样，不过有人认为这句话也有同音不同字导致的讹误。

《伊索寓言》中有一个寓言：一个愚蠢又放荡的年轻人，看到有燕子飞出来，就觉得春天到了。于是他当掉冬衣，并输光了所有的钱，得了一场大感冒，就像那只不合时宜的燕子一样，病死了。**春冷冻死忸〔拗〕**。③

井底之蛙，是汉语中一个很常见的比喻，比喻一个人见识少、无知。

夏虫不可以语冰，井蛙不可以谈天。④

井底蛙，没见大天日。

---

① "temse"和"Thames"发音相同。

② 与同音不同字导致听错字相类似，形状相似但意义不同也会导致看错字。这是由字的整个的样貌导致的，也是一种错误类型，在"**错把冯京当马凉**"这句俗语中，"冯"字的两点被转移到了"凉"字上。有个茶壶的壶嘴上有"錫茶壺"的字样，十个人中有九个人会读成"錫茶壺"，也许第十个人也会这样读，但实际上，上面那三个字都多了一画，应该读为"yang t'u k'un"，这三个字之间没什么关系，也不是"錫茶壺"的意思。——作者

③ 根据沈玮的说法，"拗"是"牛"字的谐音讹传，泛指固执的人。春冷时本应增加衣服，那种脾气"拗"的人偏不听话，以致冻死，而牛在春天是冻不死的。（沈玮，2010）

④ 出自《庄子·秋水》，原句为"井蛙不可以语于海者，拘于虚也；夏虫不可以语于冰者，笃于时也"。

出于某些原因，我们可以假设"蛙"字可能被误听成"瓦"，但是由于前者所附加的谓语显然不适用于后者，因此给后者附加了一个新的谓语，就有了俗语：**如井底之瓦，难把身番〔翻〕**。这句话很难理解，因为一片瓦似乎没有必要翻身，而且更没有必要在井底翻身。

汉语的同音不同字现象不局限于单个的字，甚至整个词都可以同音不同字。例如，"hih① pu liang li"〔shi bu liang li〕，这四个读音可以代表完全不同的四个字。**心多过虑，何似杞人忧天，势不量力，何异夸父追日**。② 参见沙修道《谚语丛话》第68条。**誓不两立于天地之间**。这句话是说一个人发誓，要么把杀父仇人杀了，要么被杀父仇人杀了。

到目前为止，引用的许多俗语都使用了修辞手法，其中一些是通过字面意思可以知道这句俗语的意思，而另一些不解释的话，几乎看不懂。

属于前一类的有：**给他小鞋穿**、**挤着哑吧〔巴〕说话**③、**打着鸭子上架**等。

但是，诸如**"你算披上虮子袄咧"** **"给他个烂鱼头，叫他慢慢的择去"**之类的俗语，更有可能指的是别的意思，而不是指那些要经历许多困难才能完成的任务。

孩子往外走，带着娘的手。这似乎是**"孩不离娘，瓜不离瓢"**的另外一种形式。但是"手"这个字在这里指的是母亲的手艺④。这句俗语的意思是，孩子服装的特点和做工体现了母亲是勤劳还是无所事事。

你的钱全都胡盖了五赃〔脏〕庙了。地藏王菩萨庙是用来接收死者的灵魂的，但没有五脏庙这样的东西。五脏被比喻为庙宇。这句俗语的意思是这个人把所有的钱都花在了吃上。

滚马脱逃洗了手。这指的是马贼。官兵被派去抓他们，在官兵的压力下，他们从马背上溜下来，拔腿就跑。在这次死里逃生之后，他们必

---

① "hih"应为"shih"，原文疑错。

② 出自明代程登吉《幼学琼林·天文》，原句为"心多过虑，何异杞人忧天；事不量力，不殊夸父追日"。

③ "逼着哑巴说话"，哑巴不能说话，可被逼得也要说话。比喻欺人太甚，让人无法忍受。（白维国，2001）[57]（高歌东 等，2006）[28]

④ 原文用的汉字是"手断"。

须**改姓埋名**，不再做强盗营生，这个过程被比喻为"洗手"。

敲边鼓儿，折花竿儿。这句话比喻当某人发现另一个人正生第三方的气时，告诉了那个生气的人一些让他更加生气的事情。它的具体意思不明。

看你这个闷灯奠池的样子。闷灯和奠池都是灵棚上的附属物，这里用它们描述一个人闷闷不乐、郁郁寡欢的样子。这是一个从来没有做过任何正确的事情的人的特征，而他的行为就是在为他的存在道歉。

技痒难挠。这句俗语如果不加以扩充的话，就没办法翻译成英文。汉语中有很多这种俗语。一个人看到这句俗语之后，能理解成什么呢？"专家身上发痒的话，很难挠"吗？"痒"这个字，指的是一个擅长某事的人，在看到另一个他觉得能力在自己之上的人做得比自己好的时候，产生的嫉妒情绪。不管他的失败是由于技不如人，还是因为他的能力没有施展的地方（就像**明珠投漆**一样），他因为嫉妒而产生的"痒"也是比较难挠的。

那些包含了某个地方的典故的俗语，其理解的难度之大，已经在本书相关部分有所说明。

比如，如果想要表达一个人阴魂不散[①]，可以说：**死胡同——碰回来了**。一个人只要说"死胡同"三个字，别人就知道这个人想说什么了。

但是，如果要用"**老秧歌——又番回来了**"表达同样的意思，除非他知道赛会（比如天津赛会）的特色项目就是老秧歌，跳老秧歌的时候，人们会在街上漫步，再折返回到自己原来的路上（又番回来了），一直重复这些动作。

很多词的某些意思流通程度有限，字典也没有收录，在中国这种情况遍地都是。许多这样的词在本书的其他部分已经讲到了，不过我们在这里要聊的是俗语的模糊性和难懂性，因此不应该忽略这个现象。举个例子，前面提到过的"改人"[②]，它是句玩笑话，即用嘲弄和轻佻的方法

[①] 原文为英语俗语"像个坏便士一样出现"（turn up like a bad penny），即阴魂不散。（Farlex，2021）

[②] 天津话词汇，用刻薄的话讽刺、挖苦人，或以恶意的玩笑达到讽刺、挖苦、取笑的目的。（刘思训，2013）

对待他人。①"改人"改到没得改了，叫"改透"。下面的俗语包含了这个词：**改透了，你可把我改透了，改到那里是一站**。这句俗语说的是，这种嘲笑人的勾当就像一个人走一天的路程。

你是老三分，皮子货。典当行的标准利率是每月百分之二，但毛皮制品容易受损，所以要高出一半。由于毛皮服装的高利率，"皮子"或者"皮货"两个词被用来指一个人很吝啬，还压榨别人。

在同一个句子中使用当地特有的词语，或者没有收录在字典里的词语的时候，字面意思和比喻义经常产生双关语的效果，这方面的例子已经列举了很多。俗语在字面上也不会给提示，告诉人们它们到底想表达什么意思。

贱骨碟子，自找烦恼。

猪肉羊肉全有价，贱骨肉没有价。"贱骨肉"②指的是一个人没有礼貌和自尊，不需要激怒别人，别人就想鄙视、辱骂他。

山东人的昵称是"夸子"。"刮苦胆"一词用来指那些不通世故的外地人，或者无知之人。后者以双关语的形式出现，比如这句俗语：**马勺子割鱼，刮苦胆**。

皮匠的意思是皮革工人，而"刮皮匠"则是一个讽刺性的称呼，指一个人极其惹人讨厌，就好像他把别人身上的皮都蹭掉了似的：**你分明是打我的刮皮匠**。

"哼"这个字也用来表示对无知的蔑视，如"k'ua pan tzu"（哼拔子）、"k'ua chou tzu"（哼轴子）、"k'ua hsiao tzu"（哼小子）等③。下面的俗语中，前面部分的描述就是为了暗示这些意思中的一个：

菜帮子提鞋——哼拔子。

---

① 在占领天津后，中国人好不容易才有胆子回去，外国士兵就搞了许多恶作剧捉弄他们。一个受过教育的满族人告诉我，他看到一个苦力拉人力车载着一个穿华丽的中国人，然后一个外国士兵把这个中国人赶了下来，让苦力坐了上去，让这个中国人拉着车载着苦力走了一趟。这是"改人"的一个极端例子。——作者

② 指不知自重、不识好歹的人。（王彦坤，1999）300

③ 作者没有给出这三个词的汉字，译者猜测前两个词应该分别对应了下面的两句俗语，但是"哼拔子"的读音并不是"k'ua pan tzu"［kua ban zi］，很有可能是作者转写错误。

第九章　结论：汉语俗语的起源、发展与学习汉语俗语的难点所在

赶面棍架车轮——哼轴子。

凉帽盛饭——怯勺。

帽子的形状和长柄勺的形状之间很相似，所以下面这句俗语①说道：**庄稼老儿未见过灵书套——怯尧。**

你是北门外的豆腐干，孟字的。这是天津的一句俗语，指的是刻有商家名字的豆腐干。这句话的意思是，这个人特别愚蠢，可以用"蒙"字来形容。

就是席头儿盖着的事，也须容人说合。这句俗语说的是杀人案，死者被盖上了席子，案子还在查。俗语里的行为是违法的，因为法律严格禁止这么做。②

"好家伙"一词在口语中指那些令人满足的东西——好东西，但是这个词经常被用来讽刺人。当任何人想要暗示一件东西并不像它的主人想象得那么好时，他可以阴阳怪气地说：**九江磁，好家伙**。九江是江西省的一个城市，中国最好的磁器都是在那里制造的。说"九江磁"就相当于说"好家伙"。

现在正在讨论的这类词一般都是拐弯抹角的说法，或者"别名"，有的字面意思很明确，有的难以理解。极端的愤怒被称作"点燃无名火"。因此俗语有云：**无名火起万丈高**，指一个人情绪高涨。

在中国妇女佩戴的各种发夹中，有一种发夹的外端是叉子，这种发夹别名"两头忙"，可能是因为它可以用来挠头。因此有句俗语：**老太太的簪子——两头忙**。这句俗语用来指在两个地方都有工作的人。

蝼蛄的民间叫法是蜊蜊蛄。人们相信，当这种昆虫出现在地面上的时候，三天之内一定会下雨。这是因为蜊蜊蛄是龙王的妹夫，而龙王管下雨。因此，在某些地方把妹夫称作蜊蜊蛄。

下面这种昆虫的名字也可用来开玩笑。有一句话将盛大的宴席比作：**烹龙宰凤——大吃八喝**。一个与之相反的说法被用来形容根本不是盛宴的盛宴：**大吃八喝——炒喇喇〔蜊蜊〕蛄**。蜊蜊蛄是一种特别臭而且令人讨厌的昆虫。

---

① 这句话可能写错了位置，它后面接的俗语似乎应该是"凉帽盛饭——怯勺"。
② 作者在原文末尾使用了"私合人仑"四个汉字，但是不知道是什么意思。

男怕穿靴，女怕带〔戴〕帽。人们认为老年男性的脚很容易肿，脚肿就是"穿靴"，所以男人穿靴当然是很要命的。女性的头部容易肿，这种症状很难好，所以也被认为是极其糟糕的状况，这种情况被称为"戴帽"。

"满脸花""耳瓜子""老和尚扇灯"都表示在耳朵上或者脸颊上打一巴掌。**给你个老和尚扇灯**，就是说我要打你耳光。

有一些这种类型的词语显然出自黑话，这些词语已经引起人们的注意：**大虫只怕慈心的人**。大虫就是老虎。这句俗语的意思是，非常邪恶的人只害怕非常善良的人，非常善良的人会把非常邪恶的人吓跑。

杆儿上的朋友——棍儿手。这句来自黑话，指乞丐，一般乞丐会备着一根棍子打狗。

落的手背朝下，成了个伸手将军。这两句话都是指乞丐。

梁上的君子。这是对小偷的称呼，就像我们说路上的绅士[①]（gentlemen of the road）一样。

紧催能行，上了阳关。"能行"指的是马，"阳关"指的是大道。

有一类俗语里面的典故特别难懂，即那些包含了戏剧情节的俗语。对外国人来说，"杠子是舅舅给的"就像《汤米给你叔叔让位置》（Tommy Make Room For Your Uncle）对中国人来说一样难以理解。有一出戏讲的是一个失去了所有遗产的少年去找舅舅帮忙。舅舅给了他一根杆子，让他走上大路当"打杆子的"，也就是拦路抢劫的强盗。当你看到一个人拿着杆子的时候，就可以用这句话来嘲笑他，意思是他刚刚去他舅舅那里乞讨。

王婆子画眉——东一扫西一扫的。这句话指做诸如抹灰泥、扫地一类的工作的时候不是很认真。

王婆子骂鸡，李婆子不依。王婆子骂鸡——老话。这两句俗语指的是戏剧中的一个情节。第一句指的是两个人在吵架。第二句指的是一件很久以前发生，现在已经变成"老话"的事。

二姑娘是某出戏中的一个角色，俗语中这个名字就像猪八戒、武大

---

① 英语俗语，指拦路抢劫的强盗。

第九章 结论：汉语俗语的起源、发展与学习汉语俗语的难点所在 | 297

郎一样随意拿来用，用来表示这个阶层中的任何一个人。

二姑娘带钥匙，当家不能主事。这句俗语是说一个人负责某事，但是做不了主，只会听命令行事。

二姑娘梳头——多一筅子。这句和前面那句俗语都和二姑娘所在的戏剧中的情节没有关系。中国女性喜欢梳头发，"多一筅子"就是指最后梳的几下。这句话用来形容某人对已经完成的事情吹毛求疵。

各种各样的工艺术语被大量地用进汉语俗语中。一些是迷信，前文已经解释过了，另外一些与算命、赌博，还有各种行当、手艺有关，还有一些是文绉绉的语言：**犹子比儿**。这句话出自《千字文》，指的是侄子：他不是儿子，但是很像儿子。

十二地支在算命中是不可或缺的。下面这句俗语用了四个地支来表示十二个地支：**子午卯酉①的——全给你说出来了**。一个人出生的时间决定了他的地支，而他的地支决定了他命运最细微的细节。这里提到地支就是为了告诉你，你必须把事情一五一十说出来，不得隐瞒半句话。

金命水命的——奔了来。五行都有自己的命运，因为它们与人的生命息息相关。"金命水命"类似于上面那句俗语中的"子午卯酉"，都是部分代表整体。

这句俗语也是这样说的：**蛤蟆老鼠的，全来了**。表示坏的东西都来齐了，或者表示拼命。

你全是马后课。"马前课"通过占卜预言一段旅程的结果，因为旅行结束了就不能预言了。这句话用来形容一个人为自己的行为感到后悔，但已经太晚了，他在无可挽回的时候才发现自己的行为有多么愚蠢。

马踏车的事。这是象棋的一种，马威胁着车，车无路可走。它用来指那些一定要做一些什么，但是什么都做不了的情况。

跑了个四门斗底的。"四门斗底"是中国军事作品中描述的一种微妙战术。军队在一个空心的广场集结，广场形状像一个"四"字，也像

---

① 子午卯酉指的是午夜、中午、早上6点和下午6点四个时间，应该是包含了这些中间点之间的所有时间。——作者

一个木制的、容量为一斗的盆子,四边各有入口。在广场的中心矗立着一根高高的杆子,上面是一个"方斗",就像中国衙门前面的旗杆那样。在这个岗亭里,有一个瞭望哨,上面插着四面不同颜色的旗子,如果是晚上,就挂着一盏灯笼。就像飞蛾扑火一样,敌人肯定会在郊外盘旋,渴望进入这个广场。无论敌人出现在哪扇门,城里的人都会让他进去,然后突然关上那扇门,敌人就会在这里被永远毁灭掉。只要将军能够确保敌人会进入这个广场,那就没有战术比得过"四门斗底"。这句俗语是用来形容一个人到处寻找某样东西,但最终还是没有找到。

这小子居然是个三花脸儿。中国的戏剧有三种不同的丑角用来逗笑观众,让观众保持愉悦的心情。第一种被称为"大花脸",会把整个脸都画花;第二种叫"二花脸",他们画脸画得少得多;第三种只画眉毛、鼻子和嘴巴。丑角也被称为"丑子",他们被认为是臭名昭著的兄弟会中极其臭名昭著的一群人。

撑的打高力筋斗。中国人有一本闲书叫《混元盒》,这本书中有一只"蝎虎子"先成了妖精,再变成了人。他在北京表演戏剧的时候,能够翻很高的筋斗,就好像停留在空中一般。"高力筋斗"这个词据说取自这本书,但由于谐音,它有时被写成"高丽筋斗"。这句话用来鄙视那些吃饱了撑着的人,作威作福,不干正事儿。

中国人和其他民族一样,都清楚地意识到赌博有多么罪恶。善书以及许多通用的俗语都规劝人们不要赌博,这是全体中国人都知道的事情。

家有骰子牌,引进孽账来。

赌近盗,奸近杀。久赌无胜家。

久赌神仙输。[①]

但是知道什么是对的是一回事,会不会这么做又是另一回事。赌博和吸食鸦片是恶习。证明这种说法的证据无处不在,你可以通过不断观

---

① 这是另外一个可以证明同音不同字现象在实际交流中有多么令人无语的例子。我将"Jiu du shen xian shu"(Chiu tu shen hsien shu)这句话说给汉语老师听,他听成了"久读圣贤书"。——作者

察发现。或者，在赌博这件事情上，你会发现日常交流中有大量与赌博有关的表达，它们也能证明上面的说法。这种表达本身完全难以听懂，但是人们对它们的理解却十分透彻。

大天靠幺四——疑惑鬼。商人们在街上卖的东西，如大饼、糕点、糖果等，通常都装在一个竹筒里，里面还有一套签，有点像筷子，每一根签的下端有形状类似多米诺骨牌的块状物体。一次扔出三个签，组成了某些组合的话就会获胜，但据说获胜的概率只有十分之一。如果购买者花了一文钱玩这个游戏，扔了三个签（掷三签）赢了，那他就能免费得到自己想买的东西，这样只会花费他一文钱，而如果他不玩的话，他得花六文钱才能买到这些东西。但是如果他输了的话，不仅东西买不到，玩游戏的一文钱也没了。

商人一般只能用这种方式出售商品，这对于顾客来说无疑十分喜人。如果他不这么卖的话，就没人买他的东西了。

每一个组合都有自己的名称，两个六就是"大天"，一个六一个五叫作"虎头"①，一个一一个五叫作"幺五"。大天、虎头、幺五，三个签的组合赢了的话叫作"归"。当签被抽出来时，熟悉规则的顾客会凝视天空，用手指数上面的点数。假如他抽出来了两个六、一个一和四，这个组合差一点就能组成"归"了。它的谐音叫作"疑惑鬼"。上面这句俗语是说，一个人让别人以为他拥有一种他实际上并不拥有的能力。

押滩不盖盖——亮盒摇着。"押滩"或者"摇滩"是一种有盖的骰子盒。说摇骰子的时候不盖盖子就是说任何事情都是公开的、光明正大的。

闹了个全滩大截——自尊落后。如果一个玩家放下牌的时候就抓住了其他玩家的所有骨牌，这就是所谓的"全滩大截"。或者用赌博的俚语来说，就是"把他们全吃光"。一个二、一个一或者一个三、一个一组成的两个骨牌被称作"自尊"，而不能被其他骨牌吃掉的叫作"自

---

① 这个名字使得下面的俗语应运而生：**虎头照镜子，二虎头**。这句话说的可能是一个恃强凌弱的恶霸，他是一个六和一个五照在镜子里，两个虎头。——作者

尊落后"。

半充骨牌——一个人。一套骨牌有二十四个，叫作"对大人"。半套牌，也就是十二个骨牌，叫作"一个人"。这句话用来指只剩下一个人的情况。

有一种赌博游戏叫"宝盒"。将一块布铺在桌子上，布上画着两条像字母"X"一样的线，每一个角上都写着一个从1到4的数字。宝盒放在一边，里面有一小块红色的木头，叫作"宝心"。

赌场老板私下里调整了里面的木心，并用盖子把箱子压了下去，玩家把钱押在他们选择的数字上，如果这个数字恰好是最接近红心的，就会说玩家"对红"或者"押宝"。

你二人算是对了红咧。这句话用来形容两个人有相同的意见或计划。

一个人押十宝，十个人驮不了。玩家押一文钱，如果押宝成功，那就能赚三文钱。中国人非常熟悉几何级数的快速增长。一开始押了一文钱，如果赢了十次的话，那就是 1 048 576 文钱！

这句俗语也表达了类似的观点：**一个鸡蛋，搁不住滚十年**。也就是说，即使是微不足道的资本，但它不断增加，也会很快增长到巨大的份额。

在赌博的过程中，你有可能有极好的运气，也有可能一下子败光家产，永不能翻身，所以一个人很难做到像俗语中所说的那样"**松心赌，别揪心赌**"，因为这样你肯定会输。

骰子通常扔在一个没有盖的碗里。如果扔的力气太大，它们可能会跳出来：**油篓掷骰子——没有跑**。油篓很大但是很窄。这句话是用来形容风险小的行业。

认着破盆掷。这句俗语是上面那句的反面，它的意思是一个行业已经没有希望，但是从业者不愿意放弃，就好像赌徒仍旧在赌博，虽然他已经**输了个上下一支爉**[①]，输了个精光。

[①] 英文原文为"candle"，应译为"蜡"。

就像**黄鼠狼单咬病鸭子**①一样，一个人越穷，他在赌博时就越容易输，这是一个公认的事实：**顽〔玩〕钱输苦鬼，狗咬邋遢人**。

人们已经开始用具体的数字来概括总体的情况②：**一醉解三愁；一辣解三馋。除三灾，免八难**。这些都是对观音菩萨的描述。

一天二地恨，三江四海仇。引自《易经》③，这些数字只是单纯地表示大小和增长量。这句俗语指很深而且一直在增加的仇恨。

心中是十五个吊桶打水——七上八落的。

数字所指涉的对象经常被省略：**雷听八百，闪照一千**。这里就是省略了"里"。

人是地上仙，十天不见走一千。这句的意思是人可以随意去任何地方。

送你到八衙，去打一吊板子。这句话从头到尾都在揶揄。前面提到，只有一衙、二衙、三衙、四衙，根本就没有八衙。"吊"这个字，通常用来表示一串钱或一千，在这里被用来表示用板子打一千下（一千板子）。这里是在暗示，送衙门是假的，打板子也是假的，整个就是想象出来的。

烈兄一眼——重责四十。也就是说，打四十下板子。

左右的一边给你个大五十。也就是说，打五十下耳光，或者调解一下，给五十大钱。

给他个有理的五八，无理的四十。不管谁对谁错，先不要打了。

---

① 鸭子本来就有病，却被黄鼠狼咬了。借喻灾难偏偏落在不幸者头上。浩然《艳阳天》第一卷："黄鼠狼单咬病鸭子，马之悦又被问住了。"汪雷《剑河浪》五："真是黄鼠狼专挑病鸭儿咬。……好不容易才干出点名堂，……现在这场洪水一冲，又完啦！"（耿文辉，1991）[406]

② 在双关语部分已经提到了中国人是怎么拐弯抹角地说数字的，我们还可以在这里举几个例子。其中第一句只有在天津方言中才会流行，在天津（就像在英国的部分地区一样），字母"H"是不发音的。"山上山"，就是"三上三"，也就是三十三。"一大一小"，或者更拐弯抹角地说，"儿子跟着父亲"，也就是说，一个大的一和一个小的一，即"一百一"。——作者

③ 这句话并不见于《易经》，而是出自《清车王府藏戏曲全编》。

302 | 汉语谚语俗语集

两个选择都差不多，没有好没有坏。①下面这句俗语的意思也差不多：一个在席上，一个在篁子上。两个人都差不多。或者更为简洁的表述是**半斤八两**。表示都一样，一样长一样宽。

孝亲十六两，后辈儿孙还一斤。

你别半斤四两的不高兴。醒醒，干活了，没有第二次机会了②。

如今是十六两五的运气——大抬头。

下面这几句俗语所讲的事情刚好相反：**只有九十九的，没有一百一的**。这句的意思是没有什么东西是完美的。

十事九不全。被省略的是"十分之一"，就像我们说"三个部分很好"③（three parts good）一样。就像上文引用的关于地球地貌特征的俗语一样：**三山，六水，一分田。**④

不如意事常八九，可与人言无二三。乍一看，这句俗语好像在说十件事情里面有八九件会进行得不如意，这些事情里面，我们可以跟别人说（可与人言）的不超过一件。但是，汉语中相邻的句子虽然看起来在意思上有联系，实际上这只是我们的错觉罢了。这个理解是错的。正确的理解应该是，十个人之中，可以信任他，跟他说心里话的人，不超过两三个。

你是四六不成材的——怎么了手？这句俗语的意思不是说他如果要成材的话，就是从四数到六而已，而是他的十分之四是没用的，十分之六是好的，但是这十分之六又没办法帮什么忙。所以他能干吗？

乘法口诀表似乎不适合用在俗语中，但是俗语中确实有很多乘法口诀：**不管三七二十一的硬作**。中国的乘法口诀表到了九乘九就戛然而止了，因此，"九九归一"一词被用作状语，用来表示毕竟、最终。

你两个是二一添作五的分账。这是指中国算盘的计算规则。下面

---

① 原文为"six of one and half a dozen of the other"，英语俗语。
② 原文为"second bite of the cherry"，英语俗语。
③ 也就是说，四分之三都是好的，剩下的四分之一是坏的。
④ "三山，六水，一分田"也省略了"十分之一"这个概念，实际上它是"十分之三的山，十分之六的水，十分之一的田"。

一根杆上的算珠向上推代表一千文，下面一根杆上的算珠向下推代表一千文，也就是一千除以二。因此，"二一添作五"这个词的意思是二乘五等于十。

你们是三一三十一[①]**的，分账**。这也是一个除法公式，一百除以三是三十余十，然后所余的十又除以三，商是三。这个过程叫作"三一三十一"。

这句话也表达了同样的意思：**三个人，是三大堆的——扒拉开了**。

几个钱，是三下五除二的，完咧。算盘下面那根杆上有五个算珠，推上去三个算珠的话，就是三百文。如果需要再增加三百文，就要再推三个算珠，但由于杆上只剩下两个算珠，所以上面那个杆的两个算珠要拉一个下来。为了解决多余的情况，要将下面三个算珠中的两个推回去，下面杆剩下一个算珠，代表一百文，上面的一个算珠代表五百文，两者加起来就是六百文。这个过程被称为"三下五除二"，即把三个算珠中的两个弄下去，变成一个新的五。这个词用来表示极度简单的事情，或者表示钱很容易从身边溜走。

下面这句俗语是一个很好的例子，说明了中国人是怎么算钱的：**对折，八扣，拦腰坎〔砍〕**。

一些被误导的人觉得中国衙门对人的压榨是不正常的、违法的，实际上这种压榨并非不正常，它是根据规则进行的，这也是规则之一。假设有个幸运的家伙在打官司的时候赢了一千文钱，在"对折"过程中，钱会先被拿掉一半。接下来的一帮"吸血鬼"要得少一些，他们会根据"八扣"原则，也就是说，他们会拿走剩下的钱中的五分之一，这样钱就只剩下五百文钱的十分之八了，也就是四百文钱。然后就是"拦腰砍"，这个过程跟对折类似，这样这个可怜人就只剩下原来总数的五分之一了。

拳头，巴掌，窝心脚。这句俗语也形象地表达了同样的意思。

说话做事，有结果眼。也就是说，不要乱说话、干蠢事。"结果"一词也可以写成"节骨"，就好像在治疗骨折的过程中，医生仔细考虑

[①] 珠算口诀，后来指平均分为三份。（岳国钧 等，1998）[127]

了关节和骨头之间的关系（安节骨得治）。

根据中国生理学理论，"内肾"与身体的力量有关。腰部有两个凹陷，对应的是肾脏，叫作"腰眼"。

所以俗语有云："**手中有钱，助腰眼**"或者"**有钱可以助腰眼子**"。也就是说，他说话和做事都很自信。**腰眼子不硬**的意思是一个人没钱，所以很软弱。

许多俗语中所含的典故已经从人们的记忆中消失了。这一点在前文已经说过，而且还举了几个例子。当然，我们无法确定某个人不知道的事情，另外一个人会不会也不知道。有一句话，在问到任何谚语或俗语——或者是其他中国难以让人理解的东西——的时候，谁都可以说，而且绝对不会错，那就是"我不知道"。

李自成的儿子——不要了。周遇吉抓了李自成的一个儿子，说只要李自成不进攻宁武关，就把儿子还给他。李自成说这个儿子是要的[①]，他无所谓。宁武关被占领了，李自成的儿子也被杀了。经过大约十五年断断续续的研究，才得出了这个解释。下面的俗语每一句都有一个笔者无法解释的典故。

秦庄子卖鱼——好想头。一种解释是秦庄子是村庄的名字，但也有人说是一个人。就像之前引用过的其他俗语一样，这句话是用来形容一个人怀有不切实际的希望。

哪管张三，木头六。据说这句话的意思是这两个人是谁都无所谓。其意是，我一定会追查下去，不管是对还是错。

吃盐酱的嘴——说鬼就有鬼。一个吃盐和咸菜的人，他说出来的话一定有某种特质让人觉得最好不要去跟他争辩。

二两八钱银子——竟仁。这个奇怪的表达是源于"仁"字的双关语，它的意思是"竟一人"，或者是那个人不会给钱，一走了之。

一个常用的表示各种行业的词是**十行八作**[②]。另一个类似的说法是

[①] 即领养的。
[②] 北京话有"五行八作"的说法。老舍《龙须沟》："五行八作，就没你这一行。"

一百两十行[①]，包括了所有形式的人类活动。为什么用一百二十来表示人类不同的行业，这个问题很难解释。然而，这可能只是一个虚数，指代所有的工作和行业，加上一定的节奏和音律，就是为了让中国人听着开心。

学习汉语永远都有一个乐趣，那就是它永远充满了令人愉悦的惊喜，还有没办法解决的问题。

如果读者已经读到了这里，但是觉得这本书里面的俗语还不够难的话，那他可以在学有余力之时自己探寻更多汉语中的麻烦问题，并自己解决。我们希望读者在困难的寻找之路中——**一路平安**。

---

① 在宋话本以及元曲中有出现"一百二十行"的说法。宋代孟元老《东京梦华录笺注》卷五《民俗》："……无日不歌欢作乐，遂于宫中内列为市肆，令其宫女卖茶卖酒，及一百二十行经纪，买卖皆全。" 元代关汉卿《金线池》："我想这一百二十行，门门都是求衣饭；偏俺这一门，却是谁人制下的？好低微也呵！"

参考文献

白鹤群，2013. 老北京土语趣谈［M］. 北京：旅游教育出版社.

白维国，2001. 现代汉语句典［M］. 北京：中国大百科全书出版社.

伯德莱，2016. 清宫洋画家［M］. 耿昇，译. 广州：广东人民出版社：246.

蔡向阳，孙栋，艾家凯，2008. 汉语成语分类大辞典［M］. 武汉：崇文书局：1071.

蔡元培，1996. 中国伦理学史［M］. 北京：东方出版社：85-87.

朝晖，2016. 玉枕风流：中国古代诗文中的玉枕［M］. 桂林：广西师范大学出版社：226.

陈振江，2012. 二十六史典故辞典［M］. 天津：天津人民出版社：313.

《辞海》编辑委员会，2020. 辞海［M/OL］.7 版. 上海：上海辞书出版社. ［2022-04-08］.https://www.cihai.com.cn/index.

戴愚庵，1986. 沽水旧闻［M］. 张宪春，点校. 天津：天津古籍出版社：137.

丁光训，金鲁贤，2010. 基督教大辞典［M］. 上海：上海辞书出版社：53.

丁骏，2019. 英语词典历史评述［M］. 上海：复旦大学出版社：124-127.

董鸿毅，2014. 宁波谚语评说［M］. 宁波：宁波出版社.

范立本，2014. 明心宝鉴[M]. 东方出版社编辑部，注译. 北京: 东方出版社.

付瑛瑛，2017. 传神达意：中国典籍英译理论体系的尝试性建构［M］. 长春：吉林人民出版社：38.

干宝，2009. 搜神记［M］. 马银琴，周广荣，译注. 北京：中华书局：

244.

高歌东，高鹏，2006. 汉语描述语词典［M］. 天津：天津教育出版社.

高永伟，2012. 词海茫茫：英语新词和词典之研究［M］. 上海：复旦大学出版社：263-273.

戈宝权，1992. 中外文学因缘：戈宝权比较文学论文集［M］. 北京：北京出版社：437-447.

耿文辉，1991. 中华谚语大辞典［M］. 沈阳：辽宁人民出版社.

《古今汉语成语词典》编写组，1985. 古今汉语成语词典［M］. 太原：山西人民出版社：313.

顾翼东，1989. 化学词典［M］. 上海：上海辞书出版社：704.

关炜炘，2010. 楹联、谜语、谚语、歇后语全集［M］. 北京：西苑出版社：181.

《汉语大字典》编纂处，2019. 汉语成语词典［M］. 成都：四川辞书出版社：473.

合山究，2018. 明清文人清言集［M］. 陈熙中，张明高，注释. 上海：上海科学技术文献出版社：129.

何本方，李树权，胡晓昆，2003. 中国古代生活辞典［M］. 沈阳：沈阳出版社.

何绵山，1998. 八闽文化［M］. 沈阳：辽宁教育出版社：227.

何学威，1991. 中国古代谚语词典［M］. 长沙：湖南出版社：144.

胡汝章，1990. 成语辞海［M］. 北京：中国卓越出版公司：113.

黄光域，2001. 近代中国专名翻译词典［M］. 成都：四川人民出版社：644.

季啸风，1996. 中国书院辞典［M］. 杭州：浙江教育出版社：543.

《教育大辞典》编纂委员会，1991. 教育大辞典：第8卷［M］. 上海：上海教育出版社：215.

金国平，2018. 澳门学：探赜与汇知［M］. 广州：广东人民出版社：222-229.

金路，1996. 中国俗语［M］. 上海：东方出版中心：331.

肯尼，2019. 牛津西方哲学简史［M］. 北京：中国轻工业出版社：346-354.

黎小江，莫世祥，1999. 澳门大辞典［M］. 广州：广州出版社：634.

李昉，1999. 奇人异事［M］. 刘素琴，曾凤，点校. 北京：北京广播学院出版社：407.

李剑平，1998. 中国神话人物辞典［M］. 西安：陕西人民出版社.

李盛平，1989. 中国近现代人名大辞典［M］. 北京：中国国际广播出版社：812.

李水海，1994. 中国小说大辞典：先秦至南北朝卷［M］. 西安：陕西人民出版社：57-58.

李万鹏，山曼，1992. 中国民俗起源传说辞典［M］. 济南：明天出版社：437.

李行健，1995. 河北方言词汇编［M］. 北京：商务印书馆：117-118.

李修生，朱安群，1998. 四书五经辞典［M］. 北京：中国文联出版公司：418.

厉振仪，2000. 常用谚语分类词典［M］. 上海：上海大学出版社.

梁工，2015. 圣经百科辞典［M］. 图文版. 沈阳：辽宁人民出版社.

林煌天，1997. 中国翻译词典［M］. 武汉：湖北教育出版社：564.

刘纯豹，2012. 英语人名比喻辞典［M］. 北京：商务印书馆：229.

刘金陵，周咏才，洪暄苑，1993. 中国商业谚语词典［M］. 北京：中国统计出版社：460.

刘思训，2013. "哏儿都"说哏儿话：天津话这么说［M］. 天津：天津古籍出版社.

刘裕莲，徐志民，2005. 汉语歇后语辞典［M］. 上海：汉语大词典出版社：161.

柳长江，2017. 农业谚语［M］. 太原：山西经济出版社：122.

吕宗力，2015. 中国历代官制大辞典［M］. 修订版. 北京：商务印书馆：869.

罗福惠，1999. 湖北通史：晚清卷［M］. 武汉：华中师范大学出版社：148-149.

罗河胜，2014. 中华罗氏通史［M］. 广州：广东人民出版社：476-477.

罗念生，2016. 罗念生全集：第7卷［M］. 上海：上海人民出版社.

潘自华，2011. 浠水方言词汇［M］. 浠水：湖北浠水县文化馆：93.

彭庆生，曲令启，1990. 诗词典故辞典［M］. 太原：书海出版社：301.

蒲松龄，2015. 聊斋志异［M］. 于天池，孙通海，译，北京：中华书局.

普劳图斯，2015. 普劳图斯：上［M］. 王焕生，译. 长春：吉林出版集团有限责任公司：1-3.

普鲁塔克，2011. 希腊罗马名人传［M］. 席代岳，译. 长春：吉林出版集团有限责任公司.

齐默尔曼，1987. 希腊罗马神话辞典［M］. 张霖欣，编译. 王曾选，审校. 西安：陕西人民出版社.

瞿冕良，2009. 中国古籍版刻辞典［M］. 增订本. 苏州：苏州大学出版社：943.

萨克雷，芬德林，2014. 世界大历史：1799—1900［M］. 严匡正，译. 北京：新世界出版社：22-27.

沙长歌，2014. 三言二拍妙语辞典［M］. 武汉：崇文书局.

莎士比亚，2020. 莎士比亚悲剧喜剧全集：悲剧　3［M］朱生豪，译. 青岛：青岛出版社：269-270.

商务印书馆辞书研究中心，2013. 新华成语大词典［M］. 北京：商务印书馆.

沈慧云，温端政，2010. 常用歇后语分类词典［M］. 上海：上海大学出版社：854.

沈玮，2010. 汉语俗语的文学图像［M］. 北京：世界图书北京出版公司：40.

《世界历史词典》编委会，1985. 世界历史词典［M］. 上海：上海辞书出版社.

孙鹏，2015. 世界文学［M］. 汕头：汕头大学出版社：110-111.

王安全，郭玲，1997. 汉大成语大词典［M］. 精编本. 上海：汉语大词典出版社.

王梅红，裘梧，程旺，2019. 中医和谐医患关系模式研究：全2册［M］. 北京：中国中医药出版社：104.

王鹏飞，2014. 英语世界的《红楼梦》译介与研究［M］. 西安：陕西师范大学出版总社：15.

王树山，1999. 中国古代谚语［M］. 太原：山西教育出版社：247.

王爽，2018. 中国家训［M］. 海口：海南出版社：213.

王同亿，2001. 高级现代汉语大词典［M］. 呼和浩特：内蒙古大学出版社：145.

王彦坤，1999. 现代汉语三字词典［M］. 汕头：汕头大学出版社.

王占义，2017. 中外词语溯源故事大辞典［M］. 精华版. 呼和浩特：内蒙古人民出版社：38.

温端政，2014. 常用谚语辞典［M］. 上海：上海辞书出版社：146.

温端政，2018. 歇后语辞海［M］. 上海：上海辞书出版社.

温端政，2012. 谚语10000条［M］. 上海：上海辞书出版社：356.

温端政，2011. 中国谚语大辞典［M］. 上海：上海辞书出版社：921.

沃克，1988. 牛津法律大辞典［M］. 北京社会与科技发展研究所，译. 北京：光明日报出版社：572.

吴有性，杨进，2018. 温疫论［M］. 北京：中国医药科技出版社：23.

夏征农，陈至立，熊月之，2013. 大辞海：中国近现代史卷［M］. 上海：上海辞书出版社：121.

咸丰收，2019. 明代联话笺注［M］. 成都：巴蜀书社：87.

肖国士，旷惠桃，2004. 中医基础理论歌诀［M］. 北京：人民军医出版社：252.

谢谦，2018. 国学词典［M］. 成都：四川辞书出版社：79.

徐本湖，徐晶凝，2015. 汉语对联研究［M］. 长春：东北师范大学出版社：175.

徐潜，2014. 中国古代哲学思想［M］. 长春：吉林文史出版社：77.

徐志诚，1991. 现代汉语口语词典［M］. 沈阳：辽宁人民出版社：5.

晏立农，马淑琴，2006. 古希腊罗马神话鉴赏辞典［M］. 长春：吉林人民出版社.

杨伯峻，2006. 论语译注［M］. 简体字本. 北京：中华书局.

旸晟，1988. 欧美作家辞典［M］. 西安：陕西人民出版社：388-389.

余德泉，孟成英，1998. 古今绝妙对联汇赏［M］. 广州：广东人民出版社：224-225.

《语海》编辑委员会, 2000. 语海 [M]. 上海: 上海文艺出版社.

虞建华, 栾奇, 2015. 美国文学大辞典 [M]. 北京: 商务印书馆: 428.

岳国钧, 罗迅, 2016. 元明清文学方言俗语辞典 [M]. 贵阳: 贵州人民出版社.

詹石窗, 2018. 百年道学精华集成: 第2辑 神仙信仰 [M]. 上海: 上海科学技术文献出版社: 346.

张岱年, 2010a. 孔子百科辞典 [M]. 上海: 上海辞书出版社: 781.

张岱年, 2010b. 中国哲学大辞典 [M]. 上海: 上海辞书出版社.

张广智, 2000. 西方史学史 [M]. 上海: 复旦大学出版社: 10-22.

张国斌, 2018. 无害通过制度研究 [M]. 上海: 上海交通大学出版社: 203.

张培锋, 2017. 禅林妙言集 [M]. 天津: 天津人民出版社: 188.

张绍麒, 2000. 汉语流俗词源研究 [M]. 北京: 语文出版社: 50.

张泗洋, 徐斌, 张晓阳, 2014. 莎士比亚戏剧研究 [M]. 长春: 东北师范大学出版社: 211.

张西平, 柳若梅, 2014. 国际汉语教育史研究 [M]. 北京: 商务印书馆: 261.

张永言, 蒋宗许, 2015. 《世说新语》大辞典 [M]. 上海: 上海古籍出版社: 99.

赵长江, 2017. 十九世纪中国文化典籍英译史 [M]. 上海: 上海外语教育出版社: 185.

赵应铎, 2014. 中国典故大辞典 [M]. 上海: 上海辞书出版社.

郑宏峰, 2008. 中华歇后语: 第2册 [M]. 北京: 线装书局: 371.

郑恢, 2002. 事物异名分类词典 [M]. 哈尔滨: 黑龙江人民出版社: 237.

郑天挺, 谭其骧, 2010. 中国历史大辞典 [M]. 上海: 上海辞书出版社: 31.

郑天挺, 荣孟源, 1992. 中国历史大辞典: 清史卷: 下 [M]. 上海: 上海辞书出版社: 199.

郑玄, 孔颖达, 2008. 礼记正义 [M]. 上海: 上海古籍出版社: 2251.

中国社会科学院近代史研究所翻译室, 1981. 近代来华外国人名辞典. [M]

北京：中国社会科学出版社．

周骋，2007．新编歇后语大全［M］．杭州：浙江古籍出版社：145．

周静琪，2006．汉语谚语词典［M］．北京：商务印书馆国际有限公司：975．

朱林宝，石洪印，1991．中外文学人物形象辞典［M］．济南：山东文艺出版社：30-31．

朱政惠，2007．海外中国学评论：第2辑［M］．上海：上海古籍出版社：252．

朱祖延，2010．引用语大辞典［M］．增订本．武汉：武汉出版社：772．

祝鸿熹，洪湛侯，1990．文史工具书辞典［M］．杭州：浙江古籍出版社：359-360．

BLYÉLY L, 2015. Louis XIV: le plus grand roi du monde ［M］. Quintin: Éditions Jean-paul Gisserot: 77.

BENNASSAR B, 2018. Hernán Cortés ［M/OL］ //Real Academia de la Historia.［2021-08-06］.https://dbe.rah.es/biografias/5138/hernan-cortes.

Cambridge University Press, 2021. Cambridge advanced learners' dictionary & thesaurus[M/OL］. Cambridge: Cambridge University Press.［2021-07-15］. https://dictionary.cambridge.org/.

CLARKE F, 2009. Fitzgerald, Percy Hetherington ［M/OL］// Royal Irish Academy. Dictionary of Irish biography.［2023-05-12］. https://www.dib.ie/biography/fitzgerald-percy-hetherington-a 3184.

COX M, 2004. The concise Oxford chronology of English literature ［M］. USA: Oxford University Press.

Editors of Encyclopædia, 2011. Encyclopædia britannica ultimate reference suite ［M］. Chicago: Encyclopædia Britannica.

Editors of Encyclopædia Britannica, 1911a. Encyclopædia britannica: vol. 4 ［M］. Cambridge: Cambridge University Press: 885.

Editors of Encyclopædia Britannica, 1911b. Encyclopædia britannica: vol. 27 ［M］. Cambridge: Cambridge University Press: 244-245.

Editors of Encyclopædia Britannica, 2021. Encyclopædia britannica ［M/OL］．

OL] . [2021-07-09] . https://www.britannica.com/.

FARLEX, 2021. Farlex dictionary of idioms [M/OL] . [2021-07-16] . https://www.thefreedictionary.com/.

GILES H A, 1892. A Chinese-English dictionary [M] . London: Bernard Quaritch.

GILMAN D C, PECK H T, COLBY F M, 1905. The new international encyclopaedia: vol. XIV [M] . New York: Dodd, Mead and Company.

GLARE P G W, 2012. Oxford Latin dictionary [M] . Oxford: Oxford University Press: 1218; 2201.

JACOBS J, 1890. English fairy tales [M] . New York: G. P. Putnam's Sons: 59-68.

SCARBOROUGH W, 1875. A Collection of Chinese Proverbs [M] . Shanghai: American Presbyterian Mission Press.

SCOTT J, MARSHALL G, 2014. A dictionary of sociology [M] . Oxford: Oxford University Press: 268.

WILLIAMS S, 1856. Wells. A tonic dictionary of the Chinese language in the canton dialect [M] . Canton: Printed at the Office of the chinese Repository.

WILLIAMS S, 1896. Wells. A syllabic dictionary of the Chinese language: arranged according to the Wu-Fang Yuen Yin, with the pronunciation of the characters as heard in Peking, Canton, Amoy, and Shanghai [M] . Shanghai: American Presbyterian Mission Press.

WINCHESTER S, 2004. The meaning of everything: The story of the Oxford English dictionary [M] . Oxford: Oxford University Press: 39.

译后记

初接到《汉语谚语俗语集》的英译汉工作时，我的内心是十分欣喜的，这将是我的第二部翻译作品，也将是我的第一部英译汉作品，但很快这种欣喜就变成了压力。由于中英文两种语言、中西两种文化，以及中西方思维方式的差异，其中许多表达很难翻译为地道的汉语，或者说，倘若将其翻译为地道的汉语，那么原文严谨的学术风格，或者是原文比较幽微、地道的英语风味便将顿失。但这也是无奈之举，译者的天职就是这样。作为本书的译者，在翻译的过程中，我在保留原文句法、风味、用词的基础上，将原文尽可能地翻译为地道的汉语。

在翻译完后，我又拜托研究过这本书的西安外国语大学崔若男老师校对了两次，我自己也校对过三次，凡五次。希望这五次校对能够清除本书中的翻译错误以及不地道的、西化的汉语表述，读者在阅读过程中倘若发现翻译问题，可以通过我的个人邮箱（xzh121918@126.com）联系我，并向我指出问题，我必虚心接受。

为方便读者理解，中译本添加了一些注释，主要有以下几类：首先是西方经典文学作品中的人物或内容，比如桑丘·潘萨、普劳图斯、《科利奥兰纳斯》，以及第五章的西方典故；其次，作者引用的一些俗语的遣词造句与今天的说法相异，书中的"大鱼吃小鱼，小鱼吃水虫，水虫吃草泥"就是一例，这一类的俗语会加注给出其现代版本以做对比；此外，书中还引用了许多古籍中的内容（特别是第二章），我经过查证后加注说明这些内容的来源。上述这些注释我都是尽量查找相关书目获得准确信息后添加的，并在注释之后标注了相关书目。需要说明的是，明恩溥对中国谚语、俗语的搜集与翻译在当时具有开拓之功，但作为西方传教士，明恩溥的教育背景、文化背景和宗教背景又使其对中国谚语、俗语的注解与研究不可避免地落入当时普遍的话语形式——西方中心主义和基督教普遍价值之中，也因此可能产生一些对中国文化的"误读"。而这些"误读"也正是当时传教士对中国态度的矛盾所在，一方面他们毫不吝啬地表现出对中国文化的赞扬，但另一方面，他们又对中国文化中"落后"的地方予以抨击。不管是赞扬还是抨击，背后的逻辑都是站在西方文明的基础上，借"科学"的话语形式批评中国文明，其最终目的是宣扬基督教价值和西方文明。也因此，回望百年前明恩溥所搜集与翻译的中国谚语、俗语，更需带有审视与反思的眼光。

最后出于敬意，我效仿本书的作者明恩溥给译后记一个结尾：希望本书能给读者带来较好的阅读体验，也希望读者在阅读本书的过程中——一路平安。

2022 年 4 月 8 日
于北京大学万柳公寓孤灯下